Thornton Wilder

# Die Tagebücher
# 1939–1961

Ausgewählt und herausgegeben von Donald Gallup
Mit zwei Szenen eines unvollendeten Schauspiels,
»Das Kaufhaus«

Mit einem Vorwort von Isabel Wilder

Aus dem Amerikanischen von
Joachim A. Frank

S. Fischer

Die amerikanische Originalausgabe erschien 1985
unter dem Titel ›The Journals of Thornton Wilder 1939–1961‹
in der Yale University Press, New Haven und London.
© 1985 by Union Trust Company, New Haven, Connecticut
Deutsche Ausgabe:
© 1988 S. Fischer Verlag GmbH, Frankfurt am Main
Umschlaggestaltung: Buchholz/Hinsch/Walch
Satz: Wagner GmbH, Nördlingen
Druck und Einband: Franz Spiegel GmbH, Ulm
Printed in Germany 1988
ISBN 3-10-092018-X

# Inhalt

## Vorwort:
## Geboren, um zu lesen und zu schreiben

Als ich zum erstenmal die mehr als tausend Seiten der Abschrift der *Tagebücher* meines Bruders las, die sein literarischer Testamentsvollstrecker angefertigt hatte – und die später, stark gekürzt, das vorliegende Buch ergaben –, fragte ich mich: »Erkenne ich Thornton wieder in dieser sehr persönlichen und manchmal qualvoll enthüllenden Erforschung seiner selbst und verschiedener schwieriger Aspekte seiner Arbeit?« Diese erste Lektüre seiner Aufzeichnungen über Jahrzehnte täglichen Lesens und Schreibens und Lebens zu Hause und unterwegs war für mich eine Erfahrung, die von der freudvollen Erinnerung an gemeinsame Erlebnisse bis zur Überraschung, ja, Bestürzung über ungeahnte Gemütsverfassungen reichte. »Denk noch einmal nach. Findest du ihn hier wieder?«

»Ja, ja, ich finde ihn wieder!« Blitzartig begriff ich die Bedeutung dieser überwältigenden Hinterlassenschaft. Man kombiniere diese Dokumente mit dem reichen Schatz an Briefen, die er als Sohn und Bruder, Gefährte, Autor, Lehrer und Freund schrieb (und nicht zuletzt als Freund des Fremden, der sich oft brieflich mit einer Bitte an ihn wandte oder unangemeldet mit seiner Sorgenlast an seine Tür klopfte). Man füge die Originalmanuskripte hinzu (die leider nicht so zahlreich sind, wie sie sein sollten, weil er so viele verschenkte) und die veröffentlichten Bände in ihren verschiedenen Ausgaben und Übersetzungen – ein Regenbogen in den Regalen. Und schließlich kröne man das Ganze mit einer umfangreichen Sammlung von Memorabilien – von Theaterzetteln und Besprechungen seiner Stücke und Romane bis hin zu Fotografien, Medaillen, Verleihungsurkunden von Ehrentiteln, ja, sogar ein oder zwei Gemälden und mehreren Skulpturen. Hier liegt im Überfluß das Material vor, das für sich selbst die Geschichte des Autors erzählt. Aber Thornton hätte niemals eine stereotype Biographie schreiben können (was er selbst in Eintragung 575 bestätigt): die zahllosen unvermeidlichen »Ich«, die wiederholten »Mich« und das Echo der »Meine« würden auf den Seiten verendet sein.

Statt dessen wird Thornton Wilder hier in den *Tagebüchern* in der innersten Sphäre seines Denkens, seines Ringens um die eigene Ausdrucksweise und seines eigentlichen Wesens lebendig. Er sah manchmal im erläuternden Satz ein unzulängliches Mittel, seine Gedanken auszudrücken, weil er den spontanen Drang zum dramatischen Dialog oder zum Erzählerischen verspürte. Aber hier ist er auf eine andere Tonart eingestellt. Größtenteils mit scheinbar müheloser Unbewußtheit schrieb er eindringliche, kraftvolle und feingeschliffene Sätze nieder, die Hunderte von Manuskriptseiten füllen und einen wesentlichen Teil seines Lebens reflektieren. Ja, zweifellos ist das der Mann, der einst der Junge war, mit dem ich aufgewachsen bin und den ich, beinahe drei Jahre jünger als er, mein ganzes Leben lang gekannt habe.

Das früheste der Tagebücher unter den Wilder-Papieren in der Beinecke Rare Book and Manuscript Library stammt aus dem Jahre 1912, als Thornton fünfzehn Jahre alt war. Die erste Eintragung in den nun veröffentlichten Tagebüchern trägt das Datum vom 8. Februar 1939, als ihm gerade noch zwei Monate bis zur Vollendung des 42. Lebensjahres fehlten. Die dazwischenliegende Zeitspanne ist eine Herausforderung, den Weg vom Knaben zum reifen Mann nachzuvollziehen.

Dinge, die weitreichende Folgen hatten, schienen Thornton oft zu widerfahren. Ein solches Ereignis trug sich Anfang April 1906 zu, als er auf der SS.»Siberia« zum erstenmal nach Hongkong fuhr – mit seinem Vater, der das Amt des amerikanischen Generalkonsuls in diesem strategisch wichtigen Hafen übernehmen sollte, seiner Mutter, seinem älteren Bruder und zwei jüngeren Schwestern (eine dritte Schwester sollte später geboren werden). Bis zu dieser Umwälzung im Leben der Familie war Thornton mit seinen Geschwistern nach einer unveränderlichen Routine in einem lebhaften Heim in Madison, Wisconsin, aufgewachsen, das von einem liebevollen, stolzen – sehr stolzen –, aber ängstlichen und übereifrigen Vater beherrscht wurde.

Damals dauerte die Reise über den mächtigen Pazifik von San Franciscos Golden Gate bis zum überwältigenden Panorama des Hafens von Hongkong mindestens vier Wochen. Aber zuerst kam das Wunder der endlosen Landschaft der amerikanischen Ebenen mit Visionen von himmelhohen Bergen, als sich der Zug tagelang über die Schienen der Atchison-, Topeka- und Santa-Fé-Linie nach Kalifornien schlängelte. Als nächstes folgte das Problem, die Weite des Ozeans zu begreifen. Er war hungrig und würde das Land verschlingen, und wo sollten dann all die Menschen bleiben? Für den verzauberten achtjährigen Thornton war die Reise äußerst verwirrend.

Mein Bruder war an Bord gegangen und hatte sich sehr darauf gefreut, seinen neunten Geburtstag am 17. April auf See zu feiern. Wir Kinder beneideten ihn um dieses Abenteuer. Endlich kam der 16. April, aber darauf folgte nicht der 17.: an diesem Tag überquerten wir die internationale Datumsgrenze, und der Kalender sprang vom 16. auf den 18. Wie sollte man das einem kleinen Jungen erklären, der neun Jahre alt werden wollte?

Zum Glück wurde seine Enttäuschung gemildert: ein anderes wichtiges »Ereignis« trat ein. Er blieb stehen, um einer seiner vielen Freundinnen in den Liegestühlen auf Deck guten Morgen zu sagen, und sie zeigte ihm ein Buch, in dem sie gerade schrieb. Jede Seite war liniert und leer bis auf das aufgedruckte Datum und Jahr. Das Buch hatte einen hübschen grünen Ledereinband, auf dem in Goldprägung das Wort TAGEBUCH stand. Und das war noch nicht alles. Die Deckel wurden von einer goldenen Schließe zusammengehalten, und an einer gelben Schnur baumelte ein kleiner goldener Schlüssel. Thornton konnte von so einem grün-goldenen Buch nur träumen, aber noch am selben Tag begann er, ein Tagebuch zu führen. Seine Ausrüstung bestand aus einem Bleistiftstummel und den glatten, schweren weißen und leeren Rückseiten der umfangreichen Speisekarten, die die Erwachsenen jeden Abend bekamen. Yung Kwai, der Chefsteward des Kindertisches, gab sie uns als Souvenirs. Jeden Nachmittag vor dem Tee im Foyer schlich Thornton hinunter in den riesigen leeren Speisesaal, während Yung Kwai, der nun sein besonderer Freund war, in der Nähe auf seiner Feuerwache döste. Wenn die Arbeit des Kindes für diesen Tag beendet war, versteckten die beiden die Seiten unter der grünen Friesdecke eines unbenutzten Tisches in einer fernen Ecke. Das Unternehmen nahm die schwindelerregende Spannung einer Mantel-und-Degen-Verschwörung an, während der Stapel der mit Wörtern bedeckten Seiten immer höher wurde. Am Tag vor unserer Ankunft in Hongkong ließ mich Thornton mitgehen, um seinen Schatz zu holen. Die Seiten waren aus ihrem Versteck verschwunden! Hatte man sie gefunden und als Abfall weggeworfen, oder hatte man sie gestohlen? Welcher Art immer sein Schicksal war: Thornton Wilders erstes Tagebuch wurde im April 1906 geschrieben.

Im Jahre 1907 zeigte sich Thorntons Leidenschaft für das Schreiben schon sehr deutlich. Ich habe an anderer Stelle beschrieben, wie er »uns und die Nachbarskinder in ... Seihtücher kleidete und dazu überredete, seine hochtrabenden Reden zu deklamieren«. Thornton selbst berichtete mir ein oder zwei Jahre später von seinen grandiosen Plänen in bezug auf verschiedene Projekte, vor allem »ein sorgfältig geplantes Repertoire für zwei Theater, ein großes und ein kleines«, wo seine längeren Stücke abwechselnd mit *Die Wildente* und *Maß für Maß* aufgeführt werden sollten, alle besetzt mit »einer solchen

Liste großer Namen, wie sie weder Geld noch Loyalität zusammenbringen könnte«.

Im Jahre 1912, aus dem das erste Tagebuch in den Wilder-Papieren in Yale vorliegt, war mein Bruder nach mehreren Schuljahren in Berkeley, Kalifornien, wieder in China als Internatsschüler der China Inland Mission School in Chefu. Der Lehrplan, der auf die Vorbereitung für die Aufnahmeprüfungen in Oxford/Cambridge abgestimmt war, legte großen Wert auf die Klassiker. Thornton zog daraus den Vorteil, daß sein Geist und seine Phantasie früher, als es sonst möglich gewesen wäre, durch die Geschichte und Literatur Griechenlands und Roms befeuert wurden. Er begann dort (wie er in Eintragung 498 berichtet) selbst Latein zu lernen, indem er die Oden des Horaz studierte. Diese klassische Neigung wurde in seiner späteren Studienzeit an der Thacher School in Ojai Valley, Kalifornien, in Oberlin und in Yale gefördert.

Wir Wilders zogen 1915 nach New Haven. Als Thornton in den Weihnachtsferien aus Oberlin nach Hause kam, entdeckte er sogleich die Yale Library, die damals auf dem Alten Campus in der heutigen Dwight Hall untergebracht war. Vor Aufregung ganz verwandelt, nahm er mich mit, damit auch ich sie sähe. Ich war ebenso beeindruckt wie er und fragte ihn: »Glaubst du, Thornton, daß jemals ein Buch von dir in dieser Bibliothek stehen wird?« Er antwortete ernst: »Ich habe darüber nachgedacht, Isabel; aber ich müßte wohl fünfzig sein, bevor ich hoffen könnte, ein Buch zu schreiben, das gut genug für Yale wäre.«

Sein Interesse an den Klassikern nahm während seiner ganzen Studienzeit ständig zu, aber die bei weitem stärksten Impulse erhielt er in den acht Monaten, die er, nach dem Abschluß in Yale im Juni 1920, an der American Academy for Classical Studies in Rom verbrachte. Mutter hatte das arrangiert. Sie hatte von George Lincoln Hendrickson, Professor für klassische Literatur in Yale, erfahren, daß die Akademie noch einige Zimmer frei hatte. Thornton würde die meisten Privilegien eines Fellows genießen, allerdings ohne Anrechnung auf seine akademische Laufbahn. Professor Hendrickson, der Thornton kannte, schrieb die nötigen Briefe, und Vater erklärte sich bereit, die neunhundert Dollar zur Verfügung zu stellen, die die acht Monate kosten sollten. (Die Lira hatte damals einen sehr schlechten Kurs.)

Der gründliche Unterricht, den Thornton in Chefu genossen hatte, bot die Gewähr dafür, daß er aus diesem römischen Zwischenspiel das meiste machen würde, und tatsächlich trug es Früchte in seiner späteren Arbeit. Man erlaubte ihm jedoch nicht zu vergessen, daß er in die Vereinigten Staaten zurückkehren mußte – in die Wirklichkeit und zu der Notwendigkeit, sich seinen Lebensunterhalt zu verdienen. In den letzten Monaten in Rom kam es zu einem manchmal hitzigen Briefwechsel mit unserem Vater über die heikle Frage der Zukunft Thorntons. Er selbst hätte gern Arbeit in einem Verlag, einer Zeitschriftenredaktion oder sogar in einer Buchhandlung gefunden (Vater würde doch sicherlich nichts dagegen haben, daß er in einer Buchhandlung arbeitete?). Zögernd stellte sich Thornton darauf ein, Rom zu verlassen, um nach Connecticut zurückzukehren und auf Stellungssuche zu gehen, als Vaters Briefe an ihn mit dem folgenden Telegramm einen Höhepunkt erreichten:

HABE STELLUNG FÜR DICH ALS FRANZÖSISCHLEHRER IN LAWRENCEVILLE SCHULE LERNE FRANZÖSISCH LIEBE VATER

Das war, wenn auch etwas abgemildert durch das Wort *Liebe* (von dem Thornton nicht wußte, ob er es als Bestechung, Drohung oder väterliche Manipulation lesen sollte), ein strenger Befehl.

»Französisch lernen?« Französisch lehren! Thornton las die Sprache recht geläufig (die er, wie er in Eintragung 498 dieser *Tagebücher* sagt, zu lernen begonnen hatte, indem er französische Schallplattenkataloge las), und er kannte schon mehr von der französischen Literatur als so mancher junge Franzose seines Alters. Er besaß einen guten Wortschatz (und wieder zeigen die *Tagebücher*, wie groß dieser Wortschatz schließlich wurde), aber er konnte keine für seine Begriffe annehmbare Konversation führen, und sein Akzent war offensichtlich nicht echt genug. Um eine Sprache zu *lehren*, muß man zunächst die Grammatik beherrschen. Außerdem muß man, um etwas zu lehren, tatsächlich lehren wollen – und wissen, wie.

Thornton marschierte in dieser Nacht mehrere der sieben Hügel Roms hinauf und hinunter. In der Morgendämmerung entwarf er eine Antwort auf das Telegramm seines Vaters, in der sich sein Groll darüber ausdrückte, daß er wie ein Kind behandelt wurde, das nicht imstande ist, selbst eine Entscheidung zu treffen – eine Behandlung, die ihn um so mehr frustrierte, als ihn gerade unser Vater jahrelang mit Nachdruck persönlich aufgefordert und in Briefen gedrängt hatte, »Charakter« zu entwickeln, Verantwortung zu übernehmen. Aber Thornton schickte den Brief natürlich nicht ab. Was er schrieb und zur Post gab, war:

Lieber Vater,
was Du von mir verlangst, ist sehr schwierig, aber ich will dies eine Mal noch versuchen zu tun, was Du wünschst. Ein Stipendiat hier kennt Paris und gibt

mir einen Brief an die Vorsteherin eines Nonnenordens mit, der darauf spezialisiert ist, englischsprechende Studenten [in Französisch] zu unterrichten. Ich habe auch die Adressen einiger billiger *pensions*. Der Unterricht wird etwa sechs Dollar pro Tag kosten, und mit zwei oder weniger kann ich leben. Ich storniere meine Schiffspassage für zwei Monate. Habe genug, um in der dritten Klasse nach Paris zu fahren, und für ungefähr eine Woche. Schicke bitte Geld an American Express, Paris.

In einem Brief kostete das Wort *Liebe* keinen Cent extra: er schrieb es in großen Buchstaben und darunter seinen Namen.

So war Thornton Wilder im Juni 1921 einige Wochen in Paris, allein und ohne Führung. Sein Aufenthalt war noch kürzer, als er erwartet hatte, denn es zeigte sich, daß die Nonnen mehr Studenten hatten, als sie unterrichten konnten. Und da er mit all den jungen Exilierten zu konkurrieren hatte, die entschlossen waren, in Paris zu bleiben, und wenn sie hungern mußten, konnte er keine Arbeit finden. Thornton hatte schon einige Abschnitte seiner »Notes of a Roman Student« geschrieben (aus denen später sein erster Roman, *The Cabala* [dt.: *Die Cabala*] wurde), und er hatte die Seiten nach Paris mitgenommen. Der Herausgeber einer der vielen »kleinen« Zeitschriften, die dort in englischer Sprache erschienen, wollte eine Auswahl abdrucken, aber als Thornton erfuhr, daß es kein Honorar geben sollte, zog er sein Manuskript zurück. (Der Herausgeber floh schon eine Woche später aus der Stadt und ließ seine Schulden zurück.) Was die Lage noch verschlimmerte: Paris litt unter einer ungewöhnlichen Hitzewelle, und Thorntons kleines, luftloses Zimmer wurde nahezu unbewohnbar. Man stelle sich die Begeisterung vor, mit der er den Vorschlag unserer Mutter aufnahm:

»Komm zurück. Man sagt mir, daß Du an der Berlitz School in New York mit konzentriertem Pauken zu den beachtlichen Französischkenntnissen, die du besitzt, in sechs Wochen so weit bist, daß du leicht jede Französischklasse an einer High School unterrichten kannst.«

So verließ Thornton Paris, ohne die Soireen in der Rue de Fleurus 27 erlebt und ohne verwirrt die Bilder betrachtet zu haben, die damals an den Atelierwänden hingen. Erst viel später – und in Chicago – begegnete er Gertrude Stein (welche bedeutenden Folgen dies haben sollte, bezeugen diese *Tagebücher* häufig und beredt).

Zurück in den Vereinigten Staaten, führte er pflichtschuldig den Befehl unseres Vaters aus, »Französisch zu lernen«, und mehrere Jahre danach war er vollauf beschäftigt als stellvertretender Hausaufseher und hauptberuflicher Lehrer der französischen Grammatik und Literatur in einem Internat in Lawrenceville, New Jersey.

12

Er hatte aus Rom und Paris viele Manuskriptseiten für den ersten Roman mit nach Hause gebracht, und irgendwie gelang es ihm, ihn an den Abenden im Internat, an den Wochenenden und in den Ferien fertigzuschreiben. Als er 1926 erschien, wurde er günstig und sogar mit Lob aufgenommen. Ermutigt durch ausgezeichnete Empfehlungsschreiben von seinem Verleger und anderen Freunden, bewarb sich Thornton um ein Guggenheim-Stipendium. Sosehr ihm das Unterrichten mittlerweile gefiel, er sehnte sich danach, frei zu sein und seine Schriftstellerkarriere fortzusetzen. Daß er das erhoffte Stipendium nicht erhielt, war ein schwerer Schlag. Unser Vater, der von einer Krankheit gebrochen war, die er sich im Orient zugezogen hatte, und mit Besorgnis sah, daß sein jüngerer Sohn mit nur wenigen Qualifikationen außer einem schmalen ersten Roman in die Welt hinaustrat, drängte ihn, einen lang gehegten Plan auszuführen. Thornton, der wiederum »dieses eine Mal noch« gehorchte, ließ sich in Lawrenceville beurlauben und schrieb sich an der nahe gelegenen Princeton University ein, um auf den Master of Arts in französischer Literatur hinzuarbeiten und sich damit auf eine Laufbahn als Lehrer auf College-Ebene vorzubereiten. So gab er seine ersten Tantiemen aus, die er für *Die Cabala* erhielt.

Thornton verfolgte die Strategie, sowohl unserem Vater zu gefallen, als auch selbst auf seine Kosten zu kommen. Er betrieb das vorgeschriebene Studium mit ehrlichem Fleiß. Obwohl er das Jahr ohne bestimmtes Thema für einen zweiten Roman begonnen hatte, zeigte er mir Jahre später die Stelle auf dem Campus von Princeton, wo ihn die Idee dazu mit aller Macht überfallen hatte, als er auf einer kleinen Brücke über einen schmalen Bach ging, der in einen See mündete. Seine akademischen Leistungen waren leider mittelmäßig, aber sein Roman erhielt, als er im Herbst 1927 erschien, den Pulitzerpreis. Der Titel? *The Bridge of San Luis Rey* [dt.: *Die Brücke von San Luis Rey*]. Er erreichte eine Leserschaft, die buchstäblich über die ganze Welt verstreut war.

Fargo, North Dakota (24. Februar 1928):

Sehr geehrter Mr. Wilder,
ich habe Ihr Buch immer und immer wieder gelesen... Ich glaube, der letzte Absatz ist das Schönste, was je geschrieben wurde... Ich habe ihn auswendig gelernt.

Adelaide, Australien (10. Juni 1928):

Sehr geehrter Mr. Wilder,
... glauben Sie wirklich, daß Gott es sieht, wenn der Flügel eines Sperlings herabfällt?

Boston, Massachusetts (September 1928):

Sehr geehrter Mr. Wilder,
ich bin eine Frau von fünfundfünfzig Jahren. Meine Zwillingsschwester starb vor drei Monaten. Mein Mann ist ein guter Mann, aber er versteht das nicht. Ich glaube sogar, er war immer eifersüchtig wegen meiner Liebe zu ihr, und jetzt ist er oft böse auf mich, weil ich meinen Kummer nicht verbergen kann. Auch meine Kinder verstehen es nicht, obwohl sie schon erwachsen sind und selbst Kinder haben. Aber nach allem, was Sie in *Die Brücke von San Luis Rey* über Zwillinge schreiben, weiß ich, daß Sie es verstehen. Woher wissen Sie es? Schicken Sie mir bitte ein paar Worte von Ihrer eigenen Hand...

Die Erklärung war einfach: Thornton wußte es, weil er selbst als Zwilling auf die Welt gekommen war. Wie die meisten Zwillinge waren die beiden Babys Frühgeburten und schwächlich. Thornton kam als erster. Das zweite Kind, das vollkommen ausgeformt und ähnlich war, wurde tot geboren. Thornton vermißte den verlorenen Gefährten sein Leben lang. Und seine eigene Schwächlichkeit bei der Geburt sollte eine weitreichende Folge haben. Während der ersten sechs Monate mußte er auf einem Kissen getragen werden. Nachts übernahm es Vater, mit dem winzigen Kind auf und ab zu gehen (das gegen das Versäumnis der Erwachsenen protestierte, eine Ernährungsweise zu finden, die ihm zusagte) – ein Erlebnis, das sicherlich dazu beitrug, daß er seinen Sohn während seiner ganzen Entwicklungsperiode übereifrig zu beschützen versuchte. Er erkannte Thorntons Begabung, aber für ihn mußte sie beschützt werden; für unsere Mutter mußte sie gefördert werden.

Der erstaunliche Erfolg der *Brücke* verdarb Thornton nicht, aber bis zu einem gewissen Grade kann man behaupten, daß er sein Leben ruinierte. Wie ich im Vorwort zur *Alkestiade* schrieb: »...belastete er ihn mit einem lästigen Pack von Vergünstigungen, Ehren, Privilegien... die ihr Gegengewicht fanden in einem Verlust der Privatsphäre und in Gefahren für Körper, Seele und Geist.« Ebenso brachte er aber auch »glänzende Gelegenheiten«. Im Jahre 1932 erhielt er von Katherine Cornell und ihrem Mann, dem Regisseur Guthrie McClintic, den Auftrag, André Obeys *Le Viol de Lucrèce* zu übersetzen. Trotz Miß Cornells und ihres in sie vernarrten Publikums war das Stück kein Erfolg, als es in New York aufgeführt wurde. Im Jahre 1937 bat der hervorragende Regisseur Jed Harris Thornton, eine neue englische Übersetzung von *Nora oder Ein Puppenheim* für die Schauspielerin Ruth Gordon zu adaptieren; es wurde ein Triumph für alle Beteiligten.

Für seinen dritten Roman hatte Thornton wieder aus seiner Kenntnis der antiken Welt geschöpft und als Schauplatz für *The Woman of*

14

*Andros* (1930; dt.: *Die Frau aus Andros*, 1931) die griechische Insel dieses Namens gewählt. Sein vierter Roman, *Heaven's My Destination* (1934, dt.: *Dem Himmel bin ich auserkoren*, 1935) war seine Antwort auf den von einigen Seiten geäußerten Vorwurf, er weigere sich, amerikanische Themen zu behandeln. Mehrere Vorlesungstourneen durch die Vereinigten Staaten hatten ihm das Material geliefert, das er brauchte, um diesen Roman zu schreiben.

Seine dreißiger Jahre hatten mit einem Höhenflug begonnen, der ungebrochene Schwung der zwanziger Jahre hielt die vier Hauptinteressen, die seine Aufmerksamkeit Jahr für Jahr in Anspruch nahmen, in einem günstigen Gleichgewicht zusammen: Schreiben und das Theater, Lehren, Lesen und Musik. Er verdiente seinen Lebensunterhalt mit den ersten beiden und erhielt ständig Nahrung aus dem dritten und vierten. Er war sein Leben lang ein begieriger Leser – in mehreren Sprachen – gewesen. Und im Alter von zehn Jahren war er schon verrückt nach Musik. Für Thornton war Musik keine Nebensächlichkeit, die man oberflächlich oder als Opiat hinnahm. Mutter wußte, daß sein Interesse ermutigt werden mußte. Die St. Mark's Episcopal Church, die etwa zweieinhalb Häuserblocks von unserer Congregational Church in Berkeley entfernt war, hatte um diese Zeit einen für eine so kleine Kirche ausgezeichneten Organisten und Chormeister, und Thornton hatte entdeckt, daß man einen Jungen brauchte, der den Orgelbalg trat, wenn der Organist übte. Damals bestand Vater in Hongkong darauf, daß er, obwohl es mindestens acht Wochen dauerte, bis man Antwort auf einen Brief bekam, in allen großen und kleinen Angelegenheiten konsultiert wurde, die die religiöse und weltliche Erziehung seiner Kinder betrafen. Es fehlte jedoch die Zeit, seine Zustimmung zu diesem wichtigen Schritt einzuholen. Als Mutter zufällig den Pfarrer von St. Mark's traf, wagte sie zu fragen, ob Thornton Chorknabe werden könne. Es fügte sich alles wie gewünscht, und für Thornton wurde die Vereinbarung getroffen, daß er die Sonntagsschule fünf Minuten früher verlassen durfte, so daß er nach St. Mark's laufen, ein kleines weißes Chorhemd (das unser Vater *heidnisch* gefunden hätte) überstreifen und fröhlich singend den Mittelgang der Kirche hinunterschreiten konnte. Neun Wochen später erhielt Mutter einen unschlüssigen, nicht ganz zustimmenden Brief von Vater, aber sie beachtete ihn nicht. So begann Thorntons Vertrautheit mit der Kirchenmusik und seine Liebe zu ihr. Der Organist wußte Thorntons Durst nach Musik und Wissen allgemein zu schätzen und ließ ihn ein wenig an der Orgel üben. Wir haben eine schöne kleine harfenförmige Nadel aus Gold mit den Initialen »T. N. W.«, die er später für zwei Jahre vorbildlichen Dienstes erhielt. Er brachte sich selbst das Notenlesen und Klavierspielen bei. (In Eintragung 725 berichtet er, daß er die Sonaten Beethovens und Schuberts kennenlernte, indem er selbst »an ihnen herumfummelte«.) In späteren Jahren waren Musiker erstaunt, wenn sie entdeckten, daß sie mit ihm sprechen konnten wie mit einem Musikwissenschaftler. Die Veröffentlichung eines Buches oder die Aufführung eines Stücks zog ihn in die professionelle Welt des Verlagswesens und des Theaters. Das Unterrichten begrub ihn auf dem Gelände der Universität.

Denn während seiner ganzen Tätigkeit als schöpferischer Romancier und Dramatiker vergaß Thornton nicht seine Berufung als Lehrer. Sein ehemaliger Klassenkamerad in Oberlin und Yale, Robert Maynard Hutchins, der in sehr jungen Jahren Rektor der University of Chicago wurde, hatte es nicht schwer, Thornton 1930 dazu zu überreden, an seine Fakultät zu kommen. In sechs aufeinanderfolgenden Jahren war es für ihn ein sehr befriedigendes Erlebnis, jeweils zwei von vier Quartalen zu lehren: diese Aufgabe bereitete ihm Freude, er gab sein Bestes und sagte später, die Zeit in Chicago sei – obwohl sie in mancher Hinsicht schwer war – wahrscheinlich die glücklichste seines Lebens gewesen.

Das Jahr vor dem Beginn dieser *Tagebücher*, 1938, brachte sowohl ein Hoch als auch ein Tief in der Karriere meines Bruders als amerikanischer Dramatiker. Im Januar erzielte er einen echten Treffer mit *Our Town* (dt.: *Unsere kleine Stadt*, 1944), einem Stück, das noch heute in der ganzen Welt aufgeführt wird. Es hatte als Theaterstück den gleichen Erfolg wie *Die Brücke von San Luis Rey* als Roman, und genau zehn Jahre, nachdem ihm *Die Brücke* den ersten Pulitzerpreis eingetragen hatte, erhielt er den zweiten für *Unsere kleine Stadt*. Er war somit der erste Autor, der den Preis für zwei verschiedene Literaturgattungen bekam.

Doch bevor das Jahr zu Ende ging, im Dezember, kam das Tief. Thornton schrieb sein Stück *The Merchant of Yonkers* für den berühmten österreichischen Theaterregisseur Max Reinhardt, dessen Karriere er in deutschen Zeitungen und Zeitschriften jahrelang etwa mit der gleichen gründlichen Aufmerksamkeit verfolgt hatte, die er, wie die *Tagebücher* zeigen, Lope de Vega und James Joyce widmete. Daß Thornton den großen Mann schließlich kennenlernte und daß sich Reinhardt bereit erklärte, *The Merchant of Yonkers* zu inszenieren, war beinahe unglaublich, ein Traum, der in Erfüllung ging. Die in die Reinhardt-Inszenierung gesetzten hohen Erwartungen machten ihren eklatanten Mißerfolg zu einem besonders bitteren traumatischen Erlebnis.

16

Dies war die eine Periode in der Laufbahn meines Bruders, in der er tief betroffen und verletzt war durch das ablehnend-kritische Urteil des Publikums – und er litt in diesem Fall größtenteils nicht um seiner selbst, sondern um Reinhardts willen.

Natürlich erwies sich das Stück zuletzt als das, was Thornton erhofft hatte. Im Jahre 1954 wurde der Text revidiert und umgeschrieben (wovon wiederum in diesen *Tagebüchern* ausführlich berichtet wird), und die Verlagerung des Hauptgewichts von der führenden Männerrolle – dem Kaufmann – auf die führende Frauenrolle – Dolly Gallagher Levi – spiegelte sich in dem neuen Titel *The Matchmaker* (dt.: *Die Heiratsvermittlerin*) wider. Mit Ruth Gordon als Star wurde die Farce beim Edinburgh Festival 1954 warm aufgenommen. Sie war noch erfolgreicher, als sie im darauffolgenden Jahr am Broadway herauskam, und erreichte noch größere Höhen des öffentlichen Beifalls: als die Musical-Komödie *Hello, Dolly!* Mit Carol Channing in der Titelrolle brach sie damals alle Rekorde und war das am längsten aufgeführte Musical in New York.

Thornton sagte einmal von sich selbst: »Das Wertvollste, was ich geerbt habe, ist ein Temperament, das sich nicht gegen die Notwendigkeit auflehnt und sich ständig in der Hoffnung erneuert.« (Eine Anspielung auf Goethes großes Gedicht über das Problem des menschlichen Schicksals: »Urworte. Orphisch.«) Bei einer anderen Gelegenheit beschrieb er sich in seinen jungen Mannesjahren als »eine Art Schlafwandler, nicht ein Träumer, sondern einer, der sich selbst belustigt«. Er war nie ohne ein Repertoire von fesselnden Hobbys, Neugierden, Forschungen und Interessen. Als er älter wurde, behielt er die Gewohnheit bei, wurde aber mit Recht wählerischer. Sein jeweiliges Interesse – auch wenn es um das Schreiben ging – entsprang oft einer plötzlichen Begeisterung, die inspiriert wurde von einem Konzert, einem Vortrag, einem Theaterstück, einem Gespräch oder einem Buch auf beinahe jedem Gebiet der Weltliteratur, das er gerade gelesen hatte.

In der Hoffnung, eine bessere Kontrolle über seine Interessen zu gewinnen, seine »Vorstellungen in geschriebene Abschnitte einzuspannen« (wie er es in der allererster Eintragung in diesem Buch ausdrückt), begann er, sein Tagebuch zu schreiben. Ich denke, es war für Thornton nicht nur ein Notizbuch, in das er schrieb: es war mehr wie ein Ort, an den er sich zurückzog. Es hatte eine Tür, die er öffnete und nach dem Eintreten hinter sich schloß, so daß ein Drinnen und Draußen entstand. Er ließ das Tagebuch sorglos herumliegen, auf dem Schreibtisch, auf einem Stuhl – oft hob ich es vom Boden auf, auf den es, vielleicht von der Couch herunter, gefallen war. Thornton dachte nicht daran, es zu verstecken. Er sagte nie, daß wir es nicht lesen sollten. Er sprach von ihm wie von einem Menschen oder jedenfalls einem lebendigen Geschöpf.

Manchmal, wenn wir länger um den Eßtisch saßen, sagte Thornton: »Ich muß gehen und es dem Tagebuch erzählen.« Ich denke, es war für ihn auch eine Art Gesellschaft. Lope, Finnegan, Gertrude sprachen zu ihm. Er sprach zum Tagebuch; aber ich kann nicht glauben, daß es nur ein Gespräch in einer Richtung war. Wenn er – oh, so lange ist es her – in diesen schön gebundenen Heften schrieb, aus denen er ganze Fäuste voll Seiten riß, die er wegwarf, brachte er die Reste oft mir. Er hatte recht: es war noch viel Papier von bester Qualität übrig. Einmal, erinnere ich mich, war der Einband aus marmorierter Pappe so schön, daß er mich an eine Muschel erinnerte, die man ans Ohr halten konnte, um die ferne Brandung zu hören. Ich dachte mir: versuch es. Vielleicht ist darin das blasse Echo der Via Veneto oder des Windes in den Pinien der Gärten der Borghese oder des Kratzens von Thorntons Feder oder seiner Stimme, die zu seinem Zwillingsbruder spricht. Aber leider hörte ich nicht das leiseste Murmeln.

Ja, für Thornton spielte das Tagebuch viele Rollen. Und der Beweis läßt sich, so massiv er auch an Form und Gewicht ist, auf keiner bekannten Waage wägen – nicht einmal auf den überempfindlichen, auf die die Diamantenhändler versessen sind.

Thornton las uns daheim oft seine entstehenden Arbeiten und die Briefe vor, die er geschrieben oder bekommen hatte, aber er las nie etwas aus dem Tagebuch. Wie sehr bedaure ich, daß er »es« nicht regelmäßiger »dem Tagebuch erzählte«. Von all seinen faszinierenden Einsichten in die Dramen Shakespeares wurden nur die Eintragung über Parolles (Nr. 763) – und eine andere Untersuchung, die hier nicht abgedruckt ist – niedergeschrieben. Ich bin enttäuscht, weil ich keine Berichte über seine Gespräche mit Gertrude Stein und nichts von vielen seiner glühend verteidigten Theorien finde (an die er aber vielleicht nicht immer so ganz aufrichtig glaubte). Die Vorwürfe, die er sich selbst machte, weil er sich nicht ernsthafter dem Tagebuch widmete, sind in einigen Eintragungen festgehalten, und ich glaube, wir müssen dankbar sein, daß er doch noch so viel niedergeschrieben und aufbewahrt hat. Gewiß fand Thornton das Tagebuch unschätzbar wichtig (und er fertigte auch eine grobe Inhaltsangabe an). Daß er die Eintragungen, die wir besitzen, nicht vernichtete, zeigt, daß er wollte, daß sie gelesen werden.

Es gibt einige Aufzeichnungen, die in dieser Auswahl nicht enthalten sind und die Thorntons Absichten in bezug auf das Tagebuch klären.

11. NEW YORK, 21. FEBRUAR 1940. Über dieses Tagebuch.
Ich begann dieses Tagebuch zu führen, um mein Denken zu disziplinieren... Ich hatte schon lange bemerkt, daß meine Gedanken über ein gegebenes Thema (mein Urteil über ein Kunstwerk und mein Versuch, ein solches Urteil zu begründen) in Konfusion endeten oder entgleisten oder eine trügerische Ausarbeitung erfuhren, die imstande war, den Nichtdenkenden zu blenden (und doch zu verwirren), mir aber Verzweiflung und Selbstverachtung verursachte...

Meine Besorgnis wegen meiner Irrtümer führte mich allmählich dahin, dem »Denken« anderer Aufmerksamkeit zu widmen, besonders im Gespräch und bei Vorträgen (da ich selten etwas anderes lese als ausgezeichnete Bücher, war meine Beobachtung des »Denkens« darin mehr in Gefahr, mich zu dem Fehler irregeleiteter Nacheiferung zu verleiten), und mir wurde bewußt, daß abgesehen von Gertrude [Stein] niemand sehr gut »laut dachte«.

Ich sah bald, daß die Praxis der Reflexion allein – selbst auf den langen Spaziergängen, die mir zwanzig Jahre lang alles gaben, was in dieser völlig anderen Tätigkeit, der imaginativen Komposition, mein Bestes ist – für mich fruchtlos sein würde. Bei meinem Versuch, vom gelegentlich gestatteten *aperçu* zu einer gewissen *suite* in meinen Gedanken überzugehen, würde ich eine strengere Methode brauchen; und dafür wären geschriebene Worte nötig, geschriebene 1. um der Präzision willen, 2. um bloße Wortmosaike und Selbsttäuschung zu verhindern, 3. um die Vorstellungen zu einem System zu vereinen, 4. um eine Gewohnheit und eine Beziehung zwischen Denken und Schreiben zu schaffen, und 5. um aus diesen Aufzeichnungen ein Reservoir an stärker kodifizierten Ideen zu gewinnen, auf die ich die Urteile gründen kann, die im Gespräch so oft von mir verlangt werden...

Meine Hoffnung ist, daß ich von diesen Übungen zur Fähigkeit fortschreiten kann nachzudenken, ohne zu schreiben, und die Kraft aufzubauen, bei den tausend Gelegenheiten des täglichen Lebens, »besonnen« zu denken.

24. NEW HAVEN, 21. MAI 1940. Über den spontanen Drang zu schreiben.
Ich habe den instinktiven und durch Gewohnheit ausgebildeten Drang, in jedem freien Augenblick des Tages nach einem Buch zu greifen und zu lesen: teils geistige Tätigkeit, teils Gewohnheit, teils Flucht (d. h. Auslöschung der Welt um mich her und meiner selbst).

Wie wichtig wäre es, wenn ich diesen Drang zu einem entsprechenden *zu schreiben* umerziehen könnte. Dieses Tagebuch ist ein Versuch einer solchen Umerziehung.

... Es ist nicht dasselbe wie »Arbeiten« – ... seine Farbe ist wahrscheinlich Lebhaftigkeit und Stimulierung. Es ist näher verwandt mit der Konversation als mit der Literatur.

Seine besonderen Vorzüge sind, daß es den Charakter der Improvisation und uneigennützigen Vertiefung in die Objekte hat. Es ist weit entfernt von der Arbeit derer, die viel schreiben um des Geldes willen oder aus Ehrgeiz oder um eine einzige oder mehrere ähnliche Sachen zu fördern.

Ich brauche nicht im einzelnen alle Vorteile eines solchen Tagebuchs durchzugehen (die Übung im präzisen Denken, die Ansammlung einer zusammenhängenden Grammatik der »Reflexionen« – Vorteile, die mir immer klarer werden, nicht nur für diese stets gegenwärtige Bürde, die tägliche Konversation): das Wichtigste ist dieser (leider!) langsame Erwerb der Zuflucht zum Schreiben . . .

441. SS.»Media«, Mitt-Ozean, 4. Mai 1950. Über dieses Tagebuch.
Es scheint mir, daß ich nun verstehe, warum ich immer gezögert habe, diesem Tagebuch eine große Vielfalt von Dingen anzuvertrauen, die die Substanz der meisten Tagebücher bilden. Hier gibt es, beispielsweise, keine Beschreibungen der Zeremonien der Karwoche in Valladolid; keinen Bericht über die Gespräche mit den Max Beerbohms; über das Wochenende in Notley [Abbey][1] und die Partys bei Sibyl [Colefax]. Größtenteils gibt es auch keine Kommentare zu den Büchern, die ich gelesen, oder zu den Stücken, die ich gesehen habe. Heute morgen habe ich gerade Graham Greenes *Das Herz aller Dinge* beendet, und ich habe mich gefragt, warum ich keinen Drang verspüre, die vielen Überlegungen niederzuschreiben, die sich mir während der Lektüre aufdrängten.
Mein Instinkt war richtig: nichts Statisches darf auf diesen Seiten erscheinen (mit der gelegentlichen Ausnahme von gewissem Material, das ich hier aus reiner Bequemlichkeit abschreibe – wie die Daten über Lope . . . und gelegentlichen Zitaten aus meiner Lektüre). Diese Aufzeichnungen sind Ausgangspunkte, nicht Feststellungen. Dieses Tagebuch . . . ist mein Versuch nachzuahmen, was ich für den Prozeß der »Reflexion« Gertrude Steins halte.
Gewiß, der Anblick der Festlichkeiten in Valladolid löste manche Reflexionen aus . . .; in unterschiedlichem Grade werden Reflexionen durch sehr viele Dinge um mich her hervorgerufen, aber ich glaube, ich kann diejenigen, die die Potentialität einer erweiterten subjektiven Ausarbeitung meinerseits – und damit Material für dieses Tagebuch – enthalten, von solchen unterscheiden, die sich nach kurzem Flug zur Ruhe niederlassen . . .
Dieses Tagebuch ist also nur Verwahrungsort für Ideen, die sich *bewegen* und *sammeln*, die versprechen, mich mit größerer Ausdehnung und Definition zu belohnen, wenn ich sie hier notiere, die *lawinenartig anwachsen*. Was ich mir allenfalls als statische Idee niederzuschreiben erlauben darf, ist eine, die mir als solche gerade kam und eben durch den Schock ihrer Neuheit ihre Anwendung und ihre Konsequenzen zu enthüllen verspricht.
Da ich also alle Beschreibungen scheue, alle »Buchbesprechungen« (es sei denn, sie führen, wie die Notizen zu *Die Flügel der Taube*[2], zu allgemeinen Empfindungen, die weit über die bloße Besprechung hinausgehen), bin ich imstande, mich davor zu hüten, hier nur »Eindruck« zu machen, zur Schaustellung, für die »Leserschaft« zu schreiben.
Gerade diese Eintragung veranschaulicht, was ich sage: sie hat eine Schwie-

1 Dem Wohnsitz von Laurence Olivier und Vivien Leigh auf halber Strecke zwischen London und Stratford.
2 Siehe Eintragungen 431 und 434 (25. Februar und 3. März 1950)

rigkeit beseitigt (meinen unklaren Selbstvorwurf, daß ich mich hier nicht über die Sehenswürdigkeiten dieser letzten Monate »ausgelassen« habe); sie hat eine Absicht klarer herausgearbeitet (den Zweck dieses Tagebuchs), und sie hat eine neue Korallenperle diesem ständig wachsenden Atoll hinzugefügt: Warum man schreibt und was man schreibt.

Es gab jedoch Zeiten, in denen Thornton schwere Zweifel hinsichtlich der Brauchbarkeit des Tagebuchs für sein *kreatives* Schreiben hegte. Er drückte sie, zum Beispiel, in Eintragung 702, Hôtel Thermes Sextius, Aix-en-Provence, 7. Dezember 1954, *The Alcestiad*, aus:

»Ich glaube, daß die Praxis des Schreibens in diesem Tagebuch . . . die laufenden Berichte über mein Tasten, mein Zögern etc. bei der Niederschrift dieser Stücke [*The Alcestiad* und »The Martians«] unklug war. Sie erhöht das Element, das ich die Schwierigkeiten genannt habe . . . Eine Methode, die für die exakten Naturwissenschaften (und vielleicht für die Philosophie selbst) fruchtbar ist, ist schädlich für das Spiel der Phantasie, für das Erscheinen des bedeutsamen Symbols; das sich entwickelnde Symbol gleicht einer mit vielen Fühlern ausgestatteten »Nymphe« und sucht, greift aus, *tâte*, tastet weite Assoziationsfelder ab, um seinen Ausdruck im Bild zu finden. Diese *tâtonnements* niederzuschreiben, bringt die Gefahr mit sich, eine der vorübergehenden Phasen, einen der falschen Ansätze, zu früh konkret zu »fixieren« und damit die weiteren zu hemmen.

Dieselbe Einstellung spiegelt sich ein Jahr später in der Eintragung 713 wider. Aber die Tatsache, daß er das Tagebuch weiter für diese Art von *tâtonnements* benutzte, scheint darauf hinzuweisen, daß er schließlich seine Zweifel überwand: die »vorübergehenden Phasen und falschen Ansätze«, die zu den späteren Einaktern führten, sind der Gegenstand vieler der letzten Eintragungen im Tagebuch.

Die Einladung der Harvard University, im akademischen Jahr 1950–51 als Charles Eliot Norton-Professor für Poesie tätig zu sein, war für Thornton eine angenehme und schmeichelhafte Überraschung. Außerdem war ihm der Zeitpunkt genehm. Die Pflichten waren klar definiert: eine Reihe von nicht weniger als vier öffentlichen Vorlesungen sollte in einem gemeinsam vereinbarten Zeitraum gehalten werden, und er konnte das Thema aus seinen besonderen Interessengebieten wählen. Man erwartete, daß er während seiner begrenzten Amtsdauer in Cambridge wohnte und feste Stunden für Besprechungen mit Studenten ansetzte. Die Vorlesungen sollten von der Harvard University Press veröffentlicht werden.

Diese Norton-Vorlesungen boten Thornton zwei Gelegenheiten, für die er sich bereit fühlte: eine zeitlich begrenzte akademische Ernennung ohne Lehrverpflichtung und die Chance, unter kongenialen Bedingun-

21

gen ein Buch zu schreiben – eines, das er eines Tages einmal zu schreiben gehofft hatte, und sei es nur zu seiner eigenen Befriedigung. Unter dieser neuen Verpflichtung würden sowohl die Herausforderung des Buches als auch die Chance, es zu beenden, größer sein. Sein Thema sollte das amerikanische literarische Erbe sein, für seine Vorlesungen wählte er Melville, Whitman, Thoreau, Poe und Emily Dickinson.

Da er Junggeselle war, bot man ihm Unterkunft in einer Fellow-Wohnung in einem der Wohnheime der Universität an. Er plante, Anfang Oktober nach Cambridge zu übersiedeln und seine Norton-Vorlesungen während des ersten Quartals zu halten, das bis in den Januar hinein dauerte. Er verbrachte einige glückliche Monate mit der Vorbereitung auf seine »Pilgerfahrt nach Cambridge«. Aber dann wurden seine sorgfältigen Pläne durchkreuzt. Im Spätsommer, kurz vor Beginn der Vorlesungen in Harvard, erhielt Thornton einen Eilbrief, in dem er gebeten wurde, einen vollständigen Kurs über den Roman zu halten. Er sollte zu den Norton-Vorlesungen parallel laufen, aber das ganze College-Jahr dauern. Man wandte sich in einer Notlage an ihn, und eine unverzügliche Antwort wurde erbeten.

Thornton sagte später einmal zu einem Interviewer des *Time*- Magazins, die Inschrift auf seinem Grabstein werde lauten: »Hier ruht ein Mann, der entgegenkommend zu sein versuchte.« So betrachtete er es nun als beinahe selbstverständlich, daß er diese zusätzliche Lehrverpflichtung, die ihm nicht lag, übernehmen mußte. Natürlich fühlte er sich geehrt – wie es sich für einen Sohn Elis gehörte! –, aber schon bevor er nach Cambridge übersiedelte, hatte er insgesamt vierundfünfzig Verpflichtungen, bei Mittagessen, Tees und Dinners zu sprechen, in seinem Kalender stehen, die Norton-Vorlesungen nicht mitgerechnet. Die Einladungen strömten herein, sobald seine Berufung bekanntgemacht worden war (und Thornton stöhnte das ganze Jahr über die Bürde, diese und dazu alle anderen Briefe beantworten zu müssen). Er nahm die meisten Einladungen brav an, weil er den Eindruck hatte, daß dies ein notwendiger Aspekt der Stellung war, die er zu bekleiden hatte.

Innerlich lehnte er sich jedoch auf, und er hegte einen wachsenden Groll gegen den Preis, den Harvard forderte. In seinem Gefühl, schlecht behandelt zu werden, wurde er noch bestärkt, als er in Cambridge ankam und feststellte, daß seine Wohnung im Dunster House – im Gegensatz zu denen von Freunden, die Fellows in den Yale Colleges waren – klein und nicht geeignet war, mehr als einige Studenten auf einmal zu empfangen. Wie er es in einem Telegramm an uns in New Haven ausdrückte, hatte er »nicht einmal Platz für die Flasche Rum mit

Sirup«. Die Erholungspause der Weihnachtsferien in der Sonne Floridas half ihm, bis März durchzuhalten. Dann aber brach er mit einem Bandscheibenvorfall zusammen. Er verbrachte vier Wochen im Massachusetts General Hospital und noch einige Wochen im Rollstuhl in einer Suite in einem Hotel in Cambridge, wo er Pflege haben konnte. Dort besuchten ihn Studenten und der vertretende Dozent, der seine Romanklasse übernommen hatte. Mitte Juni war er so weit wiederhergestellt, daß er ein Ehrendoktorat entgegennehmen und als Hauptsprecher bei der jährlichen Feier der Verleihung akademischer Grade in Harvard auftreten konnte. Obwohl er noch leidend war, gelang es Thornton, eine großartige, viel bewunderte Ansprache zu halten. (Es war die Zeit der sogenannten »schweigenden« Generation, die auch eine steigende Flut ruheloser, rebellischer und unglücklicher junger Menschen darstellte.)

Thornton brauchte lange, um zu genesen. Das Tagebuch berichtet von seinem Kampf, seinen Verpflichtungen gegenüber der Harvard University Press nachzukommen und das Buch seiner Norton-Vorlesungen zu beenden. Um die Mitte dieses Vorlesungsjahres hatte er geschrieben:

491. Columbia University Club, New York, 9 Uhr Vorm.,
    Samstag, 30. Dezember 1950. Arbeitsplan.
[Meine Kollegen X und Y] . . . haben Form – glattes Vortragsgeschick –, während alles, was ich habe, schlechte Logik, schlechte Übergänge und alle Mängel unvollständiger Umsicht und schlechter Verarbeitung sind. Laßt mich jedoch schamlos bleiben: *du courage*; laßt mich darauf vertrauen, daß ich einige gute Ideen habe und daß die Praxis, gute Ideen zu entdecken, die Kanäle zu noch besseren Ideen öffnet und daß mit genug besseren Ideen – wirklich fruchtbaren, produktiven, Blätter treibenden Einsichten – meine Ungeschicktheit des Vortrags etwas anderem Platz machen wird: der Entdeckung *meiner* Form, meiner Art, meine Vorstellungen auszudrücken. Was für eine Art das sein wird, weiß ich nicht, aber sie wird nicht dem ähneln, was wir überall als den »kritischen Essay«, den »Artikel« sehen.

Für all das muß das Tagebuch als Verwahrungsort dienen, als Versuchsflug, als Schule des Schreibens, als *four* – Backofen, Schmelzofen. Ich bin ihm schon ungeheuer dankbar. Ich werde nie ein guter Vortragender sein, kann es auch gar nicht wollen, noch kann ich mir jetzt vorstellen, was ein guter Vortragender wäre (wenn man wirklich gute Ideen hätte, wäre das der schlechteste Gebrauch, den man von ihnen machen könnte, und er wäre entsetzlich schädlich für den Vortragenden). Aber daß ich mein Auftreten in der neuen Lecture Hall nicht verachte, ist allein der Tatsache zu danken, daß ich mehr wußte, als ich sagte; daß das, was ich sagte, einem *fumier* von Gedanken und gesammelten Beobachtungen entsprang – die nicht alle hier versammelt, aber hier teilweise organisiert und objektiviert waren und hier die Gelegenheit hatten zu wachsen und sich auszuweiten. Das einzig Interessante an einer Idee, der einzige Spaß, die einzige

Beruhigung ist ihre Potentialität, sich selbst zu reproduzieren, ihre eigenen unerwarteten Entwicklungen zu enthüllen, ihre Folgeerscheinungen, weiteren Beziehungen, ihren *Gestaltungstrieb.*

Es wäre leicht genug gewesen, das Buch zu beenden, wäre Thornton bereit gewesen, die Vorlesungen so drucken zu lassen, wie sie gehalten wurden. Aber er war der entschiedenen Ansicht, daß sich für die Lektüre bestimmte Essays radikal von formellen Ansprachen unterscheiden müßten. Er wollte, daß sie »zugleich gehaltvoll und leicht« seien. In Eintragung 722 drückt er es so aus: »...Ich fühle, wie mein Instinkt ständig diese Unterbrechungen des Arguments von mir verlangt – den dramatischen Dialog mit den unruhigen Mitgliedern der Zuhörerschaft, zum Beispiel, die verhindern, daß das Buch als eine weitere sozioliterarische Abhandlung gelesen und eingeschätzt wird.« Es gelang ihm, drei Vorlesungen als Essays zur Veröffentlichung im *Atlantic* umzuschreiben, aber er plante weitere, noch drastischere Revisionen. Das Tagebuch verfolgt die Entwicklung seiner Ideen darüber, was das Norton-Buch sein sollte, und zeigt, daß er daran dachte, Essays über Hawthorne und Emerson hinzuzufügen (siehe Eintragung 596). Ich versuche manchmal, mir vorzustellen, wie »American Characteristics« (diesen Titel wollte Thornton dem Norton-Buch geben) ausgesehen haben würde – mit den eingeschobenen Essays, Zwischenspielen und Laienpredigten, das Ganze, wie Thornton hoffte, »in irgendeiner Luxusausgabe« auf rosa oder blauem Papier gedruckt. Er hatte sicherlich recht, wenn er meinte, das Buch wäre für den Leser ebenso verwirrend wie spaßig gewesen!

Aber der Drang zur imaginativen Komposition nach der langen Periode der Kritik erwies sich als zu stark: das Norton-Buch machte anderen Projekten Platz: der »Oper«, der *Alkestiade,* der Verwandlung des *Merchant of Yonkers* in *Die Heiratsvermittlerin* und schließlich den verschiedenen Einaktern, deren Planung und Entwicklung auf diesen Seiten in vielen Einzelheiten aufgezeichnet sind. Es ist eine bittere Ironie, daß »American Characteristics« nie vollendet wurde.

Zu *The Emporium* (Das Kaufhaus), von dem hier zum erstenmal zwei Szenen gedruckt werden, ist zu sagen: Thornton war stolz darauf, daß keines seiner vier großen Dramen nur ein gewöhnliches Theaterstück ist: jedes erfordert, daß seine Leser ihm eine eigene Dimension verleihen. Und als Thornton sie schrieb, suchte er für jedes Hilfe. Seine eigenen Einakter »Pullman Car Hiawatha« und »The Happy Journey to Trenton and Camden« waren die nötigen Vorarbeiten für *Unsere kleine Stadt* und *The Skin of Our Teeth* (dt.: *Wir sind noch einmal davonge-*

*kommen*). »The Emporium« wurde nicht vollendet, weil er nie, bei Kafka oder Kierkegaard oder Gertrude Stein, ganz das äußere Element fand, das es ihm ermöglicht hätte, das Ganze zusammenzutragen. Er schrieb einmal über sich selbst (in »On Drama and the Theater«): »Manche Künstler würden lieber an einem Oratorium scheitern als mit einer Ballade Erfolg haben.« Die Tagebücher zeigen, daß »The Emporium« und das Buch der Norton-Vorlesungen in der Form, die Thornton ihnen zu geben hoffte, zweifellos zu den »Oratorien« gehörten.

Spät in der Nacht in Deepwood Drive 50 (wir nannten es »das Haus, das *Die Brücke* baute«) wachte ich einmal auf, und da ich Licht unter der Tür meines Schlafzimmers sah, stand ich auf und ging hinaus. Im ganzen Haus war kein Laut zu hören. Ich blickte den Korridor hinunter zu Thorntons Zimmer. Die Tür stand offen, und er war nicht da, aber unten im Erdgeschoß brannten die Lichter. Ich ging ein Stück die Treppe hinunter und sah Thornton im Wohnzimmer, wo er vor den Büchern auf und ab ging, die in den Regalen an der Westwand standen. Das waren die Bücher, die unseren Eltern gehört hatten, und er kannte sie alle gut. Seine eigenen waren oben in seinem Arbeitszimmer. Er fuhr mit der Hand leicht über die Buchrücken. Als er mich hörte, drehte er sich um und sah zu mir herauf. Ich fragte: »Thornton, brauchst du etwas?« Er antwortete: »Nein. Ich suche nur . . . ich suche ein Buch, das nicht geschrieben worden ist.«

Ich erinnere mich gern an diesen Anblick meines Bruders – eine der zahllosen Rollen des Films seines Lebens, wie ich es kannte und mehr als siebzig Jahre mit ihm teilte, bei diesem bestimmten Bild im Projektor eingefroren. Es ist so charakteristisch für ihn und seine Einstellung zum Leben und spiegelt sich in seinem Werk beinahe vom Anfang bis zum Ende – in der Erde, die sich im ersten Abschnitt der *Frau aus Andros* um ihre Achse dreht, im Rad-Motiv, das er in »The Emporium« einführte, und schließlich in den Worten, die er in *The Eighth Day* (dt.: *Der achte Schöpfungstag*) Dr. Gillies in den Mund legte:

»Die Natur schläft nie. Der Prozeß des Lebens steht nie still. Die Schöpfung ist noch nicht zu Ende. Die Bibel sagt, daß Gott den Menschen am sechsten Tage schuf und dann ruhte, aber jeder dieser Tage war viele Millionen Jahre lang. Der Ruhetag muß kurz gewesen sein. Der Mensch ist nicht das Ende, sondern der Anfang. Wir stehen am Beginn der zweiten Woche. Wir sind Kinder des achten Schöpfungstages.«

Isabel Wilder

# Anmerkung des Herausgebers

In dem Manuskriptmaterial, das Thornton Wilder hinterließ – und das sich jetzt unter seinen Papieren in der Collection of American Literature der Beinecke Rare Books and Manuscript Library der Yale University befindet –, gibt es mehrere Gruppen von Tagebucheintragungen aus den Jahren 1912, 1916–1917, 1922–1933, 1939–1941 und 1948–1961 und zwei kurze Notizen aus dem Jahre 1969. Einige Eintragungen vor 1939 und nach 1961 wurden vom Autor vernichtet.

Die meisten Eintragungen aus der Periode 1912–1933 sind entweder täglichen Ereignissen und Verpflichtungen oder frühen Entwürfen der Schriften Wilders gewidmet. Die Eintragungen von 1939 bis 1941 (51 Manuskriptseiten) und die große Serie von 1948 bis 1961 (539 Manuskriptseiten) sind die Quelle der vorliegenden Auswahl, die etwas mehr als ein Drittel des Materials von 1939 bis 1961 ausmacht. Im allgemeinen wurde folgendes ausgeschlossen: die meisten Abschnitte der Introspektion und Selbstanalyse einschließlich der Träume; Entwürfe und Anmerkungen zu veröffentlichten Essays und Vorträgen; die meisten Kopien von Material anderer Autoren einschließlich der Briefe, die an Wilder adressiert waren – zum Beispiel von Sibyl Colefax und Albert Schweitzer.

Wenn ich auch durchwegs das Ziel verfolgte, Wilders Manuskript genau so wiederzugeben, wie er es schrieb, habe ich es doch ein wenig bearbeitet. Ich habe stillschweigend orthographische oder grammatikalische Fehler und gelegentlich irrtümliche Verweise korrigiert; ich habe die meisten Abkürzungen und Zusammenziehungen und Zahlen im Text voll ausgeschrieben; ich habe den Gebrauch von Bindestrichen, Anführungszeichen und Kursivschreibung vereinheitlicht und die Zeichensetzung berichtigt. Wilder verwendet eine Reihe von Punkten oder Gedankenstrichen, um ein Zögern, eine Suche nach dem richtigen Wort anzudeuten. Ich habe statt der Punkte eine Reihe von vier Gedankenstrichen gesetzt, um solche Pausen von meinen eigenen Auslassungen zu unterscheiden (und selbstverständlich Wilders Gebrauch von drei Punkten zur Andeutung von Auslassungen in Zitaten beibehalten). Wilder verwendet abwechselnd eckige und runde Klammern. Ich habe durchgehend runde Klammern gesetzt – außer in Zitaten – und eckige Klammern verwendet, um von mir hinzugefügtes Material zu kennzeichnen. Dazu gehören auch ausgelassene Wörter, denen ein Fragezeichen folgt, wenn sie nicht eindeutig aus dem Kontext abgeleitet werden können. Wilder markiert seine Fußnoten unterschiedlich. Ich habe die üblichen Symbole gebraucht (*, ** etc., wenn sich mehr als eine Fußnote auf einer Seite befindet); meine eigenen Fußnoten wurden mit arabischen Ziffern gekennzeichnet. Wilder gebraucht für Titel abwechselnd Anführungsstriche und Unterstreichung (Kursivschreibung). Ich habe Anführungsstriche für unveröffentlichte Arbeiten und für Essays, Vorträge und als Teil von Büchern veröffentlichte Stücke verwendet und die Kursivschreibung den Titeln von als Ganzes veröffentlichten Werken vorbehalten.

Wilder beginnt eine typische Tagebucheintragung mit einer Überschrift, die die Nummer der Eintragung in der gegebenen Reihenfolge, Ort und Zeit der Niederschrift und einen Titel enthält, der das Thema andeutet. Ich habe all das beibehalten, das Jahr eingesetzt, wo es fehlte (vom 6. Juni 1948 an notiert Wilder das Jahr oben auf jeder Tagebuchseite) und in eckigen Klammern Titel, Ort und Datum hinzugefügt, wo Wilder diese Angaben unterlassen hat. (Einige Eintragungen sind nicht numeriert, und in den Überschriften der frühen Eintragungen fehlen Ort und Datum.)

Wilder macht wiederholt klar, daß er nicht die Absicht hatte, sein Tagebuch für erste Entwürfe zu seinen Schriften zu gebrauchen. Zu den Eintragungen, die diesen Charakter tatsächlich haben – zum Beispiel die Nummern 557, 560 und 565 (»Alexander Woollcott«), die Nummern 720, 727 und 728 (»The Life of Tom Average«) und Nummern 770 (»The Care and Feeding of Lies«) –, existieren andere, spätere Versionen unter den Wilder-Manuskripten in Yale. Wilder setzte oft seine Notizen für Essays, Vorträge und Stücke in eigenen, gleichzeitig entstehenden Serien fort. Einige davon wurden später wieder vernichtet, andere sind erhalten, zum Beispiel die für *The Alcestiad*, »The Emporium«, die Norton-Vorlesungen und »Opera«. Eine ungeheure Menge von Aufzeichnungen über Lope de Vega (mehr als 1000 Manuskriptseiten) und James Joyce (mehr als 600 Seiten und dazu Hunderte von Anmerkungen in Wilders Exemplar von *Finnegans Wake*) findet sich in der Thornton-Wilder-Sammlung in Yale.

Donald Gallup

# Die Tagebücher

Feb. 8. 1939

Delightful hour and a half with Desmond McCarthy yesterday afternoon. Very ashamed not to have been able to give him a better condensed outline of Kierkegaard's principle ideas. After reading with such enthusiasm the 600 pages of Lowrie's book. I must learn that I can only grasp and retain by putting the matter down in writing. More than that: can only hope and manage to receive ideas by harnessing my notions into written paragraphs.

Mr. McCarthy was very quick to see my difficulty in establishing a style for an Celestial. He suggested I look at Dayson's translation of the Icelandic epics.

It seems to me impossible that I could write any play in a realistic setting. Therefore my point of departure for a subject so may well arrive through a "vision" of a significant setting. For instance, for one-acters, I have been considering a banquet-table on a stage, with a banner or flag against the wall behind it; or one set piece like a hearth ("The Pilgrims"). The only exception to this would be a completely realistic play with a preposterous motive, character, or idea in the center of it: i.e. a real-estate agent who discovers that wings are sprouting on his shoulders.

Feb. 9. 1

Suppose I wrote The Top of the World and prefaced it with this note: "In this novel I have put into Julius Caesar's mouth words gathered from many authors in many different ages. The discourse to Catullus on nature is a paraphrase of Goethe's "Fragment" of 1806. The arguments on the immortality of the soul in the conversation with Cicero are from Walter Savage Landor and he in turn was indebted for several of them to Plato and Cicero."

*Die erste Seite der Tagebücher 1939–1941*

8. Februar 1939. [Desmond MacCarthy und ein Stil für *The Alcestiad.*]

Wunderbare anderthalb Stunden mit Desmond MacCarthy gestern nachmittag. Bin sehr beschämt, weil ich nicht imstande war, ihm einen besseren kurzgefaßten Umriß von Kierkegaards Hauptideen zu geben – nachdem ich mit solcher Begeisterung die sechshundert Seiten von [Walter] Lowries Buch [*Kierkegaard,* 1938] gelesen habe. Ich muß lernen, daß ich nur erfassen und behalten kann, indem ich den Stoff niederschreibe. Mehr noch: kann nur hoffen und zustandebringen, Ideen zu bekommen, indem ich meine Vorstellungen in geschriebene Abschnitte einspanne.

Mr. MacCarthy erkannte sehr rasch meine Schwierigkeit, einen Stil für eine *Alkestiade*[1] zu finden. Er schlug vor, ich sollte mir [Sir George] Dasents Übersetzung der isländischen Epen ansehen.[2]

Es erscheint mir unmöglich, daß ich ein Stück in einer realistischen Dekoration schreiben könnte, daher kann ich meinen Ausgangspunkt für ein Thema leicht durch eine ›Vision‹ einer bedeutsamen Dekoration finden. Ich habe, zum Beispiel, für Einakter an eine Bankett-Tafel auf einer Bühne gedacht, mit einem Banner oder einer Fahne an der Wand dahinter; oder an ein einzelnes Versatzstück wie einen Kamin (»The Pilgrims«).[3] Die einzige Ausnahme davon wäre ein vollkommen realistisches Stück mit einem absurden Motiv, Charakter oder Gedanken im Mittelpunkt: d. h. ein Immobilienmakler, der entdeckt, daß ihm Flügel auf den Schultern wachsen.

---

1  Thornton Wilders Bemühungen, die Geschichte der Alkestis zu dramatisieren, wurden durch den Zweiten Weltkrieg unterbrochen. Er nahm das Projekt 1945 noch einmal sieben Monate lang auf und legte das Manuskript wieder beiseite bis September 1953. Siehe Eintragung 658 (18. September 1953).
2  *Icelandic Sagas and Other Historical Documents Relating to the ... Northmen of the British Isles ...* ( 4 Bde., 1887—94).
3  Ein unvollständiger Manuskript-Entwurf (22 Seiten) für ein Stück mit diesem Titel befindet sich unter den Thornton-Wilder-Papieren in Yale.

9. FEBRUAR 1939. [*The Ides of March*].

Nehmen wir an, ich schriebe »The Top of the World«[4] und stellte die folgende Anmerkung als Vorwort voran: »In diesem Roman habe ich Julius Cäsar Worte in den Mund gelegt, die ich von vielen Autoren in vielen verschiedenen Epochen gesammelt habe. Das Gespräch mit Catull über die Natur ist eine Paraphrase von Goethes ›Fragment‹ von 1806. Die Argumente über die Unsterblichkeit der Seele im Gespräch mit Cicero stammen von Walter Savage Landor, der seinerseits wieder einige davon Plato und Cicero verdankt.«

1.[5] 1. FEBRUAR 1940. Über das Moralisieren.

. . . Es gibt eine allgemeine Ablehnung des Moralisierens; aber für jeden nachdenklichen Menschen ist es ebenso schwierig, es zu tun wie es zu erdulden. Die Diktion des moralischen Lebens ist mit zwei unangenehmen Elementen gesättigt. Wahrheit und Heuchelei. Die Heuchelei ist, wie das alte Sprichwort sagt, eine Huldigung an die Wahrheit. Die Gesetze der Moralität sind Allgemeinwissen, sie sind Gemeinplätze. Sie haben nur Kraft, wenn sie auf Krisensituationen angewandt werden. Der Grund, weshalb wir Salbaderei übelnehmen, ist der, daß man uns damit kommt, wenn wir uns in einem Zustand der Selbstzufriedenheit befinden. Es gehört zur Praxis großer Prediger, in den Geistern ihrer Zuhörer während des ersten Teils der Predigt einen solchen Zustand der Krise zu schaffen: die Betrachtung der *misère* der Menschheit, der Kürze des Lebens, der Allgegenwärtigkeit der menschlichen Schwäche – vor einem solchen Hintergrund können sie dann später die Binsenweisheit anbringen.

Die ständig wiederkehrenden moralisierenden Etiketts der griechischen Tragödiendichter werden uns im Lichte dieser Regel verständlich. Die Atmosphäre der tragischen Aufführung ist uns verlorengegangen – ihr feierlicher religiöser Ernst, ihre erschreckende Reduzierung der Handlung auf die Grundprinzipien der Leidenschaften, die Luft, die voll war von der Anwesenheit übernatürlicher Wesen. Unter solchen Bedingungen kann eine Figur sagen »Kurz ist des Menschen Leben« oder

---

4  Ein früher Titel für *The Ides of March*, 1948 (dt.: *Die Iden des März*, 1949).
5  Die ersten sechs Eintragungen des Jahres 1940 haben auch durchgestrichene Nummern von 312 bis 317. Frühere Eintragungsnummern von 1 bis 311 existieren nicht.

»Laßt mich nicht den Bösen zugerechnet werden«, und der Gemeinplatz trifft das Ohr nicht nur mit der Kraft der Wahrheit, sondern auch mit der Überraschung des Neuen.

2. 3. FEBRUAR 1940. Über den Film *Früchte des Zorns*.

Während wir ein Werk der imaginativen Erzählung hören, in dem wir mit großer Spannung guten und bösen Schicksalswendungen entgegensehen, erleben wir im Geiste eine zweifache Regung. Einerseits sehnen wir uns danach, einen guten Ausgang zu sehen oder doch wenigstens ein gelegentliches glückliches Ereignis in der Reihe der Katastrophen, welche die Personen heimsuchen, die unsere Sympathie gewonnen haben; und doch wollen wir andererseits eine *Wahrheit*, wir wünschen, daß der unversöhnliche Charakter des Schicksals erhalten bleibe; wir wollen nicht belogen werden, selbst wenn es unsere Anteilnahme befriedigen würde. Daher werden wir hin und her gerissen zwischen unseren Sympathien und unserem Respekt vor einer objektiven Wahrheit. Die »glücklichen Ereignisse« in der Erzählung müssen daher mit besonderer Sorgfalt eingeführt werden. 1. Sie müssen dem Rhythmus des ganzen Werkes entsprechen, das heißt, sie müssen im gleichen numerischen Verhältnis zu den Mißgeschicken stehen. 2. Sie müssen mit dem gleichen proportionalen Grad entweder des reinen Zufalls *oder* der logischen Vorbereitung aus den vorausgegangenen Umständen heraus eintreten. 3. Sie müssen mit demselben Grad spezifischer Details und menschlich-allzu-menschlicher, unvollkommener Beschaffenheit dargestellt werden.

In diesem wunderbaren Film begingen die Autoren nach diesen Prinzipien eine Reihe von Fehlern.

Als die Joads nach einer Aufeinanderfolge ununterbrochener Katastrophen im Wheatstone-Arbeiterlager der Regierung ankamen und plötzlich Nahrung, Güte und Aussicht auf Arbeit fanden, änderte sich 1. der Rhythmus der unglücklichen Umstände zu abrupt. 2. Die Entdeckung dieser Zuflucht war reiner, unvorbereiteter Zufall, während die Katastrophen alle den Charakter unausweichlicher Folgen gehabt hatten, und 3. die Güte des Lagerleiters und das Aussehen der Menschen im Lager wurden in klischeehaft »hübschen« Begriffen dargestellt, ohne den Grad von Realismus – Warzen, Runzeln, seltsamer Knochenbau –, der im übrigen Film zum Ausdruck kommt. (Zwar wurden mehrere Versuche unternommen, diese Sequenz des Glücks in den vorherrschend grotesken Ton des Ganzen zu integrieren: der Spaß, als die Kinder zum erstenmal ein WC entdecken, die Episoden auf dem Tanzboden; aber der Fehler war die Besetzung der Rolle des Lagerleiters mit Grant Mitchell, dem professionellen »gütigen Mann«.)

Obwohl es eine Regel ist, daß in einer Erzählung, in der die Katastrophen als Zufall eintreten, auch die glücklichen Wendungen so eintreten dürfen – und von solcher Art sind die meisten Melodramen –, könnten wir hier das »glückliche Lager« akzeptiert haben, wenn die anderen Gesetze befolgt worden wären – ein gelegentlicher Hinweis auf einige fröhlichere Aspekte des Gemeinschaftslebens der Karawane (die Tendenzarbeiten proletarischer Autoren weigern sich, das Gesetz anzuerkennen, daß das menschliche Herz unfähig ist, sein Elend lange Zeit hintereinander zu betrachten) –, und wenn man uns die Proportionen einer Welt gezeigt hätte, in der Leid nicht die einzige Farbe ist; und wenn die Elemente des Lagers nicht Rosa in Rosa gewesen wären.

*Daher:* Eine glückliche Erzählung ist ebenso wahr wie eine unglückliche, denn die Kunst zeichnet nicht auf, wie die Außenwelt ist, sondern wie es ist, die Außenwelt zu betrachten und zu erleben. Da in fünftausend Jahren keine Übereinstimmung darüber erreicht wurde, ob die Außenwelt glücklich oder unglücklich ist, kann man annehmen, daß eine solche Übereinstimmung niemals erzielt werden wird.

Man könnte meinen, die Tragikomödie sei die gerechteste Form, diese gemischte Außenwelt aufzuzeichnen, aber die Mehrzahl aller Meisterwerke ist entweder als Tragödie oder als Komödie angelegt. Das kommt von der Intensität des inneren Lebens und der Schwierigkeit, die Details zusammenzusetzen, die es vermitteln. Könnte ein literarisches Werk die Auffassungen von *Lear* und *Was ihr wollt* nebeneinanderstellen und miteinander verschmelzen, dann wäre es wohl imstande, die erwähnten Bedingungen zu erfüllen, aber die Atmosphäre von *Lear* – die der Intensität eines Augenblicks der inneren Betrachtung der äußeren Welt entspricht – erfordert die drei Stunden während Konstruktion einer Stimmung aufbauenden künstlichen Aufeinanderfolge von tragischen Details, um die innere Empfindung des Dichters zu vermitteln. Diese drei Stunden entsprechen nicht der vielgestaltigen Beschaffenheit des Erlebens, wohl aber der Intensität eines subjektiven Zustandes.

Ein Sentimentaler (und der Pessimist wird hier als gleichartig mitgerechnet) ist einer, dessen Wunsch, daß alles glücklich (oder traurig) sei, größer ist als sein Wunsch (und sein unterdrücktes Wissen), daß alles wahr ist. Er will belogen werden. Insgeheim weiß er, daß es eine Lüge ist; daher seine Emphasen, seine gehobenen Stimmungen und seine Herzlosigkeit.

Das große Gesetz der Kunst ist Einheitlichkeit des Tons; da sie nicht alle Erlebnisse aufzeichnen kann, impliziert ihre Treue zum gewählten Erlebnisfragment ihr Bewußtsein aller Erlebnisse als eine ähnliche, wenngleich vielgestaltigere Einheitlichkeit des Tons. (In ein Werk einen nicht verwandten Ton einführen, bedeutet, daß man das »Alles« inkorporiert, eine Anmaßung, die Bände über die Unfähigkeit des Autors spricht, die Vielfältigkeit der Erfahrung zu erfassen.) Hierin liegt die Größe Jane Austens: ihre Vollkommenheit im Kleinen impliziert ihr Begreifen des Großen.

4. 4. FEBRUAR 1940. Über Utopien und Panazeen.

Mabel Dodge Luhan hat einen »wundervollen Doktor« für ihren Sinus gefunden; in Gerald Heard hat sie einen Schriftsteller gefunden, der alle modernen Probleme beantwortet, in der Psychoanalyse, nach Joga und Anthroposophie, ein Allumfassendes. Diese Tendenz, ein »Gut« zu einem »Vollkommen« aufzubauschen – wie im Falle der Verliebtheit Mme. du Deffands –, ist immer auf einer Ebene ein religiöses Überbleibsel und auf einer anderen ein Überbleibsel des kindlichen Lebens. Und sie bestätigt Alains in *Les Dieux* ständig wiederholte Behauptung, daß alle Religion (die Vorstellung von einem Himmel, von Einem, bei dem wir Sicherheit finden können, vom Gebet etc.) die Aktivierung unserer Kindheitserinnerungen ist.

Nichts auf Erden (außer der Mathematik?) sollte uns das Gefühl geben, ein absolut Gutes zu erlangen.

Die Berichtigung eines solchen Bildes beim heranwachsenden Kind kommt nicht daher, daß man den Vater oder die Mutter oder eine glückliche Umwelt durch Unglück oder menschliche Schwäche zerbrechen sieht, sondern durch Selbsterkenntnis: man sollte seine heilsame Enttäuschung nicht dadurch erleben, daß man die Beschränkungen bei den Eltern erkennt, sondern dadurch, daß man sie in sich selbst akzeptiert.

Daher wird man (ich denke an Mabel Dodge Luhan, an Kommunisten, Adlerianer, Kalifornier und mich selbst) bei diesen Suchern nach Panazeen die folgenden Züge finden: 1. Die Emphasen, die alle jene brauchen, die nicht gewillt sind, sich auf eine Diskussion einzulassen. 2. Den vollständigen Zusammenbruch, wenn das Wunder einen Riß zeigt. 3. Die Unfähigkeit, sich für irgend etwas anderes zu interessieren, solange die Verzauberung anhält, und die Durchdrungenheit aller Tätigkeiten ihres Lebens von der Sache. 4. Das Gefühl, »auserwählt« zu sein, ein heiliges Gefäß, mit dem Egoismus und der Herzenskälte, die daraus folgen. 5. Die ewige »Personalisierung« der Idee, der politischen Überzeugung oder des Kultes im Führer oder in den Gleichgesinnten.

6. 16. FEBRUAR 1940. Über Sentimentalität und Obszönität.

»Kein Ire kann Geschmack haben, außer in einem Zeitalter des Geschmacks, und auch dann nur selten« (Burke). Joyces Abweichungen vom Geschmack rühren von derselben Disposition seiner Gaben her wie seine Sentimentalität. Immer und immer wieder erreicht er große Triumphe durch den Gebrauch von Zoten und durch Bezeugungen von Zärtlichkeit, aber gelegentlich irrt er in dem einen so vollständig wie in dem anderen.

Geschmack in diesem Sinne hängt nicht von einer Übereinstimmung mit den herrschenden Normen des emotionalen Ausdrucks oder der Offenheit ab – auch nicht mit denen der intelligenten Zeitgenossen –, noch primär von dem Grad der Emotion oder Kraft, der hinter dem Ausdruck steht. Er hängt vielmehr von dem Maße ab, in dem man spürt, daß der Künstler nicht als Künstler involviert ist, sondern als Mensch. Der Autor kann erschüttert oder heftig sein als verallgemeinertes Medium, aber nicht als Individuum. Das Gesicht des spezifischen »Ich«, das im Werk erscheint, verdirbt die Kommunikation.

Das kann – teilweise – durch das Problem des Schauspielers veranschaulicht werden.

Würde ein Schauspieler den Zuschauern vermitteln, daß er »wirklich« entsetzt oder gebrochen oder auch nur amüsiert ist, so würde die Szene, in der er spielt, augenblicklich jede Illusion verlieren. Würde ein Macbeth beim Erscheinen von Banquos Geist echtes Entsetzen vermitteln, so würden die Zuschauer nicht mehr auf die Geschichte achten, sondern nur ihm, dem Schauspieler, in seiner erregten Verfassung folgen; und würde Benedick [in *Viel Lärm um nichts*] wirklich über einen von Beatrices Scherzen lachen, so würde sich die Aufmerksamkeit auf ihn als einen Mann konzentrieren, der eine Belustigung erlebt, die mit der inneren Handlung des Stückes nichts zu tun hat. Spielen heißt nicht erleben, sondern eine Wirklichkeit beschreiben und anzeigen.

So hat jede Kunst die Leidenschaften und die Gemütszustände zum Gegenstand. Ihre Funktion ist es jedoch, sie zu betrachten, sie zu zeigen und nicht, sie zu *sein*.

Daher kann auf dem Gebiet des Unanständigen der Autor andeuten und beschreiben, was er will, solange dem Leser nicht bewußt wird, daß er (der Autor) sich – in diesem Augenblick – selbst in einer sexuellen Erregung oder, wo es sich um etwas Obszönes handelt, in einem Zustand von ambivalenter Faszination/Angewidertheit befindet. Dasselbe gilt für die Emotionen, die die Werke von Dickens so oft zeigen; das Mitleid, das der Autor Dickens erlebt, wird verdrängt durch das des Mannes – eines Mannes in London zu einem gegebenen Zeitpunkt: Dickens.

1. *Betreffs Gefühl:* Diese Ablehnung, die wir empfinden, hat zwei Gründe. a) Wir fühlen undeutlich die Unvereinbarkeit: ein Künstler kann nicht mit einer Arbeit beschäftigt sein und gleichzeitig bittere Tränen über das Unglück seiner Figuren vergießen. (Die meisten Künstler weinen bei ihrer Arbeit, aber es sind Tränen der nervösen Erregung.) Schaffen heißt machen: es ist positiv. Das Leid der Welt betrachten ist passiv. Daher werden Künstler, deren Publikum ahnt, daß sie sich im Zustand heftiger Gemütsbewegung befinden, mit Recht verdächtigt, oberflächlich zu sein. Ihr privates »Ich« leistet sich den verdächtigen Luxus der Emotion eines »Individuums«, wo ihr privates »Ich«, im Gegenteil, vollkommen in der anstrengenden, Emotionen absorbierenden Aufgabe aufgehen sollte, den Aspekt des Lebens, den sie sich vorgenommen haben, rein darzustellen. b) Die Gemütsbewegung eines Mr. C. D. Forrester aus Portland, Oregon, über den Tod seiner Tochter, seines Hundes oder der Soldaten Finnlands geht die Bürger der Vereinigten Staaten nichts an, so aufrichtig sie auch ist. Wenn er ein großer Künstler wäre, könnte der Ausdruck seiner Emotion uns alle angehen, aber nicht aufgrund des betrauerten Objekts, sondern aufgrund der Emotion selbst in ihrem Ausdruck. Weder der Trauernde noch der Betrauerte ist Gegenstand des Kunstwerks. So unzählbar sind und waren und werden die zu Bemitleidenden immer sein, daß die Hervorhebung eines Beispiels – als Objekt oder Handelnder – gegen das Gesetz der Proportion verstößt und einen Egoismus darstellt. Durch die Kunst wird die Emotion auf die Ebene der Verallgemeinerung gehoben, und alle Trauernden und alle Leidenden sind mit eingeschlossen.

Das ist die Bedeutung meiner Definition: ein Dichter ist jemand, der die getrennte Existenz von einer Million Seelen erkennt. Die Dichtung ist eine Sprache innerhalb der Sprache, die dazu dient, entindividualisierte Erfahrung zu beschreiben. Ein Dichter kann sagen »ich leide«, »ich werde sterben«, »ich, ich, ich« – und wir haben nicht das Gefühl, daß uns ein alter Seemann bei den Rockaufschlägen packt, um unsere Aufmerksamkeit auf sein eigenes Unglück in einem Universum der Ungerechtigkeit zu lenken.

2. *Betreffs Obszönität:* Hier kommt ein anderes Prinzip zur Wirkung. Die Obszönität wird aufgrund ihrer Wurzeln im Instinktleben und aufgrund ihrer durch Unterdrückung akkumulierten Kraft durch solch mächtige Triebe so sehr verstärkt, daß sie – weit mehr als das Gefühl – den Künstler und das Publikum zu jedem gegebenen Augenblick nicht in die Lage, obszöne Dinge zu betrachten, sondern in einen Zustand der Obszönität versetzt. Die Obzönität löst weit mehr als Lachen oder Erregung oder Emotion eine physiologische und viszerale Reaktion aus, und in diesem Aufruhr ist für die Kunst kein Platz. Es ist bewundernswert, wie sich Rabelais in diesem heiklen Bereich bewegte. In solchen Dingen sieht man sehr schnell, wie der Autor die Obszönität verwendet, um Triebe innerhalb seiner eigenen Natur freizusetzen – und oft sind es an sich nicht primär sexuelle oder skatologische Triebe, sondern Selbstbehauptung oder kämpferische oder robust-rebellische Triebe –, die augenblicklich die Aufmerksamkeit auf ihn selbst als Individuum lenken.

Hier irrt Joyce ständig. Seine kloakale Besessenheit löst wie die Swifts immer wieder Verwunderung aus; und dennoch kann er von Zeit zu Zeit auch hier großartiges Material schaffen. Mit seiner Sentimentalität muß ich mich ein andermal beschäftigen.

*Obiter dicta:*

*Betreffs Iren:* Wie ein Ire seine Wahrheit nur durch den Widerspruch zur Wahrheit eines anderen finden kann, so kann er seine Kraft nur finden durch die Übertretung der allgemein anerkannten Empfindungsnormen.

Gertrude Stein sagte eines Tages: »Es gibt keine abstrakte Kunst; über einen bestimmten Punkt hinaus verwandelt sie sich immer in Pornographie.«

Die Musik von Brahms ist nichts für Menschen, die die Sentimentalität in sich bekämpfen. Er kämpft auf verlorenem Posten. Seine Härten, seine schroffen Passagen in den tieferen Registern, seine kühnen, rauhen einstimmigen Phrasen täuschen uns nicht... sie zeigen nur, wie er versucht, seine Schwäche zu überwinden. Selbst auf seine... Sexten – saubere, ehrliche Intervalle – folgt unweigerlich mehr Schmalz [deutsch im Original] als üblich in der Zuflucht zu den Sequenzen, die

Selbstmitleid spüren lassen... Ich wundere mich darüber, niemanden zu finden, der mit mir die Meinung teilt, daß der langsame Satz des *Klavierquintetts* ein offener Skandal ist.

Ich glaube, einer der Gründe für die Obszönität von *Finnegans Wake* ist [Joyces Wunsch], sein Thema vor seiner Frau zu verbergen. Es besteht kein Zweifel daran, daß das Buch erschreckend autobiographisch ist; aber es gibt für J. J. einen Menschen auf der Welt, der das nicht wissen soll: Norah Joyce. Es wird berichtet, daß sie seine Werke nicht liest und wünscht, er schriebe etwas, was die Leute verstehen können. Aber zählen wir zwei und zwei zusammen: Der seltene Gebrauch des Namens seiner Tochter, Lucia, die nun wahnsinnig ist, die Gedichte über seine Kinder, dieses Gedicht über die Liebe zu einer Person, deren Name ihn vor Scham zittern machte, die Seite, die sicherlich von der Konversation und den Spielen und den Vorurteilen seiner Frau handelt – könnte das nicht der Grund dafür sein, daß der zweite Abschnitt jeden abschrecken würde und daß das groteske Wellington-Museum und die Geschichte von der Possenkönigin so kurz darauf folgen? – Nur um sicherzugehen, daß *ein* Mensch auf der Welt nie durch Zufall bis zu den Isabella-Monologen kommt? *Ein* Grund.

[*17. Februar 1940*]

...Reichlich Bestätigung für Joyces kloakale Besessenheit: sogar der Titel seines Buches mit blassen kleinen Gedichten, *Chamber Music* (dt.: *Kammermusik*) stammt von dieser Assoziation her.

7. 17. FEBRUAR 1940. Über Religion und Psychoanalyse.

Alle hundert Jahre muß die Religion einen Angriff von einem neuen Gegner erdulden, und jedesmal scheinen die Schläge – in den Augen vieler – tödlich zu sein. *Les Philosophes* [in den 1750er Jahren]; dann, zusammen [in den 1850er Jahren] der Angriff auf die Bibel und die Abstammung des Menschen, letzterer verstärkt durch die ganze wissenschaftliche Betrachtung des Lebens. Der neue Gegner wird die Psychoanalyse sein. Sie greift zweierlei an: die Bedeutung der Sünde und die Vorstellung von einem personifizierten Agens hinter dem Universum, das Sicherheit gewährleisten kann. Beide Konzepte führt sie auf das Kindheitserleben zurück.

Es ist schwer genug, die Behauptung zu akzeptieren, daß Gewissen und Schuldgefühl von Lob und Strafe in der Kindheit herrühren und im späteren Leben erhalten bleiben, wenn einem nicht gesagt wird, daß sie noch weiter zurückgehen in einen Bereich, in dem uns die Gebote moralisierender Erwachsener noch nicht erreicht hatten: bis zur instinktiven Moralität, die den Inzest und den Todeswunsch umgibt; und daß die Vorstellung, das Universum beherberge ein Wesen, das darum besorgt ist, uns zu behüten und zu beschützen, unsere Bitten zu erfüllen (»wenn wir drängend genug rufen«) und uns letztlich einen Platz vollkommenen Glücks zu geben, auf ein Alter zurückgeht, in dem wir gefüttert und gepflegt, sorgsam von Hand zu Hand gereicht, »in Weiß gekleidet« wurden, an einem Ort, wo »die Milch überfloß« – das heißt auf unsere ersten zwei Lebensjahre.

Die *einzige* Antwort ist, Gott und Recht und Unrecht im »Plan« noch weiter zurückzuversetzen. Das Gefühl der Sicherheit, das ein kleines Kind genießt, ist *da* und konnte nur da sein, weil die Norm im Universum *da* war. Die biologisch-physiologische Situation der Familie bezieht ihre Analogie nicht von den Tieren auf dem Felde, sondern vom »Vateraspekt« Gottes. Das Gefühl, gesündigt zu haben, rührt nicht vom Ödipuskomplex her, sondern von einem ständigen und immer heftiger werdenden Bewußtsein des Menschen, daß er einer Reihe von Forderungen nach Vollkommenheit nicht genügt, die in seine Seele eingepflanzt wurden vor der Geburt und die aus der Ordnung des Universums, aus der Natur Gottes kamen. Daß er ihnen nicht entspricht, wird dem Menschen früh und stark bewußt gemacht in den Konflikten der Kindheit.

Wenn dem so ist, glaube ich, daß der Niedergang der Kirche daher kommt, daß auch der oberflächliche Bürger begriffen hat, daß die Betonung auf das persönliche Überleben gelegt wurde, auf das Gebet als Bitte um ein Eingreifen in Ursache und Wirkung, auf eine unmittelbare Verbindung zwischen »Gutsein« und Übereinstimmung mit den jeweils geltenden Sitten und auf die Sünde, die 1. hauptsächlich sexueller Natur ... und 2. mit der Kreuzigung – unserem »Mord« – verbunden ist.

Die nächsten Religionen, die auf der Erde entstehen, werden zweifellos ihre Kraft auch zum großen Teil aus dem Mythos eines getöteten Gottes und/oder einer Verurteilung der Sinne schöpfen; aber es kann angenommen werden, daß diese Schwerpunkte bei jeder der aufeinanderfolgenden »Offenbarungen« eine weniger beherrschende Rolle spielen werden. Die Kreuzigung ist noch die großartigste Metapher, die man je dafür gefunden hat, daß die Menschheit hinter der Vollkommenheit zurückgeblieben ist, die sie erreichen könnte; aber die Verbindung der Kreuzigung mit Blut und Mord erweckt die latente Angst des kindlichen Lebens wieder und erfüllt das Innerste so sehr mit vibrierenden Nerven und einer so verzweifelten Selbsterniedrigung, daß sich die geistigen Werte kaum vernehmlich machen können. Es sollte die Aufgabe eines Predigers sein, die spezifischen dramatischen Elemente der Geschichte Christi von den »erzieherischen« Elementen zu trennen und wie ein Analytiker unaufhörlich das Licht der Erläuterung in die dunklen Winkel der überemotionalen Identifizierung mit den Blutschuldaspekten der Geschichte leuchten zu lassen.

*Obiter dicta:* Kein Wunder, daß die Juden die [Kreuzigungs-]Metapher ablehnten; ihr Schuldgefühl trägt nur eine dieser Lasten: sie verabscheuen das Fleisch, aber sie sind keine Mörder. Wäre dieses Element nicht, würden sie die besten Christen gewesen sein – wie auch die Chinesen.

Wie das andere Zeugnis für Ordnung und Sinn im Universum, die Kunst, wurde auch die Religion der Welt von Neurotikern mitgeteilt, und sie verrät ihren Ursprung auf Schritt und Tritt (man betrachte den heiligen Paulus und Pascal und das Alte Testament). Aber ein Künstler gebraucht seine Emotion auch dazu, mit dem technischen Problem seines Metiers zu ringen, und das Ergebnis ist häufiger »rein«. (Es ist erstaunlich, daß Bach in der h-Moll-Messe den weltweit bekannten Kanon der Messe änderte, um im »Gloria« das Adjektiv *altissime* vor *Christe* einzuführen. Ein wenig später bekommt *Christus* ein *altissimus* ganz für sich. Bach der »Purist« der religiösen Künstler!)

8. [17. ODER 18. FEBRUAR 1940], Fortsetzung von Eintragung 4, über Utopien und Panazeen.

Die Zeichen, die den »wahrhaft Gläubigen« vom »rudimentären Gläubigen« unterscheiden, sind: 1. Gewißheit ohne Überbetonung. 2. Beständigkeit ohne Rücksicht auf einen Wechsel der Führerschaft oder Verrat oder Enttäuschung über frühere Führer. 3. Die Fähigkeit, die Aufmerksamkeit auf eine Vielfalt anderer Tätigkeiten (einschließlich des Familienlebens!) auszudehnen. 4. Eine unvermeidliche Unfähigkeit, sich selbst als gutes Beispiel dafür zu betrachten, was die Sache oder Bewegung tun kann. 5. Eine Aufmerksamkeit, die beständiger auf die Ideen der Partei als auf ihre Vertreter gerichtet ist.

*Obiter dicta:* Der Grundfehler aller modernen Bewegungen ist, daß sie voll Ungeduld erwarten, daß sich die ausgezeichneten Ergebnisse sofort zeigen. Der [Erste Welt-]Krieg zerstörte das historische Gefühl des modernen Menschen; er vergaß die Jahrhunderte; es wurde ihm möglich zu glauben, daß der Fortschritt schnell ist: die Katastrophe tritt plötzlich ein, warum also nicht auch die Besserung?

Der Kommunismus wurde von einem Juden erdacht. Juden sind nicht ungeduldig. (Juden können sich zu Ungeduld aufputschen, aber das ist keine echte Ungeduld. Es ist zweifelhaft, ob die Juden an die Vervollkommnungsfähigkeit des Menschen, selbst auf einer millenaren Basis, glauben.)* Der Kommunismus fiel jedoch Nichtjuden in die Hände, und man sehe, was geschehen ist.

Es ist sehr jüdisch, daß der Kommunismus eine Gesellschaft beschreibt, in der jeder Mensch 1. geduldig, 2. ein guter Bürger und 3. bereit ist, einen großen Teil der Initiative für eine Sicherheit zu opfern, die von einer herrschenden Macht – der Regierung – gewährleistet wird. Dieser Traum ist – durch Antithese – sehr berauschend für den Ungeduldigen, den Unsozialen und den Individualisten. Wie faszinierend – wie doppelt faszinierend – für jene, die sich als Herrscher fühlen, ist der Plan von einem Staat, in dem es keine Herrscher gibt.

Ich komme immer wieder auf Goethes Worte an Eckermann (23. Oktober 1828) zurück: »*Aber wissen Sie was? Die Welt soll nicht so rasch zum Ziele, als wir denken und wünschen.*« Und auf Claudels: »Was für einen Gläubigen am schwersten zu verstehen ist, das ist die Langsamkeit, mit der Gott seinen Plan erfüllen läßt.«

Der Große Krieg [1914–1918], der die Langsamkeit der spiralig-zyklischen Evolution des Menschen hätte klarmachen sollen – die fünf Schritte vorwärts und vier Schritte zurück –, führte, im Gegenteil, zu einer üppigen Zunahme der Utopia-morgen-Mentalität.


9. 18. FEBRUAR 1940. Über die Chinesen und »Das Gesicht wahren«. (Auch über die Bemühungen der Japaner, sich ehrenvoll aus ihrem Krieg zurückzuziehen.)

Ein Chinese wird nie aus einer Stellung entlassen: er wird immer aufgrund der Krankheit eines älteren Verwandten abberufen. Er macht feierliche Abschiedsbesuche bei seinen Mitarbeitern in der Firma, die ihm zu dieser traurigen Notwendigkeit ihr Beileid aussprechen. Niemand läßt sich täuschen, aber das Gesicht wird gewahrt.

* (NB. Zu überlegen: Erwarteten oder erwarten die Juden einen Messias?)

Diese Notwendigkeit ergibt sich wie die chinesische Höflichkeit aus den beengten Lebensumständen Chinas. Noch aufreibender als in der Stadt ist das Leben auf dem Dorf, wo die *gens* in großen landwirtschaftlichen Einheiten leben, aneinander gebunden durch engen Raum, Blutsverwandtschaft und Zusammenarbeit. Die Höflichkeitsrituale sind Barrieren gegen Intimität, Fiktionen gegenseitiger Achtung und Selbsterniedrigung. Die Höflichkeit ist nicht nur eine Zeichensprache, die anzeigt, daß die betreffenden Personen einer ähnlichen »Schicht« angehören, zivilisiert sind und daß man von ihnen erwarten kann, daß sie einander nicht verletzen, sondern sie ist auch ein Ritual, das den Teilnehmern die Individualität nimmt und ihnen einen generalisierten oder typischen Charakter verleiht: Galanterie öffnet den Frauen die Tür, oder die Jugend läßt dem reiferen Alter den Vortritt. Das Ritual hindert die Menschen daran, persönliche Fragen zu stellen, und man nimmt an, daß es sie auch daran hindert, persönliche Gedanken zu denken. Alle Frauen fühlen sich schön, wenn sich ein Mann beeilt, ihnen eine Tür zu öffnen; jeder ältere Herr fühlt sich weise und verehrungswürdig, wenn ihn ein junger Mann mit »Sir« anspricht. So versuchen die Chinesen in den dicht gedrängten Wohnvierteln ihre Seele zu retten, indem sie ihre Nachbarn durch die Höflichkeit zurückweisen, die entpersönlicht. Dazu kommt, daß man durch Versagen den Ahnen und den Nachkommen Schande macht, was die dicht heranrückende, aufdringlich zusehende Menge zur Kenntnis nimmt.

Aber die Höflichkeit impliziert, daß alle Betroffenen bewundernswert sind. Was wird aus der Fiktion, wenn einer einen Fehler begangen oder sich als untüchtig erwiesen hat?

Eine neue Fiktion muß geschaffen werden. Die Gegenwart von zusehenden Nachbarn spielt eine große Rolle bei unserer Kränkung über die Mißerfolge, die wir erleiden. Unsere Eigenliebe ist imstande, die meisten Fehler zu verdauen, die wir insgeheim begehen. In einem Land, in dem sich die Nachbarn – und so viele der Verwandten – dicht um den Unglücklichen scharen, ist die Kränkung um vieles größer.

Aber hier kommt ein anderes Element ins Spiel.


*19. Februar 1940.*

Kein Land, nicht einmal Amerika, neigt mehr zum Moralisieren als China. Über dem Reich hängt eine Atmosphäre von Schulheftmaximen von erbaulicher und unerreichbarer Erhabenheit. Die Prüfungen für Regierungsämter bestanden jahrhundertelang nicht aus Fragen und

Antworten über Volkswirtschaft und Geschichte, sondern aus Essays über Tugend und Ethik. Diese Essays erforderten nicht einmal die intellektuelle Disziplin der Kasuistik und feinen Unterscheidungen, wie sie für das Rabbinat oder bei den Scholastikern des Mittelalters üblich waren. Alles, was von ihnen verlangt wurde, war eine exakte Erinnerung an die Klassiker und ein gehobener moralischer Ton. Nirgends wird mehr über die Tugend geredet. Und eine Folge davon ist, daß alle Eigenschaften »moralisiert« werden. Ein tüchtiger Beamter ist ein guter Beamter, ein tugendhafter Beamter; ein untüchtiger Beamter ist ein schlechter Beamter, d. h. ein böser Beamter. Der Chinese, der versagt hat, erleidet daher eine um einige Grade größere Erniedrigung als ein Mann in einer ähnlichen Stellung in einem anderen Land. Die Fiktion, zu der er Zuflucht nimmt, täuscht niemanden, aber sie gestattet den einen Grad von Erleichterung, der darin liegt, daß die beschämende Tatsache nie in Worte gekleidet wird. Heuchelei ist der unvermeidliche Zustand, den eine Gesellschaft erreichen muß, in der die vorherrschende Ethik so erhaben ist, daß ihr die menschliche Natur nie gerecht werden kann, und in der es gleichzeitig keine allgegenwärtige Lehre von der Erbsünde oder der Fehlbarkeit des Menschen gibt. Dem Protestantismus drohte immer diese Gefahr. Er hat oft ein Lippenbekenntnis zu der Lehre abgelegt, daß alle Menschen sündhaft sind, aber zu oft damit gemeint, daß alle Menschen sündhaft sind, die sich nicht der größten Glaubensstrenge befleißigen. Daher die Entstehung der Rebellenschicht, des schurkischen Helden, daher Lord Byron, daher die Tatsache, daß alle Pastorensöhne über die Stränge schlagen.

*Obiter Dicta:* Da die gesellschaftlichen Formen der Höflichkeit eine Welt aufbauen, in der niemand die Wahrheit sagt, ergibt sich eine unglückliche Situation, wenn jemand wahre Achtung vor einer Frau und wahre Verehrung für einen älteren Mann ausdrücken will. Die Formen sind so sehr von ihrer bloßen Fiktion durchdrungen, daß sie nicht mehr die Bedeutungsschattierung auszudrücken vermögen, die die Aufrichtigkeit ist. Man sagt in Paris, daß der Ausdruck *cher maître* schon ans Lächerliche streift, weil er so oft mißbraucht wurde. Ähnlich sagt man statt *mare* [Stute] nun *dam* [Muttertier]; aus *madam* wurde *procuress* [Kupplerin]; und ebenso ging es mit *mistress*.

Da die Höflichkeitsformeln allen, die sie austauschen, den Charakter des Bewundernswerten verleihen, ist es kein Wunder, daß die unteren Gesellschaftsschichten voll Bewunderung und Sehnsucht nach oben blicken: *dort oben* leben sie nicht nur in Reichtum und Müßiggang, sondern man hat den Eindruck, daß sie Halbgötter sind.

44

12. 22. FEBRUAR 1940. Zu einer Definition des Romans.

In all den Diskussionen, die unter Buchrezensenten darüber entstanden sind, ob dieses und jenes Werk ein Roman sei oder nicht, habe ich es nie erlebt, daß eines der Hauptelemente einer solchen Diskussion festgestellt wurde: nämlich daß der Schriftsteller eine Handlung schildern darf, die keine historische Handlung ist.

Dieses Element ist enthalten in Aristoteles' Definition einer Tragödie, in dem Satzteil: »deren größerer Teil von der Phantasie erdacht ist«; aber wenn er auch Werke wie »Die Meler« und *Die Perser* kannte, in denen historische Ereignisse in einer Weise auf die Bühne gebracht wurden, die für den griechischen Geist der *rapportage* sehr nahegekommen sein muß, konnte Aristoteles nicht voraussehen, wo die wirklich schwierigen Grenzformen auftreten sollten, nämlich im autobiographischen Roman in der Ichform. In den *Persern* macht der Dramatiker offensichtlich von dem Privileg Gebrauch, eine nichthistorische Wahrheit zu ersinnen, wenn er zeigt, wie sich Atossa an den Geist des Darius wendet.

In dem Augenblick, in dem ein Autor dogmatisch konstatiert, was eine Figur »dachte«, welches ihre unausgesprochenen Motive waren, beansprucht er für sich die Allwissenheit des erfindenden Erzählers, und er verlegt sein Werk in einen Bereich, der mit den Historikern nichts zu tun hat.

Es gibt eine Wahrheit der historischen Tatsache in der Zeit, und es gibt eine Wahrheit des Erdachten, und die beiden Wahrheiten dürfen nur mit der äußersten Vorsicht nebeneinandergestellt werden. So daß es darüber, ob *Tristram Shandy* oder *Moby Dick* Romane seien, in dieser Hinsicht nicht den geringsten Zweifel geben kann. Jedes Werk von einer bestimmten Länge, in dem der Autor das Privileg in Anspruch nimmt, das geistig-seelische Erleben von Figuren zu schildern, die nicht er selbst sind, ist ein Kandidat für die Kategorie des Romans.

*Einwand:* Gewisse Romanciers – zum Teil Defoe, Jane Austen – lehnen es ab, sich der Annahme der Allwissenheit zu bedienen, und ihre Erzählung zeichnet nur solche Äußerlichkeiten des Verhaltens der Charaktere auf, die von einem Außenseiter mit reichlichen Mitteln, die Tatsachen von den Betroffenen zu sammeln, berichtet werden können. Sie wollen, daß ihr Roman ganz den Anschein der historischen Wahrheit habe.

*Antwort:* So fundamental ist der Unterschied zwischen diesen beiden Arten von Wahrheit, so unumgänglich nötig ist es für den Leser zu wissen, in welchem dieser beiden Bereiche er sich bewegt, daß der Romancier – während er ernsthaft vorgibt, daß sich die Ereignisse wirklich einmal zutrugen – sehr wohl weiß, daß die Art der Aufmerksamkeit, die man einer »historischen« Geschichte widmet, einer gänzlich anderen Ordnung angehört, und zwar einer, die unweigerlich die Wirkung vereiteln würde, nach der er strebt. Es hat sich eine ganze Reihe von Konventionen entwickelt, die den Leser darüber informieren, daß ihm etwas Erdachtes angeboten wird. Allen ausführlichen Details zum Trotz geben die ersten Seiten von *Robinson Crusoe* zu erkennen, daß sie nicht echte Memoiren, sondern Fiktion sind, und dasselbe gilt für die ersten Seiten von *Gullivers Reisen*.

Das Unbehagen, das einen bei der Lektüre von [André] Maurois' *Ariel* überkommt und das unvermeidlich die Form eines antagonistischen »Woher weiß er das?« annimmt, wenn Maurois versucht, Shelleys unausgesprochene Gedanken oder auch nur seine langen Gespräche wiederzugeben, ist ein Beweis dafür, wie grundlegend wichtig es ist, daß wir wissen, welche Art von »Wahrheit« wir vor uns haben.

Es bleiben zwei weitere für eine solche Definition wichtige Dinge: Länge und Handlung.

*Länge:* Auch Aristoteles, der mit demselben Problem in bezug auf... die Tragödie zu tun hatte – und sich natürlich weigerte, auf Dinge wie ungefähre Zeiteinheiten einzugehen–, konnte nur sagen: »von einer gewissen gegebenen Länge«. Wollte man eine Definition einer Kurzgeschichte wagen, so wäre es möglich, sich einer genaueren Angabe der Länge unter dem Gesichtspunkt des Grades zu nähern, bis zu dem die erzählte Handlung (oder die Handlungen) entwickelt wird.

*Handlung:* (Dieser Absatz soll Werke wie *The Sir Roger de Coverley Papers* [von Addison und Steele], *The Dolly Dialogues* [von Anthony Hope] etc. ausschließen, in denen es sowohl erdachte Figuren als auch Handlung im strengen Sinne des Wortes gibt.) Der Roman enthält eine Handlung oder eine Reihe von Handlungen... die dem Leser das Gefühl der Einheit und der Tatsache geben, daß sie nicht wegen ihrer historischen Gültigkeit ausgewählt wurden, sondern weil sie eine zentrale Absicht des Autors veranschaulichen, die im ganzen Werk ausgeführt wird.

Dieser letzte Absatz ist es... der nun eine weitere Untersuchung verdient.

15. 7. März 1940. [John Van Drutens *Leave Her to Heaven.*]

Ich ging gestern abend mit Marion [Preminger] zur vierzehnten und vorletzten Vorstellung von John Van Drutens *Leave Her to Heaven*. Das Mittelmäßige ist weniger lehrreich als das Gute und das Schlechte, aber man macht eine Beobachtung: Vulgarität kann nicht Vulgarität darstellen, und die Vulgarität, die *à l'insu* durchsickert, dient nicht dazu, die dramatische Vulgarität auszudrücken, die von der Darstellung verlangt wird. Das Stück handelt von einer ehemaligen Hotel-Unterhaltungskünstlerin, die durch ihre dritte Ehe Mitglied der wohlhabenden Obermittelklasse der Geschäftsleute wurde. Sie hat eine Affäre mit ihrem hitzköpfigen jungen Chauffeur, der aus Eifersucht ihren Mann ermordet. Sie empfindet eine edle Liebe für den jungen Mann (eine Liebe, die durch die Besetzung letzterer Rolle in dieser Inszenierung unglaubhaft wird) und versucht, die Verantwortung für das Verbrechen auf sich zu nehmen. Er wird erhängt, sie nimmt sich das Leben.

Miß Ruth Chatterton bot im ersten Teil des Stückes eine kunstvolle Wiedergabe der Redeweise dieser Frau, leichte Spuren von Cockney-Dialekt und eine Reihe von Akzenten, die ihr früheres Milieu andeuteten; aber sie verstand es nicht, den sympathischen Aspekt der Frau und die Echtheit ihrer Liebe zum Chauffeur darzustellen. Sie sah nicht, daß die Liebe und die Großzügigkeit ihres Charakters auch durch die vulgäre Färbung ausgedrückt werden konnten. Sie wurde in solchen Szenen die heroische-Heroine-mit-aristokratischem-Benehmen – ein Versuch, der durch ihre kurzbeinige Figur, ihren übertriebenen *derrière* und ihren Hängebusen nicht eben erleichtert wurde.

Da der Unterschied zwischen Damesein und Nicht-Damesein in Amerika noch immer besteht und vor allem ein Element in den englischen Stücken ist, die wir zu sehen bekommen, verfälscht diese Schwierigkeit weiterhin die Arbeit unserer Schauspielerinnen. Sie betrachten den Beruf nicht mehr als eine von der Gesellschaft getrennte Boheme, die er zu seinen besten Zeiten gewesen ist, und versuchen eifrig, sich mit unseren begüterten Klassen zu identifizieren. Es gibt eine ganze Anzahl von Gründen für die Absurdität einer solchen Identifikation, und die Hindernisse lassen den Versuch nur noch verbohrter erscheinen. Daher ihre Schwierigkeit, auf der Bühne die Anzeichen all dessen herauszustellen, was in der Kategorie »vulgär« bewundernswert ist: die Spontaneität lauten Gelächters, die rasche Reaktion auf alles, was förmliches Kompliment und bloße Konvention ist.

Man muß das Leben als zivilisierte Unterdrückung im Alter von fünf bis fünfzehn Jahren akzeptiert haben, um imstande zu sein, das Gegenteil mit Verständnis darzustellen. Die Gründe für die allgemeine Ablehnung des Stückes waren nicht die von den Kritikern genannten, nämlich die Langweiligkeit der Geschichte, sondern 1. Die mangelnde Attraktivität des Chauffeurs, so wie er gespielt wurde, verhinderte die Glaubhaftigkeit der Würde der Zuneigung der Heldin zu ihm. 2. Das Fehlen eines jeglichen Magnetismus in Miß Chattertons Persönlichkeit (trotz großen Geschicks) zusammen mit der Abneigung, den oben besprochenen Aspekt ihrer Rolle zu spielen. 3. Der Versuch des Autors, einen letzten Akt pathetischer Tragödie (der junge Mann in seiner Todeszelle, der Selbstmord der Heldin) auf zwei Akte folgen zu lassen, deren ausgewählte Details nie über das Genre Drama-Verbrechen + Pittoresk hinausgingen.

*Obiter Dicta:* Ein Schauspieler unterscheidet sich von allen anderen Menschen durch 1. das Element des Exhibitionismus in seiner Natur, 2. den Grad, bis zu dem er bei anderen und bei sich selbst die äußere Erscheinung analysieren muß, 3. die Passivität, mit der er als Kanalisierung der Absichten des Autors und des Regisseurs dienen muß, 4. den extremen Grad, bis zu dem seine Motorik dem Willen und der Vorstellung des Regisseurs angepaßt wird, 5. die berufliche Deformation, durch die seine Emotionen zu ständiger Erregung und Entspannung geschult werden müssen.


16. Williamsburg, VA., 10. April 1940. Faulkners *Licht im August.*

So vieles, was großartig ist, aber zuletzt überflutet und zunichte gemacht wird im emotionalen Dampf, in dem Trieb zur Grausamkeit, der Verwirrung hinsichtlich dessen, was gut und was schlecht ist, dem Durcheinander, das von der Identifizierung des Starken mit dem Guten und des Sanften mit dem Schlechten kommt. Das Bild des Südens, der aufschreit in Selbstrechtfertigung und Selbstverdammung, und alles verzerrte Bitterkeit.

Mich reizt dabei ein Problem.

Die Oberfläche ist klar genug. Die Ambivalenz von Haß und Bewunderung für den Neger; das dünn gewordene Blut des Südens bewundert die Männlichkeit des Negers. Und die fatale Neid-Faszination des Negers, die es nicht wagt, die Neid-Faszination einzugestehen, muß den indirekten Seitenweg des Sadismus einschlagen: sexueller Neid wird zu sexuellem Sadismus: der Höhepunkt des Buches ist die Kastration des Halbnegers und Dämon-Helden Joe Christmas. Faulkner kostet diesen Augenblick aus. Er baut und baut an der Männlichkeit-Härte von Christmas, nicht, indem er ihn als Sexualathleten darstellt, was zu offen wäre, sondern indem er ihn hart macht und hart werden läßt unter einer ununterbrochenen Folge von Ungerechtigkeiten und Leiden. Faulkner will ihm nicht einmal erlauben, von den gelegentlichen Erleichterungen seines Elends berührt zu werden, wie, zum Beispiel, von den Versuchen, gütig zu ihm zu sein, die seine Adoptivmutter, Mrs. McEachern, unternimmt. W. F.'s Haltung Frauen gegenüber ist die der bewaffneten Neutralität – Lenas Ruhe und Ergebenheit und hartnäckige Suche nach dem Mann, der sie betrogen hat, ist eine Kraft, die von ihrer Schwangerschaft abhängt; manchmal ist ihre Charakterisierung nahe daran, die einer allweisen, alles besitzenden Mutter Erde zu werden; aber sie entspricht dem nie ganz, und auch Lena hat einen ominösen Charakter, so als wäre sie für Byron Bunch die Frau, die Männer benutzt und quält. (Zwei der Frauen im Buch, Mrs. Armstid, die auf barsche Art gut zu Lena ist, und Miß Burden, werden wiederholt männisch genannt.) Man beachte den Schluß: Der Mann, der Christmas verstümmelt, ein kleiner, das Militär vergötternder Kleinstadtfaschist. Er trägt einen Revolver bei sich, obwohl es der Sheriff mißbilligt. Faulkner versucht, sich über ihn lustig zu machen, aber seine Bewunderung für diesen Revolver und diesen Glauben an Ordnung und Strafe kommt heimlich zum Vorschein, und schließlich überträgt ihm Faulkner die glorreiche Tat des Buches: die Verstümmelung des Negers.

Das Rätsel ist Hightower: ein ehemaliger Geistlicher, betrogen von seiner Frau, von zwei Fanatismen besessen, schlaff, fett, ein Leser des »saftlosen, lustlosen« Tennyson. Noch schmerzlicher für ihn als die Schande seiner Frau und der Ausschluß aus der Kirche war der Brief, den er an eine Anstalt für jugendliche Delinquentinnen schrieb und in dem er sagte, daß er von nun an die Hälfte seines kleinen Erbteil-Einkommens spenden könne. Alle seine Gespräche mit Byron Bunch (so ähnlich denen in den Romanen von Henry James, voll von schwerer indirekter Sorge darüber, wie andere über das, was geschieht oder geschehen kann, »empfinden« werden) sind erfüllt von einer großen Emotion und einem moralischen Gewicht, das in keinem Verhältnis zu der Wirkung steht, die diese Angelegenheiten jemals auf ihn haben könnten. Ich denke, die Antwort darauf ist, daß Hightower für Faulkner als Symbol für den Süden steht. Hightowers anderer Fanatismus ist eine

Episode im Leben seines Großvaters (»der wichtigste Tag in seinem Leben, der einzige Tag, an dem er je wirklich lebte, fand dreißig Jahre vor seiner Geburt statt«): sein Großvater wurde bei einer tapferen Kavallerieattacke auf dem Rücken seines Pferdes getötet, hier in Jefferson, wohin er gekommen war, um General Grants Vorratslager niederzubrennen. Das andere an Hightower ist die Andeutung von Impotenz. Das Vergehen seiner Frau wird an einer Stelle durch den Satz gerechtfertigt: »Entweder konnte oder wollte er sie nicht befriedigen.« Und W. F. sagt dann, daß seine Erregung über die Kavallerieattacke des Großvaters die Ungerechtigkeit oder Last war, die seine Frau zu tragen hatte. Die grausame Schlußszene des Buches findet in Hightowers Haus statt, nachdem Hightower getan hat, was er tun konnte, um sie zu verhindern.

Die Erniedrigung des einst tapferen Südens wird also in sexuellen Begriffen dargestellt; sie haben die Kraft des Negers ständig vor Augen, die sie an ihren Verlust erinnert. Alle Romane, die in den Südstaaten spielen (mit Ausnahme von *Vom Winde verweht*) müssen Lynch-Romane wie dieser sein: nur so kann der Süden einen Triumph genießen, und der Triumph muß nicht das Töten, sondern die Entmannung des Negers sein.

NB. Christmas' Geliebte und Opfer war keine Weiße aus dem Süden, sondern eine Yankee. Nicht einmal Faulkner brachte es über sich, eine Südstaatlerin aus ihr zu machen.

NB. Es ist etwas sehr Pubertäres an W. F.'s Beschäftigung mit dem Sexualleben seiner Figuren: Balzac muß den finanziellen Status jeder seiner Figuren schildern. W. F. muß schildern, wie die seinen ihre Nächte verbringen – und er ist besonders pubertär mit der ständigen Notwendigkeit nachzuforschen, wie sie Sex zum *erstenmal* erlebten.


19. St. Augustine [FLA.], 2. Mai 1940. Über Faulkners *Das Dorf*.

Der Stamm der skrupellosen Snopes zieht nach und nach in eine ländliche Gemeinde ein und nimmt wie Lokusten das Land in Besitz: am Ende des Buches, als sie die Macht in Frenchman's Bend an sich gebracht haben, ziehen sie weiter in die größere Stadt Jefferson.

Überall die Bewunderung für niederträchtige Gerissenheit; mehr noch, die Bewunderung des Autors für – unterschiedslos – alles, was Erfolg hat. Die Snopes fassen zunächst einmal dadurch Fuß, daß sie die Gemeinde mit dem Gerücht in Schrecken versetzen, sie seien Scheunenanzünder. W. F. denkt an Hitler, aber die größere Demonstration versickert in seiner detaillierten Illustration, und das ist das beste, was sie tun kann. W. F.'s Bewunderung der Männlichkeit ist in einer Bewunderung für das »Vorwärtskommen« aufgegangen.

Ratliff, die einzige bewundernswerte Figur, ein reisender Nähmaschinenhändler, sieht zu, kommentiert, denkt nach. Er vollbringt sogar einige gute, unglaubliche Taten: er nimmt in das Haus seiner Schwester die Frau und die Kinder eines Snopes auf, der gemordet hat; die Frau war früher Prostituierte in einem Holzfällerlager; er ersetzt aus seiner Tasche fünf Dollar, um die ein Snopes eine Farmersfrau geprellt hat. Aber am Ende des Buches wendet sich W. F. auch gegen Ratliff und zeigt ihn, wie er gierig nach einem verborgenen Schatz gräbt (immerhin: »Ist es so weit mit mir gekommen?«), und er zeigt, wie er von einem Snopes übertölpelt wird.

Dasselbe Motiv sahen wir in *Licht im August*. Obwohl W. F. den Mann des Denkens mit einem zeitweiligen wehmütigen Prestige umgeben kann, muß er doch am Ende einem Vertreter der Kraft oder der Schlauheit geopfert werden. Wieder muß sich das dünne Blut des Südens voll Neid und Bewunderung vor jeder Handlung beugen, so niedrig sie auch sei.

Aber was für ein sonderbares Denken diese Männer des Denkens haben: elliptisch, verschroben, sarkastisch, eingehüllt in eine übersubtile, verworrene Syntax – W. F.'s phantastischer, übertriebener Stil.

Umwegig – das ist die Methode, nach der sogar die Fakten der Erzählung dem Leser mitgeteilt werden. In einem Abschnitt werden wir von den Gedanken eines Mannes, der ermordet wird, ohne Übergang in die seines Mörders versetzt. Das *Er* muß beiden dienen. Der Leser muß zurückgehen und die letzten anderthalb Seiten noch einmal lesen, um das Ereignis zu entwirren. Gewiß hängt diese Praxis des Indirekten mit W. F.'s Unsicherheit in seinen emotionalen Beziehungen zu seinen Figuren zusammen: er bewundert seine »bösen« Charaktere, wagt aber nicht, es einzugestehen, und ein kleiner Teil seines Geistes verachtet sie; er verachtet seine »guten« Charaktere, wünscht sich aber, er könnte sie bewundern.

Die wirkliche Unreife eines Autors zeigt sich in der Transparenz, mit der er seine Billigung oder Mißbilligung seiner Figuren verrät – und er ist doppelt unreif, wenn Billigung und Mißbilligung derart vermischt und unrein sind –, nicht, weil jedes ethische Urteil schwierig ist, sondern weil sich die emotionale Natur des Autors mit sich selbst im Kriegszustand befindet.

Das ist W. F.'s Sentimentalität: nicht nur das Aufbrausen der emotionalen Identifikation mit der Gewalttat oder List, sondern die »Verwirrung« ihrer Darstellung, so daß sich die Bewunderung nur »um die Ecke« zeigt – wie er denkt –, dafür aber um so offener.

29A.  THE MACDOWELL COLONY, PETERBOROUGH, H. H., 6. JULI 1940.
»The Ends of the Worlds«[1]

Begann am Montag, dem 24. Juni, im Veltin Studio mein Stück »The End of the Worlds«.

Die Schwierigkeit, ein Thema zu finden. Während des letzten Jahres stellte sich ein Thema nach dem anderen ein und zerbröckelte mir in der Hand.

Kann dieses Bestand haben?

Die Schwierigkeit, den richtigen Ton zu finden.

31.  QUEBEC, 26. OKTOBER 1940. Über mein Stück
*[Wir sind noch einmal davongekommen].*

Hier habe ich diese Woche den zweiten Akt meines Stückes geschrieben, ganz falsch, und ich wußte, daß ich ihn ganz falsch schrieb. Er stellt so große Probleme dar und fordert eine so konstante Inspiration, daß ich nichts anderes tun kann, als täglich *irgendwie* weiterschreiben, um die Kanäle aus dem Unbewußten herauf freizuhalten und dieses Unbewußte in einem Zustand der Gärung, des Brauens, zu erhalten. Die Falschheit des derzeitigen Textes liegt darin, daß die Szenen der Dreieckssituation und der Gespräche in der Familie schlicht und realistisch sind. Es könnte sehr wohl sein, daß ich, bevor ich sie richtig »heraufbringe«, gezwungen bin, die ungeheure Größe und die wilde Energie der derzeitigen Eröffnung und vielleicht eines Teils des ersten Aktes »herunterzubringen«, abzuschwächen; aber das rühre ich nicht an, bis ich eine Möglichkeit gefunden habe, diese Zwischenszenen in einen Augenblicksmythos und etwas umzugießen, was man Gigantismus

---

1  Ein früher Titel für *The Skin of Our Teeth* (dt.: *Wir sind noch einmal davongekommen*).

nennen könnte, wenn es nicht auch menschliche Verallgemeinerung wäre.

Dieser Versuch, ein Stück zu machen, in dem der Protagonist ein zwanzigtausend Jahre alter Mann und die Heldin eine zwanzigtausend Jahre alte Frau und achttausend Jahre lang Ehefrau ist, läßt mich um so deutlicher sehen, wie nötig es für Joyce mit einer ähnlichen selbstgestellten Aufgabe war, einen eigenen grotesken, gewundenen Stil zu erfinden. Glücklichere Zeitalter als unseres konnten es – oder einige Aspekte davon – in der Reinheit der Lyrik, der Moralität oder in der relativen Einfachheit des *Gefesselten Prometheus* oder des *Ödipus*; aber in diesem Jahrhundert und vor allem in diesen Zeiten kam zu der Schwierigkeit noch die weitere hinzu, daß das Pathetische, das Deklamatorische, der große Stil vermieden werden müssen. Die einzige Möglichkeit, die noch bleibt, ist das Komische, das Groteske und der Mythos in der komisch-heroischen Form.

Ich habe einen Vorteil: das dramatische Medium als Überraschung. Wiederum durch die Zertrümmerung der verknöcherten Konventionen des gut gemachten Stückes erscheinen die Charaktere *ipso facto* als verallgemeinerte Wesen. Diesen Vorteil würde ich in zwanzig Jahren nicht mehr beanspruchen können, wenn das Theater sehr viele Stücke in einem freieren Dekor anbietet; das Publikum wird solche Freiheiten gewohnt sein, und die Wirkung der Methode wird keine so große Hilfe mehr für ihre Mythen-Absicht sein. (Mein Stück wird dann noch immer so gültig sein, aber was es an Überraschung verloren hat, wird durch sein Prestige ersetzt werden, dadurch daß das Publikum weiß, »worum es geht«.)

Der Herausforderung, die also durch das akkumulierte Gewicht der schon erwähnten Absicht des Stückes, *den* Mann und *die* Frau darzustellen, und durch die im Zweiten Akt bereits geschaffenen säulenartigen Momente gestellt wurde – die Entgegennahme der Ernennung durch den Präsidenten, Mrs. Hobsons Erinnerungen an die Geschichte der Ehe, Miß Atlantic Citys Ausbruch vor dem Publikum und vor allem die tröstenden Worte an ihren Partner, daß alle Menschen »Strohpuppen« sind, die Rundfunkansprache an die anderen versammelten Orden und schließlich der Sturm und die Schreie im Mittelgang des Theaters (ich habe die Szene der Wahrsagerin noch nicht »realisieren« können) –, muß durchgehend entsprochen werden. Das dazwischen eingeschobene Material braucht nicht so stark hervorgehoben zu werden wie gedacht und sollte es auch nicht, aber die theatralische Erfindung muß unermüdlich jedes Dialogfragment in eine überraschende, komische, heftige oder pittoreske Stilisierung verwandeln. Hier liegt die größere Schwierigkeit, verglichen mit der Niederschrift von *Unsere kleine Stadt*, wo die Essenz des Stücks im Kontrast zwischen den Seiten der Verallgemeinerung und den in einem entspannten und schlichten Dialog gehaltenen lag.

Wäre ich nicht während meines ganzen Schriftstellerlebens davon überzeugt gewesen, daß das Unbewußte unser Werk für uns schreibt, während der Nacht oder in *seiner* Nacht die Forderungen verarbeitet, die wir an es stellen, unaufhörlich nach den Öffnungen des Sujets tastet, alle Möglichkeiten erprobt, Beziehungen der Teile zum Ganzen und untereinander findet – wäre ich davon nicht schon längst überzeugt gewesen, so müßte ich es seit neulich nachts sein. Ich drehte in fiebriger Schlaflosigkeit das Stück hin und her und sah plötzlich, daß es da, in der Struktur des Aktes auf mich wartend, eine glückliche Lösung gab, vollständig, vollkommen impliziert und dennoch bis dahin unvorhergesehen: da die Orden der Vögel und der Fische ihre Versammlungen wahrscheinlich gleichzeitig in der Nähe abhielten, hatten sie doch leicht ihre Vertreter, je zwei und zwei, bereit für das Betreten der Arche, das seit Monaten als Aktschluß vorgesehen ist.

Noch einige Offenbarungen dieser Art, und ich werde eine Mystik des Schreibprozesses wie die Flauberts entwerfen: daß das Werk nicht etwas ist, was wir machen, sondern etwas schon Fertiges, das wir entdecken.

Und doch, wie schwierig ist es – wenn ich zum vorletzten Absatz zurückkehre –, diese Zwischenszenen neu zu formulieren. Vorausgesetzt, daß meine theatralische Erfindung eine ununterbrochene Kette von überraschend neuen Einfällen liefern und Darstellungen des Materials unseres täglichen und doch säkularen Lebens wiederbeleben könnte – wie groß ist die Gefahr, daß diese Abschnitte, aneinandergereiht, den Zuschauer übermäßig ermüden und schließlich die Aufmerksamkeit abstumpfen würden, die durch sie die Bedingungen des Lebens selbst erblicken sollte.

Man läßt entmutigt die Arme sinken. Alles, was man tun kann, ist, darauf vertrauen, daß das Unbewußte auch diese Gefahr vorausgesehen hat, daß das schon Geschriebene sie umging und daß es mir innerhalb der nächsten Monate verstattet sein wird, die Lösung des Problems zu lesen.

33. [QUEBEC], 29. OKTOBER 1940. Über die Bühne und Frauen.

Den ganzen Abend steigt unter meinem Fenster Gelächter mit einem
Anflug von Hysterie auf. Die Männer in Uniform paradieren auf der
Dufferin Terrace auf und ab und haben Gefährtinnen in den Mädchen
gefunden, denen die Mütter auszugehen erlaubten. Die Mädchen gehen
auf und ab und geben vor, ganz mit sich selbst beschäftigt zu sein, und
von den Bänken kommen die Annäherungsversuche: »Commong dally
foo ser soi?«* Bald haben sich die Paare gefunden, und das Gelächter
wird noch lauter.

Das erinnert daran, daß dergleichen in mein Stück eingesetzt werden
muß, kurz nach dem Anfang und in regelmäßigen Abständen, Witze
über Sex. Solche Witze wecken das Nervensystem, lockern zahlreiche
verkrampfte Zentren, versetzen die Aufmerksamkeit in summende Ge-
spanntheit: eine Vorbereitung für das Komische.

Lachen ist an sich nicht sexuell, aber wie nahe steht es demselben
Zensor, der über alle Verwirrungen, die Demütigungen und (um die
positivere Seite zu nennen) die unausgesprochenen, unaussprechlichen
Freuden des Lebens wacht. Zum größten Teil ist das Lachen der Aus-
gleich für das unbeugsame Andere des Lebens, die unerbittlichen Umstände, Verhältnisse oder Zufälle, die weder unsere Wünsche noch unser prahlerischer Wille ändern können. (Hier Bergson ebenso wie
Freud.) Sex ist ein umfangreiches Phänomen, ein selten gesättigter
Rachen, nie zu umgehen, ständig durch das Unbewußte identifiziert mit
dem widerspenstigen, ärgerlichen, um nicht zu sagen unversöhnlichen
Charakter der äußerlichen Umstände selbst.

Ein Lachen über Sex ist ein Lachen über das Schicksal.

Und die Bühne ist als seine Heimstatt besonders geeignet. Dort ist
*eine* Frau so rasch alle Frauen.

Was für eine wirksamere Bestätigung könnte man für mein Lieb-
lingsprinzip finden, daß die Figuren auf der Bühne dazu neigen, als
Verallgemeinerungen zu fungieren, daß die Bühne danach verlangt, ein
zeitloses, individualisiertes Symbol auszudrücken. Die Anhäufung von
Fiktionen – Fiktion als Zeit, als Raum, als Charakter – neigt stets dazu,
ihre wahre Wahrheit zu enthüllen: Mann, Frau, Zeit, Ort.

Und die Wirkung eines solchen Vorgangs muß erkannt werden:
wenn Mann und Frau in ihrem absoluten Charakter erkannt werden,

---

* D. h. »Comment allez-vous ce soir?« (A. d. Ü.)

ist dieser Charakter abträglicher Art: der Mann ist absurd, die Frau ist Sex.

Es ist kein Zufall, daß die Schauspielerin seit dem Beginn des Theaters als die Kurtisane betrachtet wurde. Die üblichen Erklärungen dafür treffen nur das Sekundäre: die Unvereinbarkeit des Privatlebens der Schauspielerin mit dem der Bourgeoisie; die Berufskrankheit der Karriere, die darauf *abzielt zu gefallen*; der (für das Unbewußte der Zuschauer wahrscheinlich nicht wahrnehmbare) Faktor, daß die Abwechslung der Rollen zu einer emotionalen Unstabilität im Charakter der Schauspielerin führt. Es gibt ein bedeutenderes Element als alle diese: eine Frau, die auf der Bühne erscheint und, in einer Welt, in der alles Täuschung ist, vortäuscht, jemand anders zu sein, enthüllt sich als *die* Frau, und das unter Bedingungen, die – so edel, würdevoll oder gar heilig die Rolle sein mag – nur allzu rasch die leichtfertigeren Aspekte dieser Beschaffenheit andeuten.

Die Frau lebt in unserer Vorstellung unter zwei Aspekten: als die Unberührbare, Verehrte, von Tabus Umgebene (und ein Tabu ist eine Provokation und ein Veto zugleich) und als die Zugängliche und sogar – trotz der Maske des Dekorums und der Würde – *Einladende.* Um die erste dieser beiden Rollen aufrechtzuerhalten, sind alle Stützen von Gesellschaft und Sitte nötig: die Institution der Ehe, das Prestige der Tugend, das Gesetz und der Brauch. Eine Frau auf der Bühne ist dieses Schutzes beraubt. Die Schaustellung ihres nackten Gesichts in gemischter Gesellschaft, für Geld und zu wiederholten Malen, das Sprechen von Worten, die nicht ihre eigenen sind, genügen. Aber noch viel stärker ist sie den Händen, dem Gedanken- und Triebleben des Publikums dadurch ausgeliefert, daß sie auf der Bühne – diesem Reich akkumulierter Fiktionen – als *Frau* steht, als Beute, Opfer, Partnerin und stillschweigende Duldung – das heißt als Raubvogel, daher Angreiferin – und als williges Opfer, das heißt *piège.* Unter diesen hellen Lichtern, auf diesem zeitlosen Podium, kann uns das züchtigste Betragen der Welt nicht davon überzeugen, daß dies nicht unser Erbgespenst ist, die Peinigerin unseres Nervensystems, der Teufel-Feind unserer Träume und Gelüste.

(Obiges geschrieben, während ich von einer Flasche Bordeaux leicht betrunken war.)

34. Quebec, 1. November 1940. Schwierigkeiten mit meinem Stück [*Wir sind noch einmal davongekommen*].

Das Stück scheint wieder einmal – wie man in diesen Tagen von der italienischen Armee in Nordafrika sagt – festgefahren zu sein, stecken-geblieben in Unentschlossenheit und einem Gefühl des Mangels jeg-licher Vitalität.

Zweifellos habe ich da ein wirkliches Thema für ein Stück.

Ich scheine es verloren zu haben durch Fehlgriffe in der Manier, willkürliche Abschweifungen und eine Reihe von Stellungnahmen, die für mich nicht wirklich sind, die unaufrichtig sind. Wenn ich vorerst einmal den zweiten Akt außer acht lasse, der vielleicht als ganzer für mich nicht wirklich ist – wie steht es mit dem ersten?

Gestern und heute habe ich den Anfang des ersten umgeschrieben – nicht nur, was die Manier betrifft, die verhältnismäßig unwichtig ist, da sie schon richtig kommen wird, sobald ich einmal die zentrale Absicht des Aktes mit Überzeugung begriffen habe.

Da dies das ehrgeizigste Thema ist, das ich je in Angriff genommen habe *(sic!)*, stehe ich wie nie zuvor bewußt vor der Frage: meine ich das auch? In diesem Falle, in welchem Teil oder auf welcher Ebene meiner selbst bin ich tatsächlich an einem solchen Problem (Problem für die Literatur; daher brennendes Problem für das Selbst) wie den Kämpfen der Rasse und ihrem Überleben interessiert? Habe ich Emotion »erfun-den« und einen Ernst erdacht? Ist mein Stück deshalb steckengeblieben? (Erst jetzt, während ich dies schreibe, kann ich sehen, daß das eine fal-sche Fragestellung ist, es ist, als sagte man: »Wenn du tausend Chine-sen retten könntest, indem du dir die rechte Hand und das rechte Bein abschneidest, würdest du es tun?« D. h. unzweifelhaft und undurch-führbar: eine Vorstellung, die für den menschlichen Geist nur unter den spezifischen Umständen faßbar ist, die sie verlebendigen.) Nein, es ist ein Stoff, der so wirklich ist wie jeder andere, ebensogut dramatisier-bar wie jeder andere. Es geht nicht so sehr darum, daß man ihn mit einer Emotion aufladen könnte, die er nicht hat, sondern darum, daß man ihn mit einer falschen, aufgeblasenen Emotion aufladen könnte – oder einer anämischen Emotion, die sich in grillenhaften Phantasien ausläßt. Tatsächlich ist es überhaupt gar nicht so sehr eine Frage der Emotion, sondern des Sehens, Wissens und Sagens.

Insofern als ich sehe, daß die menschliche Rasse einen langen Kampf durchgemacht hat (Erster Akt), ist es legitim, daß ich die Überlegung in die Form eines modernen Menschen und seines Heims kleide, und gerade um ein falsches Pathos zu vermeiden – in dieser Zeit mehr als in jeder anderen –, daß ich sie in einer komischen Tonart anlege.

Ich habe demnach drei Schwierigkeiten:

1. *Einfachheit*. Es genügt, es festzustellen. Mit welcher Bestürzung sehe ich einige Abschnitte, die ich heute nachmittag schrieb, Abschnitte, die unter dem Deckmantel der theatralischen Lebendigkeit dem Stück seinen Vorwärtsdrang nahmen und Abschweifungen und unzweckmäßige »Farbe« einführten. Meine alte Angst, »langweilig« zu sein, mein Zögern, einem starken Stoff zu vertrauen.

(Ich wollte, ich könnte noch einmal *Candide* lesen – wo das Problem nicht unähnlich war –, aber obwohl es in dieser Stadt viele französische Buchhandlungen gibt, ist *Candide* wegen der katholischen Zensoren hier nicht zu bekommen. NB. Ich glaube, ich sollte auch Rollands *Liluli* lesen; ich habe so eine Ahnung, daß es in dieselbe Kategorie fällt.)

2. *Ausdauer bei der Arbeit*. Diese zwei Jahre, in denen ich Themen aufgriff und wieder fallenließ, ziellos las *als* Flucht vor dem Schreiben und alles mögliche tat, haben die geringe Sammlung für die Arbeit unterminiert, die ich sonst hatte. Ich finde es besonders schwierig, mich auf das Stück als Ganzes zu konzentrieren, diese Übung *sine qua non* der Komposition. Ich scheine nur imstande zu sein, »die zaudernden und müden Rosse meines Geistes anzutreiben«, um das ganze Stück auf einmal zu sehen, wenn ich draußen lange und rasch gegangen bin.

3. *Inspiration ohne Emotion*. Ich kann keinen anderen Ausdruck finden, um die Augenblicke zu beschreiben, in denen das Material wirklich geliefert wird. Die große Gefahr in diesen Tagen ist, daß, wenn ich tatsächlich eine »Inspiration« habe, diese unter Fluten von Tränen kommt, die nicht nur, wie früher, die legitimen Tränen nervöser Erregung sind, sondern . . . die Verdrehung des Materials in eine Menge von humanitären, »pathetischen«, didaktischen Richtungen mit sich bringen, die für mich im Grunde nicht wirklich sind, sondern selbstbewundernde oder ersatzweise selbstbemitleidende Interferenzen.

Werden sich diese Schwierigkeiten aufklären?

Ich kann es nicht sagen. Ich kann, was mich betrifft, nur sagen, daß das Thema (und die Behandlung, die für mich einzige Art, es zu behandeln) tatsächlich schwierig ist; daß ich zumindest mein Gefühl dafür, die ganze Bühne in Bewegung und zum Sprechen zu bringen, und meinen charakteristischen Stil darauf verwende, der zwischen dem Allgemeinen und dem Besonderen hin und her pendelt.

Wenn ich steckengeblieben bin, so ist der Grund dafür nicht weit zu suchen: das tägliche Denken meines Geistes in zwanzig Jahren war nicht umfangreich genug, um mich darauf vorzubereiten, mich zur Höhe dieses Themas zu erheben.[1]


36. MANOIR DE SAINT-CASTIN, LAC BEAUPORT [QUEBEC], NOVEMBER 1940. Über englische Prosa im 19. Jahrhundert.

Den englischen Prosaschriftstellern des 19. Jahrhunderts fehlten die wesentlichen Charakteristika ausgezeichneter Prosa, und es ist wahrscheinlich, daß ihr Werk unter dem millenaren Gesichtspunkt verschwinden muß. (? Werke überleben nicht aufgrund ihrer Ideen; mit Ausnahme jener minimalen und unendlich langsam fortschreitenden Zunahme wahrhaft neuer Ideen, die in der allmählichen Entfaltung der religiösen Deutung der Existenz enthalten ist, sind alle Ideen der Welt seit überlieferten Zeiten schon dagewesen. Sie sind Allgemeingut; was man gewöhnlich Ideen nennt, sind vorübergehende Bemerkungen über vorübergehende gesellschaftliche Zustände. Ihre Niederschrift macht ein Werk nicht unsterblich, es sei denn, sie ist in der charakteristischen Art formuliert, die wir nun zu definieren trachten.) Der Vorzug der Prosa liegt in ihrer Bewegung, und man hat sie gewöhnlich zu definieren versucht, indem man ihre Rhythmen diskutierte. Das ist auch richtig, aber zu oft endete damit auch schon die Diskussion, wobei man noch die Musikalität oder den Tonfall dieses oder jenes Autors beurteilte. Und dieses Zurückgreifen auf die Musik als analoge Basis für die Vorzüglichkeit der Prosa hat in die ganze Geschichte der Kritik ein Mißverständnis eingeführt. Musikalität ist eine unerläßliche, aber sekundäre Qualität. Auf ähnliche Weise hat man bei dem Versuch, die Qualität zu definieren, eine Analogie in der Physik gesucht und von »Gleichgewicht« und »Proportion« gesprochen. Die Vorstellungen, die durch diese beiden Begriffe ausgelöst werden, haben ihren Platz in ausgezeichneter Prosa, aber keiner ist umfassend genug, und beide füh-

---

1 Vgl. Milton, *Das verlorene Paradies*, 1. Buch, Zeilen 22–26:

... erleuchte, was finster
In mir ist, durch dein Licht, und alles, was niedrig ist in mir,
Das erhebe, das stärke; damit ich die Rechte der Vorsicht
Nach dem erhabenen Zweck des großen Gesanges beschütze
Und vor den Menschen die Wege Gottes verteidigen möge.

(Dt. von Friedrich Wilhelm Zachariä, W. Speman, Stuttgart 1883)

ren Nebenbedeutungen ein, die für alle Aspekte der Prosa nötig sind. Gleichgewicht läßt an vernünftige Gelassenheit und Meidung der Extreme denken. *Tristram Shandy* ist ein Triumph anhaltender *Kinese*, aber sofern wir nicht den Begriff Gleichgewicht über seinen üblichen Bedeutungskreis hinaus erweitern und von ihm verlangen, daß er einen beispiellosen Takt in der Beibehaltung einer Gleichförmigkeit des Tons bezeichnet, könnten wir mit ihm kaum Sternes Roman beschreiben wollen. Der Begriff Proportion mit seiner Betonung der Regelmäßigkeit der Anordnung der Elemente könnte uns gute Dienste leisten, wenn er nicht wie Gleichgewicht eine Reihe dieser moralisierenden Implikationen mit sich brächte, von denen nur wenige angelsächsische abstrakte Substantive frei sind und die im objektiven Studium der Literatur als Kunst keinen Platz haben. Zudem neigen beide Ausdrücke dazu, ein Objekt im Ruhestand zu bezeichnen; aber die Seele der Prosa ist ihre Bewegung. Die Analogie sollte – wie bei jeder fundamentalen Untersuchung des Menschen und seiner Werke – physiologischer Natur sein. Die Bewegung, die Rhythmen der Prosa haben mit dem Singen die Notwendigkeit des Atmens gemeinsam und mit dem Tanzen das Element, daß bald diese, bald jene Stelle des Bodens bedeckt wird, daß man etwas einkreist, von hier nach dort schreitet und doch wiederum die soeben verlassene Stelle andeutet, daß man nach der Bewegung stillsteht und nach der Ruhe die Bewegung wiederaufnimmt – all dies in einem weit mehr organischen und graphischen Sinne als die Musik, obgleich auch sie in einem geringeren Grade solche Anordnungen andeutet. Musik und Poesie neigen dazu, das Leben der Stimme zu leben, Prosa das des Körpers. Ich möchte dieses zentrale Attribut der Prosa *Kinese* nennen. Die Prosaschriftsteller des 19. Jahrhunderts waren voll *Kinese*, aber sie waren *akinetisch*.

*Kinese* macht den Glanz der King-James-Bibel aus. Man hat diesem Werk so lange eine abergläubische Verehrung entgegengebracht, daß es nur wenige gewagt haben, darauf hinzuweisen, daß seine Ideen auf langen Strecken in dem zeitlichen Sinne, den wir andeuteten, nicht mehr gültig und daß viele seiner meistgerühmten Abschnitte bedeutungslos sind. Aber Bücher sind nicht groß aufgrund der in ihnen vorhandenen aktuellen Ideen, und viele der meistgeschätzten Werke der Literatur enthalten Abschnitte, die heute nicht mehr verständlich sind. Bücher überleben durch die Tatsache, daß die Binsenweisheiten der Erfahrung jedes Mannes und jedes Kindes in einer Sprache ausgedrückt sind, die ein instinktiv vitales Gefühl für *Kinese* enthält…

Zu erörtern, was für ein Licht die Betrachtung dieser Qualität auf die

Poesie wirft, würde diesen Essay ungebührlich erweitern. Ich will sie nur kurz berühren und nur, um ihre Anwesenheit in der Prosa klarzustellen. Die Poesie vermag tatsächlich einen Eindruck von Bewegung und Gebärde zu vermitteln. Auch sie durchquert eine Aufeinanderfolge von Ideen und führt sie einer Schlußfolgerung zu; auch sie wendet sich von einem Aspekt einem anderen zu und wieder zurück. Und umgekehrt borgt die Prosa von der Poesie ihre charakteristische Kraft, welche die Anrede ist. Es ist jedoch kein Zufall, daß es in der Weltliteratur nur wenige epische Gedichte gibt, daß die erzählende Poesie ein felsiger Boden ist, auf dem so manche Blume nicht erblühen konnte, und daß die polemische Poesie, die lehrhafte Ode, die Form, die am meisten *Kinese* enthält, selten erfolgreich ist. Wir brauchen nur die größte Ode in unserer Sprache zu betrachten, Wordsworths »Intimations of Immortality from Recollections of Early Childhood« (»Hinweise auf die Unsterblichkeit aus Erinnerungen an die frühe Kindheit«), um zu sehen, daß ihre Größe für uns in ihrer lyrischen Episode liegt und nicht in ihrer Bewegung. Es ist noch eine offene Frage, ob die Beobachtung von Kindern und der Umgang mit ihnen uns davon überzeugen, daß die Seele unsterblich ist und aus einem pränatalen Zustand der Glückseligkeit zu uns kam. Die berühmten Zeilen dieses Gedichtes sind für uns als statische Behauptungen wertvoller denn als Teile eines sich entwickelnden Gedankens.

Konjunktionen sind die Sehnen der Prosa, oder ihre Räder.

### 38. 12. November 1940. Einige Viktoriana.

Nun, da ich daran denke, ein Kritiker zu werden, sehe ich, daß dieses Tagebuch (oder ein anderes zu diesem Zweck begonnenes) zum Aufbewahrungsort für jene sekundären Beobachtungen werden sollte, die man beim Lesen macht und die einem andernfalls durch den Kopf gehen und verschwinden (oder vielmehr in der großen schattigen Wolke untertauchen, aus der die »Eindrücke« und »Ideen« kommen).

Ich habe mit großer Bewunderung zum erstenmal Wilkie Collins' *The Woman in White* (dt.: *Die Frau in Weiß*) gelesen. Es gibt darin einige vollendete Illustrationen für dieses viktorianische Katz-und-Maus-Spiel mit der Moral, dieses Tun und Nicht-Tun zugleich, das zwar, wenn man darüber nachdenkt, ein Gemeinplatz ist, aber als eine Veranschaulichung dienen kann, die ich vielleicht eines Tages gebrauchen möchte. Das Buch ist tief in seiner skrupulösesten moralischen Subtilität, seiner »delikaten Sensibilität«, und dennoch:

1. Nachdem man uns eine Weile hat glauben lassen, Anne Catherick sei die uneheliche Tochter Sir Percival Glydes – seinerseits der uneheliche Sohn »einer verheirateten Frau, deren Mann... mit einer anderen Person davongegangen ist« (Ausgabe der Modern Library, S. 770), stellen wir fest, daß sie vielmehr die Tochter des Vaters unserer makellosen Heldin, Mr. Philip Fairlies, und einer Dienerin in einem Landhaus ist, in dem er sich aufhielt.

2. Diese makellose Heldin heiratet einen Mann, gegen dessen Charakter ihr Verdacht geweckt wurde und nachdem sie ihm gesagt hat, daß sie schon einen anderen liebt. Wir, die Leser, vergeben ihr das, weil sie einem auf dem Sterbebett ausgesprochenen Wunsch ihres Vaters folgt, dessen Urteil und Rat niemals falsch waren. Später sehen wir, daß er sich in diesem Falle grausam geirrt hat, und man sagt uns (S. 788), daß er nicht nur der Vater Anne Chathericks war, sondern auch »aus Veranlagung lax in seinen Grundsätzen und offenkundig seiner moralischen Verpflichtungen nicht eingedenk, wenn es sich um Frauen handelte«.

Es ist bezeichnend, daß die Religion zu Hilfe gerufen wird, um uns die oben unter 1.) erwähnten Vorgänge schlucken zu lassen... Aber Wilkie Collins führt noch eine eigene Reihe von *volte-faces* ein:

3. Drei Figuren sind geschlechtslos, vielleicht sollte ich sagen, vier. Man schildert uns wiederholt die femininen Charakteristika von Count Fosco, dem zurückgezogen lebenden Onkel von Frederick Fairlie; und die bewunderungswürdige Marian Holcombe wird uns zuerst als unverkennbar männisch vorgestellt. Und der verruchte Sir Percival Glyde: versucht uns der Autor nicht... mit so deutlichen Ausdrücken, wie es seine Zeitgenossen erlaubten, zu sagen, daß er keine geschlechtlichen Beziehungen zu seiner Frau hat (die der Autor für eine glückliche zweite Ehe mit dem Mann aufspart, den sie liebt)? Mehr noch: Obwohl Sir Percival, eine Zeitlang der vermeintliche Vater Anne Cathericks, mit deren faszinierender Mutter in einer verlassenen Sakristei verdächtig flüstert... war er nicht an ihr interessiert.

Das ist alles ganz uninteressant, außer daß das noch zu untersuchen ist: die ganze Naturgeschichte der berühmten viktorianischen Heuchelei. Und nicht weniger die umgekehrte Heuchelei der heutigen Franzosen, für die *péché* das wahre Interesse und die wahre *Würde* des Lebens ist – und doch so tadelnswert *durch Adjektive*!!

*Obiter dicta:* Ich denke, man darf annehmen, daß kein Erwachsener jemals wirklich »schockiert« ist – daß das Schockiertsein immer eine Pose ist. Es kann als Pose sehr tief gehen, vom Betroffenen für eine echte Emotion gehalten werden, und dennoch kein tiefer spontaner Ausdruck sein. Sein wahrer Charakter umfaßt ein weites Spektrum – von der Angst über die Selbstachtung bis zum Neid. Aber seine äußere Erscheinung ist stets das Spektrum von der (immer unaufrichtigen) Ungläubigkeit über das Erstaunen bis zu der Versicherung: »Ich würde das in einer solchen Situation niemals tun.« Eine Gesellschaft wie die viktorianische, die soviel Energie darauf verwandte auszudrücken, daß sie schockiert war, mußte entweder 1. unreif und 2. unaufrichtig oder 3. so hoch auf eine idealistische Interpretation allen menschlichen Verhaltens »abgestimmt« sein, daß sie die Kraft der realistischen, bekennerischen Selbsteinschätzung verloren hatte.

Daß sie 1. unreif war, kommt nicht in Betracht: die Viktorianer waren reif genug. Daß sie 2. unaufrichtig war, bezeugt gerade dieser Roman von Collins, der ein weiteres Beweisstück der Unmenge von Beweisen hinzufügt, wie wir sie in der Liebesgeschichte von Dickens oder bei [Thackerays] Amelia Sedley [in *Jahrmarkt der Eitelkeit*], in *The Idylles of the King* – und im Ende der Epoche vorfinden.

Die Verteidigung lautet 3.: »Alle anderen sind – scheinen – so viel idealer gemacht – zu sein – als ich, daß ich erstens mein Menschsein nicht zu erkennen gebe und zweitens jede Minute danach strebe, es zu überwinden, und zwar *indem ich mich weigere, es zuzugeben.*«

Die Folge davon waren natürlich die Sicherheitsventile: Lüsternheit und Sarkasmus. Die Herrschaftsepoche läßt sich in zwei Hälften teilen oder besser in zwei Drittel und ein Drittel. Das letzte Drittel: [W. S.] Gilbert und [Oscar] Wilde und [Aubrey] Beardsley und Henry James, zusammen mit... Sherlock Holmes, dem [Mord-]Fall [Hawley Harvey] Crippen, der Welt Edwards.

»Moralisieren ist die Annahme, daß die Anwesenheit des Bösen in der Welt jedesmal ein Ausnahmefall ist.« – »Moralisieren ist die Behauptung der eigenen Immunität.«

All das ist enthalten in den Unterschieden des Geistes der Länder in den Wörtern: *moralist* und *moraliste; morals* und *mœurs.* [Engl. *moralist* = Sittenrichter, frz. *moraliste* = Moralist im philosophischen Sinne; Sittenlehrer; engl. *morals* = sittliches, d. h. dem Sittenkodex entsprechendes Verhalten, frz. *mœurs* = (gute) Sitten, Gebräuche. A. d. Ü.]

39. MONTREAL, 27. NOVEMBER 1940.
Über das glückliche Ende und den Pessimisten.

Von den beiden Welten, die wir kennen, der äußeren Welt der Natur
und der subjektiven Welt im Geiste jedes Individuums, hat erstere
einen großen Vorteil gegenüber letzterer, nämlich was eine günstige
Betrachtungsweise anbetrifft. Die meisten Katastrophen in der Natur
sind, vom menschlichen Standpunkt aus betrachtet, 1. regelmäßig in
ihrem Auftreten und regelmäßig in ihrer Wiedergutmachung wie die
allnächtliche Verdunkelung der Welt und die Ankunft des Winters;
2. Ausnahmefälle wie Überschwemmung, Brand, Erdbeben und Zerstörung durch Blitzschlag oder 3. vermeidbar durch eine tiefere Kenntnis
der Naturgesetze wie das Steuern eines Schiffes im Sturm, die Vorher-
sagbarkeit des Wetters und die Anwesenheit von Krankheiten in unserem Organismus.

Von diesen [dreien] ist die erste die wichtigste. Die Tatsache, daß die
Sonne jeden Morgen wieder erscheint und daß das Leben der Vegeta-
tion jeden Frühling neu erwacht, ist in die intimste Struktur unseres
Geistes eingeschrieben. Die Gewißheit, daß Dunkelheit und Verblühen
wiedergutgemacht werden, läßt in uns eine natürliche Neigung aufkommen, unser Vertrauen in das Universum zu setzen, und die Tatsache, daß die Nacht und der Winter regelmäßig und voraussagbar sind,
nimmt ihnen die Hälfte von ihrem Schrecken. Regelmäßigkeit mildert
unser tragisches Gefühl. Es ist für den Menschen angesichts seines
eigenen Todes kein kleiner Trost, daß beinahe alle Menschen im Alter
von sechzig bis siebzig Jahren sterben. Die Tragödie liegt im Unregel-
mäßigen, und das Unregelmäßige ist die Ausnahme.

Im Bereich des Subjektiven dagegen haben viele Menschen behauptet, daß der vorherrschende Charakter des Erlebens dunkel sei. Der
Besitz eines Bewußtseins hat die Existenz des Menschen, als Ganzes
betrachtet, zu einem Unglück gemacht. Es kann trotz einiger Schwierigkeiten nicht behauptet werden, daß er der natürlichen Umwelt nicht
angepaßt sei, außer was die Kürze seines Lebens und die Unvermeidbarkeit seines Todes anbetrifft. Aber von gewissen Geschichtsperioden abgesehen, hat das vorherrschende Urteil der Menschen die Einstellung
abgelehnt, daß die Unvermeidbarkeit des Todes ein hinlänglicher Grund
für die Behauptung sei, das ganze Leben an sich sei ein Übel. Der
signifikante Pessimismus im Zeugnis der Welt tritt mit der zweifachen
Anklage in Erscheinung, daß die Natur des Menschen – die sich in
seinem Besitz eines Bewußtseins ausdrückt – 1. unharmonisch in sich

selbst und 2. unfähig ist, durch ihre Beziehungen zu anderen Trägern eines Bewußtseins eine wahre Befriedigung zu geben oder zu empfangen. Dieser Pessimismus leugnet die Existenz jeglicher Anzeichen dafür, daß diese beiden Übel korrigierbar seien.

Es gibt keine großen Werke der Literatur, die diesen Pessimismus ausdrücken. *Candide* schließt viele der Befriedigungen aus, die nach Ansicht mancher Autoren dem Leben abzugewinnen sind, aber Voltaire kommt zu dem Schluß, daß der Mensch eine Lebensweise finden kann, die gut ist, und dieser Lebensweise gibt er die symbolische Form, den Garten zu bebauen. Das härteste Bild in der gesamten Literatur des Anspruchs der Menschheit auf ein Gutes findet man in *Gullivers Reisen*; aber die allgemeine Anerkennung dieses Werkes hat immer gesehen, daß seine Leidenschaft und Farbe kumulativ eine ungeheure Huldigung an den Menschen bedeuten: nicht die unveränderliche Disharmonie des Menschen wird angeklagt, sondern das Versäumnis des Menschen, von seinen Möglichkeiten zum Guten Gebrauch zu machen. In der klassischen wie in der modernen Tragödie entwickelt sich die Katastrophe aus einem Element der Disharmonie oder Unvollkommenheit in der Natur des Menschen, aber die Darstellung dieser Katastrophe dient dann dazu, die edlen Aspekte der menschlichen Natur zu beleuchten; das *Gute* im Menschen wird bestätigt durch das immer vorhandene, aber nur teilweise Schlechte des Menschen. Es gibt ein starkes Element von Pessimismus im Christentum, vor allem in seiner dogmatischen Entwicklung. Die Lehre, daß der Mensch unheilbar böse und nur durch das Eingreifen übernatürlicher Mächte zu retten ist, kann gut als vollständiger Negativismus gesehen werden, es sei denn, man betrachtet die Lehre vom übernatürlichen Eingreifen als indirekte symbolische Feststellung eines Elements in der menschlichen Natur selbst, das ebenso deutbar ist als reine Anstrengung des Menschen, seine subjektive und soziale Harmonie zu finden.

Es könnte gut sein, daß im Laufe der Zeit der Pessimist, der eine vollständige Disharmonie in seiner eigenen Natur und eine vollständige Disharmonie in der sozialen Ordnung behauptet (das unlösbare Problem des Kampfes zwischen Geist und Körper und die nicht korrigierbare Anwesenheit des selbstzerstörerischen Elements in der sozialen Gruppe), auf die physiologischen und individuellen Triebfedern seiner Ansicht hin untersucht werden wird. Man sieht den Pessimismus bereits als den Kommentar des außergewöhnlichen Menschen zu den außergewöhnlichen Aspekten der Erfahrung. Daß dieser außergewöhnliche Kommentar ein tieferes und »wahreres« Urteil sei, könnte entkräftet werden, wenn gezeigt werden könnte, daß er von einer Ansicht herrührt, die sich ein von einem großen Teil der Güter der Menschheit abgeschnittener Organismus gebildet hat. Das bedeutet nicht, daß Krankheit oder Neurose das Urteil entkräftet (es hat sich bei der Behandlung des ganzen Problems zu oft gezeigt, daß die nicht Gesunden und die außerhalb des Normalen Stehenden die positivsten Erklärungen über die ganze Erfahrung des Menschen abgegeben haben), sondern daß eine viel vollständigere »Naturgeschichte« der Krankheiten, Neurosen und Behinderungen entworfen und analysiert werden muß, damit man entdecken kann, welche zu positiven oder negativen Erklärungen geneigt machen – und wie und warum.

40. Quinto Bates, Arequipa, Peru, 23. Mai 1941.
   Skizze für ein Porträt von Tia Bates.[1]

Als ich sie kennenlernte, war Mrs. Anna Bates weit über siebzig, und sie war vierzig Jahre lang die berühmte, gütige, lärmende, willensstarke, im Herzen kindliche Wirtin der besten Herberge an der Westküste Südamerikas gewesen. Sie selbst hatte verschiedentlich von ihrem Geburtsort und der Nationalität ihrer Eltern berichtet; es scheint, daß letztere Amerikaner mit einem Schuß Irisch waren. Ihre frühen Jahre hatte sie in Chile verbracht. Ihr Mann war Bergwerksingenieur gewesen, und sie konnte wilde Geschichten von Freuden und Gefahren in den »Wildwest«-Tagen des frühen Bolivien und Peru erzählen. Sie hatte zwei Kinder – einen Sohn, der jung starb, und eine Tochter, durch die sie nun Urgroßmutter war.

Sie hat einen kurzen, etwas untersetzten Körper, der gewöhnlich in adrette Pullover gekleidet ist, Füße, die ihr einige Beschwerden verursachen, und kleine Hände, die unaufhörlich hin und her schießen. Ihr Gesicht, ziegelrot und ziegelgelb, erhellt von zwei offen blickenden, hellen blauen Augen, erinnert sofort an das eines idealistischen Jungen und an das eines alten Kapitäns vom Cape Cod. Es ist ständig in dramatischer Bewegung, sein Ausdruck wechselt rasch: »Boshaftigkeit«, Wohlwollen, hochmütiger Widerspruch, beißender Spott und selbstvergessene Fröhlichkeit. In den langen Stunden vor dem Mittag- und

---

1 Thornton Wilder gab zu, daß »etwas von dem... großzügigen Herzen und dem findigen Geist« von Mrs. Bates in Mrs. Wickersham in seinem Roman *Der achte Schöpfungstag* (1967) zu finden ist.

Abendessen sitzt sie unruhig wippend auf einem Diwan, die Familie der Gäste um sich versammelt, ein Glas Scotch-and-Soda in der Hand, und hält Ordnung; das heißt, sie schimpft mit den Dienstboten, sorgt dafür, daß die Aufmerksamkeit der Gäste nicht abschweift, erstickt unbarmherzig jede Albernheit oder Anmaßung im Keim, die im Gespräch der Gruppe aufkommen könnte, und spielt die Rolle, für die sie auf die Welt gekommen ist: eine *raconteuse*. Mutter und Patronin und Historikerin von sechzig Jahren eines opéra-buffo-haften, tragikomischen, episch-absurden, abenteuerlichen Lebens an der Küste. Eine endlose Suche [mit Tia Bates] nach halbvergessenen Namen aus zwanzig Nationalitäten, die wiedererweckten Gestalten ziehen in endloser Prozession vorüber, Nabobs und Versager, Revolutionäre und Dienstmädchen, Handelsreisende und Seeleute. Von Venenentzündung und perniziöser Anämie heimgesucht, aber innerlich kochend vor ungezügelter Vitalität und Lebenshunger, verbirgt sie vor der Öffentlichkeit alle Augenblicke der Müdigkeit, Krankheit, Selbstprüfung oder auch nur Nachdenklichkeit. Sie nennt sich selbst wiederholt eine »alte Teufelin« und beklagt ihre grobe Sprache, die nicht über einige *verdammt* und *Hölle* hinausgeht. (Sie gestand gestern, daß sie die Bedeutung der haarsträubenden spanischen Flüche nicht kennt, zu denen sie Zuflucht nimmt, wenn die Dienstboten ihre Geduld strapazieren.) Nichtsdestoweniger ist sie unerwartet puritanisch. Ihre charakteristische Geste ist, daß sie, wenn sie auf dem Höhepunkt einer Geschichte plötzlich loslacht, mit den Fingernägeln der rechten Hand in ihr zerzaustes graues Haar fährt und sich mit der linken Faust wild gegen die Magengrube schlägt, während ihre schalkhaften blauen Augen rasch von Gesicht zu Gesicht huschen und die Huldigung des Erfolges einsammeln.

... Ihre Geschichten ergeben sich immer aus dem Gesprächsthema, sind nie an den Haaren herbeigezogen...

Das andere, wofür Tia Bates berühmt ist, ist ihre Güte. Dies wird – wie es in unserer Zeit mit solchen Dingen geschieht – mit einer kritiklosen, hagiographischen Bemühung berichtet, welche die guten Taten verwässert bei dem Versuch, sie zu vergrößern. Sie hat, so heißt es, Dutzende – man sagte mir sogar, *Hunderte* – von Kindern, die verwaist oder von glücklosen Gringos im Stich gelassen worden waren, adoptiert und untergebracht, sie hat eine Unzahl von gescheiterten Menschen finanziell und moralisch »auf die Beine gestellt«, und sie hat von einer großen Anzahl ihrer Gäste keine Bezahlung genommen. Die Wahrheit ist sogar noch besser.

## 42. Chicago, 7 Uhr 30 Morgens, 22. August 1941.
[Eine Theorie des Romans und der Erzählung.]

Letztes Wochenende in Kalamazoo versuchte ich . . . einige der Ideen zu organisieren, die mir während der vielen Diskussionen mit meinen . . . Klassen[1] gekommen waren, und so etwas von dem beinahe vergeudeten Sommer zu retten. Zuletzt stellte ich fest, daß ich viele Stunden in diesen Versuch steckte, neu schrieb, durchstrich, wieder von vorn anfing . . . Ich ging von der Prämisse aus, daß imaginatives Geschichtenerzählen . . . auf einem Vertrag beruht . . . der zwischen Erzähler und Zuhörer geschlossen wurde und demzufolge der Erzähler Figuren und Umstände erfinden und alles über sie wissen darf, das heißt, er hat die Freiheit der Allwissenheit, unter der Bedingung, daß eine solche freie Erfindung zuletzt dadurch gerechtfertigt wird, daß aus der Erzählung eine verallgemeinerte Wahrheit über eine Erfahrung hervorgeht, die durch alle in der Erzählung enthaltenen ausgewählten Einzelheiten veranschaulicht wird. Ich ging dann daran, die Folgen aufzuzählen, die sich aus der Annahme der Allwissenheit seitens des Erzählers ergeben. Dann versuchte ich zu definieren, was die vereinheitlichende und rechtfertigende »verallgemeinerte Wahrheit« oder »Idee« ist, und mir wurde bewußt, daß es von Schwierigkeiten und Ausnahmen wimmelte, von *Tristram Shandy* bis *David Copperfield:* daß die Vereinheitlichung auf der Persönlichkeit des Autors beruhen kann, auf einem bloß chronologischen Anfang-und-Ende oder auf einem bloßen formalen Rahmen oder auf der bloßen Schaffung einer emotionalen Stimmung. Ich begann noch einmal von vorn.

Unterdessen hatte ich vergeblich mit dem Problem gerungen, warum die »Idee« aus einer Handlung im Zustand der »Umkehr« hervorzugehen hat. Es schien mir auch, daß ich einen Unterschied sah, der in die Grundbedingung des Erzählens durch das bloße Element der Länge eingehen konnte – daß man, wenn die bloße Länge gegeben war, den Leser in die bloße Darstellung des »Lebens« einführen und auf die Sicherheit verzichten konnte, die durch die beherrschende Idee geliefert wird. (»Je kürzer die Erzählung, desto offenkundiger muß der Ideen-Grund für die Zusammenstellung ihrer Ereignisse sein.«) Unter den verschiedenen Konkretisierungen, die mir zur Zeit real erscheinen, finde ich die folgenden: »Die Bewegung einer Geschichte ist die einer

---

1 Thornton Wilder hatte an der University of Chicago drei Sommerkurse abgehalten – Übersetzung, Kurzgeschichte und Komposition für Fortgeschrittene.

allmählichen Einengung aller ihrer möglichen Bedeutungen und die Verdichtung ihrer besonderen Bedeutung, die zuletzt mit dem Charakter des Unerwarteten erscheint.« – »Der Geschichtenerzähler ist zwei Dingen verpflichtet: 1. der verallgemeinerten Idee, die durch die Aufeinanderfolge der Ereignisse veranschaulicht werden muß, und 2. der Wahrheit von Wesen und Umständen – menschlicher und tierischer Natur und des Schicksals –, aus der die veranschaulichte Idee extrahiert werden muß.« – »Es kann sein, daß die moderne Leserschaft so sehr an die lose zusammenhängende Erzählung gewöhnt ist, daß sie nun eine begrenzte Befriedigung im Ablauf der Ereignisse findet und, wenn sie am Ende einer Geschichte angelangt ist, nicht das Bedürfnis nach einer vereinigenden Absicht verspürt.« ...

Ich tröste mich mit dem Gedanken, daß mich mein Stolpern wenigstens auf ein Gutes vorbereitet hat, auf eine leichtere neuerliche Lektüre der *Poetik* des Aristoteles.

44.  NESHOBE ISLAND[1], LAKE BOMOSEEN, VT., 2. DEZEMBER 1941.
     Über den dritten Akt meines Stückes [*Wir sind noch einmal davongekommen*].

Wieder festgefahren und erschrocken. Letzten Monat in New Haven habe ich nicht nur den ersten und zweiten Akt gestrafft – ich glaube, ich kann jetzt sagen, daß sie bis auf einen kleinen Abschnitt im zweiten Akt fertig sind –, sondern auch einen »durchgehenden« dritten Akt geschrieben; aber er ist nicht richtig.

Das verwendete Material von »Pullman Car Hiawatha«[2] ist: 1. unverdaut, 2. mit dem umgebenden Material ungenügend verbunden, 3. eine unrichtige Erklärung der zentralen Absicht des Aktes – ist *diese* Absicht, nebenbei bemerkt, »ohne die kulturelle Tradition« zu sein? – und 4. riecht es nach dem *faux-sublime*.

Um auf Grundprinzipien zurückzugehen: was bietet man dem Zuschauer als Erklärung für die Ausdauer, das Ziel und den Trost des Menschen? Bisher hatte ich geplant, an dieser Stelle zu sagen, daß ihn die Existenz seiner Kinder und die erfinderische Tätigkeit seines Geistes

---

1  Im Besitz von Alexander Woollcott.
2  In »Pullman Car Hiawatha«, in: *The Long Christmas Dinner & Other Plays in One Act* (1931) – (dt.: *Das lange Weihnachtsmahl*) – erscheinen die Minuten als Klatschbasen, die Stunden als Philosophen und die Jahre als Theologen.

zu einem fortgesetzten und besser angepaßten Überleben drängen. Im dritten Akt wollte ich sagen, daß die Ideen in den großen Büchern seiner Vorgänger über ihm schweben und ihm hinreichende Anleitung und Anregung liefern.

1. Glaube ich das?
2. Habe ich den richtigen theatralischen Ausdruck dafür gefunden?
3. Reicht es als Höhepunkt für das Stück aus?

Der Reihe nach: 1. Ich glaube es wirklich. Ich glaube, das einzig Schwierige daran ist, daß *dies* der Punkt ist, an dem die große Mehrheit der Schriftsteller bisher die religiöse Note hereingebracht hätte. Es ist nicht so sehr, daß ich diese religiöse Note leugne, sondern vielmehr, daß sie sich mir nur zeitweise und in Begriffen darstellt, die zu individualistisch sind, um in den Rahmen dieses Stückes zu passen.

2. Die Behauptung, daß die Ideen und Bücher der Meister die Triebkräfte für den Fortschritt des Menschen sind, läßt sich auf der Bühne schwer darstellen. Die Nachteile gegenüber der Behandlung in »Pullman Car Hiawatha« sind, daß a) die Stunden-als-Philosophen Gefahr laufen, eine hübsche Phantasie zu sein und nicht eine lebendige, eindrucksvolle Metapher, und b) . . . ich kann keine Zitate aus den Werken der Philosophen finden, die kurz und knapp ausdrücken, was ich hier brauche.

Jedenfalls habe ich die Arbeit wie üblich durch Exzision begonnen. Hinaus mit den »Leuten, die im Haus gestorben waren« – wir haben genug gehabt von den gewöhnlichen Menschen, die unseren Antrobuses vorausgingen. Hinaus auch, denke ich, mit der Naturgeschichte, obwohl diese vielleicht nützlich sein könnte, nicht weil sie den Bogen der natürlichen Welt liefert, die uns umgibt, sondern weil sie die Identifizierung von Sternen und Stunden mit Philosophen und Künstlern erleichtert. Hinaus mit den Anspielungen auf die verschiedenen Kalender – zum Teil, weil es so schwierig ist, *einen Tag* auszuwählen. In den ersten Teil des Aktes sollten, wenn ich die Stunden-Philosophen behalten kann, viel mehr Hinweise auf Mr. Antrobus' Bücher aufgenommen werden.

Könnte nicht der Streit zwischen Henry und seinem Vater auf Henrys Verachtung für die Bücher beruhen, die seinen Vater irregeleitet hatten?[3]

---

3 The Skin of Our Teeth (Wir sind noch einmal davongekommen) wurde am 1. Januar 1942 beendet und nach Probevorstellungen in New Haven und Baltimore am 18. November 1942 am Plymouth Theater in New York herausgebracht.

# 1948–1961

[Thornton Wilder diente von Juni 1942 bis Mai 1945 beim Nachrichten-
dienst der United States Army und wurde zuletzt der Twelfth Air Force
zugeteilt, zunächst in Algier und dann in Caserta, Italien. Seine Papiere
gingen 1945 verloren, und die Tagebucheintragungen der Jahre 1942 bis
1944 verschwanden damals oder wurden vernichtet. Keine Eintragungen existieren für die Periode von 1945 bis zum 6. Juni 1948, und die
erste Eintragung dieser Serie trägt die Nummer 406.]

406. 6. JUNI 1948. Über Erfolg und Neid.

Aus einem Brief... Die Rede ist von Schriftstellern, die nicht mehr
schreiben können, nachdem sie einen außerordentlichen Erfolg hatten:
»... Erfolg lähmt nur diejenigen, die sich nie etwas anderes gewünscht
haben. Ebenso gilt: wenn die Neidischen die Stellung erreichen, in der
sie beneidenswert sind, verdoppelt sich ihr Neid und sie werden mörderisch gegenüber anderen und treiben sich an, mörderisch gegen sich
selbst zu sein. Das ist einer der wenigen Makel, die ich an meinem
geliebten Lope de Vega finde.«

407. RMS »MAURETANIA«, AM ABEND DER ANKUNFT IN COBH,
    21. SEPTEMBER 1948. Mein neues Stück [»The Emporium«].

Während des ganzen Frühjahrs habe ich, soweit es mir meine Vertiefung in Lope de Vega erlaubte[1], nach dem Thema für meine nächste
Arbeit – ein Stück, einen Roman oder einen Film – gesucht. Ich ließ mir
einige der alten Themen durch den Kopf gehen, *Die Alkestiade*, Das
Weihnachtsspiel [»The Sandusky, Ohio, Mystery Play«], die reine De-
tektivgeschichte, die Horatio-Alger-Form, und verwarf sie alle ohne
genauere Untersuchung. Im Mai schrieb mir eine ältere Frau, die ich
nicht kannte, aus Washington. Sie sagte, daß Dr. [Les] Glenn in der
Kirche meine Geschichte »The Empress of Newfoundland« erzählt
hatte, und dankte mir dafür. Damals dachte ich noch nicht daran, daß

1 Siehe Eintragung 408.

71

sie mir als Projekt dienen könnte. Ich verwarf sie wie die meisten anderen als sentimental. Während meiner letzten Woche zu Hause las ich jedoch noch einmal Kafkas *Schloß* mit wachsender Erregung, und als ich beschloß, ein Stück mit der Atmosphäre Kafkas zu schreiben, bot sich plötzlich die Neufundland-Geschichte als möglicher Rahmen für ein solches Projekt an. Als ich eines Abends mit Mrs. [X] allein aß, schilderte ich die Umrisse eines solchen Stückes und verband sie mit der Horatio-Alger-Idee.

Jetzt, an Bord des Schiffes, hat es mir zwei Nächte beinahe völliger Schlaflosigkeit bereitet, und es ist auf dem besten Wege, sich als die nächste Arbeit darzustellen, die ich anbieten werde.

Im Augenblick steht es damit wie folgt:

1. Eine Eröffnungsszene in einem Waisenhaus. Ein Junge, ungefähr zehn Jahre alt, ist davongelaufen. Alarm in der ganzen Gegend. Junge wird zurückgebracht. Der Vorsteher und seine Frau reden auf ihn ein. Seine Stummheit. Seine geflüsterte Erklärung, daß er irgendwo »dazugehören« möchte. Traumatmosphäre – sie sind seine Eltern, und sie sind es nicht.

2. Zweite Szene. Tom [der Junge] ist auf eine Farm gegeben worden. Die Szene beginnt damit, daß die Frau eine Laterne in die Höhe hält und Tom ruft, der sich hinter der Scheune versteckt. Sie bittet ihn, sich bei dem Farmer zu entschuldigen, um seiner täglichen Tracht Prügel zu entgehen. Was der Farmer wirklich übelnimmt, ist, daß Tom ihn nicht Vater nennen will. (Nachtszene, aber in diesem dekorationslosen Stück werden die Lichter nicht gedämpft, um Dunkelheit anzudeuten. Die hochgehaltene Laterne ist nicht einmal angezündet, aber man versteht, daß sie brennt. Tom steht stumm und mißtrauisch im Mittelgang des Zuschauerraums und macht einige Schritte vor und zurück.) Der Farmer kehrt zurück. Er schlägt Tom hinter der Bühne. Tom wehrt sich gegen ihn; tritt wieder auf. Ergreift das Medaillon, das die Frau des Farmers um den Hals trägt. Ihr Schatz: ein Medaillon für treue Dienste vor langer Zeit im Kaufhaus in der Stadt. Die Schönheit, das Wunder und das Geheimnis des Kaufhauses.

3. Vielleicht Toms erste Vorstellung als Bewerber um Arbeit im Kaufhaus. Oder eine Pension in New York: seine Bemühungen, in die Nähe des Kaufhauses zu kommen.

Hier Störung hinten im Zuschauerraum: Ein Besucher hat gehört, daß dieses Stück einen Prolog hat: er ist an diesem Abend weggelassen worden. Er besteht darauf, das ganze Stück zu sehen. Man erklärt ihm, daß es nicht sicher ist, ob der Prolog vom Autor stammt, daß er eines

Morgens unter Mr. [Arthur] Hopkins' Tür gefunden wurde, daß er dem Stück eine andere Bedeutung verleiht etc. Der Besucher besteht auf seinem Wunsch.

Prolog. Ein Neffe von entweder Mr. Fitch oder Mr. Westman aus dem Kaufhaus wird wahrscheinlich eine hohe Stellung im Kaufhaus erben. Der Arzneitrank.

Soviel steht ungefähr fest.

Schwierigkeiten sind: wie den zweiten Teil machen – die Bemühung, den Kafka-*Schloß*-Charakter des Kaufhauses zu vermitteln, Toms quälender Wunsch, ihm anzugehören etc. – wie es als Drama vermitteln, und zwar ohne sich zu stark an *Das Schloß* anzulehnen. Und wie verhindern, daß die zweite Szene des ersten Teils zu sehr einer Szene in Faulkners *Licht im August* ähnelt – Joe Christmas' Flucht vor seinen Pflegeeltern.

Es kann sein, daß der zweite Teil eine ganz andere Wendung nimmt: die Geschichte eines Mädchens, das ebenso brennend auf das Kaufhaus fixiert ist. Das Alger-Thema: die Tochter des Chefs heiraten.


408.  RMS »Mauretania«, 21. September 1948. Die Arbeit an Lope de Vega.

Letzten Montag faßte ich den Entschluß, den Lope-Apparat nicht mit auf die Reise zu nehmen. Ich habe ihn jetzt für ein halbes Jahr beiseite gelegt.

Bald sind es drei Jahre her, daß ich zum erstenmal gründlicher über Lope nachdachte. Wie viele Stunden habe ich ihm seither gewidmet?

Ich habe mich geweigert, die auf ihn verwandte Zeit zu schätzen, und ich scheue davor zurück, die Zeit zu schätzen, die ich noch aufwenden muß, bevor ein größeres Buch über das Thema geschrieben werden könnte. So viele der Stunden sind regelrecht vergeudet worden – vergeudet in dem Sinne, daß man noch nicht die zusätzlichen Hinweise entdeckt hat, die die Texte erhellen würden. Aber gerade durch eine scheinbar unüberlegte, beinahe zufällige Nebeneinanderstellung von Daten habe ich das System entdeckt, das den *Peregrino*-Listen zugrunde liegt.[1] Hätte ich das früher gehabt, was für einen raschen Fortschritt bei

1  Thornton Wilder hatte entdeckt, daß die scheinbar zusammenhanglose Liste der Titel seiner Stücke, die Lope am Beginn seines Romans *El Peregrino en su patria* (1604) abdrukken ließ, nicht so wahllos ist, wie es zunächst aussieht. Die Titel sind – wenn auch mit vielen Ausnahmen – je nach dem Schauspieldirektor *(autor)* angeführt, an den Lope das Stück verkaufte.

der Ordnung und Gruppierung würde ich gemacht haben, während ich alle diese Stücke las, von denen ich weiß, daß ich sie dem einen oder anderen der *autores* zuschreiben kann. Jetzt muß ich alles noch einmal lesen.

Ich bin jetzt sicher: wenn ich zehn Jahre lang nur in den Stücken Lopes und der Lope-Biographie (vor 1615) lebte, könnte ich 1. den meisten Stücken auf drei Jahre genau ein Datum zuweisen, 2. aufgrund dieser Chronologie eine Unmenge faszinierender Anspielungen zwischen den Zeilen enträtseln, 3. eine bisher ungeahnte Tätigkeit Lopes als *entrepreneur*, Organisator und Zerstörer von Ensembles rekonstruieren und 4. aufzeigen, bis zu welchem Grade seine Stücke für und um Schauspieler herum gebaut und von ihnen beeinflußt wurden.

Die eine Frage, die ich mir nicht recht stellen kann, ist, ob das Buch diese Zeit wert wäre.

Meine Befürchtung, daß es sich nicht lohnt, kommt nicht von der Erkenntnis her, daß die Lope-Studien andere Stücke oder Romane stören oder verhindern würden, die ich noch schreiben könnte. Ich habe davon ohnehin wenig genug zu schreiben; als Interimsarbeit dagegen sind die Lope-Studien ausgezeichnet. Ich bedaure nur, daß die Lope-Theorie die Verfolgung anderer Dinge beeinträchtigt, die mich am Rande ebenso interessieren; das »Durchdenken« zahlloser anderer Ideen, die ich zu einem begrenzten, aber realen Ausdruck bringen könnte: Betrachtungen über den Stil, die Rhetorik von Mozart und Beethoven; das »verlorene« Kapitel eines Kafka-Romans schreiben; die Abhandlungen über einen Aspekt von *Finnegans Wake,* über die Sieben Sünden gegen Shakespeare beenden; mich wirklich mit Griechisch beschäftigen und die verlorenen Dramen des Sophokles sondieren, mich ernsthaft diesem Tagebuch widmen.

Ich hatte das Unglück, mich einem abschweifenden Zeitvertreib zuzuwenden und dabei auf eine echte Goldader zu stoßen, die darauf wartete, entdeckt zu werden, eine, die ihren Reichtum jedoch nur gegen langen, unaufhörlichen Fleiß hergibt. Unglück oder Glück? Die Antwort liegt ganz im Bereich der Zeit und in der Anerkennung der Kürze des Lebens.

Wenn ich im Februar zurückkehre, muß ich Lope einige solide Monate widmen und dann innehalten und überprüfen, wo ich stehe. Kann durch diese Methode tatsächlich eine Chronologie aufgestellt werden? Führt strenger Fleiß ständig zu wirklicher Entdeckung? Oder ist das ganze Unternehmen in Wirklichkeit eine gefährliche Flucht vor der Schwierigkeit des Denkens und Schreibens?

409. RMS »Mauretania«, 22. September 1948. Die Szenenbehandlung in »Pluck and Luck« (Arbeitstitel des neuen Stückes). [Später »The Emporium« – Das Kaufhaus – genannt.]

Zum erstenmal möchte ich die elisabethanische Szene oder vielmehr die Lope-Szene verwenden: Eingänge links und rechts hinauf; Balkon, Rückwand mit Treppen zur Bühne; vielleicht Innenraum unter dem Balkon.

Und doch könnte diese Behandlung völlig unmöglich sein, weil unsere Bühnen mit dem Proszeniumsbogen, vom Zuschauer aus gesehen, konkav und nicht konvex sind, d. h. da sie eingerahmt sind, werden sie ohne Dekoration immer leer aussehen.

Es wird, zum Beispiel, schwierig sein, einen Szenenschluß und den Übergang zu einer neuen Szene anzuzeigen. Auf der spanischen Bühne gingen die Schauspieler am Ende einer Szene ab und ließen die Bühne völlig leer zurück (was Lope durch ein Kreuz am Rande seines Manuskripts andeutete). Jeder Zoll der Bühne in ihrer ganzen Nacktheit war vollkommen sichtbar; diese Nacktheit war eine Interpunktion, und die Schauspieler, die für die nächste Szene auftraten, brachen ein Schweigen und füllten eine Leere. Auf unserer konkaven Bühne wird jedoch der Zuschauer nie die Gewißheit haben, daß eine Handlung vollendet und eine Zeit abgebrochen wurde. Ich werde ungewöhnliche Anstrengungen unternehmen müssen, um diese Szenenschlüsse zu übertreiben, und mir vielleicht eine äußerliche Form ausdenken müssen, die den Szenenwechsel anzeigt. Und die beiden Formen, die mir als erste einfallen, Musik und Ansprache an das Publikum (Lopes Sonett), sind mir versagt. (Vorschlag: einer der Bühnenarbeiter, der die Aufgabe hat, Stühle, Tische etc. aufzustellen und wegzuräumen, könnte die Weisung erhalten, bei jedem Szenenwechsel ein wenig die Bühne zu fegen.)

Vielleicht wird diese nackte Bühne in unserem Theater nie ganz richtig sein. Nichtsdestoweniger hoffe ich, ihr, obwohl es ein Kompromiß ist, einige beachtliche Vorteile für dieses Stück abzuringen. Zuerst kommt die bereits erwiesene Suggestivität der nur vorgestellten Szene. In *Unsere kleine Stadt* wurde sie durch eine wechselnde Beleuchtung ergänzt. Ich beabsichtige, mir in diesem Stück die Hilfe wechselnder Lichter zu versagen. Die Herausforderung an die Vorstellungskraft des Zuschauers wird noch kühner sein, sie muß zwingend sein. Aus der nackten Bühne muß ich die imaginativste Wirkung herausholen, die Zusammenhanglosigkeit und absorbierende Intensität des Traumerlebens. Dies wird vor allem im zweiten Teil vorhanden sein, in den Kaufhaus-Szenen mit der Kafka-Stimmung, quälendes Tasten, Lesen von Zeichen; aber das ganze Stück sollte etwas vom Unerwarteten und Beunruhigenden haben.

Zu überlegen: Szenenwechsel durch Plakate.

410. THE GRESHAM HOTEL, DUBLIN, MITTWOCH, 23. [22.] SEPTEMBER 1948. Über »The Emporium« (Neuer Arbeitstitel des Stückes, früher »Pluck and Luck«).

Wieder eine Nacht der Schlaflosigkeit, ausgelöst durch das Stück, das geboren zu werden drängt. Diesmal bin ich weit im zweiten Teil. Eine andere alte Idee, die des Mannes, der von einem langen Gefängnisaufenthalt zurückkehrt, hat sich mit meinem Thema vereinigt...

Es ist nicht unmöglich, daß sich der größte Teil des Materials, das ich in diesen fiebrigen Nächten erdacht habe, als schlecht erweist, aber so geht es eben. Man wird sich bewußt, wie einem die Hauptidee des Stückes im Kopf herumgeht, und versucht, die Kleider zu finden, in die sie gehüllt werden muß, oder vielmehr die konkreten Elemente, von denen sie sich ernähren muß, nimmt alte Motive auf und verwirft sie wieder oder entdeckt plötzlich, daß sie brauchbar sind, modifiziert sie dem Zweck entsprechend, und dann plötzlich erweitert man sie und erforscht ihre unerwarteten Möglichkeiten.

412. [DUBLIN], 24. SEPTEMBER 1948. Über »The Emporium«.

Heute schrieb ich die ersten Hälften von zwei Szenen des Stückes. (Letzte Nacht, nach *Der Arzt am Scheideweg* im Gate Theatre – und ein wenig während der Vorstellung – schlief ich tief.)...

Es geht gut voran, denke ich. Ich weiß nicht, was geschehen wird, wenn meine unvermeidliche »Ablehnungskrise« kommt.

In diesen Szenen [der zweiten und der fünften] müssen noch Änderungen vorgenommen werden, aber ich glaube, daß die meisten Worte, die ich heute geschrieben habe, bleiben werden. In der fünften Szene muß das Publikum schon früher gründlich auf die Doppelsinnigkeit in allem, was das Kaufhaus betrifft, vorbereitet werden... Über die ganze [zweite] Szene muß ein Schleier von Traumhandlung geworfen werden, (so, wie sie jetzt steht, ist sie erbärmlicher Realismus).

Ich sehe jetzt, daß das ganze Stück vor sechs rechteckigen Leinwänden spielen kann, nicht ganz weiß, mannshoch, die zwischen den Szenen gewechselt werden.

Ich habe wieder Teile von *Das Schloß* gelesen. Wie schön Kafka das macht – aber für das *Wieder*lesen. Sein Buch lebt in der zweiten Lektüre, nicht im konventionellen Sinne; man muß die Mitte des Buches kennen, um den Anfang des Buches zu kennen...

Natürlich sollte ich darüber erschrocken sein, daß ich meinen Schluß noch nicht sehe, aber alles Schreiben ist ein Sprung. Und wie sorgfältig befolge ich – in diesen nächtlichen Meditationen – Gertrude Steins Gebot: »Bevor du schreibst, muß es beinahe schon in Worten in deinem Kopf sein, aber wenn es schon in Worten in deinem Kopf ist, kommt es tot heraus.« Da ich aber immer alles, was ich schreibe, auf langen Spaziergängen »bekommen« habe, habe ich gelernt zu verhindern, daß es sich in meinem Kopf verfestigt, daß es »geliert«; immer wenn der Augenblick des Schreibens kommt, ist es bereit für die Neuheit, Aufregung und Überraschung dieses Augenblicks.

Ich weiß nicht, worum es in meiner ersten Szene wirklich gehen kann. Wenn die zweite Szene die Beziehung eines jeden jungen Mannes zu seinem Zuhause ist – nicht als Ödipus-Beziehung, sondern als Feststellung, daß die Sicherheit, die es bietet, keine Sicherheit ist –, kann es dann etwas über die früheste Kindheit zu sagen geben, was mir meine Eröffnungsszene liefern würde?

Ich fürchte mich ein wenig davor, meinen Prolog zu schreiben. Aus dieser Entfernung sieht er »falsch gestimmt« und *trop voulu* aus. Wie kann er aufgefrischt werden?

413. HOTEL RUSSELL, [DUBLIN], 25. SEPTEMBER 1948. Über »The Emporium«.

Ein schlechter Tag gestern. Ich nahm den Prolog in Angriff, kam ein ganzes Stück damit voran und erkannte dann, daß er ganz falsch war. Ich habe noch keine Ahnung, wie ich imstande sein werde zurechtzukommen, aber nach der heutigen Arbeit bin ich zuversichtlich, daß er da ist, irgendwie wartet und gemacht werden kann.

Heute schrieb ich trotz eines lästigen Wechsels des Hotels gleich nach dem Mittagessen die vierte Szene (das Stellenvermittlungsbüro) bis zu Toms »falschem Abgang«. Ich beendete den Abschnitt mit einer starken Emotion; so gut kann er kaum sein, aber ich habe das

Gefühl, daß er den Ton und die Gangart besser trifft als alle Teile, die ich bisher geschrieben habe. Im Laufe des Vormittags hatte ich mir vage gesagt, daß ich dieses »Anstellungsgespräch« als nächstes versuchen wollte, aber ich scheue davor zurück. Es stellte sich dann als eine nicht sehr wichtige Befragung Toms dar, die sich auf wenige, leicht vorhersehbare Motive gründete und ihren Höhepunkt darin hatte, daß Tom Mrs. Grahams Medaillon vorzeigt. Als ich mich hinlegte, um ein sehr nötiges Nickerchen zu machen, fragte ich mich, wie ich die Szene beginnen, d. h. die Atmosphäre des Stellenvermittlungsbüros schaffen könnte. Ich . . . dachte daran, daß der Stellenvermittler einige Worte an eine hinter der Bühne wartende Schlange richten könnte. (Gestern abend haben Isabel und ich so lange für Charlie Chaplins »Monsieur Verdoux« Schlange gestanden, daß wir schließlich aufgaben); dann kam mir plötzlich die Idee, die Schlange in das Publikum zu verlegen, vielmehr das Publikum selbst anzusprechen. Danach gab es keinen Schlaf mehr, ich stand auf und schrieb die Szene.

Nun nimmt das Stück Gestalt an, und eine neue Sorge beschäftigt mich. So, wie es sich nun zeigt, wird das Stück in Ordnung sein, aber es wird für mich den Nachteil haben, daß es nur von einem handelt: der verwirrenden Suche nach dem rechten Weg. Ich bin von Stücken enttäuscht, die sich endlos um ein und dasselbe drehen (*Othello* ist mir aus diesem Grunde immer weniger inhaltsreich erschienen als die anderen Tragödien). Ich möchte in dieses gern ein Gegenmotiv einführen.

Ich denke nun, der Prolog sollte sich nach der Szene im »Stellenvermittlungsbüro« ausrichten.


[*Hotel Russell, Dublin*,] *am nächsten Morgen.*

Bevor ich gestern abend einschlief, führte ich mir die Tatsache vor Augen, daß ich für dieses Stück nicht nur kein Ende habe, ich habe nicht einmal einen Mittelteil. Die Anmerkung über meinen Wunsch, den Aufbau mit anderen Interessen zu bereichern, war eine Projektion meines Unbehagens darüber, daß ich bis zur sechsten Szene sogar das Hauptinteresse erschöpft haben werde.

Was ich undeutlich sehe, ist, daß Tom durch die *noche oscura del alma*, die abgrundtiefe Verzweiflung über die Bedeutung, die das Kaufhaus für ihn hat, gehen muß und daß darauf eine wilde Ablehnung all dessen folgen muß, was das Kaufhaus einmal für ihn bedeutete; worauf es Laurencia überlassen bleibt zu zeigen, daß sie »immer im Kaufhaus lebt« und nicht einmal dadurch zu erschüttern ist, daß in jeder Beziehung zum Kaufhaus die Menschen immer im Unrecht sind.

414. [Dublin,] Sonntag Abend, 26. September 1948. Über »The Emporium«.

Den ganzen Tag – mit Ausnahme einer Fahrt zum Grab Stellas und ihres Dean [Swift], das ich nicht sah – damit verbracht herauszubekommen, wie ich das machen soll; das Thema von allen Seiten her angegangen, und nur ein schwacher Schimmer von Fortschritt.

Im ersten Teil führe ich die *Angst* ein – die wilde Heimatlosigkeit, die sich danach sehnt, zum Kaufhaus zu »gehören«; was bleibt dann im zweiten Teil anderes zu schildern übrig als die fortdauernde Angst derer im Kaufhaus mit ihrer Sehnsucht nach Anerkennung durch die »höher oben« und die Zusammenhanglosigkeit aller Reaktionen aus diesen höheren Regionen? Ich muß daher einen Sprecher für diejenigen finden, die »aufgegeben« haben, die auf jeden Versuch verzichtet haben, im A. und J. [im Kaufhaus] eine Stellung zu erringen, und die ihre Angst in krassem Egoismus ausleben . . .

Was ich dann beschreiben will, ist Liebe unter den Bedingungen der Angst. Man betrachte den großartigen Abschnitt, den ihr Kafka auf Seite 61 gewidmet hat. Er arbeitet in einem Medium, das so anders ist als das Drama, er kann sich diese langsamen Annäherungen leisten, diese gedämpften Subtilitäten von Stufe zu Stufe.

Das Thema muß schließlich die in der *Angst* gefundene Freiheit sein, das Selbstvertrauen, das die einzige Antwort auf die Verwirrung ist, und dann die leisesten Andeutungen, daß das Kaufhaus die Ausbeutung der Freiheit billigt.

Ein qualvoller Tag – aber ein Tag, der gerade die Farbe des inneren Zustandes meiner Hauptfiguren hat: die endlose Suche nach dem rechten Weg.

*[Dublin,] 11 Uhr 30, am selben Abend.*

Nach dem Tee mit Isabel machte ich einen Spaziergang um die verschiedenen Grünanlagen und Plätze der Nachbarschaft und kam zurück, um nach den Ideen zu schreiben, die mir während des Spaziergangs gekommen waren. Ich habe an der Fortsetzung der fünften Szene gearbeitet.

(Tom ist nach Geschäftsschluß im Kaufhaus geblieben, bis er geht, um Laurencia ein Glas Wasser zu holen.) Es ist nicht gut gemacht, aber ich denke, ich kann einen schlechten ersten Entwurf, der nicht zu retten ist, von einem schlechten Entwurf unterscheiden, der »auf dem richtigen Wege ist«.

Tom hat, da ich mir Mühe gab, keinen »Sensiblen« aus ihm zu machen, eine George-Brush-Färbung[1] angenommen, was noch verstärkt wird durch die altmodische Diktion aus dem Horatio-Alger-Rahmen. Ist das falsch?

415. Russell Hotel, [Dublin,] Donnerstag Morgen, 30. September 1948. Über »The Emporium«.

Am Montagmorgen schrieb ich die Fortsetzung der Szene zwischen Tom und der Frau des Farmers, am Dienstag die Fortsetzung der ersten Begegnung zwischen Tom und Laurencia. Alles geht gut, aber die Schwierigkeiten, die ich noch vor mir habe, türmen sich immer höher auf. Alles muß noch einmal auf seiner tiefsten Ebene durchdacht werden. Deshalb wandte ich mich wieder der Lektüre von Kierkegaards *Der Begriff der Angst* zu. Deshalb nahm ich mir einen freien Tag: die National Gallery (und besonders die wunderbaren Dinge in der Portrait Gallery); das National Museum...

Nun zum Stück:

Laurencia kann noch so ausführlich über die Verwirrungen und die »Sklaverei« der Arbeit für das Kaufhaus sprechen, weil sie es im Grunde nie in Frage stellt; Tom tadelt sie; er möchte das Kaufhaus auf *seine* Weise sehen. Kann eine solche »theologische« Divergenz vital genug gemacht werden, um eine Liebesgeschichte zu »tragen«?

Würde es mir, um über die Schwierigkeiten der ersten beiden Szenen hinwegzukommen, helfen, sie im pennsylvaniadeutschen Milieu spielen zu lassen? Die wunderlichen Namen, der Dialekt, die hinterwäldlerische, beinahe stumpfsinnige Einfachheit?...

---

1 Brush, die Hauptfigur in *Dem Himmel bin ich auserkoren* (1935), wurde von Thornton Wilder beschrieben als »ein Bursche, der nicht nur den Drang hatte, sich eine Ethik auszudenken und ein Leben zu planen, sondern es auch wirklich *tut*«.

417. GRESHAM HOTEL, [DUBLIN,] DONNERSTAG ABEND,
[7. ?] OKTOBER 1948. Über »The Emporium«.

Gestern kehrte ich wieder zum Stück zurück. Ich denke, ich habe jetzt
die Eröffnungsszene: der jährliche Tanz im Hause L. P. Craigies.
Doch alles mögliche macht mir Sorgen:

1. In drei, vier Szenen wandte ich mich an die Zuschauer, als
wären sie Figuren im Stück: Tänzer auf der Party Craigies, Arbeit-
suchende im Stellenvermittlungsbüro und (in einer geplanten sieben-
ten Szene) Kunden im Geschäft. Abgesehen von einigen Dingen wie
die Szene in [T. S. Eliots] *Mord im Dom*, kann ich mich an keinen
Dramatiker von Rang erinnern, der das tut (natürlich ist es im Melodram bei Gerichtsszenen gemacht worden ober bei »Theaterpubli-
kum« etc.). Ist das gültiges Theater? Und kann es so verwendet werden, wie ich es verwende – indem ich den Zuschauern nacheinander
verschiedene Rollen zuteile?

2. O lieber Gott, wird das Publikum nicht bald das bloße Wort *Kaufhaus* und die ständige Verwendung satt haben? Stücke können sich um
Halsketten, Erbschaften und Kronen drehen, aber ich beginne vor diesem allgegenwärtigen Kaufhaus zurückzuschrecken.

3. Die Schwierigkeit, ein Geschäft als Figur für das Absolute zu
verwenden. Die Notwendigkeit, zu viele Hinweise auf das Kaufen und
Verkaufen, auf die Ware selbst, zu vermeiden. Die Gefahren einer
durchgehaltenen Metapher sind schlimm genug in einem Sonett, aber
in einem Stück von voller Länge!

4. Die ganze Zeit denke ich um Arthurs [Hopkins] willen daran, die
Zahl der Schauspieler zu beschränken. Deshalb setze ich bei allen Mas-
senszenen das Publikum ein. Aber auch so wird die Liste immer länger,
und Gott allein weiß, wie viele ich für den letzten Abschnitt noch
dazunehmen muß.

Aber meine wirklichen, hauptsächlichen Ängste – wenn ich mir er-
laube, Angst zuzugeben – sind, daß das Ganze ein grobes, groteskes
Fehlurteil meinerseits ist (und o wie schlecht kann ich schreiben!) und
daß ich kein richtiges Ende ausdenken und zustande bringen kann. Aber
*coraggio, coraggio!*

418. [Oktober?] 1948. Zu den deutschen Vorlesungen.[1] Die Theorie des Einzigartigen Falles.

Metaphysisch gesehen, lebt der Mensch in einer Welt der Bedrohungen und Hinterhalte. Jeden Augenblick kann ihn das Befürchtete überwältigen. (Weiter ausarbeiten.) Das gilt sogar in Zeiten großer politischer und nationaler Sicherheit, um wieviel mehr in Zeiten, wie wir sie jetzt erleben. Aber in dieser Diskussion heute sprechen wir nicht vom Menschen in seinen sozialen und politischen Beziehungen, sondern von der Bedingtheit des Menschen im allgemeinen.

Das Verhalten des Menschen unter diesen Bedingungen der potentiellen Katastrophe kennen wir gut: zu seinen Ressourcen gegen die Angst gehören: 1. die Religion, in der er Sicherheit des Geistes gegen das Böse findet; 2. die schöpferische Arbeit auf dem Gebiet der Technik, die der Schutz des physischen Menschen gegen das Böse ist (NB. in ihrem extremen Ausdruck sind die beiden unvereinbar – was uns die Länder des Ostens, im besonderen Indien und China, ständig zeigen); 3. die Frivolität – die Zerstreuung –, d. h. eine Beschäftigung, die so kontinuierlich ist, daß sie jedes Bewußtwerden der potentiellen Katastrophe ausschließt und vermeidet; 4. die Kunst. Die Kunst befindet sich in der Schwebe zwischen zwei Ressourcen. Sie bietet sowohl eine Flucht vor der Angst als auch eine Befreiung von ihr, da sie einen voll in Anspruch nimmt wie die Frivolität und zugleich wie die Religion eine Flucht aus der Unsicherheit der menschlichen Bedingtheit verspricht, denn sie bietet die Zusicherung, daß es Ordnung und Zusammenhang auf der Welt gibt.

Diese doppelte Natur der Kunst fällt uns besonders am Theater auf. Der Zuschauer wünscht, daß ihn die Frivolität von der Vorahnung des Bösen befreit, zugleich wünscht er aber auch jene Schönheit, die das Versprechen des Zusammenhangs ist. In einem gewissen Sinne ist alle Schönheit eins, aber in einem anderen Sinne wissen wir, daß es Unterschiede in der charakteristischen Schönheit der Malerei, der Musik, der Lyrik, der Architektur gibt. Und die charakteristische Schönheit des Theaters beruht auf der Darstellung von Menschenleben, woran uns Tausende, die über das Theater schrieben, erinnert haben: von Menschenleben im Konflikt – in der Farce und Komödie, im Drama und in der Tragödie; der Konflikt ist die Grundlage der Vitalität des Theaters.

---

1 Vorlesungen im University of Chicago Center in Frankfurt am Main im November und in Berlin im Dezember 1948.

*Ausführung:* Daher will das Publikum in ein Stück »eintreten«, das es an das potentielle Böse erinnert, und es will es wiederum auch nicht. Es wünscht entweder die Zerstreuung (die selbstvergessene Vertiefung) oder die Schönheit (die Zusicherung des Zusammenhangs) oder beides, ohne den Preis zu zahlen, der Möglichkeit der Katastrophe entgegenzusehen.

Das Theater kennt viele Methoden, dem Publikum diese Zerstreuung-ohne-Angst und diese Schönheit-ohne-Schmerz zu geben. 1. Es kann eine Schönheit geben, die so sehr nur bildhaft ist, daß sich das Publikum in die Tatsache flüchten kann, daß »es nur ein Bild ist« (so gestern abend in [García Lorcas] *Yerma*). 2. Es kann die Komödie in einen Kommentar verwandeln, d. h. nicht Handlung, sondern Reflexion über Handlung, blutleere Puppen (und nicht Symbol-Marionetten), und die Tragödie in ein Melodram, d. h. Blut ist nicht wirklich Blut, sondern rote Farbe. 3. Es kann die Handlung als »einzigartigen Fall« darstellen, d. h. als einen präzisen Augenblick in der Vergangenheit, der längst vorüber ist, einen Museumsblick in einen Zeitabschnitt, der schon Geschichte ist.

(Als ich das Obige am nächsten Morgen noch einmal lese, finde ich, daß alles von meinem alten sentenziösen Selbst stammt, aber es hat mir als Ausgangspunkt gedient, um mich in meine Lektüre zu stürzen.)


421. Stefani Hotel, St. Moritz, 27. Dezember 1948.
»The Emporium«.

Gestern ein glückliches Stück Arbeit an der Eröffnungsszene. Aber immer mit dem Vorbehalt, daß ich vielleicht alles wieder hinauswerfe, wenn sich der noch unklare Hauptteil des Stückes als etwas erweist, was ich jetzt überhaupt noch nicht sehe.

Denn bei der Rückkehr nach dieser Pause sehe ich, daß ich noch nicht weiß, wie ich dieses Stück schreiben kann. Ich habe nicht tief genug nachgedacht. Wenn das alles ist, was ich habe, werfe ich es am besten gleich weg. Es war sehr oberflächlich von mir zu denken, daß der Zuschauer, der sich einen Platz in der 17. Reihe gekauft hat, je begreifen könnte, daß die Laurencia, die ich bis jetzt entworfen habe, den Ritter der vollkommenen Resignation verkörpern könnte oder Sie, Die Stets In Abrahams Schoß Ist – diejenigen, für die der Glaube sowohl selbstverständlich ist als auch stündlich neu gewonnen wird; daß Tom (der fortan vielleicht Daniel heißen wird) in mehreren Szenen so verstanden werden kann, daß er die Angst vor dem Guten zur Schau stellt. Natürlich geht es mir nicht um den Zuschauer in der 17. Reihe, sondern um mich selbst in der 17. Reihe, und wie immer kommt jede Dummheit daher, daß ich nicht die ganz allgemeine Methode gefunden habe, diese Dinge festzustellen, d. h. sie gültig in mir selbst zu fühlen; denn wenn sie nicht ganz allgemein sind, sind sie nicht gut genug für mich. Ich habe sie in Büchern gefunden (bei Kierkegaard), aber wenn sie nicht in mir sind (oder potentiell, leidenschaftlich potentiell in mir), haben sie kein Recht, mir mein Stück zu verpfuschen.

Heute, während meines Spaziergangs nach Pontresina, sah ich einiges deutlicher. Wir müssen Tom-Daniels anfängliche entsetzte Ablehnung des Kaufhauses sehen, aber als Anziehung-Abstoßung. Und wir müssen Laurencia als Kämpferin sehen.

Oh, die Schwierigkeit, das Kaufhaus als das Vorzügliche hinzustellen, als Gertrude Steins Menschlichen Geist[1], und es gleichzeitig irgendwie flüchtig das darstellen zu lassen, was Jahrhunderte Gott genannt haben – als das Andere. Hier muß ich mich eindeutig von Kafkas übertriebener Frustration lossagen, während ich mich weiter an Kierkegaard halte. Kafka hat die Machtlosigkeit, die Verzweiflung übertrieben (aber wie wertvoll und, in bezug auf sich selbst, wie ehrlich). Doch das war der Judaismus, das war Prag, das persönliche Leben in ihm. Alle, alle Ehre, die ihm gebührt. Aber so wie er eine Erleichterung der Umnachtung des Mannes in der Frau sah, so sollte er eine andere, einen anderen Kanal (für das Schloß) im Kunstwerk gefunden haben. Er selbst als Künstler so sicher, aber so, als erfände er die Kunst. (Man beachte die Hinweise im ersten Band der *Tagebücher* auf gewisse vollkommen gelungene Abschnitte in Goethes *Wilhelm Meister*. Und seine Behandlung der Interpretation [Alexander] Moissis, Else Lehmanns in [Hauptmanns] *Der Biberpelz* – seine Analyse zerstört ständig das Kunstwerk als Objekt. Seine Feindseligkeit gegenüber der Musik, sein Versäumnis, auf die Malerei hinzuweisen etc.) Alles ist zu erklären als Einsparung von Energie: die Neurose hatte ihm alles Sehen und Hören genommen außer dem, das leidenschaftlich aufnehmen konnte, was in ihm vorging.

---

1 Thornton Wilder schrieb eine Einleitung zu Gertrude Steins *The Geographical History of America, or the Relation of Human Nature to the Human Mind*, als das Buch 1936 zum erstenmal erschien.

84

423. HOTEL SPLENDIDO, PORTOFINO, 15. JANUAR 1949 – ZWEIHUN-
DERTJAHRFEIER DES GEBURTSTAGS ALFIERIS. [»The Emporium«].

Während der letzten Wochen habe ich mein Stück mehrere Male beinahe verloren, ganz und gar verloren. Auch jetzt noch könnte es verloren sein, aber die Überlegungen des heutigen Tages haben sein Leben
verlängert. Ich habe jetzt die ersten vier Szenen (Waisenhaus, Farm,
Pension, Kaufhaus), aber das mag nur dramatische Vitalität sein, nicht
ein wesentliches Programm... Es ist alles in der Schwebe, weil ich
nicht richtig sehe, wohin ich von hier aus gehe. Gewiß ist ein Stück da;
ob es ein Stück ist, das ich schreiben kann, ist zweifelhaft. Alles, was ich
jetzt sagen kann, ist, daß meine Anregungen weiterzumachen von einer
Lektüre von [Léon] Chestovs *Kierkegaard et la Philosophie Existentielle
(Vox clamans in deserto)* – in französischer Sprache – und einer Bro-
schüre, die mir aus Marburg geschickt wurde, herrühren.

Wichtig ist festzuhalten, wie man – nach weitschweifenden Erkundungen – zu einem Plan zurückkehrt, der schon sehr früh ins Auge
gefaßt wurde, aber unter Bedingungen hoher Konzentration. Spätere
Überlegungen haben den Inhalt dieser Ausarbeitungen stark geändert,
aber der Grundplan wurde so entworfen.

425.  [CLARIDGE HOTEL, ATLANTIC CITY, N. J.,] 7. MAI 1949.
»The Emporium.«

Wenigstens während der Skizzen in diesen nächsten Tagen einen neuen
Angriff versuchen: das ganz Allegorische, vor dem ich bisher Angst
hatte.

Daß es eine *Pilgerreise* ist.

Daß es der Entschluß des Herkules ist.

Ständig die Drei Kategorien im Gleichgewicht zu halten, das Böse,
das Gute und das Andere.

Hier wird die Schwierigkeit darin liegen, die Sprecher, die *raison-
neurs* der »Erklärungen« zu finden und einzusetzen.

Ich hasse die Allegorie, und hier stecke ich tief in der Allegorie. Ich
habe an diesen Abenden den *Wilhelm Meister* gelesen, ohne große
Begeisterung, und sehe, wie sich ein Bildungsroman entwickelt. Die
Einführung des Herrn Professors in das Werk deutet auf eine moralisierende schematische Absicht auf seiten Goethes hin, die mir zum größten Teil aus dem einfachen Grunde hätte entgehen können, daß ich

nicht glauben konnte, Goethe sei dermaßen offen und unzart gewesen –
das heißt auf dieser Ebene bereichert die allegorische Schematisierung
nicht seinen Roman, sondern sie versteinert ihn sogar.

Das Waisenhaus ist also die Kindheit; es ist die Familie, es ist die
Welt, in die das Kind als »Waise« geworfen wird: es ist weder gut noch
böse, sondern beides. Sein Wechsel zwischen Gut und Böse verwirrt das
Kind, bereitet die Angst vor und bereitet es daher auf die Forderungen
des Anderen vor.

Das Farmhaus im zweiten Akt ist das Böse – das Böse, das um so
schlimmer ist, als es in Mrs. Graham einen Abfall vom Anderen darstellt. Mr. Graham [der Farmer] ist das Böse – d. h. das Ich, das sich
selbst unter dem Deckmantel des Guten ausbeutet. Es wird schwierig
sein, das in den Dialog hineinzubringen.

Die Schwierigkeit der dritten und vierten Szene wird darin liegen, zu
zeigen, wie sich [Tom-]Daniels Durst nach dem Anderen in Haß und
Furcht vor dem Anderen verwandelt – und am schwierigsten wird es
sein, das dem Publikum klarzumachen (d. h. es zu erklären.)

### 12. Mai 1949

Nein, ich muß Daniel das Vorzügliche vom ersten Augenblick an, in
dem er damit in Berührung kommt, fürchten lassen. Er ist der Horatio-
Alger-Erfolgsjunge. Er begnügt sich mit dem Guten – und wenn ich es
fertigbringe, muß ich zeigen, daß er es anfangs damit nicht allzu genau
nimmt –, und schließlich besteht er versessen auf dem Guten, um in
seinen Ohren die Rufe des Absoluten zu übertönen. Im zweiten Teil
sieht man, wie die Forderungen des Absoluten jede Befriedigung vergif-
ten, die er aus seinem Festhalten am Guten gewinnen kann. *Heute:* eine
sehr wichtige Änderung: Laurencia kündigt nicht im Kaufhaus. Daniel
trifft sie auf dem Platz wie zuvor; sie leidet unter einer Ungerechtigkeit,
die ihr bei A. und J. [d. h. im Kaufhaus] widerfahren ist, aber sie ist weit
davon entfernt, kündigen zu wollen. Auf eine unklare Weise ist *sie*
schuld, nicht das Kaufhaus. Daniel überredet sie und erzwingt schließlich ihre Kündigung...

Das alles bringt für mich ein wenig neu erwachtes Interesse mit sich.
Ich hatte das Stück in diesen Tagen tatsächlich »verloren«. War erschrocken vor der Schwierigkeit, eine Analogie zwischen dem Absoluten und einem Kaufhaus durchzuhalten. Läßt sich das machen?

Um es zu versuchen, ging ich immer wieder zum Anfang zurück:
wenn da ein Stück ist, muß ich immer wieder zu seiner einfachen

strukturellen Basis zurückkehren: dem Horatio-Alger-Pilger. Verloren bin ich in den Überverfeinerungen des Allegorienspinnens. Und ich denke, ich kann es schaffen, indem ich ständig die Atmosphäre des Traums einführe – das heißt, indem ich einerseits eine richtige konkrete Geschichte biete und ihr andererseits gleichzeitig »den Boden unter den Füßen wegziehe« durch den Einbruch verwirrender, quälender, irrationaler Charakteristika...

426. Hotel Arlington, Potsdam, N. Y., 25. Mai 1949. Goethes »Die Geschwister«.

Mir scheint, ich habe irgendwo gelesen, daß dieser kleine Einakter besonders gelobt wird als eine Art tiefgründiger Schatz des innersten Kreises der Goethe-*Aficionados*. In Anbetracht des deutschen Geistes müßte das ein Werk Goethes sein, das vollkommen transparent ist.

Das Thema ist: die Liebe kommt trotz unklarer und eingebildeter Hindernisse zu ihrem Recht. Beide Hindernisse sind merkwürdig ausgewählt: Marianne denkt, Wilhelm sei ihr Bruder; aber was ist für Wilhelm das Hindernis?

Es ist nicht sein Alter, obwohl Marianne die Tochter einer Frau, vielleicht einer Geliebten ist, der gegenüber er sich irgendwie ungerecht verhalten hat. Der Altersunterschied wird jedenfalls nicht berührt. Läßt man aber die vermeintliche Geschwister-Beziehung beiseite, so ist dies eine der am häufigsten verwendeten Situationen in der europäischen Literatur: der Vormund liebt sein Mündel und wird wiedergeliebt. Ihre Liebe kommt erst ans Licht, als ein jüngerer Mann um die Hand des Mädchens bittet. Das Hindernis scheint auf unbestimmte Weise darin zu bestehen, daß er sie nicht heiraten will, bevor er nicht sein Vermögen wiederhergestellt hat, aber sie wohnen im selben Haus, und sie rupft zwei Tauben für das Abendessen. Sein Hindernis ist nicht Zweifel an ihrer Liebe. Nein, es ist einfach ein Hindernis und wirkt, als wäre es eine Art verschütteter Rest des Inzest-Tabus.

Ohne diese Pikanterie – die nur leicht berührt, aber latent stark vorhanden ist (»Welch ein Kuß war das, Bruder«!!!) – gäbe es kaum ein Stück. Der Charme des Stückes liegt in der reizenden Charakterzeichnung Mariannes und nebenbei in der Schilderung des kleinstadt-kleinbürgerlichen Lebens – das im Deutschen irgendwie viel *kleiner* ist als entsprechende *milieux* bei Marivaux und Goldoni. Sein Reiz überrascht uns, denn das deutsche Wesen und die deutsche Sprache können uns in diesen Genreszenen nie bieten, was die Romanen bieten. Die Deutschen haben den Mittelstand in die Literatur eingeführt, aber sie haben ihn noch nicht angenehm gemacht wie die Angelsachsen. Die Kürze des Stückes erspart uns einen wirklichen Abstieg in die Spießbürgerei wie in den ersten Kapiteln des *Wilhelm Meister*.

Das Stück wird also vor der Banalität gerettet durch diesen Hauch des Verbotenen... Man vergleiche auch *Wilhelm Meisters Lehrjahre*, wo wir drei Frauen haben, die unserem Helden sehr lieb sind und in Männerkleidern umhergehen, Die Amazone, Therese und Mignon, und wo Lothario zunächst Therese nicht heiraten kann, weil ihre Mutter seine Geliebte gewesen ist – was sich später als falsch herausstellt.

Was bedeutet das alles? Daß Goethe (und sein Zeitalter) das alltägliche Leben (Ausnahme: *Hermann und Dorothea*?) und den gemeinen Mann nicht zu poetisieren vermochten. Es mußte mit dem Zweideutigen gewürzt werden oder mit dem Aristokratischen oder mit Mythen über den Teufel.

Aber weht durch dieses Stück nicht noch ein anderer unheiliger Wind?

Es steht in naher Verbindung zu Goethes Liaison mit Frau (Charlotte) von Stein. Das Stück glüht vor echter Begeisterung. Die tote Mutter Mariannes im Stück war Charlotte, und Sätze aus einem wirklichen Brief Frau von Steins wurden in das Stück als Worte der toten Charlotte aufgenommen. Das heißt: Frau von Stein wird sowohl mit dem reizenden leidenschaftlichen jungen Mädchen und mit dessen toter Mutter identifiziert. Es ist, als sagte Goethe: »Ich liebe dich in beiden Generationen: *Ich liebe dich, als wärst du meine Tochter durch dich selbst*. Marianne ist du, und Mariannes tote Mutter, der ich Unrecht tat, bist du. Und meine Liebe ist so berauschend, daß ich es faszinierend finde, sie in einem Komplex von Bruder-und-Schwester- und Mutter-und-Tochter- und Vater-und-Kind-Beziehungen darzustellen.«

426A.  ASPEN[COLO.,] 23. JULI 1949. [Goethes »Die Geschwister«]

Seitdem ich das Obige geschrieben habe, habe ich die ganze Goethe-Feier[1] mitgemacht. Gespräche mit unseren Goethe-Spezialisten———

---

1  Beim Goethe–Festival, das im Juni in Aspen stattfand, hatte Thornton Wilder eine Ansprache, »World Literature and the Modern Mind« (Weltliteratur und der moderne Geist), gehalten und die Bemerkungen Albert Schweitzers aus dem Deutschen und den Vortrag von José Ortega y Gasset aus dem Spanischen übersetzt.

Es scheint allgemein angenommen zu werden, daß Goethe bis zur Ita-
lienreise psychisch impotent war: daß die Liaison mit Frau von Stein
platonisch war; daß er sich in der Situation von Goldsmiths *She Stoops
to Conquer* befand: er konnte sich nur mit Frauen einlassen, die einer
niedrigeren Gesellschaftsschicht angehörten. Das könnte einen allerdings auf phantastische Gedanken bringen. Aber seitdem ich die obige
Aufzeichnung schrieb und von diesen Annahmen erfuhr, habe ich
[Friedrich] Gundolfs Kommentar zu »Die Geschwister« gelesen: daß sie
eine schöne unbestimmte Keuschheit verkörpern, die ein Teil von Goethes Sexualität war...

Gundolfs Anmerkung machte solchen Eindruck auf mich, daß ich
gewillt war, meine ganze Eintragung 426 als irregeleiteten Unsinn zu
streichen. Jetzt halte ich sie jedoch wieder für zutreffend. Goethes Genius ist ganz Sublimierung, und Sublimierung bringt immer einigen
Dunst nicht nur einer »normalen« Animalität, sondern des Verdrehten
mit sich – der Preis, der für gerade das Vergehen gegen die Natur
gezahlt werden muß, das die Sublimierung ist.

428. ASPEN, COLO., 25. AUGUST 1949. »The Emporium.«

Alle diese Monate habe ich mich geweigert, hier Anmerkungen über
den Zustand des Stückes zu machen. Ich wußte, daß sie nichts anderes
hergeben würden als das Füllmaterial eines im Grunde nutzlosen Vorgangs. Ihre Niederschrift hier würde nicht helfen, sondern mich nur
noch weiter entmutigen, indem sie doppelt sichtbar werden läßt, wie
wenig Fortschritt ich machte. Heute abend... schrieb ich den Prolog
(zum zweitenmal, aber ohne die vorausgegangene Fassung zu konsul-
tieren)... Gestern, wieder auf einem Spaziergang, beschloß ich, den
Mann aus dem Publikum auf die Bühne zu setzen.

Das Stück ist noch weit davon entfernt, geschrieben oder auch nur
vorausgeplant zu sein, aber ich habe das Gefühl, es ist wieder in
Schwung gekommen.

429. HOTEL VIKING, NEWPORT, R. I., 28. SEPTEMBER 1949.
»The Emporium.«

Nie hatte ich eine Arbeit so weit vorangebracht und war zugleich noch
so weit von der Vollendung entfernt.

Ich bin sicher, daß da ein echtes Thema ist, aber ich bin so weit wie zuvor davon entfernt zu sehen, wie das Thema in meinem Geist geklärt und in ein Stück projiziert werden kann. Das Thema, so wie ich es bei diesen täglichen Überlegungen hin und her wende, stellt sich mir (nämlich während ich Szenen improvisiere, um es zu veranschaulichen) in törichten, abgegriffenen, moralisierenden Begriffen dar. Das ist immer die Gefahr – daß sich das Kaufhaus lediglich als das »bessere Ich«, als das »Ideal«, als »Kreativität« – wie man sie in Los Angeles versteht – darstellt.

Und dennoch: die Abschnitte, die ich Freunden in Aspen vorlas – das Waisenhaus, das Farmhaus der Grahams, der Prolog, die Szene im Kaufhaus –, *gingen* zweifellos. Aber wohin sie von hier aus gehen, das ist noch dasselbe Geheimnis und dieselbe Sorge, die es immer gewesen ist.

Heute, auf einem Spaziergang (zu der Stelle in Jamestown, die mit den früheren Besuchen hier verbunden ist), wurde klar, daß das, was noch fehlte, die Erklärung war, wie [Tom-Daniel-]John das Kaufhaus als grausam, als furchterregend und als absurd sah. Ich entwarf eine Reihe von Szenen, die *es* noch nicht sind, aber der Sache näherkommen.

Ich muß mich wieder daran erinnern, daß das Gefühl, in den letzten zwei Tagen Fortschritte gemacht zu haben, das Ergebnis von drei Dingen ist: 1. daß ich mich in das Stück vertiefte, indem ich am Dialog einiger schon feststehender Abschnitte arbeitete; 2. daß ich alles andere fallenließ, um einen langen Spaziergang zu machen, und 3. daß ich meine Aufmerksamkeit nicht nur der Handlung des Stückes zuwandte, sondern den Grundideen, denen es anfänglich entsprang.

430.  HAMDEN[CT.,] 6. NOVEMBER 1949. Faulkners *Absalom, Absalom!*

Da mir Cleanth Brooks sagte, dies sei das beste von Faulkners Büchern, habe ich es gekauft und zum erstenmal gelesen.

Voll bebender Emotion geschrieben und erzählt von einer Reihe von Erzählern, die sich – mit Ausnahme von Quentins Vater – alle im Zustand bebender Emotion befinden, läuft das Buch Gefahr, von einem Augenblick zum andern zu schmählicher Absurdität zusammenzufallen. »Empörung« und »empört« sind die Schlüsselwörter des Buches, und der Autor selbst scheint sich im Zustand erschütterter Empörung zu befinden: darüber, daß sich diese Schandtat im Lande ereignet hat (in

dem Land, desssen anderer Besitz das höchst vorstellbare Festhalten an
Ehre und Stolz und Ritterlichkeit ist) und daß die Folgen der Schandtat
wie die alte Vorstellung von Schicksal und Vergeltung waren.

Es hat also den Charakter eines »Epos«, wobei die Rolle des Übernatürlichen von dieser wirksamen Verdammung gespielt wird. Und das
Mißverhältnis, das ihm zuletzt seine Kraft nimmt, ist, daß uns nur allzu
bewußt wird, daß der Autor aufgrund seines Zustandes bebender und
empörter Emotion nicht imstande ist, die Übel mit dem weiten und
distanzierten Blick zu betrachten, der allein die Taten von Göttern und
Menschen zu umfassen vermag. Es ist, als hörten wir den Untergang
des Hauses Atreus, erzählt von einer Stimme, die fiebrig und schrill,
lästerlich neugierig und ein wenig lüstern ist.

Wie *Licht im August* vor vorausempfundenem Schauder und voll
Ekstase der Kastration eines Negers entgegenzitterte, so führt *Absalom, Absalom!* einen rasenden Tanz auf um eine zuletzt vereitelte blut-
schänderische Paarung eines weißen Mädchens mit einem Halbbruder,
der Negerblut hat – nachdem es vorher schon ohnmächtig geworden
war vor Empörung über drei Fälle von Rassenmischung: Thomas Sutpen und die Mutter von Clytemnestra *(sic!)* Sutpen; Thomas Sutpen
und seine erste Frau und Charles Bon und seine Geliebte in New Orleans.

Das Mißverhältnis (der aufgeregte Erzähler und das große Thema)
verleitet den Autor zur Großsprecherei. Es wäre, ohne die anderen noch
einmal gelesen zu haben, vorschnell zu behaupten, daß dies Faulkners
bombastischstes Buch sei. Diese schwindelerregende Rhetorik erreicht
ihren phantastischen Höhepunkt, wenn sie das Thema Sex behandelt... Das eine, was ein Autor nicht darf, ist, den tragischen Hintergrund des Lebens und die Veranlagung der menschlichen Natur zum
Bösen und die Abwesenheit des Guten *voll Überraschung* betrachten,
denn Überraschung verrät, daß er eben erst die Überzeugung aufgegeben hat, es sei anders. In diesem Sinne sind Faulkner und der Süden
nicht für tragische Stoffe gerüstet. Sie waren zuerst überrascht darüber,
daß sie der Norden schuldig nannte; sie sind nun überrascht bei der
Entdeckung, daß sie schuldig *waren*, und damit kommt die unreife,
jünglingshafte Überraschung darüber, daß die menschliche Rasse der
Schuld angeklagt werden kann. Es ist daher eine Überraschung, die
Vergnügen – die falsche Art von Vergnügen – daran findet, Gewalttat
und Lust zu betrachten. Es ist zugleich Trost und Absolution, vor Entsetzen aufzuschreien, ganz zu schweigen von einer Art von Geschmack
an der Erniedrigung.

Und doch ist dies ein bemerkenswertes Buch. Es bewegt sich auf den großartigen Höhepunkt seiner Schlußzeilen zu:

»... Warum haßt du den Süden?«

»Ich hasse ihn nicht«... *Ich hasse ihn nicht,* dachte er. *Nein, nein!... Ich hasse ihn nicht!*

Die große Maschinerie der Handlung illustriert tatsächlich das Motiv, daß die Einrichtung der Sklaverei ihre eigene Vergeltung in Gang setzte. Den letzten Zeilen geht ein anderes Thema voraus, das erwähnt wird wie eine unheilvolle Prophezeiung, nämlich, daß die Nachkommen der Rassenmischung allmählich das Land bedecken und »die westliche Hemisphäre erobern« werden – vermutlich als Halbidioten wie Jim Bond–––– Daß solche Nachkommen Idioten oder Unfähige sein werden, nimmt der Südstaatler an. George Washington Carver wird in dem Buch verspottet.


431.  SS »Veendam«, Samstag, 25. Februar 1950. Der Romancier und die Annahme der Allwissenheit.

Zunächst einige Feststellungen aus Henry James' Vorwort zu *The Wings of the Dove* (dt.: *Die Flügel der Taube*).

H. J. spricht (Ausgabe der Modern Library, Seite XXIII) davon, wie die Handlungen und Beziehungen der Figuren nacheinander aufgezeichnet und wiedergegeben werden durch das Bewußtsein seiner ausgewählten Beobachter und Teilnehmer – seiner Zentren, seiner Reflektoren, seiner Platten. Er als Autor stellt die schwächste aller fotografischen Platten dar. Seine bloße Erklärung von Daten im Roman hat die geringste Kraft, den Leser zu überzeugen oder zu fesseln: »Es hat den Anschein, als ob diese unpersönliche Platte – mit anderen Worten die relativ kühle Bestätigung oder fadenscheinige Garantie des Autors – sich für die Darstellung dieser Dinge als zu grobschlächtig und zu blutleer erwiese, als ob er unserem Gefühl nach seine bevorzugte Stellung, wenn nicht gar sein Wissen mißbrauchte.« Kurz zuvor hatte er gesagt: »Von dem Augenblick an, da sich die Handlung um solche ›Zentren‹ herum abwickelt – und ich gebe zu, daß es mir nie gelungen ist, ein anderes Vorgehen als logischer anzusehen –, muß jedes von ihnen als Grundlage ausgewählt und festgelegt werden.«*

---

* *Die Flügel der Taube,* dt. von Herta Haas und Leslie MacEwen, Kiepenheuer und Witsch 1962, S. 536, 535 (Vorwort nachgestellt).

Wir, die Leser, brauchen die Geschichte nicht zu »glauben«, außer so, wie sie uns von den Bewußtseinszentren der beteiligten Akteure erzählt wird.

Doch diese reflektierenden Zentren dürfen nicht einfach auf ihre eigene fehlbare, menschliche Weise berichten, was sie sehen. Dies sind keine »Monologe« – James ist immer da und *berichtet sie*, in der dritten Person und gewissermaßen indem er sie bis zu einer absoluten Wahrheit korrigiert. James haßt Kate Croy ebensosehr, wie er Milly Theale verehrt, und Kates Einstellung wird uns mit Hilfe von H. J.'s diskreter Herausgeberarbeit sorgfältig als verabscheuenswert dargestellt. Dies – und ein anderer Kunstgriff – ist eine Einmischung des Autors in einem sehr hohen Grade. Nie gab es einen größeren Wichtigtuer von einem Romancier, der unaufhörlich seine eigene Ansicht von dem Fall aufdrängt, und zwar gerade unter dem Vorwand, sie zurückzuhalten. Der andere Kunstgriff ist die Anwendung der Sophoklesschen Ironie – der vorausblickenden, prophetischen Feststellung einer schließlich eintretenden Situation. Diese verwendet H. J. unter dem Zeichen dessen, was er »unheilschwanger« nennt – nachdem er im Vorwort gestanden hat, daß es eines seiner Lieblingswörter und eine seiner Lieblingspraktiken ist:

[Milly (leichthin):] »Ah, dann laßt uns hoffen, daß wir die Tiefen von Sorge und Sünde ausloten werden!«

[Kate (zu Milly):] »Oh, du wirst mich am Ende noch verabscheuen!«

[Kate (zu Densher):] »Ich glaube wahrhaftig, ich *werde* Sie noch hassen, wenn Sie mir die Schönheit dessen verderben, was ich sehe!«

All das ist eine Folge von H. J.'s Leidenschaft. Und was erfüllt ihn so sehr mit Leidenschaft? Mehrere Dinge, die aber zuletzt alle in einem aufgehen.

1. Er zittert unzweifelhaft vor Erregung über Sex – das ist der Aspekt seines Wesens, den ich immer H. J.'s Lüsternheit genannt habe. Diese Obsession manifestiert sich bei James anders als bei jedem anderen Autor, und nicht am wenigsten auffällig ist ihr Fehlen in Situationen, in denen sie andere Schriftsteller zeigen würden. Dieser Kommentar sollte für eine andere Aufzeichnung im Tagebuch aufgehoben werden. Hier notiere ich nur die Bemerkung, die Glenway [Wescott] vor Jahren machte, nämlich daß man bei James darauf gefaßt sein muß, daß gelegentlich ein Geschlecht durch das andere ersetzt wird, um etwas von der Erregung in den Romanen zu erklären; er führt als Beispiel an, daß man sich in *Die goldene Schale* Charlotte gelegentlich – zeitweilig – als Mann vorstellen sollte.

2. Er ist leidenschaftlich in bezug auf die amerikanische Nationalität. Dieser antieuropäische, proamerikanische Kreuzzug wird hinter einem Rauchschleier von Takt und Verstellung durchgeführt, aber er ist zweifellos der zweitwichtigste Kreuzzug des Buches...

3. Er wünscht leidenschaftlich die Richtige-Art-zu-Sein zu zeigen, zu preisen und zu bezeugen, und er zittert vor Entrüstung über die falsche. Dieser Aspekt von James würde allgemein als moralischer Eifer gelten. Wir haben also zu entscheiden, welches seine moralischen Forderungen sind, und die Untersuchung wird besonders erschwert durch die Tatsache, daß er nie moralisiert. Der »rechte Weg« wird als selbstverständlich dargestellt; er gibt keine Aphorismen und keine sentenziösen Verallgemeinerungen von sich.

Wenn wir Kategorien von Kierkegaard ausborgen, können wir fragen, ob seine Rechten Menschen Ritter des ästhetischen, des ethischen oder des religiösen Lebens sind (ohne außer acht zu lassen, daß seine triumphalsten Exponenten im allgemeinen Frauen sind).

Zunächst sehen wir, daß sie tatsächlich keine Ritter des religiösen Lebens sind. Die ganze Last des Richtigseins beruht darauf, wie man unter anderen Menschen lebt. Es ist eine Welt ohne Gott; und wie immer sehen wir, daß es so ist, an den Arten der Freude oder Begeisterung, die die Richtigen Menschen erleben oder anstreben. Es ist ein freudloses Buch, aber die beiden Freuden, die wir für Milly wünschen, sind: 1. Mehr von den Augenblicken erhobenen Stolzes, wenn sie Gipfel der Hilfsbereitschaft für andere erreicht hat: wenn sie in bezug auf Susan Stringham und den großen Doktor Sir Luke Strett die Situation umgekehrt hat: für Sir Luke ist *sie* der Doktor und er der Patient; sie muß Susan trösten, anstatt von ihr Trost zu erhalten. Das sind Triumphe des Anstands und der menschlichen Rücksichtnahme. 2. Liebe – und es besteht kein Zweifel daran, daß damit leidenschaftliche Liebe gemeint ist – selbst mit dem Beispiel Kate–Densher vor unseren Augen, das zeigt, wie zerstörerisch leidenschaftliche Liebe letzten Endes sein kann. Wir alle wollen sie in Denshers Armen, obwohl wir wissen, daß Densher kein »großer Mann« in dem Sinne ist, wie Milly – in mehr als nur sozialer Hinsicht – »die erste junge Frau... ihrer Zeit« ist.

Dies ist auch ein Roman über die Sünde, und eine sehr schwarze Sünde. Aber die Sünden sind nicht Bosheit und Haß und der Wunsch, eines anderen Seele zu zerstören. Kate Croy »zerstört« Milly (wenn auch nicht ihre Seele) als ein bloßes Nebenprodukt ihres Bedürfnisses nach materiellen Dingen. Sie begeht die Sünde, die in diesem Buch die größte ist: sie lebt nicht für andere... Es ist auch die Sünde des Verrats, aber es gibt Verrat und Verrat. Dies ist nicht der Verrat durch frohlockenden Haß oder aus Rache oder durch Jagos unerklärlichen Willen, Böses zu tun: Kate gebraucht Milly lediglich als Werkzeug.

Und es scheint mir, daß James London (Europa) dieser Sünde anklagt: das Streben nach materiellen Dingen verführt die Europäer dazu, Menschen als Werkzeuge zu gebrauchen. Das heißt wahrhaftig den Spieß umdrehen: in Amerikas Jagd nach dem allmächtigen Dollar würde man eher vermuten, daß diese Sünde grassiert.

Ist Milly ein Ritter der ästhetischen oder ethischen Ordnung? Das ist der springende Punkt: Amerikaner wissen nichts von der ästhetischen Ordnung (selbst in dem sehr hohen Sinne, in dem der Begriff verwendet werden kann – [Castigliones] *Il Cortegiano*, ein Augenblick im Frankreich des 18. Jahrhunderts). Alle Werte des Schönen werden für Milly ins Menschliche übersetzt. (H. J. bemerkt, wie wenig Bildung sie besitzt: sie versucht zusammen mit Susan über Europa »nachzulesen«; in der National Gallery sind ihre besonderen Lieblingsmaler die der »Englischen Schule«. Man beachte auch: Mrs. Lowder wird von uns allen und von James bewundert – man kann sich darauf verlassen, daß sie den richtigen Weg geht; aber James äußert sich gnadenlos über die abscheuliche »ästhetische« Umgebung, in der sie lebt.)

432. SS »Veendam«, 26. Februar 1950. Die Situation des jungen Mädchens von achtzehn.

Bei der Lektüre von Søren Kierkegaards »In vino veritas« (in dem Band *Étapes sur le chemin de la vie*, Gallimard, Paris 1948), einem Symposium über Frauen und Liebe, finde ich eine großartige Rede über das obige Thema (das für ihn jedoch das Mädchen von sechzehn ist): einem Mädchen schenkt man, solange es ein Kind ist, weniger Beachtung als einem Jungen; im entscheidenden Augenblick jedoch wird sie plötzlich eine Fürstin; die Männer, die sich ihr nähern, beten sie an; für sie fühlen sie sich bereit zu sterben; sie lebt nun in der Welt des *fantasque*...

Die ganze Abhandlung ist ungewöhnlich: sie scheint *en jouant* geschrieben zu sein, ist aber so schillernd, daß alle Farben vertreten sind – einschließlich S. K.'s ständiger Selbstrechtfertigung dafür, daß er Regina nicht geheiratet hat, und dazu so manche scharfe Lektion für sie und gegen sie – armes Mädchen. Sie nimmt Stendhals Lehre von der

Kristallisation auf, fügt ihr weitere Dimensionen hinzu und kommt dem Punkt nahe, an dem Ortega seinen Vortrag in Aspen[1] beendete, das heißt einer wirklichen Behandlung der Schlußworte des *Faust* [»Das Ewig-Weibliche/Zieht uns hinan«].

Mädchen ist diese Macht verliehen, junge Männer verrückt zu machen. Es ist in der Literatur nicht genügend beachtet worden, daß Mädchen ekstatisch verliebt sein können, aber junge Männer machen sie nicht in diesem Sinne verrückt. Junge Männer geraten außer sich, junge Frauen gehen in sich.

Ich sehe, daß ich vielleicht unrecht hatte mit diesem Satz in *Die Frau aus Andros* – auf den ich bisher recht stolz gewesen bin. Ich dachte an Frankreich, wo jeder junge Mann durch die Verbindung mit einer Frau in die Liebe eingeführt wird, die beträchtlich älter als er ist, und sagte: »Vielleicht läßt sich die Reife einer Kultur nach solchen Zügen beurteilen, danach nämlich, ob die jungen Männer sich zunächst in Frauen verlieben, die älter oder jünger sind als sie; wenn ihre jugendliche Vorstellung die Zeit damit verbringt, die Bilder gehaltloser Plappermäulchen mit einem Nimbus zu umgeben, werden ihre Naturen hernach für immer desto dünnblütiger bleiben.* *Une femme mûre* kann zivilisieren; sie kann nicht verklären, kann einen Mann nicht dazu herausfordern, sie mit dieser überwältigenden Idealität zu umgehen, die ihn ihrerseits schöpferisch werden läßt und ihm »*la conscience de l'immortalité*« verleiht. (Oder vielleicht kann sie das für ihn nur tun, wenn die Liebe nicht körperlich befriedigt wird – was S. K. impliziert und Goethe vielleicht veranschaulicht.)

Dieses wunderbare Phänomen – S. K. beginnt nicht, es im wesentlichen zu diskutieren. Dante betrachtete ein Mädchen von dreizehn Jahren, und wir sehen vor unseren Augen, was es aus ihm machte. (»Und ich beschloß, von ihr solche Dinge zu sagen, wie sie noch nie von einer Frau gesagt wurden.«) Es ist eine Projektion dieser Kraft, daß Sie, die der Kathedralen und Kreuzzüge, zugleich reife Mutter und Jungfrau ist. Die Erklärung kann entweder transzendental oder psychologisch sein: die transzendentale ist noch die Platons – daß während der Liebende die Schönheit der Geliebten betrachtet, der Gott in seinen Geist herabsteigt und durch seinen Mund spricht. Die psychologische gehört nach Wien – daß die Libido die Quelle aller geistigen Tätigkeit ist. Man ist überzeugt, daß es da ein tieferes Gesetz geben muß.

---

* *Die Frau aus Andros*, dt. von Herberth E. Herlitschka, Fischer Bibliothek.
1 Ortega y Gasset sprach 1949 bei der Goethe-Feier über Zweihundert Jahre Goethe.

Bleibt die Situation des jungen Mädchens. S. K. – den es noch schmerzt, daß Regina einen anderen geheiratet hat – ist sehr hart zu ihr. Sie hat nicht das leiseste Verständnis für das Blitzen und Donnern, das sie im Liebenden ausgelöst hat, sie nimmt alles für sich in Anspruch als Nahrung für ihre Eitelkeit. Selbst wenn sie ungewöhnlich intelligent ist, erscheint sie wie eine *Gans* angesichts der Wolkentürme von Idealität, die sie in einem Mann entstehen läßt. Aber man betrachte ihren Zustand zehn Jahre später. Sie, die sich dunkel als Kaiserin und Zauberin gefühlt hat ... sie hatte nicht gewußt, wie sie zu solchen Kräften kam, aber sie waren ihr ganz natürlich erschienen; nun weiß sie nicht, wie sie sie verloren hat. Sie nimmt an, daß es einfach Sex und Jugend war – und das war es auch, aber in Kategorien, die sie nicht verstehen kann. Sie ist »verdorben« worden (im landläufigen Sinne des Wortes). In Amerika – das eine anti-ideale Glorifizierung dieser Jungmädchen-Idealität betreibt – versuchen die Frauen über vierundzwanzig hektisch, den Zauber zurückzugewinnen, dessen sie sich beraubt fühlen.


433. SS »VEENDAM«, 3. MÄRZ 1950. Der Romancier als Allwissender oder alle Autoren imaginärer Handlung gehen von der Annahme aus (und erwarten), daß sie allwissend sind.

Ich stelle überrascht fest, daß ich in diesem Tagebuch nicht die Überlegungen festgehalten habe, die mich vor zwei Jahren so gründlich beschäftigten und die mir seither immer wieder durch den Kopf gehen. Sie scheinen mir zusammenhängend zu sein, aber ich werde das Gefühl nicht los, daß da irgendwo ein Fehler steckt, das heißt, daß sie Unsinn sind. Ich schreibe sie hier nieder, um zu sehen, wie sie einer Überprüfung standhalten, und um der Struktur etwas Neues hinzuzufügen, das mir einfiel, als ich Kierkegaard wieder las.

*Definition:* Ein Roman ist eine Erzählung (nach Aristoteles: von gegebener Länge, deren größerer Teil der Phantasie entspringt) und stellt eine Handlung oder eine Reihe von Handlungen dar – zusammen mit soviel sachdienlichem Wissen über die ausgewählte Handlung, wie nötig ist, um dem Leser das Gefühl zu geben, in bezug auf diese Handlung allwissend zu sein. (Mit gewöhnlichen Worten: ein Roman gibt dem Leser das Gefühl, wie Gott zu sein.)

*Folgerungen:* 1. Die Zurückhaltung einer zur Handlung gehörenden Information ist ein Mittel, die Aufmerksamkeit des Lesers zu stimulieren, aber dieses Mittel setzt voraus, daß die ganze Information, die nötig ist, um die fehlenden Details zu liefern, in der Geschichte – und daher im Geiste des allwissenden Autors vorhanden ist. *Erstes Beispiel:* Am Ende von Turgenjews *Ein Adelsnest:* welches waren Lawretzkis Gedanken, als er Lisa vorübereilen sah? Und was dachte sie? Wir wissen es nicht. *Zweites Beispiel:* Gegen Ende von *Die Flügel der Taube:* »Aber sie wandte sich zur Tür, und ihr Kopfschütteln war nun das Ende. ›Wir werden nie wieder sein, wie wir waren!‹« Das heißt: sie heirateten nicht.

2. *Alles* über irgendeine Handlung zu wissen, setzt voraus, daß man alles über alles weiß, was geschehen ist oder möglicherweise geschehen könnte. Daher ist jede imaginative Erzählung eine freiwillige Beschränkung der Allwissenheit eines Romanciers. Der Autor setzt die Grenze, bis zu der in jedem gegebenen Werk Wissen als zur Sache gehörig oder nicht zur Sache gehörig betrachtet werden kann. *Beispiel:* Jane Austen wählt aus unbegrenztem Wissen das Bezugsfeld und die Tiefe aus, innerhalb derer sie uns Information liefern will.

3. Die Attribute eines Romanciers, der allwissend ist, sind: a) *Zeitlosigkeit:* Er kennt das Ende der Geschichte von Anfang an, es kann für ihn keine Spannung geben, und er kann keine Überraschung kennen; b) *Leidenschaftslosigkeit:* er kennt die gesamte menschliche Existenz; alles, was er an Freude oder Zorn, Liebe oder Haß enthüllt, geht auf ein ethisches Gesetz zurück, nicht auf eine persönliche Emotion; c) *Ordnungssinn:* da sein Geist die ganze Existenz umfaßt, steht seine Auswahl dieser begrenzten Anzahl von Handlungen aus allen Handlungen in einer Beziehung und Proportion zu allen Geschehnissen. Jede Disproportion in der Anordnung der Geschichte impliziert eine Disproportion in der Anordnung des Universums als Idee und Mechanismus. Das Vorhandensein einer solchen Unordnung in einer Geschichte bedeutet somit, daß der Autor das Universum der Abweichung von einem Ordnungskonzept anklagt, das er begreift. Die Folge davon in der Literatur ist ein geordneter Ausdruck der Ansicht, daß sich das Universum in Unordnung befindet. *Beispiel:* Thomas Hardys *Juda, der Unberühmte*, behauptet, daß alle Geschehnisse im Leben mit einer unveränderlich chaotischen Beziehungslosigkeit eintreffen. Das Werk ist nicht reif genug, um als besondere Veranschaulichung irgendeines Prinzips zu dienen, aber man kann darauf hinweisen, daß Hardy seine Anschauung von der Unordnung peinlich sorgfältig (ordentlich) vorträgt.

*Obiter dicta:* 1. Das einzige Motiv des allwissenden Romanciers ist es, im Leser das Gefühl der Allwissenheit zu wecken.

98

2. Die Absicht, eine verallgemeinerte Wahrheit (oder eine moralische Idee) zu veranschaulichen, ist eine Unreinheit in der Funktion des Romanciers. Sie impliziert, daß er, da er alle Geschehnisse kennt, gewisse Geschehnisse auswählt, um eine allgemeine Behauptung zu veranschaulichen. Auf einer so weiten Skala gesehen, veranschaulicht aber jedes Geschehnis jede allgemeine Behauptung, und läßt man ein bestimmtes Geschehnis eine bestimmte allgemeine Behauptung veranschaulichen, so heißt das, das Gewebe des reinen Geschehens vergewaltigen und entstellen. Ein Roman ist ein totales *Schauen*, und die Begrenzung dieser Totalität dient nicht der Klärung einer Idee, sondern der Klärung von Erfahrung. Daraus leiten wir ab, daß es einen anderen Zweig von imaginativer Erzählung gibt, dem der Roman nicht angehört und der keinen Anspruch auf Allwissenheit erheben kann: es ist der des *Fabeldichters* – eine rein menschliche Tätigkeit mit lehrhafter Absicht und von eingestandener Fehlbarkeit.

Nun der neue Beitrag, den ich unlängst von Kierkegaard übernahm. Er hat seinen Platz als Folgerung Nr. 3 d)... Die Attribute des Romanciers... der allwissend ist: Der Romancier kann keinen Roman schreiben, der als absolut komischer oder als absolut tragischer Roman empfunden wird. Von seinem hohen Standpunkt aus kann die menschliche Erfahrung nur als Synthese von beidem betrachtet werden.

Vor dem Hintergrund allen menschlichen Lebens ist jede Anstrengung eines Individuums durch Disproportion komisch. Vor demselben Hintergrund ist jede Vereitelung eines individuellen Strebens (im Lichte einer Ethik, die unsere ernstere Überlegung fordert) tragisch – daher ebenso tragisch wie komisch. Das eine ohne das andere zu isolieren, ist ein Verrat an der Allwissenheit. An diesem Punkt führt Kierkegaard (in *Étapes sur le chemin de la vie*, Seite 359 *et passim*) seine Kategorie des *religieux* ein: »*Le religieux... présume la synthèse du tragique et du comique dans la passion...*« NB. auch Seite 333: »*... la mort même du plus grand des hommes est une plaisanterie pour une Providence qui tient en réserve des légions d'anges...*« NB. auch Seite 373: »*C'est ainsi aussi que dans la misère je vois le tragique en ce qu'un esprit immortel doit souffrir, et le comique en ce qu'il ne s'agit que de deux marks.*«

434. SS »Veendam«, 3. März 1950. Henry James' *Die Flügel der Taube*. Im Lichte des oben genannten Schemas betrachtet.

*Vorwort:* Es scheint H. J. bewußt gewesen zu sein, daß ihm dieser Roman nicht gelungen war. Das Vorwort ist in höherem Grade als sonst mißbilligend: dreimal verwendet er das Wort *leider*. Die Gründe, die er für seine Enttäuschung anführt, sind rein technischer Natur. Er fordert uns auf, einen »an falscher Stelle angebrachten Drehpunkt« im fünften Buch zu suchen und mit ihm verschiedene Verkürzungen in der zweiten Hälfte des Buches zu beklagen (und sie sind sehr offenkundig, denn wir werden um eine entsprechende Beschreibung dessen betrogen, was in den Verschwörern wie im Opfer während der entscheidenden Periode der großen Täuschung vorging).

Das Wirken der Allwissenheit:

Die Vorworte von Henry James kehren immer wieder zu diesem Problem zurück. In meiner Eintragung 431 zitierte ich seine Anspielungen darauf aus dem Vorwort zu seinem Roman.

Die »Zentren« oder »Reflektoren« sind ein gefährlicher Kompromiß. Er scheint auf seine totale Allwissenheit zu verzichten, indem er sie auf das Wissen einer einzelnen Figur beschränkt. Dieses Verfahren ist natürlich selbst eine Ausübung von Allwissenheit; aber alles Romanschreiben ist eine freiwillige Einschränkung der Allwissenheit. James schränkt jedoch nicht wirklich ein: [Brownings] *Der Ring und das Buch* und Molly Blooms Selbstgespräch in *Ulysses* sind Beispiele dafür, wie es korrekt gemacht wird (wie in einer ganz anderen Form und anderen Gesetzen gehorchend auch die Selbstgespräche bei Shakespeare). James *berichtet* die Ansichten seiner »Zentren« und führt dabei unvermeidlich seine Kenntnis ihrer Gedanken und zuletzt seinen Kommentar zu ihren Gedanken ein.

Der Wechsel von »Zentrum« zu »Zentrum« führt unweigerlich dazu, daß dem Leser eine große Menge von Information vorenthalten wird. Auch das ist, wenn man »den Gesetzen gehorcht«, ein legitimes, wenn auch sehr gefährliches Verfahren. Denn wenn wir eine »Seele« so gut, wie es uns erlaubt ist, in der einen Krise kennengelernt haben, haben wir beinahe ein Recht darauf (da diese Art von Kenntnis durch die Auswahl und Entscheidung des Autors verhältnismäßig tief ist), ebensoviel über dasselbe »Zentrum« in einer späteren Krise zu erfahren. Die Weigerung des Autors, uns mit einer kontinuierlichen Kenntnis (gleich, auf welcher Ebene sie ursprünglich geliefert wurde), zu versorgen, muß daher durch die Regel gerechtfertigt sein, die ich aufgestellt habe: »Die Zurückhaltung einer zur Handlung gehörenden Information ist ein Mittel, die Aufmerksamkeit des Lesers zu stimulieren, aber dieses Mittel setzt voraus, daß die ganze Information, die nötig ist, um die fehlenden Details zu liefern, in der Geschichte vorhanden ist.« Lassen wir, wenn auch zögernd, gelten, daß James – mit einer wichtigen Ausnahme – diese Bedingung erfüllt hat.

Wenden wir nun die Liste der Attribute des allwissenden Romanciers direkt auf James an:

1. *Zeitlosigkeit:* James verstößt gegen diese Regel auf eine sehr eigentümliche Weise. Indem er seine Figuren Bemerkungen machen läßt, von denen wir ahnen, daß sie prophetisch sind, verrät er, daß er, der Autor, mitten in der Zeit-als-Dauer lebt (sich ihrer bewußt ist, sie genießt). Wir Sterblichen, die wir unsere Zukunft nicht kennen, mögen zehnmal am Tag Bemerkungen fallenlassen, die unseren bevorstehenden Tod oder unser späteres Schicksal betreffen – sie sind null und nichtig, denn *niemand, der die Zukunft kennt, hört sie.* James als Romancier besitzt aber diese Kenntnis der Zukunft, und wie schon gesagt, verfolgt er die Absicht, uns Lesern das Gefühl der Allwissenheit einzuflößen; doch diese Art, es zu tun, ist nicht legitim, denn sie wirkt auf uns unwiderstehlich so, als würden *die Tore der Freiheit des Individuums geschlossen.* Der Romancier weiß alles, aber er lenkt nicht alles. Im Gegenteil, er ist passiv; er ist der Betrachter des Lebens und treue Berichterstatter einer Existenz, die er nicht geschaffen hat und auch nicht ändern oder anhalten kann. Der Romancier ist allwissend und allgegenwärtig, aber nicht allmächtig.

2. *Leidenschaftslosigkeit:* James erfüllt diese Bedingung – und doch: es genügt, einen Augenblick an Tolstoi in den beiden großen Romanen [*Krieg und Frieden* und *Anna Karenina*] zu denken, um zu erkennen, daß James' Parteinahme für Milly und seine Darstellung der Kate Croy weit entfernt sind von dem absoluten Gleichmut Tolstois in bezug auf seine Figuren.

3. *Ordnungssinn:* Dieser Ordnung gilt James' besondere Leidenschaft, und er hat sein Bedauern darüber ausgedrückt, daß er sie so selten erreichte.

Seine selbstauferlegte Ordnungsregel in diesem Buch fordert die Verwendung von »Intelligenzzentren«. Genaugenommen sollten wir auf ordentliche Weise so von Zentrum zu Zentrum übergehen, daß wir in bezug auf die Handlung »alles, was zu wissen not tut«, erhalten. An diesem Punkt schaltet sich jedoch ein anderes Prinzip von H. J. ein und stößt seine Ordnung um. H. J. glaubte, daß wir Leser die Geschichte nicht wirklich »glauben«, wenn uns ihre Elemente lediglich vom Autor *in propria persona* erzählt werden. Wir glauben nur, wenn uns die Handlungen, Motive etc. entweder als Handlung, in einer »Szene«, das heißt, wie er gern sagte, »dramatisiert« vermittelt werden, oder wenn die Information durch das Zeugnis eines seiner »Zentren« an uns weitergegeben wird. Das ist eine wunderbare Regel für Geschichtenerzähler, aber es ist katastrophal als beherrschendes Prinzip. *Wem können wir glauben, wenn wir dem Autor nicht glauben können?* (Die Verwirrung am Ende des Buches wird durch eine weitere Tatsache erhöht: Milly stirbt, H. J. will die Einzelheiten ihrer Krankheit nicht berichten, ebensowenig ihre Gespräche mit den Hauptfiguren. Im Vorwort beglückwünscht er sich dazu, daß er ihre Größe und ihr Märtyrertum durch diese ausgeklügelten Umwege um so schöner herausgestellt hat. Er sagt, er habe sie behandelt wie eine Prinzessin – ich würde eher sagen, wie eine nicht ausgestellte Ikone. Das Ergebnis ist so trübe, daß wir es nicht glauben. Die ausgewählten »Zentren« sind zu »interessiert«, um geeignete Berichterstatter zu sein.)

4. *Das Gleichgewicht zwischen Tragödie und Komödie:* Milly ist eine Figur, die etwas von beidem hat – von der Tragödie als Opfer der Reinheit ihrer Motive, von der Komödie wegen des Mißverhältnisses zwischen ihrem Streben und den harten Tatsachen des Lebens, das noch dadurch verschlimmert wird, daß sie lange leichtgläubig ist. H. J. will diese Bedingungen nicht wahrhaben; für ihn ist sie nicht einmal Pathos, sie ist ganz Tragödie, und das Ergebnis (es genügt, um uns eine Definition zu erlauben) kommt der Sentimentalität sehr nahe.

*Obiter dicta:* Welchem Umstand sollen wir es zuschreiben, daß es H. J. nicht gelingt, aus seinem Helden, Merton Densher, einen lebendigen Mann zu machen? Wir sollten nicht sagen müssen, daß moralisch schwache Figuren künstlerisch schwach sind. Die beiden jungen Frauen in der Geschichte sind von Densher betört, und allem Anschein nach ist es auch H. J. Im Vorwort spricht er von seinem Bedauern, daß ihn der Platzmangel daran hinderte zu sagen, »wie und warum er so ist wie er ist . . . dies alles waren ebenfalls Dinge, die ihn mit einer antiken Anmut hätten umtanzen sollen – gleich wie von Nymphen und Faunen, die ihren Reigen um einen sanften Hermes schlingen, dessen Haupt sie mit Blumen bekränzen.«*

Die Diskrepanz zwischen einer solchen möglichen Beschreibung Denshers und dem langweiligen, an Weiberröcken hängenden Mann im

---

* *loc. cit.*

Roman ist erstaunlich. Wenn H. J. glaubte, er habe uns Gründe dafür geliefert, uns so sehr für Densher zu interessieren, so war er durch Vernarrtheit geblendet und hat sich gegen unser zweites Attribut des Romanciers versündigt.

Um 1900 wurde aus dem kleinen Schriftsteller H. J. ein tatsächlich sehr großer. Unvermeidlich hafteten ihm jedoch noch die Spuren seiner langen Minderwertigkeit an. Seine frühere Voreingenommenheit kann beschrieben werden als eine zu gründliche Identifizierung mit den aufgenommenen Vorstellungen von den Sitten und Gebräuchen, die er studierte und schilderte. Er verriet ständig, daß er beeindruckt, neugierig, schockiert, entrüstet und zufrieden war, je nach dem Verhaltenskodex, an den sich die Figuren in seiner Umgebung hielten. Das kann vermutlich teilweise durch sein *déracinement* erklärt werden – alle freiwillig Entwurzelten (außer Gertrude Stein!) leben in einem Nimmerland – und teilweise durch seine Neurose. Das alles gibt den früheren Büchern den Charakter der Ähnlichkeit mit Teetischklatsch und *racontage-pour-briller* an der Dinnertafel. Nach 1900 ging er weit darüber hinaus, aber der alte muffige Geruch drängt sich gelegentlich auf – nicht, weil er so sehr um Frauen herum, sondern weil er so sehr *in* Frauen zu finden ist.


436. Hotel de l'Angleterre, St. Jean de Luz [Frankreich], Sonntagnachmittag, 26. März 1950.
Ein Blick auf meine Lage (Auszug).

. . . Morgen fahre ich für zwei Nächte nach San Sebastián, dann zwei Nächte in *wagon-lits* nach Granada.

Dies wird also eine Lope-de-Vega-Jagd, grotesk in vieler Hinsicht – und gerade ihre Absurdität zeigt, wie sehr ich nun von solchen Untersuchungen besessen bin. Grotesk aufgrund der Kürze der Zeit, die ich nun vor mir habe, um irgend etwas zu leisten, und aufgrund der Tatsache, daß ich keines der Empfehlungsschreiben und keine der anderen Hilfen, die ich mir verschaffen konnte, bei mir habe. All das ist ein Zeichen des »irrationalen« Charakters der ganzen Unternehmung: ich will es auf meine eigene Weise versuchen; eine Unabhängigkeit, die zum Scheitern führen kann; ein Appetit, der unter dem Deckmantel einer intellektuellen Disziplin daherstolziert.

Wir müssen uns nehmen, wie wir uns finden, immer auf eine Besserung hoffen, aber akzeptieren, wie der Würfel anfangs gefallen ist. Als

Flucht vor ... ineinandergreifenden falschen Situationen habe ich mich auf die Lope-Studien festgelegt (sie sind unpersönlich, sie sind präzise, sie sind meine eigenen, sie haben mit großer Literatur zu tun, sie drücken irgendwie den »Sammelinstinkt« aus, sie »machen Fortschritte«). Sie behindern nicht nur mein Schreiben; sie behindern sogar mein »Denken«. Sie sind wie ein indischer Feigenbaum in meinem Garten, der alle Schößlinge mit Ausnahme seiner eigenen aussaugt. Schon haben sie »The Emporium« alle Energie genommen, die es je besaß. (Der Tod von Arthur Hopkins [dem Produzenten] diese Woche beseitigt jeden äußeren Druck, es zu verfolgen.) Ich will also an Lope so gründlich »meine Nase reiben«, daß ich ihn irgendwie aus meinem System hinausbekomme. Dann will ich am Problem der amerikanischen Literatur für Harvard[1] mit solcher Vertiefung »meine Nase reiben«, daß meine »Sachbuch«-Interessen zeitweilig dahinschwinden. Dann, und erst dann, wird es mir möglich sein, mich wieder dem Theater zuzuwenden.

438. [Hotel de Londres, San Sebastian, Spanien, 31. ? März 1950] ... André Gides *Journal 1942—1949* ...: einige Anmerkungen.

In diesem ganzen umfangreichen Werk hat Gide nie den richtigen Ton gefunden. Wieder liefert die Lehre von der Leserschaft die Erklärung: in den ersten Jahren sah er die Veröffentlichung voraus, in den späteren veröffentlichte er es bewußt, Fragment für Fragment. Daher ist es allen Gefahren der Autobiographie, des diskursiven Essays und des journalistischen Tagebuchs ausgesetzt, ohne aus den Werten einer jeden dieser Gattungen Kraft ziehen zu können. Es hat zeitweilig die Spannung einer Beichte ohne die rigoros fortgesetzte Gewissenserforschung einer Beichte (hier spielt die Scheu der Franzosen vor dem Unbewußten ihre Rolle); es entspricht nicht der Forderung eines Essays nach einer Konstruktion auf einer Auswahl untereinander verwandter Komponenten; es hat nicht die Treue eines Tagebuchs gegenüber den vielfältigen Ereignissen des täglichen Lebens. Es mag sein, daß dieser Charakter des Oberflächlichen, der fehlenden echten Auseinandersetzung mit irgendeinem Aspekt des behandelten Themas mit der ... drastischen Säube-

---

1 Thornton Wilder hatte die Einladung der Harvard University angenommen, während des akademischen Jahres 1950—51 die Charles-Eliot-Norton-Vorlesungen in Cambridge zu halten.

rung des Textes zusammenhängt; aber auch in diesem Fall sitzt das Übel tiefer. Gide ist sich nicht nur ständig des Lesers bewußt und... »schminkt« sein Selbstporträt für uns zurecht... er ist außerstande, spontan zu sein. Das ist nicht Unaufrichtigkeit in dem Sinne, daß er ein unaufrichtiges Dokument liefert:... er hat schon längst den Ton der Wahrheit verloren. Das Ergebnis ist die traurigste aller Ausdrucksweisen: der aufrichtige Wunsch eines Mannes, der es nicht sein kann, aufrichtig zu sein. Die gelegentlichen Eintragungen von haarsträubender Offenheit lassen die ganze Beichte um so falscher klingen: nicht nur ist das Eingeständnis seniler Schlüpfrigkeit von einer peinlichen Geziertheit begleitet (ähnlich den trivialen Koketterien Thomas Manns in bezug auf seine Hospitalisierung in *Die Entstehung des Dr. Faustus*), sondern sie kommen auch nicht aus einem *fond*, einer *ambiance*, in der solche Enthüllungen am Platze sind. Hier finden sich kleine Ansätze von Literaturkritik, die einen wütend machen können durch ihre Beiläufigkeit (»Bemerkungen sind keine Literatur«, wie Gertrude Stein zu Hemingway sagte); hier finden sich Berichte über das Leben in einem belagerten und befreiten Tunis, die nie zur Nachschöpfung werden; hier finden sich Gedanken über das Schicksal der Nationen – auf dem Niveau einer Provinzzeitung.

Es genügt nicht zu sagen, dies müsse als das Werk eines Siebzigjährigen entschuldigt werden, der aus einem bis dahin behaglichen Leben gerissen wurde. Gide hatte sich als Kämpfer und Forscher erwiesen. Es ist das letzte Ende eines Geistes, der korrumpiert wurde durch 1. eine Vermeidung echter Selbsterforschung, 2. literarisches Bonzentum – er hatte die Rolle akzeptiert, die ihm das Publikum aufdrängte – und 3. das Versäumnis, den mittleren Bereich zwischen seinen beiden hauptsächlichen intellektuellen Aktivitäten zu pflegen, zwischen Kreuzzug und trockener Gelehrsamkeit, zwischen seinem Eintreten für Homosexualität und Atheismus und die UdSSR und gegen die schlechte Regierung im Kongo – zwischen all dem und einem Kosten von erlesenen Leckerbissen bei La Fontaine etc. etc. Man erinnere sich – in bezug auf *Die Falschmünzer* – meiner festen Überzeugung, daß sich ein Künstler nicht als Hauptfigur eines Kunstwerks eignet – daher all die krampfhaften Raffinements dieses Werkes (und seiner Vorgänger!)...

... Und wie alles im *Tagebuch* – und immer auf andere Weise – dieser *son faux*. Aber nicht *faux* aus Böswilligkeit oder Servilität oder dem Wunsch, sich einzuschmeicheln: *faux*, weil Gide schon früh im Leben *den wahren Stimmton verloren hat*. Seine ganze große Intelli-

genz erklingt im Falsett – was doppelt tragisch ist, da sein Leben eine
einzige aufrichtige Bemühung ist, aufrichtig zu sein. Man kann auf ihn
nicht einmal das Wort Cocteaus anwenden: »Es ist nicht möglich,
gleichzeitig aufrichtig zu sein und es zu erscheinen.« Denn man hat das
Gefühl, daß sich seine Aufrichtigkeit längst in eine Höhle in den Tiefen
seines Wesens zurückgezogen hat.

Und die ernsten Implikationen all dessen für mich selbst entgehen
mir nicht.

*Obiter dicta:* Ich habe oft gesagt, daß die eine Gruppe von Menschen, die man nicht in seinem Leben unterbringen kann, die der Bos-
haften ist. Ich füge ihnen nun noch jene hinzu, die Feinde ihrer selbst
sind. Letztere sind zu bemitleiden, aber sie sind schließlich klinische
Fälle und sollten den Ärzten übergeben werden. Man denkt immer,
man könne etwas für sie tun (und die Sympathie entspringt gerade der
Tatsache, daß man Elemente einer ähnlichen selbstzerstörerischen Tätigkeit in sich selbst findet), aber ihre Beschäftigung mit sich selbst ist
so intensiv, daß sie, so schillernd sie auch begabt sein mögen, nicht
bauen, wärmen, lieben oder aus etwas Nutzen ziehen können.

Es ist eine Prädisposition zur Neurose in der Kindheit, die erwacht
und die Intelligenz anspornt – ja. Im Laufe der Jahre wird sich die
Neurose ihrer selbst bewußt, was zweierlei zur Folge hat: 1. Der Be-
troffene fühlt sich als »Ausnahme« in der Gesellschaft, und 2. er unterliegt dem Gesetz der Neurosen, nämlich er brennt darauf, sein Geheimnis zu erzählen, und er brennt darauf, es zu verbergen. All das sehen
wir in riesigen Lettern über das Werk von James Joyce geschrieben. Die
Gefahren, die ein zu eifriges *Verbergen* mit sich bringt, sind – wie bei
Henry James vor 1901 – eine devitalisierte Leistung, eine intelligente,
aber anämische Fassadenkunst. Die Gefahren eines zu starken und zu
mutigen *Drangs zu erzählen* sind – wie bei Gide –, daß man erzählt und
erzählt und erzählt, aber was man erzählt, ist nicht das Wesentliche,
sondern ein Ersatzgeheimnis.

Shakespeare (und Goethe?) haben das glückliche Schema in dieser
mißlichen Lage gezeigt: sie wandten diese Neugier – diese Leidenschaft,
das *Warum* ihrer Bedingtheit zu erforschen – *nach außen.* Sie stellten
der Natur, der Gesellschaft, den Künsten die Fragen, die Gide mit so
großem Zeitverlust sich selbst stellte (*Der Immoralist, Die enge Pforte,
Stirb und werde*, das *Tagebuch* – ganz zu schweigen von den kleinen
Schriften). Das schönste Beispiel dafür – in dem Sinne, in dem die
Mathematiker das Wort *schön* gebrauchen – ist das Werk Søren Kierkegaards, in dem wir vor unseren Augen sehen können, wie sich die

Fragen, die er in bezug auf seinen »Dorn-im-Fleisch« stellt, zu Fragen ausweiten ... die *jeden* Menschen überhaupt angehen.

Wo, in der Entwicklung einer Neurose, der Augenblick kommt, in dem sich die Aufmerksamkeit vom Selbst zum Ganzen hinwendet und damit zum Selbst-im-Ganzen, und welche Kraft diesen Wechsel bewirkt – wer vermag das zu sagen? Die Selbstzerstörer sind diejenigen, die diesen Wechsel nicht vollziehen können, und ihre Gesellschaft ist unerträglich.

Hier könnte man unmittelbar zu S. K.'s wunderbaren Analysen der Varianten der Verzweiflung übergehen, die sozusagen eine Deutung gerade dieser Formen von »bedrängter Intelligenz« sind: die Verzweiflung-durch-Schwäche (die Verzweiflung, die die Abwesenheit von Verzweiflung ist, ihrer Beziehung zur Ewigkeit unbewußt); die herumwerkelnde Intelligenz (so charakteristisch für große Gelehrte und vor allem Naturwissenschaftler – vielleicht alle Wissenschaftler); die Verzweiflung-als-Trotz – diejenigen, die die Verzweiflung wählen – diese nennt S. K. die Dämonischen, die es vorziehen, sie selbst zu sein und ganz und nur sie selbst: die nie ihr Geheimnis mitteilen oder mit Nachdruck ein Geheimnis verkünden, das nicht wirklich ihr Geheimnis ist (Baudelaire), und so fort.

442.  SS »Media«, Freitag, 5. Mai 1950. Projekt für einen Roman: »Der Wendepunkt.«

Während einer teilweisen Schlaflosigkeit in der letzten Nacht fiel mir das folgende Projekt ein und arbeitete sich selbst mit beträchtlicher Begeisterung und nicht wenigen spezifischen Entwicklungen aus. Es schien mir, daß man einen Roman in Form von Kurzgeschichten und Erzählungsfragmenten schreiben könnte, die Handlungen aus allen Orten und Zeiten darstellen – eine Art *Decamerone,* außer daß die Geschichten von sehr unterschiedlicher Länge wären, von vier oder fünf Zeilen bis zu der einer Novelle von Kleist, und daß sie unvermeidlich den Charakter von *pastiches* hätten: auf eine Anekdote aus dem Annamesischen folgt ein Fragment eines finnischen Epos oder ein moderner Zeitungsausschnitt. Das Thema dieses Romans wäre aber nicht das, was einem als erstes einfällt: das Leben von Jedermann und Jederfrau auf diese Weise dargestellt; das käme dem sehr nahe, was in *Finnegans Wake* gemacht wurde. Hier wäre das Thema: Geist (zuerst der Geist des *homme moyen sensuel,* dann Geist, der sich selbst übertrifft), Geist, der

Anzeichen von Idealisierung und Selbsterforschung verrät; Geist, der den Körper vergiftet, und Körper, der den Geist überanstrengt; das »Philosophieren« des Lebens; der Abstieg in die Verzweiflung; die Anatomie der Verzweiflung; hier einige Geschichten von Nihilismus, Grausamkeit, Obszönität (auf ihrem Tiefpunkt dargestellt durch leere Seiten mit der Anmerkung: »Diese Geschichten können nicht gedruckt werden«); dann der Wendepunkt – »man kann sich nicht mit dem Leben aussöhnen, bevor man nicht durch das Tal der totalen Verneinung geschritten ist« – Geschichten einer relativen Reintegration.

Was mich hier schreckt, sind nicht die zufälligen Gefahren; es ist vielmehr die große Hauptgefahr, nicht genug über das Grundthema zu wissen: wie der menschliche Geist (bei manchen Individuen) durch dieses Tal geschritten *ist* und wie der menschliche Geist (als totale soziale und kulturelle Erfahrung) durch dieses Tal schreiten *muß*. Aber die zentrale Grundgefahr jedes Buches ist etwas, dem man nicht ausweichen kann, es sei denn, man hört auf zu schreiben. Die geringeren Gefahren hier sind besonders ermutigend: die Wiedergabe dieser *pastiches* auf eine so leichte Art, daß ihre reine Bravour unwichtig wird im Lichte des Dienstes an der zutiefst ernsten Absicht des Buches; und wie immer bei den Themen, die ich mir vornehme, die Vermeidung der Schematisierung in der Anordnung der Elemente.

Man beachte die schönen Möglichkeiten: zeigen, wie der *homo faber* erschien – d. h. *erscheint,* denn dieses Buch ereignet sich vor fünftausend Jahren und *heute* – angeregt von der Notwendigkeit, der Krankheit (mit Krankheit meine ich Thomas Manns Doktrin von der Rolle der Krankheit in allem Schöpferischen) und den Frauen; wie das Gefühl der Sünde eingeführt wurde; das Erscheinen der »Befragung«, die Krankheit zum Tode – all das ist eine Verheißung und erschreckt.

Aber wie interessant, daß ich in einer mitternächtlichen Meditation eine wirklich neue Form für den Roman-in-der-Sackgasse gefunden habe, und eine, die als Medium für zwei meiner zwingenden Interessen dienen könnte: der Mensch, in seiner ganzen Geschichte gesehen; der Geist, gesehen als eine Kraft, die sich aus dem biologischen Unterholz emporarbeitet – ganz zu schweigen von meinem sekundären Interesse: die Frau als Anregende; die Erzählung als Mittel, wissenschaftliche Prozesse zu schildern, und so fort.

444. HAMDEN, [CT.,] 6. JULI 1950. Credo.

Ging allein aus, um in Momauguin Beach zu Abend zu essen, dem früher so angenehmen Erholungsort am Strand, der jetzt ein hektischer, auf Kundenfang angelegter Rummelplatz für die arbeitenden Klassen ist... Der Sund: zuerst die blauen und grauen Perlmuttfarben, dann die rosa Federwolken auf Blau, dann Dunkelheit und die Leuchttürme der Küste...

Wir Menschen leben in einem Universum, das nicht weiß, daß wir da sind. Der Sonnenuntergang heute abend war nicht für mich gedacht, und er hatte mir nicht mehr zu sagen als das, was ich in ihn hineinlas. Die Familien, die links und rechts von mir saßen, hatten sich auf ähnliche Weise in Babylon und Karthago versammelt, um sich zu vergnügen.

Das Universum erklärt uns nicht, daß es aus Liebe oder durch unseren Geist erschaffen wurde/wird; aber es ist leicht einzusehen, warum wir zu diesem Gedanken verleitet werden könnten. Nichts kann uns erreichen, was nicht die Folge seines physikalisch-chemischen Prozesses ist; alles kann gesehen oder vage akzeptiert werden als Teil seiner riesigen Gesetzesmaschinerie. Das gibt uns das Gefühl einer vorausbestimmten Ordnung. Die Folge kann immer als Vorausbestimmung erscheinen. Christus mißverstand die Ordnung der Folge als Ordnung der Vorausbestimmung und sagte »Unser Vater———«. Es *gibt* keinen Vater, den wir um unser täglich Brot bitten können, und keinen Vater, den wir bitten können, uns das Böse zu vergeben, das wir anderen antun. Dieses Böse ist für immer in den Fluß der Dinge eingebettet, nichts kann es im Leben und in den Ereignissen auslöschen. Aber der im Meer lebende Ringelwurm entwickelte einige lichtempfindliche Zellen, und aus diesen wurde das Auge. Alles ist Entwicklung zum Zweck des Überlebens. Aber die Organe und die Instinkte entwickeln sich ohne jede Ordnung. Sie befinden sich oft miteinander im Kriegszustand. Ihre blinde Flucht führt sie in Kanäle der Selbstvernichtung. Die Sexualität führt einerseits zur Ästhetik und andererseits zum zwanghaften Nestbau (und was für eine Bestätigung heute abend: ich verirrte mich und fuhr durch Quadratmeilen von Wohnhäusern – das Dach, die Lampe, das Kinderzimmer).

Ist der Geist eine Entwicklung, die weit über den ursprünglichen Drang zum Überleben und zur Selbstverteidigung hinausschießt? Mußten wir die Eisenbahn und das Telefon erfinden, um zu überleben?

Nein. Der Drang zur Verstandestätigkeit ging über die Probleme hinaus, mit denen er zu tun hatte. Der Geist sprang vom Wie zum Warum. Der Entwicklungstrieb, der bestimmte Zellen zu der differenzierten Organisation verfeinerte, die das Auge darstellt, ist noch am Werk. Der Mensch entwickelt noch neue Funktionen. Was wird seine nächste Fähigkeit sein?

Der Mensch hat in den letzten zweitausend Jahren eine schwere Krankheit durchgestanden, während er sich auf das nächste Stadium vorbereitete. Das nächste wird sein:

1. Die allmähliche Abnahme des Sadismus: »Jeder frißt jeden« wird ersetzt durch eine rationale Regelung. Zuerst werden Maschinen unsere Grausamkeit für uns erledigen. Schon zeigt uns Amerika diesen Übergang.

2. Pansexualität – eine Regression oder eine neue Entwicklung. Wir sehen schon, daß manche Frauen die *besten Männer* sind und gewisse Männer die besten Frauen. Männlich und weiblich wird immer bleiben, aber das Weibliche wird geläutert und befreit für seine wahre Funktion im Ewig-Weiblichen.

3. Freiheit von der Bevormundung durch diesen ewigen Einpauker und Geber und Aufrichter, der es irgendwie – so groß auch unsere Trägheit ist – so einrichten wird, daß »alles gut wird«.

Es gibt jedoch zwei Dinge, die uns Ehrfurcht einflößen können – obwohl es einem gegen den Strich geht, sie auf das uralte leidige Wort *Religion* anzuwenden. Sie sind die Kraft, die das Ewig-Wirkende [dt. im Original] ist und das Auge hervorbrachte und den Intellekt und die nun irgendeine neue Fähigkeit schafft; und die Tatsache, daß die ganze Komplexität der Welt gesetzmäßig aus einer einzigen Einheit hervorgegangen ist. Es ist nicht Gegenstand der Ehrfurcht, daß sich die Komplexität durch eine bloße physikalisch-chemische Kette von der ersten Einheit herleitet oder daß die Folge davon ist, daß es nichts Vorstellbares gibt, was nicht in dieser kausal entwickelten Maschine des Universums »zu Hause« wäre (es ist nicht angemessen, daß das Verständliche Ehrfurcht einflößt – Bewunderung ist selbst im höchsten Grade dem Wesen nach etwas anderes als Ehrfurcht). Was ehrfurchtgebietend ist (und hier sehe ich, daß ich weiterentwickle, was ich in *Die Iden des März* nur undeutlich erkannt habe), ist lediglich, daß es überhaupt geschehen ist. Die Unbegreiflichkeit, die unsere Frage danach, wie es begann, umgibt, bleibt in verschiedenen Graden bei jeder seiner Manifestationen, vom Kieselstein bis zum Mont Blanc, bestehen. (Es ist ein Aspekt der romantischen Täuschung, daß die Unbegreiflichkeit beim Mont Blanc *stärker vorhanden* ist als beim Kieselstein.)

110

455. Dunster House, Harvard, 10. Oktober 1950. Kierkegaards
*Furcht und Zittern.*

Ich habe gerade dieses Buch mit einem Sturm der Bewunderung wie-
dergelesen, und dennoch komme ich mir wie ein Idiot vor: ich finde
dazu nichts zu sagen, was nicht wie Geschwätz klingt.

Wenn es den Glauben gäbe, würde der Glaube so aussehen.

Das Buch ist wie ein außergewöhnliches Stück Dichtung – oder wie
die Lehrsätze der neuen Mathematik: Stellen wir uns vor, eins und drei
ergäbe fünf; sieh, was für atemberaubend schöne Folgen sich daraus
ableiten ließen.

Es trägt um so mehr zu S. K.'s Größe bei, daß er unaufhörlich
Definitionen, Unterscheidungen, Ideen vorträgt, welche sich auf Prä-
missen gründen, die man nicht teilen kann, die in großem Umfange und
zutiefst gültig sind auf anderen Ebenen als denen, auf denen er in erster
Linie besteht.

Was mir im Augenblick am meisten auffällt, ist, daß das Buch eine
ausführliche und leidenschaftliche Darlegung eines Mannes ist, der sich
»außerhalb des Allgemeinen« fühlt... Wie das Mittelalter seinen Verstand (und unseren Verstand) schärfte und entwickelte, indem es dem
Geist eine Rechtfertigung eines Gottes in drei Personen und eine jungfräuliche Geburt abrang, so unternahm S. K. diese tapferen und furcht-
erregenden Reisen, um sich selbst und Regina etwas zu erklären, und
zwar nicht, *warum* er sie nicht heiraten konnte, sondern *die Lage eines
Mannes, der, möglicherweise aus erhabenen Gründen, die Verlobung
mit einem Mädchen auflösen mußte.*

Es ist wahrscheinlich, daß die tatsächliche Situation eine andere war:
Er hätte ihr nur einen Brief zu schreiben und zu sagen brauchen: »*Liebe
Regina, ich habe den Verdacht, daß ich impotent bin.*«

Was er in all diesen Bänden *tatsächlich* schrieb, ist keine Lüge –
nicht einmal eine Verdunkelung; es ist eine Darstellung einer von Gott
geordneten Welt, in der sich ein Mann, der Gott und Regina so liebte, in
der Lage befand, gerade einen solchen Brief schreiben zu müssen (nicht
schreiben zu müssen).

In diesem Buch im besonderen ist diese kleine Kopenhagener Geschichte ständig da und lauert in den Kulissen; nichtsdestoweniger
steigt er weit höher hinauf und taucht er tiefer hinab.

Für jeden weniger Gläubigen als S. K. ist der Aspekt von Abrahams
Geschichte, der eine große Schwierigkeit darstellt, die Frage, woher
Abraham wußte, daß ihm Gott befohlen hatte, Isaak zu *töten*. Ja, es ist

eine Gegebenheit im Mythos, aber im Gegensatz zu dem ähnlichen Befehl, den Kalchas Agamemnon erteilte[1], wissen wir nicht, wie wir sie »inkorporieren« sollen; wir finden keine Analogie in den uns bekannten Eingebungen. (»Gott befahl Gauguin, Frau und Kinder zu verlassen.« – »Gott befahl John Brown, die Mitglieder seiner Familie in eine unvermeidlich selbstmörderische Revolte hineinzuziehen.«) Für uns sind alle diese Entscheidungen qualitativ nicht anders als »Gott befahl Brigham Young, siebzehn Frauen zu nehmen«. In einer Anmerkung berichtet uns Dr. [Walter] Lowrie [der Herausgeber und Übersetzer], S. K. habe geglaubt, seine Ehe sei durch ein »göttliches Veto« verboten. Ist es in diesem Licht nicht seltsam, daß die Werke nicht »seltsamer« sind, als sie es sind? Mehrere Generationen haben sie als sehr merkwürdig empfunden, aber alles in allem sind sie bemerkenswert frei von den trüberen Dünsten des Genies, der Neurose, der Vertiefung in sich selbst und der Mystifikation. Vieles davon verwandelte er in Ironie, Humor und launische Einfälle. Das einzige Zeichen eines flüchtigen Einblicks in eine Gestörtheit finde ich auf Seite 83, wo es von Abrahams Opfer heißt: ». . . Ich habe nur geringe Zweifel daran, daß man auf der ganzen Welt nicht eine einzige Analogie finden wird (mit Ausnahme eines späteren Beispiels, das nichts beweist). . .!!« Ja, der Kontext ist voll Sarkasmus und Ironie, und dennoch: welchem anderen Autor würde es einfallen, über sein persönliches Drama als einzige Analogie zu dem biblischen, das er anführt, auch nur zu scherzen?

Aus diesem »religiösen Konflikt« in seinem Leben kam also diese *Aurora borealis* von Ideen, kam die »teleologische Suspension des Ethischen« – wahrscheinlich ein unhaltbarer Satz, der jedoch, so formuliert, das moralische Leben des Menschen wie ein Meteor erhellt –, kamen alle diese Arten zu sagen, daß das Individuelle wichtiger ist als das Universelle und so fort . . .


472. Viking Hotel, Newport, R. I., 4. November 1950. Zur fünften Norton-Vorlesung: Melvilles *Billy Budd, Foretopman* (Gelesen in [der Ausgabe von] John Lehmann, London 1947.)

»Hier endet eine Geschichte, die nicht unverbürgt ist durch das, was in unserer widersinnigen Welt geschieht – Unschuld und Krankheit, geistige Verderbtheit und gerechter Aufschub« – so schrieb Melville gegen

---

1 Den Zorn der Artemis zu besänftigen, indem er Iphigenie opferte.

Schluß seiner Geschichte. Es ist die souveräne Feststellung eines Konflikts in dieser widersinnigen Welt, der vorzüglich dargestellt ist. Sieh und geh vorüber![1] Ich finde darin keine metaphysische Bürde über die legitimen Gemeinplätze der ernsten Erzählung hinaus. Noch finde ich, daß sich H. M. damit beschäftigt, eine Anklage gegen das Widersinnige im menschlichen Schicksal vorzubringen oder uns zu einer Versöhnung mit der menschlichen Bedingung zu führen.

Innerhalb des akzeptierten Rahmens dieser hohen Gemeinplätze ist er frei, sein Interesse auf etwas anderes zu konzentrieren: auf die menschliche Natur und, im besonderen, die Beziehungen zwischen den Menschen. Unsere Hauptfiguren sind Typen und werden als solche hervorgehoben, aber jeder erhält eine Abweichung von seinem Typ, eine Nuancierung: Billy ist Unschuld und Spontaneität, der seine – monoton hervorgehobene – persönliche Schönheit hinzugefügt wird. Captain Vere ist Ordnung, ergänzt durch ein nachdenkliches Temperament; und Claggart ist natürliche Verworfenheit... ergänzt durch einen Aspekt, den H. M. nur andeuten mag: er sagt uns, daß Claggart neidisch war auf Billys Unschuld und »sie gern geteilt haben würde, aber er verzweifelte daran«; »er erkannte das Gute, war aber unfähig, gut zu sein«. Hier sind wir wieder direkt bei Kierkegaard: diese dämonische Furcht, die durch die Anwesenheit des Guten geweckt wird.

Aber er geht noch einen Schritt weiter. Hatte Melville Balzac gelesen? Gibt es eine bewußte Erinnerung an Vautrin?[2] Denn der ganze Roman vibriert gewissermaßen von homosexuellen Empfindungen und Andeutungen. Es ist etwas Unbehagliches an dem Ausmaß der femininen Gleichnisse für Billy, die dem Autor einfallen... Und was Claggarts verzweifelten Neid auf ihn betrifft – geht H. M. nicht außerordentlich weit, wenn er uns sagt, daß sich seine Augen, nachdem er Billy vorbeigehen sah, »mit aufsteigenden fiebrigen Tränen füllten. Und dann sah Claggart aus wie der Schmerzensmann [! !]. Ja, und manchmal hatte der melancholische Ausdruck etwas von sanfter Sehnsucht an sich, so als hätte Claggart Billy sogar lieben können, wenn es das Schicksal nicht verboten hätte«. Darin steckt etwas mehr als eine dämonische Natur, die in Gegenwart des Unschuldigen und Guten zerstörerischen Haß weckt...

---

1  Vgl. das Epitaph von W. B. Yeats aus dem Gedicht »Under Ben Bulben«: »Wirf ein kaltes Auge / Auf das Leben, den Tod. / Reiter, zieh vorüber!«
2  Vautrin – der Meisterverbrecher, der in mehreren Romanen der *Comédie Humaine* auftritt.

Es gibt noch einige andere Aspekte dieses neurotischen Obertons, die ich mir für später aufhebe... Was ich hier sagen möchte, ist, daß es letzten Endes bemerkenswert ist, wie wenig dieses doch so fundamentale und allgegenwärtige Element dem Werk schadet oder es zu etwas »Besonderem« macht. Zwei Themen nehmen ihren Lauf. Unschuld bringt Verworfenheit in Wut. Unschuld wird durch die Machenschaften der Verworfenheit zum Mord getrieben; die Gerechtigkeit ist bekümmert, weil sie nicht eine Gerechtigkeit üben kann, die die provozierte Spontaneität der Unschuld berücksichtigt. Das zweite Thema ist, daß der Zauber der Schönheit das Böse aus dem Herzen des Lüsternen vertreibt und den Schmerz im mitfühlenden Herzen des Gerechten verdoppelt. Das sekundäre Thema verleiht dem Hauptthema mehr Schärfe und Farbe und eine weitere, wenn auch ein wenig seltsamere Universalität, ohne es jedoch zu trüben oder zu verdrängen – es in den Bereich des lediglich Merkwürdigen zu verdrängen.

Melville verlor jedoch beinahe seine Geschichte durch seine eigene Vernarrtheit in Billy Budd. Beinahe *machte er ihn göttlich* – was der Geschichte ihre menschliche Kraft genommen hätte. Es ist eine Glorie im Tod von Heiligen und strahlenden Göttern, den wir betrachten, den wir auf der Bühne darstellen und aus dem wir so viel Gewinn ziehen, daß wir wünschen, sie würden immer und immer wieder sterben. Solche Glorie ist in diesem Roman fehl am Platze, wie sie fehl am Platz ist beim Tode Abraham Lincolns oder beim Tode Lord Nelsons (über den in diesem Roman ausführlich nachgedacht wird). Billy wird auf geheimnisvolle Weise geboren, und seine Passion ist beinahe eine Heiligenlegende: »In demselben Augenblick [in dem er gehenkt wurde] ergab es sich, daß die Dunstdecke, die tief im Osten hing, von einem Glorienschein durchbrochen wurde wie von dem Vlies des Lammes Gottes, in mystischer Vision gesehen... Billy stieg auf, und aufsteigend nahm er den vollen Glanz der Morgenröte auf«... H. M.'s Emotion ist extrem, sie ist überreizt, der Zauber der Schönheit brachte beinahe seine Geschichte um...

473. Viking Hotel, Newport, R. I., 4. November 1950. Zur ersten Norton-Vorlesung: Der amerikanische Schriftsteller als Sprecher zu einer Menge.

Manche Bücher werden geschrieben, um von einem imaginären Leser in einem Sessel gelesen zu werden.

Manche Bücher werden geschrieben, um von vielen imaginären Lesern in vielen Sesseln gelesen zu werden.

Manche Bücher werden gesprochen, um von einem imaginären Zuhörer gehört zu werden.

Manche Bücher werden gesprochen, um von einer Gruppe imaginärer Zuhörer gehört zu werden (Charles Lamb).

Manche Bücher werden gesprochen, um von einer Menge imaginärer Zuhörer gehört zu werden.

Die meisten Schriftsteller, die wir studieren, *sprechen*. Ihre Rhythmen sind die der Deklamation, das heißt entweder vor der Gruppe von Fremden oder vor der Menge.

Wir unterscheiden zuerst die Augenbücher von den Ohrenbüchern. Beinahe die gesamte englische Literatur des 18. Jahrhunderts wurde für das Ohr geschrieben. Sogar Gibbon will gehört werden. Der Roman führte jedoch unvermeidlich die Worte ein, die geschrieben werden, um gelesen zu werden. Es ist außerordentlich schwierig, die Wirkung einer gesprochenen Erzählung in einem ganzen Band durchzuhalten. Dickens und Thackeray führen, wie Fielding vor ihnen, lange Abschnitte ein, die den Charakter der persönlichen Anrede im Gespräch haben. Sie gebrauchen etwa Formeln wie: »Könnten Sie erraten, könnte irgend jemand erraten, wie das zustande kam?« Und so fort. Aber diese Kunstgriffe waren Konventionen geworden, simple Nachahmungen. Die Art, den Dialog wiederzugeben, die Beschreibung einzuführen, eine Situation zu analysieren, führt uns bald zur gedruckten Seite zurück.

England war eine Nation von Lesern geworden.

Aber Amerika sollte noch lange die Illusion aufrechterhalten, zu sprechen und ein gedrucktes Buch zu hören.

Die offenkundigen Wirkungen, die man als Kriterien für das Gesprochene ansehen würde, sind nicht die hauptsächlichen, nämlich Anrufungen, rhetorische Fragen, Interjektionen, der Gebrauch der ersten und zweiten Person. In Amerika wie in England war das alles, wie ich schon sagte, zur Konvention geworden. Man muß näher hinsehen.

Lesen ist eine Gewohnheit und neigt unvermeidlich zu der Annahme, daß das [ganze] Material im selben Tempo gelesen wird. Daher muß die Hervorhebung durch visuelle Mittel erreicht werden. Adjektivische Satzglieder können dem Substantiv vorausgehen, das sie näher bestimmen – und das sehr wirkungsvoll –, weil das Auge irgendwie vorauseilt und beinahe unbewußt sein Subjekt sucht – ein Vorgang, der bei zum Hören bestimmter Literatur ein Durcheinander anrichten würde. Das geschriebene Wort kann für das Auge einen weit komplizierteren Kontrapunkt von Parallelismen und Qualifikationen setzen; das Ohr kann selbstverständlich dasselbe Material verarbeiten, aber in größeren *Abständen*. Das Auge umfaßt gleichzeitig mehr Elemente. Melville ist mehr ein Ohr- als ein Augenmensch, aber er wurde durch viel schlechte Literatur beider Arten »gebildet« und verfällt gelegentlich in gräßliche Abschnitte von Fabrikationen für das Auge...

Eine Darlegung wie diese könnte vielleicht als Anhang zu meiner Diskussion über das Forensische in der amerikanischen Literatur dienen. Aber sie sollte letzten Endes zu einer Diskussion über den Abstand-zwischen-Sätzen in der amerikanischen Literatur führen.

478. Dunster House, [Harvard,] 15. November 1950. Zur zweiten Norton[-Vorlesung]: Thoreau.

Letzte Nacht um zwei Uhr habe ich die Thoreau-Vorlesung fertiggeschrieben – wie gewöhnlich mit Ausnahme der Schlußsätze. Seither kommt sie mir unecht vor, und was das Schlimmste ist, unecht in mehr als einer Hinsicht. Ich ernte nun die Früchte meiner Vermessenheit, mich auf ein so weitläufiges Thema einzulassen – das selbst aus einer so langen Reihe weitläufiger Themen besteht –, womit ich meine, daß ich sie unzulänglich gelesen und unzulänglich durchdacht habe. Die verschiedenen Darlegungen, die ich wie Rosinen einstreue, erschrecken mich – der amerikanische Zeitsinn letzte Woche, heute abend die Wildnis, die amerikanische »Zusammenhanglosigkeit«. Sind das (in meinen Händen) nicht Ideen, sondern eine grobe Behandlung von Vorstellungen, die mir völlig entgehen. Wie üblich schrieb ich heute nacht zuletzt mit starken Emotionen. *Diesen* mißtraue ich nicht mehr, solange ich Zeit habe – wie heute morgen –, sie zu reduzieren. Ich fühle mich auch nicht besonders angesprochen durch Mrs. [X]'s wiederholte Bemerkung, daß ein Professor meine erste [Vorlesung] »predigerhaft« gefunden hatte. Ja, es ist lästig, predigerhaft zu klingen, aber ich fürchte schlimmere Fehler; wenn ich die anderen Aspekte richtig herausarbeiten könnte, würde die »predigerhafte« Untermalung (bei meinem Thema!) mit ihnen verschmelzen und zu einem Interesse und einer Struktur beitragen, die sie beinahe unbemerkbar machen würde.

Nun will ich mich zusammennehmen, die Seiten der letzten Nacht noch einmal lesen und sehen, was ich bekommen habe.

Ich glaube, es ist gelungen, das heißt als Vorlesung gelungen, nicht als Essay. Und der Grund war weder »Podiumstechnik« noch die Überarbeitung am letzten Tag, sondern *Form.* Und ich möchte gern glauben, daß diese rettende Form die ganze Zeit schon da war und daß ich sie nicht bemerkt hatte... Die glückliche Wirkung der Form kam genau von der (wie in der sinfonischen Struktur unerwarteten, aber rechtzeitigen) Wiederkehr der Hauptthemen. Und jetzt weiß ich, daß ich keine Angst vor langen und scheinbar nicht zur Sache gehörigen Abschweifungen zu haben brauche, denn es gibt für den Zuhörer keine größere Befriedigung als die Entdeckung, daß die lange Abschweifung auf ein *späteres* Wiedererscheinen in engster Verbindung mit dem Hauptthema des Vortrags vorbereitet. So entwickelte ich in dieser Vorlesung »Wildnis« und »amerikanische Abstraktheit« und »Menschenkenner« [dt. im Original] als allgemeine Prinzipien, nur um sie später in einer Art von hoher Koda dem armen Thoreau anzuhängen. Und wenn ich zurückblicke, kann ich sehen, daß ich in der ersten Vorlesung so ziemlich dasselbe erreichte. Nun habe ich zwei Wochen vor mir für Emily [Dickinson] – zwei Wochen, die ich zwischen ihr und Whitman teilen muß. (*Später:* Es wird schwieriger werden, wenn ich es als Essay schreibe. Eine solche Stütze auf das formale Muster wird in der schriftlichen Arbeit für selbstverständlich gehalten; sie hat dort nicht dieselbe Wirkung wie in einer Vorlesung, nämlich »über einen herzufallen«.)

485. Dunster House, [Harvard,] 30. November 1950. Ein Brief.

Eine Miß [X] hatte mir geschrieben und gefragt, ob sie mir eine Erstausgabe von *Die Kabala* in einem »seltenen Blauleineneinband« zur Signatur schicken dürfe – genauer, für eine »signierte Widmungsinschrift mit einigen Zeilen...« Ich schrieb ihr, daß es mir schwerfiel, Papier, Schnur und ein Postamt zu finden, und sie möchte mir das Buch zu meiner Vorlesung über Emily Dickinson am 13. Januar im Poetry Center, YMHA/YWHA, New York, mitbringen.

Sie schrieb mir am 24. November zurück:

»Ich bin im Besitz Ihrer Postkarte vom 21. des Monats und darf Ihnen als Antwort darauf mitteilen, daß ich keinerlei Interesse an der Young Men's Hebrew Association oder irgend etwas in Verbindung mit der Rasse in einer anderen als literarischen oder historischen Beziehung habe.«

Dann eine Menge Belehrungen über das Buch, ihre aufrichtige Wertschätzung und »Herzlich, Ihre« und ein Postskriptum, in dem sie auch noch um eine Fotografie bat.

Ich antworte:

»Sehr geehrte Miß [X],

der erste Satz Ihres Briefes machte mich schaudern, so daß ich ihn immer bei mir behalte, damit er mich daran erinnert, wie langsam die Welt die Lektionen lernt, durch die sie leben und das Glück verfolgen und den Frieden erlangen muß. Ich muß daran ständig erinnert werden – als Grundlage für den Unterricht, den ich diesen jungen Menschen in Harvard und Radcliffe gebe. Obwohl Sie es nicht wünschen werden, danke ich Ihnen für diese bittere Mahnung.

Ihr ergebener . . .«

487. Columbia University Club, New York, 4. Dezember 1950.
Zur vierten Norton[-Vorlesung].

Ich komme zurück auf die Erklärung, daß kein Amerikaner ein Kunstwerk geschaffen hatte, bis Henry James seine letzten drei Romane schrieb – möglicherweise mit Ausnahme von *Der scharlachrote Buchstabe* und Poes allzu berechneten Artefakten:

Ein Kunstwerk zeichnet sich aus durch die sichtbaren Beschränkungen, die sich der Künstler auferlegt hat. Form ist akzeptierte Begrenzung.

Für den jungen Künstler und den Künstler in einer jungen Kultur sind alle solche freiwilligen Selbstbeschränkungen groteske Künstlichkeiten: Hemmnisse und Knebel des Geistes, der Spontaneität, der Emotion. (Als Palestrina auf dem Höhepunkt der Renaissance die *Missa brevis* schrieb, öffnete er da seine Kehle und sang »*Sanctus, sanctus, sanctus*, Erde und Himmel sind voll deines Ruhmes«? Nein, er unterwarf sich all den schwierigen Gesetzen des Kontrapunkts, die damals in Mode waren, und um es sich noch schwerer zu machen, gründete er – in einem großen Mosaik – jedes Thema auf ein Thema einer zuvor von einem französischen Komponisten [Goudimel] geschriebenen Messe und arbeitete mit einer so völlig unnötigen Abhängigkeit, daß er aus seinem jubilierenden »*Resurrexit*« das Thema ableitete, das ihm dann als langsame, zarte Melodie in seinem *Agnus Dei* diente.)

Die Implikationen der Form sind: 1. Das Ende wird von Anfang an vorausgesehen. 2. Spontane Emotion tritt nur flüchtig auf.

Nun geht aber die ganze Literatur, die wir diskutieren, auf die Verherrlichung des Spontanen hinaus; und wie gut ist das zu verstehen: wenn man eine Wildnis rodet, legt man nicht die geometrischen Gärten von Versailles an – nicht nur, weil man keine Zeit dazu hat, sondern weil die Landschaftsgärtnerei von Versailles nicht dafür sorgt, daß man dem kürzesten Weg folgt, um an einem gegebenen Punkt anzukommen, und weil sie auf überwältigende Weise leugnet, daß natürliche Schönheit in ihrem natürlichen Zustand Schönheit genug ist.

Aber alle unsere Schriftsteller wurden durch die Eingebung verwirrt, daß Kunst – ja, Künstlichkeit – unsere Spontaneität stärken könnte, ohne sie zu verwässern.

Hier tritt Walt Whitman in Erscheinung (und natürlich, in einem anderen Sinne, Edgar Allan Poe).

Walt Whitman schrieb Oden. Eine Ode ist Lyrik in ihrer extremsten Dauer: sie ist der persönliche Schrei in dem Augenblick, in dem sie versucht, das Persönliche im Allgemeinen aufgehen zu lassen.

Poe hatte recht, als er sagte, daß der Länge eines Gedichts diese Grenze gesetzt ist: unsere menschliche Konzentration hat ihre Kürze – ebenso wie unser Ein- und Ausatmen –, und Poesie ist genau die maximale Konzentration, deren der menschliche Geist fähig ist: nicht höhere Mathematik, nicht Metaphysik, nicht Musik, nicht Malerei, sondern Poesie.

Walt Whitman verherrlichte sich selbst... aber er versuchte ständig, der Überheblichkeit zu entgehen. Er hatte seine kindische Seite – und einige ihrer Manifestationen sind für uns eine Qual –, aber das Großartige ist, daß es ihm ständig gelang zu sagen einer-eine-Million, einer-wir-alle.

Und das hätte die Kunst für ihn tun können.

Es ist lächerlich, einen anderen Walt Whitman zu verlangen als den Walt Whitman, den wir haben.

Aber wir verlangen ja nicht, daß er die wohlüberlegten Stanzenmuster, das Reimspiel, die Gliederung der Oden von Cowley und Wordsworth geschrieben hätte – wir verlangen von ihm nur, was er, wie wir sehen, von sich selbst verlangt hat. »When Lilacs Last in the Dooryard Bloom'd« *ist* ein gegliedertes Gedicht und sieht sein Ende von Anfang an voraus. Es endet an der richtigen Stelle:

Lilac and star and bird twined with the chant of my soul,
There in the fragrant pines and the cedars dusk and dim.

Ja, W. W. hatte das Flüstern der Forderungen der Kunst gehört und wußte, daß sie ihn stützen und vergrößern konnte, aber er hatte dieses *Amerikanische* an sich, dem wir zuvor schon begegnet sind: *alles auf die Ekstase zu setzen.*

Die Amerikaner sind ungeduldig. Wie verständlich ist das angesichts der amerikanischen Probleme der ersten zweihundertfünfzig Jahre.

Benjamin Franklin spielte mit Prismen. Er bemerkte, daß sich am Ende des Spektrums immer schwach Magentarot andeutet. Er schrieb: »Ich weiß nicht, warum das so ist.« Goethe zitiert den Abschnitt. Aber Goethe mit allem, was er zu tun hatte – und er war ein ebenso beschäftigter Mann wie Franklin –, setzte sich hin, zwang sich zur Ruhe, sah die Hunderte von Stunden voraus, die vor ihm lagen, stellte zwei Lichtquellen auf etc. [und schrieb »*Zur Farbenlehre*«].

Emily Dickinson schob immer wieder nicht nur den Tag auf, an dem sie eine Auswahl aus den verschiedenen Fassungen eines Gedichts, den Adjektiven, der Anordnung der Stanzen in einem bestimmten Gedicht treffen wollte, sondern den Tag, an dem sie eine Gruppe aus den Gedichten auswählen – und die Dutzende vernichten würde, von denen sie sicherlich nicht wollte, daß wir sie sehen.

Das ist keine Ungeduld? Nein, aber es ist auch keine Geduld. Es ist Mißtrauen gegenüber der Kunst, dem Künstlichen...

490.  Deepwood Drive, [Hamden, CT.,] 20. Dezember 1950. Claudels *Mittagswende* und die Liebe in Frankreich.

Ein New Yorker Produzent kam nach Cambridge, um mich zu bitten, dieses Stück für Luise Rainer zu übersetzen. *Nenni, nenni, nenni.* Er brachte eine Übersetzung ohne Nerven mit, die ein intellektuelles junges Paar angefertigt hatte... Daher habe ich das Stück soeben noch einmal gelesen und mich darüber gewundert, daß ich es einmal bewundern konnte – und darüber, in welchem Ausmaß darin der alte vulgäre Unsinn des Boulevard-Stücks überall durchbricht – [Maurice] Donnay, [Georges de] Porto-Riche, [Henry] Bernstein, [Henri] Bataille.

Die Liebe in Frankreich ist eine Liebe wie nirgends sonst. Da für mich die Stunden näherkommen, in denen ich über *Rot und Schwarz* zu sprechen habe[1] (Stendhal ist zugleich der klassische Kritiker dieser An-

1 Der Tod von F. O. Matthiessen, Professor für Englisch in Harvard, im Frühjahr 1950 war einer von mehreren Gründen dafür, daß man Thornton Wilder bat, eine Romanklasse

steckung und eines ihrer lächerlicheren Opfer, wenngleich sich gerade dieser Roman nicht am besten dafür eignet, zu diesem Thema studiert zu werden), verspüre ich die Notwendigkeit zu versuchen, einige meiner jahrelangen Gedanken darüber zu ordnen.

Ich habe das Problem immer so formuliert:

Frankreich importiert alles einschließlich seiner Vorstellung von Liebe und französisiert es dann. *Amour* kam zu den Franzosen aus Italien zusammen mit der Architektur, der Komödie, der Mode und den Desserts. Sie leben aber in einem gemäßigten Klima, und ihre sexuelle Intensität ist gemäßigt und keineswegs mediterran. Die Franzosen sind logisch und analytisch und leben ständig in der Furcht, in Situationen zu geraten, die sie lächerlich oder verachtenswert erscheinen lassen könnten – was gerade die Leidenschaft tut und was den Italienern nicht viel ausmacht. Die Franzosen, die sich sehr gut an den Marienkult angepaßt und ihn verweltlicht hatten im Kult der *Dame* oder *Reine d'amour,* importierten *amore,* dieses berauschende Fieber, und der nordländische Frosch versuchte, sich zum südländischen Stier aufzublähen.[2] Ich will, ich will, ich will ein Glutofen der Leidenschaft sein. Das geriet augenblicklich in Konflikt mit der französischen *amour-propre,* mit dem französischen *bon sens* und dem französischen *ridicule.* Und die Folge davon ist, daß Sex in Frankreich zu einer hoch komplizierten Etikette oder zu einem Spiel wurde: eine Vortäuschung von Leidenschaft, die ständig kontrolliert wird von Abwechslung, Berechnung und mehreren Mythen.

All das halte ich im wesentlichen noch immer für wahr, aber es ist nicht ausreichend moduliert. Einige Dinge fehlen in dem Bild. Ich nenne hier eine Reihe von Faktoren, drunter und drüber, auf gut Glück und in der Hoffnung, später eine Beziehung unter ihnen herstellen zu können:

1. Frankreich, das matriarchalische Land: der heranwachsende Junge bleibt ein Junge, solange seine (sehr langlebige) Mutter lebt. Daher teilt die Mutter seiner Kinder seine ehrfürchtige Verehrung für seine Mutter. Daher muß er sich eine Geliebte zulegen, die eine Frau-nicht-Mutter darstellen kann, aber sie selbst gerät nach einem Jahr in den Umkreis der Mutter (die *pantoufle*-Stunde).

2. Es wird angenommen, daß keine Frau vor gebieterischer Leiden-

zu übernehmen, was ein intensives Studium der Werke von Cervantes, Stendhal, Melville, Tolstoi und Dickens mit sich brachte.

2  Vgl. Äsops Fabel von dem Frosch, der, mit katastrophalen Folgen, versuchte, sich zur Größe eines Stiers aufzublähen.

schaft sicher ist. Jeden Augenblick kann sie *ihm* begegnen; und sofort wird sie hiflos, sie bricht zusammen, unterwirft sich. Dann wird sie zur Sünderin. Aber eine Sünderin ist keine *schlechte Frau.* Vielleicht kann eine *schlechte Frau* definiert werden als eine *Frau ohne mütterliche Qualifikationen* ...

Da Frauen jeden Augenblick von gebieterischer Liebe überwältigt werden können (dem Teufel bei Mauriac, aber der Teufel ist ein anderes Gesicht Gottes, die Natur in den meisten Stücken, Gott selbst bei Claudel – aber man beachte die langen Spitzfindigkeiten in *Der seidene Schuh*), sind sie schwach und zerbrechlich. Aber die Sache ist noch viel komplizierter; sie sind schwach, ohne Willenskraft vor der Leidenschaft, aber sobald diese gegeben ist, sind sie immer stark. Sie herrschen, zerstören, triumphieren, befehlen, zwingen in jeder Situation.

So gelangen wir von der emotionalen Ansicht von der Frau ohne Übergang zur possenhaften – zu den tausend Stücken über den *cocu* und den *amant trompé.*

Dem französischen Geist fällt es schwer einzusehen, warum eine Frau, die sich von einem Mann angezogen fühlt, nicht mit ihm ins Bett gehen sollte. Die Gebote der Kirche? Das Ehegelübde? Konventionelle Moral? – Alle Abschreckungsmittel sind fern und blaß von dem Augenblick an, in dem sie die Anziehung fühlt; ihre Knie werden weich, ihre Willenskraft schwindet.

*Columbia University Club,* [*New York,*] [*20.?*] *Dezember 1950.*

Diese Vorstellung, daß eine Frau unter dem Einfluß der gebieterischen Liebe weich ist wie Kitt, ist – in diesem extremen Maße – typisch französisch, woran man sich erinnern sollte. Ihre Abweichung von der spanischen ist im höchsten Grade signifikant.

Und dennoch gibt es über *l'amour* einige Dinge zu sagen, die wichtig und sehr zu beneiden sind.

3. Die Liebe des Franzosen ist in hohem Grade *persönlich.* Der jahrhundertealte Kult der Liebe ist nicht Reibung: die Persönlichkeit des Liebenden ergreift Besitz von der Persönlichkeit der Geliebten. Und das Drama ergibt sich nicht nur aus den faszinierenden Wendepunkten der mit der weiblichen Natur konfrontierten männlichen Natur – für sich selbst ein großartig bewegtes Terrain –, sondern daraus, daß *dieser* Mann mit *dieser* Frau konfrontiert wird.

Das ist der große Beitrag der französischen *erotischen* Gedankenwelt. Und das wäre ein reiner Gewinn für die ganze zusehende Welt, würde es nicht durch die anderen Begleiterscheinungen, die ich erwähnte, erheblich beeinträchtigt. Eine französische Liebesaffäre verliert sich nie im Typischen und Allgemeinen – außer in der Literatur und in dummen Händen.

Das Weibliche *als* Weibliches ist für einen Franzosen immer im höchsten Grade bezaubernd, und jede einzelne Frau bringt für einen Franzosen ihre individuelle Faszination mit, ihre einzigartige Variante zu dem Frauenkult, den Frankreich in jeder Generation unter seinen heranwachsenden jungen Männern verbreitet, mit dem es sie geradezu überschüttet hat. Gerade dieser Frauenkult hat zu der an jeden jungen Franzosen gestellten Forderung beigetragen, so viele [Frauen] wie möglich kennenzuerlenen und sie in dem Bereich kennenzulernen, in dem solche Kenntnis am besten erworben wird. Eine solche Abenteuerreise in die Welt der Frauen könnte durchaus recht sein, wäre sie nicht durch weniger vertretbare Nebenimpulse verfälscht – vor allem durch die männliche Eitelkeit des Franzosen, durch die Eigenliebe. Der Franzose verfolgt eine Frau nach der anderen, nicht, um seine Kennerschaft der weiblichen Natur zu bereichern, sondern um sich seiner Triumphe als Jäger zu rühmen; *und* jede Französin weiß das...

Daher ist die französische Liebesliteratur vorherrschend von der Anschauung belastet, daß die Beziehung zwischen den Geschlechtern ein Krieg ist, daß Haß eine Begleiterscheinung der Liebe ist und daß auf der Matratze selbst ein Machtkampf stattfindet.

Wieder dient uns *Mittagswende* als Zeugnis, denn darin spiegeln sich ähnliche Passagen aus zahllosen Stücken wider – deren Parallele in diesem Sinne man in der angelsächsischen, deutschen und italienischen Literatur lange suchen müßte...

Die ganze *amour*-Untersuchung sollte am besten auf eine andere Gelegenheit warten.

491.  COLUMBIA UNIVERSITY CLUB, NEW YORK, 9 UHR MORGENS, SAMSTAG 30. DEZEMBER 1950. Arbeitsplan [Auszug].

... *Lope:* Es wird mich interessieren zu sehen, ob ich das Interesse daran verliere, nun da es anderen mitgeteilt und anerkannt und gebilligt wurde.[1] Ich nehme an, ich sollte das Interesse daran verlieren. Es ist

1  Auf der Tagung der Romance Section of the Modern Language Association am 28. Dezember 1950 in New York hatte Thornton Wilder einen Vortrag gehalten: »Aids toward Dating the Earlier Plays of Lope de Vega.« (Hilfen für die Datierung der früheren Stücke L. d. V.'s.)

nicht wahrscheinlich, daß ich noch dramatische Entdeckungen mache; von nun an – wenn ich mir beispielsweise die Stücke von 1604 bis 1608 vornähme – wäre es lediglich geduldige Studentenarbeit. Jedenfalls kann ich während des Januar nur in den sieben Tagen vom 4. bis 11. Januar daran arbeiten, in denen ich in Cambridge bin und meinen Apparat zur Verfügung habe.

*Palestrina:* Vielleicht habe ich eine gute Idee, vielleicht ist es nichts: Themen, die Palestrina mit der Jungfrau Maria assoziierte (nicht nur formal, sondern intim) und die er in die Messen aufnahm (auch in diejenigen, die sich nicht anerkanntermaßen auf ihr Motiv gründen), gerade deshalb, weil auf sie nur einmal in der Messe angespielt wird. Ist der steigende (und fallende) Dreiklang des »*Magnificat*« ihre Signatur? Und hält Palestrina ein »Lexikon« von Themen *in petto,* die ihm, von einer offensichtlich liturgischen Basis ausgehend, in anderen Zusammenhängen für die Zwecke der »Symbolik« oder der Anspielung wieder einfallen? Wenn es auch anmaßend von mir ist, dieses Gebiet zu betreten – da ich nicht mit dem Cantus planus vertraut und nicht imstande bin, mir alles anzueignen, was man über die Modi wissen sollte –, denke ich dennoch, daß ich hier ein wenig weiter vordringen sollte. Am besten beginnt man, indem man die Abstammung zurückverfolgt: Cantus planus *Audi Filia;* darauf gründet Goudimels Messe; Palestrinas *Missa Brevis* (benutzte P. Teile von *Audi Filia,* die Goudimel überging? Oder war es so, daß er von *Audi Filia Teile hervorholte,* die Goudimel nur angedeutet hatte?); verwendet die *Missa Emendemus* nur das eine Thema aus der *Missa Brevis,* und gibt es einen besonderen Grund dafür, daß es dort verwendet wird? Gibt es, da *Audi Filia* eine Kollekte für »mehrere jungfräuliche Märtyrerinnen« ist, noch andere Anspielungen auf dieses Fest (oder diese Feste) in dem Werk? Gibt es in den Messen über »*Je suis déshéritée*« Hinweise darauf, daß die (starken weltlichen) Implikationen des Liedes für Palestrina mit der »Verlassenheit« der Jungfrau verbunden sind etc.?

492. Deepwood Drive, [Hamden, CT.,] 3. Januar 1951. Stendhals *Rot und Schwarz;* Einleitung.

Die Naivität von Autoren, die versichern, sie schrieben endlich die Wahrheit. (Nur!) in die erste Ausgabe schrieb Henri Beyle als Motto: »*La vérité, l'âpre vérité. Danton.*« In Alains *Stendhal* finde ich folgendes Zitat:

»Rome, 24 mai 1834. J'ai écrit dans ma jeunesse des Biographies
(Mozart, Michel-Ange) qui sont une espèce d'histoire. Je m'en repens.
Le vrai sur les plus grandes choses comme sur les plus petites me semble
presque impossible à atteindre, du moins un vrai un peu détaillé. –
M. de Tracy me disait: on ne peut plus atteindre au vrai, il n'y a plus de
vérité en surcharge que dans le Roman. Je vois tous les jours davantage
que partout ailleurs c'est une prétention. C'est pourquoi...« (Alain
bricht das Zitat hier ab.)

Die Bemerkung von M. de Tracy ist wichtig, und die *vérité* von
H. B. ist in der Tat *âpre*; aber die Behauptung von Ibsen, Zola, jedem
beliebigen Autor, daß er nun zum erstenmal zum Wahren vordringe, ist
letzten Endes nur für ihn selbst von Wert – als eine Art von tonisieren-
dem Stimulan während er an seinem Werk arbeitet.

Wichtig ist die Frage: stammt ihr Gefühl, das Wahre mitzuteilen,
von einer unmittelbaren Anschauung des Wahren ihrerseits her oder
von einem Abweichen von einer herrschenden Mode, von einer Korrek-
tur dieser Mode? Ich habe an anderer Stelle von dem lästigen Aspekt
von so vielen irischen Genies – besonders Shaw[1] – gesprochen, die
wegen des streitbaren Elements in der irischen Natur nur dadurch entdecken, was sie denken, daß sie ablehnen, was ein anderer gedacht hat.
Das führt zu Witz und Energie, ebenso aber auch zu Übertreibung und
persönlicher Schaustellung.

Der größte Ausdruck der Wahrheit hat nicht dieses Aussehen des
Wettbewerbs mit dem Irrtum (Tolstoi, Jane Austen). Sie [diese Auto-
ren] richten ihren Blick fest auf den Gegenstand, so als wäre die Welt
nicht übervoll von schlechten Romanen. Sie halten sich an die jeweils
übliche Art, Romane zu schreiben, so als hielten sie alle Beispiele um sie
her für wahr.

Deutet H. B. in *Rot und Schwarz* an, daß er darauf aus ist, den
zeitgenössischen Roman zu vernichten, indem er unsere Aufmerksamkeit auf die Tatsache lenkt, daß er so wahr schreibt wie noch keiner vor
ihm?

Ja, ein wenig, aber nicht so sehr, daß es ablenkt. Lange Strecken des
Romans (in zwei Bänden: Edition de Cluny, Paris 1937, Vorwort und
Einführung von Henri Martineau) sind eine Ironisierung des *roman
reçu*. Seine Verwendung von Klischees ist eine Art von zynischer Ver-

---

1 Bezüglich Thornton Wilders Ansicht über Shaw siehe »George Bernard Shaw«, in:
*American Characteristics and Other Essays* (1979) mit einer unrichtigen Angabe der
Niederschrift. Es muß 1951, nicht 1968 heißen.

beugung vor dem *roman*. An einer Stelle kommt es an die Oberfläche: als er beschreibt, wie Julien Sorel Madame de Rênal verführt, sagt er: »*Quelques heures après, quand Julien sortit de la chambre de Madame de Rênal, on eût pu dire, en style de roman, qu'il n'avait plus rien à désirer.*« (Bd. I, S. 92)

Sobald man einmal bemerkt hat, was für erstaunliche Wirkungen H. B. mit einer extrem einfachen Sprache ohne Verzierungen zu erreichen vermag (der berühmte Stil, der dem Code Napoléon zustrebt), muß sich ein nichtfranzösischer Leser weiter über das Ausmaß wundern, in dem der Stil oft auch *enjolivé* ist und Boudoir-*mièvreries* des 18. Jahrhunderts reflektiert . . .

Diese Wendungen werden jedoch nicht ironisch gebraucht. Die Leidenschaft Juliens und Louise de Rênals ist für H. B. kein Gegenstand der Ironie. In seinen Augen sind diese beiden Figuren *sublimes* (das große Stendhal-Wort, seine Signatur). Sogar Juliens großer Fehler, den Liebhaber linkisch, als Pflicht, zu spielen, entlockt dem Autor keine Ironie, denn H. B. hebt den jungen Julien für die große Funktion der Liebe nach italienischer Art auf. Ebensowenig ist H. B. ironisch in bezug auf seine *sots;* er haßt sie zu geradeheraus, um ironisch sein zu können. Nur gegen das Geschichtenerzählen richtet sich seine Ironie . . . Die Faszination des Buches (zugleich die Faszination der Natur H. B.'s) ist, daß es eine kompakte Emotion ist, eine Hymne, eine Rhapsodie, die der Autor zu unterdrücken, abzuleugnen trachtet, indem er versucht, seine Geschichte ohne Emotion zu erzählen.

Nun ist die klassische französische Methode, an einer Handlung ohne Emotion beteiligt zu sein, die, sie in Ironie zu kleiden; aber regelrechte Ironie ist H. B. versagt. (Ich glaube mich zu erinnern, daß es sehr viel Ironie in *Die Kartause von Parma* gibt – aber sind Fabrice und La Sanseverina nicht *sublimes?*) So versucht er, sich aus seiner leidenschaftlichen Anteilnahme zu befreien durch seine *âpre vérité*, durch die psychologische Analyse einer »grausamen« Natur. Das bedeutet lediglich Strenge gegenüber denen, die er liebt. Selbst in der Szene, in der Madame de Rênal voll Reue über ihre Sünde die Hölle vor sich sieht – was für H. B. eine *niaiserie* gewesen sein muß –, höre ich keine Ironie. Das ist nur sein »Wissen« darüber, wie sie sich verhalten muß. Und was die Lektionen in kalter Berechnung anbetrifft, die Julien lernt – das sind Stadien in H. B.'s eigenem Leben oder Stadien, die er an sich selbst bewundert haben würde. Und H. B. haßt H. B. nicht.

Das Erstaunliche an diesem »psychologischen« Roman ist für uns

126

heute, daß es keine Andeutung einer Tiefenpsychologie gibt. Hier hat man die ganze konstitutionelle französische Ablehnung der Psychoanalyse. Julien haßt seinen Vater *tout court*, und seine Mutter wird nicht erwähnt. Louise de Rênal ist eine Erbin, das Produkt ihres Milieus, ihrer Lektüre und ihres Ehelebens. Nicht nur gibt es keine Zweideutigkeiten, keine Ambivalenzen, es gibt nicht einmal Lücken, in die man sie, über den Autor hinausgehend, einsetzen könnte. Der Krieg zwischen Stolz und Leidenschaft (ich halte mich immer noch nur an den ersten Band) spielt sich im Bereich des Rationalen, des vollkommen Beobachtbaren ab.

Ist das dem Wert des Romans abträglich?

Ja, es trägt weitgehend zu dem Gefühl bei, daß das Buch eine erweiterte Anekdote ist. Außerdem spielt es eine Rolle dabei, daß einem H. B.'s Haß auf die *sots* zunehmend lästig wird: es ist ein weltliches Buch, und das Verhalten wird danach beurteilt, wie Paris (auf den so regelmäßig angespielt wird) die Szene sehen würde. Wo die sublimen Figuren kein Geheimnis haben, da haben auch die Dummköpfe keines. Wäre nicht H. B.'s Religion der spontanen Leidenschaft, so würde das Buch eine bloße »Ecole de Parvenir« sein.

Aber ich muß abwarten und sehen, wie H. B. Juliens Mordversuch an Madame de Rênal motiviert.


494. DEEPWOOD DRIVE, [HAMDEN, CT.,] 18. JANUAR 1951.
    Die Poe-Vorlesung: erste Suche.

Lassen wir für einen Augenblick die Frage beiseite, ob Poe einen erstklassigen oder einen zehntklassigen Geist besaß, und untersuchen wir, was für eine Art von Geist es war.

Er war aktiv. Er scheint nicht einmal jener voraussagbaren Trägheit des spekulativen, einfallsreichen, »glänzenden« Typs unterworfen gewesen zu sein.

Er war kühn. Man könnte gewünscht haben, daß er, wie der Diderots, bis zu einer Art von Nihilismus »ohne scharfe Munition« gereicht hätte; aber das würde bedeutet haben, Material zu schreiben, das man nicht veröffentlichen konnte.

Seine Neugier (der größere Teil seiner Neugier) war auf das Morbide gerichtet – und man ahnt, daß selbst E. A. P.'s Versuch, in *Eureka* den Anfang und das Ende aller Dinge zu beschreiben, mit seiner Leidenschaft verknüpft war, die erschreckenden Störungen in seiner eigenen

Natur zu verstehen. (Man ahnt es, weil in den Anfängen seiner Schauererzählungen diese kosmologischen Spekulationen widerhallen.) Er war ernst. Das ist stark angezweifelt worden, und es gibt Gründe für solche Zweifel. Sie gehen zurück auf den *magazinhaften* Charakter eines großen Teils seiner Arbeit: die flotte Verherrlichung von Nichtigkeiten, die mechanistischen Beschreibungen des schöpferischen Aktes etc. Aber vieles an Poe muß im Lichte zweier Dinge gesehen werden: seine finanziellen Nöte und seine Zuflucht zu Stimulanzien. Vieles, was wir schlechtem Geschmack, provinzieller Bildung, schlechter Erziehung und seichtem Denken zuschreiben, sollte statt dessen durch journalistische Hast und Schreiben im Zustand der Trunkenheit erklärt werden.

D. H. Lawrence denkt nur an Sex, wenn er Poe porträtiert[1] – und das ausführlich: Poe, der Virginia Clemm tötet, und Virginia-Ligeia, die in einen gewaltigen Kampf von Leidenschaft und Willen mit Poe verwikkelt ist. Zweifellos hatte E. A. P. ein Schlangennest von trüber Erotik in sich; aber ich möchte zeigen, daß ihn auch der Intellekt – als geistige Leidenschaft – antrieb und quälte, und zwar gerade aus den unterirdischen Gewölben (das Bild, das er immer wieder verwendet) seiner Natur nach Ordnung und Luft und Erklärung strebend...

Man demonstriert nicht, daß ein Schriftsteller groß ist, indem man zeigt, wie er auf bemerkenswerte Weise durch die Überwindung schrecklicher Behinderungen einen kleinen künstlerischen Erfolg errang. Aber hier *ist* Größe. Meine Aufgabe ist es zu erklären, warum wir ihn als groß empfinden, wo doch soviel von dem Material offensichtlich *manqué* ist. Ich bin gern bereit, eine Größe hinter den Kulissen, eine potentielle Größe, anzuerkennen; wir müssen sie jedoch auf der geschriebenen Seite finden.

Nun gilt es, [*Die denkwürdigen Erlebnisse des*] *Arthur Gordon Pym* zu lesen.

498. Deepwood Drive, [Hamden, CT.,] Sonntag abend, 21. Januar 1951. Ein wenig Arbeit an Palestrina: *Missa Dies Sanctificatus.*

Also... hinein in die Stadt, in die Bibliothek der Musikschule, die am Sonntag offen ist. Da saß ich und arbeitete von fünf bis neun – ohne Abendessen und ohne zu rauchen – und hörte dann nur auf, weil ich

---

1 In seinen *Studies in Classic American Literature* (1923).

spürte, wie der Hunger die Ermüdung meiner Augen vergrößerte. Ich ging jedes einzelne der *Mottetti* Palestrinas durch (alle in der noch unvollendeten Casimiri-Ausgabe, die, Gott sei gelobt, moderne Notenschlüssel verwendet) und suchte nach Themen, die Palestrina von einem Werk zum anderen wiederverwendet haben könnte. Ich wurde dadurch belohnt, daß ich eines fand, das genau für meine Zwecke paßte.

Alle Arbeiten wie diese – einschließlich der Arbeit an Lope – verrichte ich mit einem beklagenswerten und verschwenderischen Mangel an Organisation. Während dieser Stunden, zum Beispiel, sammelte ich auch erste skizzenhafte Notizen der Anfangsphrasen einiger der bekanntesten Kirchenhymnen, indem ich den *Cantus* seiner Sätze las, die *Hymni totii anni*. Diese Hymnen hätte ich zweckmäßiger in irgendeinem anderen Band suchen können, der wahrscheinlich in meiner Nähe in den Regalen stand. Auf *lange Sicht* könnte meine Suche nach wiederholten Themen am besten erledigt werden, indem ich das Problem mit einem regelrechten Register auf *fiches* anpackte. Aber nein, ich muß diese Dinge auf meine eigene antisystematische Weise erledigen. Vielleicht ist aber die Energie- und Zeitvergeudung nicht so groß, wie es scheint: ich werde auf so viele zufällige Dinge aufmerksam, während ich eine Seite nach der anderen durchgehe. Ich lerne diese Dinge nicht so sehr auf die »schwierige« Art, sondern vielmehr auf eine diskursive; und nicht so sehr einen Aspekt auf einmal, sondern viele Aspekte im einzelnen, aber gleichzeitig. So werde ich lernen, die Neumen zu lesen und die Modi zu erkennen, und so werde ich vieles über die *fabrique* dieser Musik lernen. Und so lernte ich Latein in der Schule in Chefoo, indem ich (so verschwenderisch) mit den Oden des Horaz begann. Und so begann ich in Berkeley Französisch zu lernen, aus Schallplattenkatalogen.

Der heutige Wissenszuwachs war folgender:

Die Motette *Dies Sanctificatus* wie die Messe gleichen Namens, die sich darauf gründet (und diesem Problem des »sich gründet« gilt mein ganzes Interesse), beginnt mit einem Satz, der eindeutig ein Zitat aus dem »*Qui Tollis*« des »*Agnus Dei II*« der *Missa Brevis* ist. Woher kommen die anderen Themen der Motette? (Das Problem scheint mir wichtiger zu sein, als alle Fachleute erkennen: Wie baut Palestrina eine Motette? Was leitet ihn bei der Auswahl des thematischen Materials? Casimiri selbst sagt, daß sogar die Motettensequenz des Liedes der Lieder auf Gregorianische Themen »gegründet« ist. Ich glaube nicht, daß das stimmt. Ich vermute, die Motetten wurden aus drei Quellen zusammengestellt: 1. Fragmenten des Gregorianischen Gesangs;

2. Originalthemen, die für jede Motette *ad hoc* erdacht wurden; 3. anderen, die aus dem Reservoir musikalischer Themen ausgewählt wurden, welche in der Kirchenmusik zu hören waren, in den »Schulen« verwendet wurden und längst in viele Musikstücke eingebettet waren. Diese letzteren versuche ich zu sammeln, und ich hoffe, es wird sich zeigen, daß jedes auch seine jahreszeitliche Assoziation hat und, für den Komponisten, eine subjektive Assoziation. Und vielleicht habe ich nun eines davon isoliert.) . . .

*Dunster, House, [Harvard,] 23. Januar 1951.*

Nach Cambridge zurückgekehrt, finde ich meinen Text der Motette *Dies Sanctificatus.* Dummerweise hatte ich übersehen, daß die Worte der Motette die Versette »*Haec dies quam fecit Dominus*« enthalten, und sie sind zu genau dem gleichen Thema, aber zu einem anderen kontrapunktischen Arrangement der Stimmführung gesetzt. Die Daten verleiten zu der Annahme, daß die Motette *Dies Sanctificatus* zuerst geschrieben wurde (zwischen den beiden Bänden liegen mindestens einundzwanzig Jahre). Der Text lautet: »*Haec dies quam fecit Dominus exultemur et laetemur . . .*«

Ist dieser Vers – wie »*Dies Sanctificatus*« – ein Weihnachtsvers oder, wie ihn die Protestanten verwenden, lediglich ein Sonntagsvers?

Jedenfalls zeigt er möglicherweise für Palestrina eine Assoziation mit einem »festlichen *dies*«. Wenn er sich als Weihnachtsvers herausstellt, versuche ich eifrig, einen »Hintergrund« für die anderen Themen der Motette zusammenzustellen – in der Hoffnung, sie in einem Zusammenhang mit dem Advent zu finden – und ihr mögliches Vorkommen im Gregorianischen Wechselgesang . . .

499. Deepwood Drive, [Hamden, CT.,] 22. Januar 1951. Poes *Eureka:* einige letzte übriggebliebene Bemerkungen. Fortsetzung der Eintragung 493.

. . . Versucht Poe, Eindruck auf sich selbst zu machen? Auch wenn man beweisen könnte, daß das ganze Werk als Physik und Metaphysik unreif ist, ist es dann unreif als *Charakter*? Ist Poe ein nichtssagender Mensch, der vor uns und vor sich selbst als überlegener Geist posiert und dabei unvermeidlich betrügt? Nein, er ist wirklich *engagiert*: die Gleichmäßigkeit des Stils, das Fehlen einer auffälligen Diktion, die

Klarheit ohne Herablassung, die Freiheit (nach dem Anfang) von bewußter Betonung der Größe seines Themas, ja, sogar die Gelassenheit
der bewußten oder verborgenen Anspielungen auf sein eigenes Genie –
all das überzeugt mich davon, daß *er sich seiner Kraft sicher ist* und
nicht unter dem Zwang steht, sich selbst bestätigen zu müssen. Erst
auf den letzten vier Seiten, wo er verkündet, daß *er Gott ist* (und gleichzeitig zugesteht, daß wir alle es sind), erleben wir einen neuen Tonfall: diese Seiten entspringen wahrscheinlich einem schmerzlichen Pro-
test gegen den Tod, gegen die Auslöschung. Das ganze diesen Seiten
vorausgehende Werk mag ein Gewebe von Ignoranz sein, aber es ist
nicht theatralisch. Es hat die Würde der selbstlosen Hingabe an sein
Problem.

Das Wichtigste, was man darüber sagen kann, ist vielleicht, daß es
einen eindrucksvollen Drang verrät, Einheit zu finden und auszudrük-
ken...

Es kommt mir plötzlich in den Sinn, daß vielleicht durch dieses Werk
Paul Valéry – der so aufgeschlossen darüber geschrieben hat[1] – seine
Gewohnheit angenommen hat, die wegweisenden Sätze in seiner Prosa
zu unterstreichen.

Das amerikanische Charakteristikum von *Eureka* ist nicht, daß eine
so kurze und so nicht-technische kosmologische Abhandlung geschrieben wurde (so selten das gleichwohl sein muß) und auch nicht, daß es
von einem geschrieben wurde, der offensichtlich eine so beschränkte
Vorbildung für ein solches Werk besaß, sondern daß es – zum größten
Teil – in einem Ton geschrieben wurde, der andeutet, daß die Ideen
*selbstverständlich* sind. Für einen Amerikaner ist nichts Anstrengendes
in den Gedanken, die diese Zeit und diesen Ort in die Unendlichkeit
projizieren.

Ich nehme an, daß sich Diderot einmal mit dieser Spekulation beschäftigt haben könnte. Die bloße Vorstellung von solchen Seiten von
seiner Hand wirft ein Licht auf die Seiten Poes. Diderot hätte nicht
lange durchhalten können, ohne vor der Kühnheit zurückzuschrecken,
er, der so endlose *audace* besaß, als er unsere *mœurs* neu erfand. Voltaire hätte sie als Polemik aufgegriffen, obwohl er große Themen mit
beträchtlichem Ernst behandeln konnte. Lessings Gedankenflug wäre
innerhalb der Grenzen des technischen Wissens geblieben, das ihm zur
Verfügung stand. Nur ein Amerikaner konnte eine solche Reise als

---

1 In seiner Einleitung zu Poes *Eureka* (1923). Der Essay wurde in seinem... *Variété*
(1924) als »Au sujet d'Eureka« abgedruckt.

natürlich empfinden – das heißt, innerhalb der *Rechte* jedes Menschen –, weil große Vereinfachungen dieser Hemisphäre angehören.

Vielleicht ist es eine der Folgen einer protestantischen Gedankenwelt, daß jeder Mensch das *Recht* hat, das Universum zu erklären, ohne sich ehrerbietig der Autorität zu beugen.

503. QUEBEC, MITTWOCH, 31. JANUAR 1951. Die Entstehung der »Novela« *Don Quijote*. Warum das Manuskript des Cid Hamete Benengeli?

... Cervantes erfindet den Roman, während er gleichzeitig vorgibt, Geschichte zu schreiben.

Aber Geschichte und Roman sind Todfeinde und zerstören sich gegenseitig. Wenn wir Geschichte lesen, liefert man uns Dokumente und objektive Daten. Wir können nicht mehr damit anfangen, als Spekulationen über das Innenleben der beteiligten historischen Figuren anzustellen; wir versuchen, zu einer Wahrheit zu gelangen, *von der wir wissen, daß wir sie nie wissen können*. Der Roman besitzt genau diese Wahrheiten und geht von ihnen aus. Ob er dem gerecht wird oder nicht, das ist der Plan des Romanciers, seine Annahme und die Art von Wissen, die sein Rüstzeug ist.

Bevor Cervantes dieses Buch schrieb, gab es keinen Roman. Es gab den *récit*. Wie soll man diesen Ausdruck übersetzen? Die *Erzählung* oder die »*Geschichte*« kann etwas Historisches oder etwas Erdachtes sein. Cervantes glaubte, einen *récit* zu schreiben, dessen Vorbild einerseits die Ritter-»Romane« und andererseits die Schelmen-»Romane« wie *Lazarillo de Tormes* waren.

In einem *récit* durfte man durch reine Konvention die Gedanken, die Gebete, die geheime Motivation einer Figur darstellen; aber das war bestenfalls ein rhetorisches Hilfsmittel, dem nicht das eigentliche Interesse galt.

Cervantes verlagerte das Interesse, aber das hätte er nicht tun können, wenn sich nicht das ganze Denken der westlichen Welt auf eine solche Möglichkeit zubewegt hätte. Denn der Roman setzt voraus, daß das Leben des Geistes interessant ist, weil es frei ist. Cervantes' Roman kehrt, wie die Stücke Lopes, immer wieder zur Willensfreiheit – *albedrío* – zurück. Sie war lange einer der Eckpfeiler des katholischen Dogmas gewesen. Aber auch im religiösen Denken gab es ebensowenig Freiheit wie in der sozialen Struktur, was die Inquisition beweist.

Das Gebiet, auf dem sich jedermann am beständigsten seiner Willensfreiheit bewußt ist, ist das tägliche Leben, sind die Tausende von kleinen Gelegenheiten, die sich Tag für Tag ergeben.

Es ist daher bezeichnend, daß der erste Roman auch der erste *récit* von einfachen, alltäglichen Dingen ist. Die Tatsache, daß er eine komisch-heroische Geschichte ist, läßt dies in einem besonders hellen Licht erscheinen. Es ist immer die Stärke des Romans gewesen, daß er vom *Persönlichen* handelt: er enthüllt die bisher uneingestandene Tatsache, daß für jeden Menschen sein eigenes Zahnweh schmerzlicher ist als der Tod der ganzen königlichen Familie in einer einzigen Katastrophe.

Während er den *Don Quijote* schrieb, entdeckte Cervantes, daß er es wagen durfte, von bescheidenen Dingen zu schreiben, so als könnte *jeder* für den Leser ebenso interessant sein, wie es der Leser für sich selbst ist. Die Tatsache, daß wir dieses Interesse nur aufzubringen vermögen, wenn wir uns der Freiheit eines anderen bewußt sind, wurde ihm wahrscheinlich gar nicht klar, obgleich die Anerkennung der Freiheit das hervorstechendste Merkmal des Cervantes ist. Mut ist bewundernswert, weil er gewählt wird, Idealismus, weil er nicht erzwungen ist. Sancho [Pansa] ist am meisten zu bewundern, weil er spontan ist.

Tatsächlich hatten Gestalten der Dichtung diese Eigenschaften schon gezeigt, bevor Cervantes zur Feder griff. Aber Helden waren nur aus der Situation heraus tapfer gewesen, Schurken hatten sich ihren Weg gebahnt, und Bauern waren spontan gewesen bei den gegebenen Gelegenheiten, die die Struktur der Geschichte diktiert hatte. Ihre Handlungen wurden von außen gesehen; alle ihre Aktionen waren als Reaktionen betrachtet worden. In diesem ersten Roman bewegen wir uns im Innern der Figuren, wir sind den Quellen der Handlungen nahe. Nicht das äußerliche Ereignis rechtfertigt die Erzählung, sondern das Leben im Geiste der Protagonisten – was sich bei dem Abenteuer mit den Walkmühlen zeigt, wo absolut nichts geschieht.

Liest man die erste Hälfte des ersten Teils des *Don Quijote*, so sieht man Cervantes zu, wie er entdeckt, daß das Interesse einer erfundenen Geschichte nicht von einer äußerlichen Wichtigkeit aufgrund der Geschehnisse abhängen muß – und ebensowenig von Überraschung oder Spannung oder Neuheit oder von einer komplizierten Intrige – der lange geheiligten strukturellen Rhetorik der Erzählung.

Dies stellte eine neue Freiheit dar (ebenso wie es ein so neues Register war – eine so neue Art, die menschliche Situation zu beschreiben), und ich denke mir, daß Cervantes gar nicht an sein Glück glauben konnte. »Kann es möglich sein, daß ich so weitermachen darf?« Als er beim zweiten Teil angekommen ist, fühlt er sich ganz beruhigt; im ersten zwickt er sich ständig...

Die eingeschobenen Geschichten dienen nicht nur der Abwechslung. Er möchte sichergehen, daß er die Aufmerksamkeit des Lesers fesselt. Und was für eine bessere Methode gibt es, als ihm das zu liefern, woran er schon immer seine Freude gehabt hat? Cervantes mußte außerdem dafür sorgen, daß er mit dem Buch Geld verdiente. Der Tumult in der Herberge oder Maritornes' nächtlicher Besuch dient hauptsächlich diesem Zweck.

Nun, da ich das Buch wieder lese, zum erstenmal in spanischer Sprache, sehe ich erstaunt, um wieviel enger die eingeschobenen Geschichten und die »pastoralen« Episoden mit dem Hauptstrom des Romans zusammenhängen; wie Cervantes' Stil und der Genius der spanischen Sprache selbst scheinbar unvereinbare Formen beinahe verschmelzen können. Aber ich finde eine Stelle, wo der Autor der toten Konvention ein erschreckendes Zugeständnis macht – und die mir zeigt, wie besorgt er gewesen sein muß, ob seine Geschichte Erfolg hatte oder nicht. Es gibt da zwei Reden, in denen die Figuren einander über Dinge unterrichten, die sie schon wissen – dieses stockdumme Verfahren der viktorianischen Schwänke. Im 13. Kapitel haben zwei Freunde des verstorbenen Crisóstomo dessen Leichnam zur Bestattung zu dem Berghang gebracht.

»Mira bien, Antonio, si es éste el lugar que Crisóstomo dijo, ya que queréis que tan puntualmente se cumpla lo que dejó mandado en su testamento.«

»Este es«, respondió Ambrosio, »que muchas veces en él me contó mi desdichado amigo la historia de su desventura. Allí, me dijó él, que vió la vez primera a aquella enemiga mortal del linaje humano... y aquí, en memoria de tantas desdichas, quiso él que lo depositasen en las entrañas del eterno olvido«.

Warum ging ihm das nicht gegen den Strich – ihm, dem großen Meister der feinsten Nuancen natürlicher Ausdrucksweise? Nicht nur, weil er bis zum Ende seines Lebens in die pastorale Form und den Ritterroman vernarrt war – was man verstehen kann, so beklagenswert es ist. Aber diese Marcela-Episode ist nicht wirklich in der pastoralen Tonart geschrieben; sie ist halb und halb, und sowohl vor als auch nach diesen beiden Reden ist es seinem Takt gelungen, uns dazu zu »verführen«, sie sogar in der Nachbarschaft der unfehlbaren Gespräche zwischen Ritter und Knappen zu akzeptieren. Nein, ich halte es für einen

Beweis für Cervantes' Nervosität, für jene Angst, daß das, was er tat, nicht nur seltsam, sondern *langweilig* sein *könnte*.

Ein anderes Beispiel für seine Unsicherheit scheint mir zu sein, daß er – wie beschränkten Kindern – wiederholt seine hauptsächliche *donnée* erklärt. Noch im 18. Kapitel unterbricht er die Erzählung, um Don Quijotes Wahn zu erklären... Wenn dem Leser das aber auf der sechzigsten Seite des Buches klargemacht werden muß, hat dieser Leser schon längst aufgegeben. Und Cervantes muß das wissen. Er arbeitete aber auf einem so neuen Gebiet, daß er sich in dieser sekundären Angelegenheit nicht sicher sein kann, ob er eine Beziehung zum Leser hat. Alles, was er weiß, ist, daß er überglücklich ist über die neuen Fähigkeiten und Kräfte, die durch ihn nach außen drängen, und nur von Zeit zu Zeit ist er verwirrt und nicht sicher, ob sonst noch irgend jemand sein Glück mit ihm teilt.


*[Quebec,] am nächsten Morgen.*

Es ist spät geworden gestern abend, und ich war nach einer so langen Arbeitssitzung zu müde, um den Schluß zu ziehen, für den das alles Einleitung und Vorbereitung war.

Warum hält es Cervantes für nötig, plötzlich, am Beginn des 9. Kapitels, seine Abhängigkeit von einem arabischen Manuskript einzuführen?

Warum es plötzlich geschah, wissen wir: um dem Konflikt mit dem Biskayer eine scheinbare Spannung zu verleihen.

Warum es *dort* geschah, wissen wir auch: um gewichtig zu eröffnen, was er damals für seinen zweiten Teil hielt.

Warum aber arabisch? Eine tiefere Kenntnis des Gesamtwerks von Cervantes wäre nötig, um das zu beantworten. Obwohl er sagt, daß die Araber gern lügen, und obwohl er diesen Cid Hamete Benengeli als einen *galgo* [Betrüger] bezeichnet, vermute ich, daß er mit Lope (hierher gehören auch seine Hinweise auf Abindarraez y Narvaez) eine halb eingestandene Idealisierung der Mauren teilt. Hatten ihm nicht den größten Teil seiner Leiden in Algerien Renegaten zugefügt? Zeichnen wir einen Weg bis zu diesem Punkt nach, nämlich im Hinblick auf sein Gefühl der Zuständigkeit bei der Niederschrift der Geschichte.

Er beginnt mit der Andeutung, daß er von mehreren Historikern abschreibt... Von diesen Autoren wird zweimal gesagt, daß sie untereinander nicht übereinstimmen. Tatsächlich wird der ganze Hintergrund hinsichtlich der Glaubwürdigkeit immer unsicherer... Im 2. Ka-

pitel werden noch einmal unsere verschiedenen Quellen beschworen . . .
Danach gibt er alles Zögern auf und geht zum Präteritum über, das im
Spanischen eine einzigartige Glaubwürdigkeit und Endgültigkeit zu ha-
ben scheint.

Welche von allen Freiheiten, die er als Gesichtspunkt des Romanciers zu begreifen begann, erstaunte ihn am meisten? Das müssen wir
später feststellen, wenn er von allen Besitz ergriffen hat. Alles, was wir
jetzt fragen können, ist: welche fiel ihm als erste auf und bereitete ihm
das größte Unbehagen? Ich glaube, die Antwort gibt er uns selbst.

1. Daß alles in seinen eigenen Händen lag und daß er, auf einem
neuen Gebiet, alles tun konnte. Gewiß hatten auch die Verfasser der
Ritterromane verschwenderisch und auf groteske Weise alles getan,
aber das Neue war, daß er alles tun konnte, wenn er das Alltagsleben
schilderte. Und daß:

2. er sich mit den unwichtigsten Einzelheiten der Gedanken, des
Verhaltens und der Umgebung seiner Figuren beschäftigen konnte.

Den Beweis dafür findet man in seiner Beschreibung der Art von
Quelle, die er brauchte, als er auf die Suche nach dem Manuskript des
Cid Hamete ging: er wollte eine, wie sie die Weisen für die Paladine zu
liefern pflegten: ». . . *que no solamente escribían sus hechos, sino que
pintaban sus más mínimos pensamientos y niñerías, por más escondi-
das que fuesen . . .*« Dieser Satz beschreibt nicht wirklich die Ritterromane: sie waren zwar von einer enormen Ausführlichkeit und ver-
weilten lange bei gewissen Arten von Details, aber alle Details waren
unwirklich. Einige Seiten später beschreibt Cervantes den Holzschnitt
auf dem neugefundenen Manuskript; er zeigt den Ritter und den Knappen, und »*otras algunas menudencias había que advertir; pero todas
son de poca importancia, y que no hacen al caso a la verdadera relación
de la historia, que ninguna es mala como sea verdadera.*«

Das ist der springende Punkt.

Cervantes fühlte, daß er auf die offene See hinaustrieb – eine neue
See –, wo man nach Wunsch die zahllosen kleinen, bescheidenen, un-
wichtigen Einzelheiten des wirklichen Lebens und des subjektiven Lebens erzählen konnte, und waren sie wahr, so waren sie vielleicht nicht
unwichtig – zumindest hatte man das selbst zu beurteilen.

Um das zu tun, fühlte er das Bedürfnis nach Unterstützung. Nicht
die Fiktion, daß es eine Vielfalt von einander widersprechenden und
fehlbaren formalen Geschichten gab, sondern daß es eine gab – eine,
man beachte das, die nicht von einem Spanier geschrieben worden war –
und eine von neuer Art, eine voll von *menudencias*.

Der erste Romancier steht, wo so viele Romanciers standen: verwirrt durch die Möglichkeit, die Wahrheit des Lebens so zu erzählen, als müßte sie zum erstenmal erzählt werden. Und das verbindet ihn mit dem zweiten Romancier unseres Kurses – mit Stendhal, der als Epigraph zu *Rot und Schwarz* die Worte schrieb: »*La vérité, l'âpre vérité*« (und der sich am 24. Mai 1834 der Worte M. de Tracys erinnerte: »*On ne peut plus atteindre au vrai que dans le roman*«). Und die Unsicherheit hinsichtlich eines Erfolges, den er durch die Darstellung der »Wahrheit« erzielen könnte, verbindet Cervantes wiederum mit Stendhal, der voller Zweifel an das Ende seines Romans die Worte setzte: »*Den wenigen Glücklichen.*«

504. Quebec, Donnerstag abend, 1. Februar 1951. Herman Melville: Erster Entwurf zu *The Confidence-Man*.

Die gegenwärtige amerikanische Literaturkritik ist voll von *choses tues:* man würde ihr kaum entnehmen können, daß Melville die meiste Zeit ein gräßlicher Autor ist. In einer späteren Eintragung muß ich einmal Beispiele für die vielen Arten von Falschheit anführen, die in seinem Werk und nicht zuletzt in *Moby Dick* selbst allgegenwärtig ist...

Wir haben es mit einem Fall zu tun, der in einer Hinsicht etwas mit dem von Emily Dickinson gemein hat. H. M.'s Vorstellung davon, wie Literatur aussehen, wie sie klingen sollte, wurde sehr früh fixiert, festgehalten, *geliert*, und alle Impulse, die später im Leben aus der Lektüre der Meisterwerke der Welt kamen, mußten reassimiliert werden, um in diese frühen, beherrschenden Vorbilder integriert werden zu können, und alle diese Vorbilder waren schlecht. *Pierre* ist ein sehr bemerkenswerter Versuch, ein inneres »In-einem-Labyrinth-Verlorensein-und-Gejagtwerden« zu externalisieren; aber lange Strecken der ersten Hälfte hätten von einem seelenvollen Bibliothekar in Richmond geschrieben werden können und viele Teile der zweiten Hälfte von einem fleißigen Imitator von Romanen über den zum Untergang verurteilten Erben der Vere de Veres.

Aber schlimmer als die Tatsache, daß viele Seiten eine lähmende Vernarrtheit in schlechte Vorbilder verraten, sind das Vorhandensein von falscher Emotion und die Hinweise darauf, daß H. M. offenbar einen sehr gewöhnlichen Geist hatte. Beides zusammen ergibt dann »Poor Man's Pudding and Rich Man's Crumbs«, eine schreckliche Schaustellung von Plattheiten. Dasselbe gilt für »The Two Temples«

und die zweite Hälfte von »The Piazza«. Und große Teile von *The Confidence-Man* (dt.: *Ein sehr vertrauenswürdiger Herr*) sind nicht die bittere Anklage der menschlichen Gesellschaft, die sie offenbar sein wollen, sondern unreife Sarkasmen, denen sogar die Talentlosen schon entwachsen sind.

All das muß gesagt und analysiert werden, bevor wir uns an das große Werk [Moby Dick] machen; und es muß gezeigt werden, wie gefährlich nahe daran das große Werk war zu mißglücken.

Auf dem Grunde von all dem finden wir einen extrem gestörten Mann, der in einem Zeitalter und in einer Umgebung lebte, die ihm nichts boten, was er verstehen konnte – mit Ausnahme der Größe seiner Lebensaufgabe, und die mißverstand er. Er war ein Mann, den sein Innenleben als ein quälendes Rätsel so sehr beschäftigte, daß er dem äußeren Leben nur wenig Aufmerksamkeit widmen konnte – daher sein lächerlich schlechtes Ohr für »Konversation«.

Wir dürfen auch nicht vergessen, daß seine Zuflucht zur Verwendung des Symbols (seine einzige Rettung als ernsthafter Schriftsteller) auch die Form des listigen und hinterhältigen Spiels annahm... in »The Tartarus of Maids« und »I and My Chimney«.

Nun zu *Ein sehr vertrauenswürdiger Herr:*

Der literarische Einfall ist ausgezeichnet – die Einführung einer Aufeinanderfolge von Figuren »in Maskerade«. Das einzig Ähnliche – das ebenfalls mit einem Fehlschlag endete – ist Jean Cocteaus Stück *Les Chevaliers de la Table Ronde.*

Aber mit maßloser Dummheit hat Melville nicht begriffen, was sein Sujet ist, und mit der Hartnäckigkeit eines Ochsen hat er sein lästiges Mißverständnis auf all diesen lähmenden Seiten weiterverfolgt. Offenbar ist dies nicht, wie so viele Kommentatoren zu glauben scheinen, eine ausgedehnte Satire auf die Prinzipienreiter und Quacksalber und Macher seiner Zeit und aller Zeiten oder auch nur auf die Fürsprecher der brüderlichen Liebe und blinden Philanthropie. Es geht um den *Glauben;* wie bei Don Quijote geht es um den Glauben. (Seit mir das klar geworden ist, habe ich das Buch wieder zur Hand genommen und Dutzende und aber Dutzende Seiten geprüft, und ich habe dieses Wort nicht *einmal* gefunden, obwohl man es doch als Synonym für das endlos strapazierte Wort *Vertrauen* betrachten könnte. Es kann sein, und es wäre interessant, das nachzuweisen, daß Melville dem Wort geflissentlich auswich.)

Nichts von Wert kann auf dieser Welt ohne Glauben gemacht werden, von einem Omelett bis zum Bürgerkrieg. Das ist wahr. Und man kann sagen, daß der Glaube ein Vertrauen bestätigt und danach handelt, bevor *irgendein* Beweis dafür geliefert wurde, daß es gerechtfertigt war. Das ist wahr. Das 4. Kapitel des *Don Quijote* (in dem Cervantes wahrscheinlich die Verehrung der Jungfrau Maria im Sinn hatte) drückt diese »geistige Handlung« romanhaft aus: »Gesteht, daß Dulcinea die schönste Frau der Welt ist.« – »*Señor caballero*, wir kennen sie nicht. Zeigt sie uns...« – »Wenn ich sie euch zeigte, wärt ihr freilich imstande, eine so offenkundige Wahrheit einzugestehen. *La importancia está en que sin verla lo habéis de creer, confesar, jurar y defender*...«

Melville stellt all das immer wieder in einer großen Anzahl von Beispielen dar als Glauben an einen *Fremden*, den man eben erst kennengelernt hat. Vertrauen zu einem Fremden, den man eben erst kennengelernt hat, ist sicherlich eine Veranschaulichung von Glauben, aber es ist ein Glaube, den die meisten Menschen am wenigsten und zu allerletzt aufbringen würden. Zwar vertreten die Objekte der Verehrung unseres sehr vertrauenswürdigen Herrn Arzneien, Geschäftsinvestitionen oder wohltätige Unternehmungen, aber die Betonung liegt immer auf dem Vertrauen, das die Menschen einem Mitmenschen schenken sollten, und das ist nicht Glaube, das ist Urteil.

Ich glaube, es ist nicht schwer zu sehen, warum Melville in dieser kleinen, engen Veranschaulichung des Glaubensproblems steckenblieb. Er fürchtete sich davor, auch nur einen Blick auf die religiösen Implikationen des Problems zu werfen, obwohl es im weitesten Sinne des Wortes letzten Endes *Religion* ist. So muß er sich auf die gesellschaftlichen, die lediglich geselligen Implikationen beschränken. Und diese kann er nicht auswerten, weil Melville letzten Endes vom geselligen Leben nichts weiß. Immer wieder stoßen wir auf diese Tatsache. Wir glauben einfach nicht an Ishmaels »Heirat« mit Queequeg noch an Ishmaels Verehrung seines Idols. Wir glauben auch nicht wirklich Billy Budds aufeinanderfolgende Reaktionen auf die Verfolgung durch Claggart. All das kommt aus derselben Welt, in der die Familie Merrymusk – in »Cock-a-Doodle-Doo!« – prompt stirbt, sobald ihr Hahn zu krähen aufhört. Das ist eine durch symbolische Bilder geordnete Welt, und Melville kann in ihr Großes leisten, aber er kann es nicht jedesmal, und in *Ein sehr vertrauenswürdiger Herr* scheint er nicht die Kraft zu haben, etwas Großes in Bewegung zu setzen.

510. Widener Library, [Harvard,] 16. Februar 1951. Zur Poe-Vorlesung.

Dies ist bei weitem die schwierigste meiner Aufgaben – nicht nur, weil ich wie immer nichts darüber weiß, sondern auch, weil ich Poe aus Gründen mag, die ich nicht erklären kann. Und mein Versuch, dieses *Warum* zu erklären, kann mich zum fürchterlichsten Unsinn verleiten.

Ich denke, ich könnte etwa folgenden Standpunkt vertreten: daß die Leute nicht genug Poe lesen (ungeachtet der Tatsache, daß ich ein Heuchler bin, wenn ich das sage) und daß, wenn man den ganzen Poe gelesen hat, jedes Fragment von Poe eine andere Farbe annimmt: daß man, wenn man weit gereist ist in Poes Geist, zu den Geschichten der von Grauen ergriffenen Phantasie zurückkehrt und feststellt, daß ihr Schwerpunkt nicht das ist, was man anfangs geglaubt hat; ähnlich ergeht es einem mit denen der vernunftmäßigen Folgerungen, ähnlich mit den kritischen und kosmographischen Werken.

Daß uns der Geist Poes stets gegenwärtig ist im Stil Poes: und daß der Stil Poes entweder beherrscht ist oder unbeherrscht... Wenn er unbeherrscht ist, wissen wir, daß wir den betrunkenen oder unter dem Einfluß von Drogen stehenden Poe vor uns haben: ... schlechter Poe ist nicht einfach Nachlässigkeit oder journalistische Hast und unreife Vulgarität, sondern ein kranker Poe. Und in diesem Sinne ist schlechter Poe nicht Poe, und er geht uns nichts an. (All das bezieht sich nur auf die Prosa. Die Lyrik ist etwas völlig anderes.)

Dieser Poe ist daher ein beherrschter Autor mit einem sehr hohen Grad von Beherrschung. Und diese Beherrschung ist der Gegenstand unseres Interesses und unserer Bewunderung, und wir können sehen, daß sie nicht lediglich Korrektheit und Klarheit ist – wie bei Addison oder – – – – Washington Irving –, sondern sie ist *geladen*, sie befindet sich im Zustand der Spannung: sie ist nicht nur beherrscht, sondern beherrschend: sie zwingt immer ihre Ordnung leidenschaftlichem Material auf, ungeheurem und wichtigem Material. Poe kann sich um nichts Geringeres kümmern als um Throne, Herrschaft, Macht.

Selbst in den wenigen Exkursionen in das Leichte und Unterhaltende – wie der *ortolan* im »Duc de l'Omelette« und das kleine französische *Vaudeville* über den Mann, der seine Urgroßmutter heiratete (»The Spectacles«) – rührt ihr Mißlingen nicht von ihrer Banalität her, sondern von dem Einbruch von etwas, was wir jetzt Surrealismus nennen würden, so schlecht es auch gehandhabt wird; es ist das Gespenst des Großen Irrationalen, das sein Gesicht in den Töchtern von auf-

einanderfolgenden Generationen zeigt, die Froissarts-Moissarts-Crois-
sarts heirateten, und die absolute Scheußlichkeit nicht einer mit
Rouge beschmierten alten Dame, sondern des Englischs, das sie
schrieb.

Wir wagen nicht zu sagen, daß Poe diese Beherrschung auch in dem
Material, das wir als Poe anerkennen, *immer* beibehalten hat, und wir
haben es gelegentlich mit Schwulst und Plattheit zu tun; aber die Größe
Poes liegt darin, daß er darauf bestand, die gefährlichsten Aspekte unserer menschlichen Leidenschaften und die kühnsten Spekulationen über
die Situation des Menschen in Angriff zu nehmen, und daß er sich
diesen Stil – der der Geisteszustand ist – eines objektiven Blicks abrang.

Ich bin nicht interessiert an dieser Anklage, daß er, weil er der Sohn
von Schauspielern war, immer und in erster Linie theatralisch gewesen
sei. Poe beschwor nicht diese Schrecken herauf, um von uns in einer
Pose der Angst, des Kummers, der Tapferkeit oder des Scharfsinns
gesehen zu werden: wer nur »Berenice« oder »Facts in the Case of
M. Valdemar« oder auch »MS. Found in a Bottle« gelesen hat, mag das
denken. Poe ist ein echter Löwenbändiger, kein Schauspieler unter
zahnlosen Raubtieren.

So könnte ich meine Vorlesung beginnen.

Dann zurückgehen und die Kindheit zeigen... Wohin wir blicken,
finden wir Grauen.

Gegen einen rachsüchtigen und niederträchtigen Vater kann sich ein
heranwachsender Junge behaupten, er kennt seinen Feind, und sein
Kampf bezieht Stolz aus der Blutsverwandtschaft – aber Poe war nicht
Sohn, sondern Abhängiger, und der Ödipuskomplex war grausam, nicht
tragisch, schmutzig, nicht magnetisch.

Mrs. Allan mußte zwischen diesen beiden stehen – die ungeheure
Kraft des Bedürfnisses Poes beobachten, seine Liebe zu projizieren, und
die Blicke ihres Mannes beobachten: jede Regung ihrer Liebe zu dem
kleinen Jungen steigerte den Haß ihres Mannes auf ihn.

Wenn dieser kleine Junge nicht der kluge Kopf (Schriftsteller und
Künstler) gewesen wäre – und kluge Köpfe werden nicht durch Leiden
*gemacht*; er war ein kluger Kopf von Anfang an –, wie wäre dann seine
Geschichte weitergegangen? Ich glaube nicht, daß er ein Taugenichts
oder Trinker oder exzentrischer Tunichtgut geworden wäre. Ich glaube,
er wäre wahrscheinlich eine Art von Mr. Allan geworden: ein kraftvol-
ler, niederträchtiger Mann, voll von Liebe, und alle Liebe an der Quelle
vergiftet und zerstörerisch. Man findet viele von der Sorte. Sie werden
Geschäftsleute.

141

Aber ein großer Teil von Poes Leiden in jedem Stadium stärkte seinen Geist.

... Vielleicht wird der Intellekt allein durch Leiden in der Kindheit hervorgebracht. Aber nicht alle unglücklichen kleinen Kinder werden kluge Köpfe. Der kleine Goethe, der die Fensterscheiben zerschlug. Jedenfalls wurden Goethe und Poe kluge Köpfe, und das Treibhaus des Intellekts ist Leiden, und der Prozeß ist: sich selbst erklären, warum man leidet. Und dazu kommt bald die Frage, warum Menschen grausam sind und warum Menschen kalt sind – warum sind Menschen? –, und sobald einmal der Trieb zu fragen geweckt wurde, strömen die *Warum* durch das Firmament: Warum geht die Sonne auf? Warum spürt der Ozean die Anziehungskraft des Mondes? Warum frage ich ›warum‹?

So haben wir einen leidenden Poe und einen fragenden Poe.

Und dann fügen wir Poes grausame Impulse hinzu: mörderische Gedanken – unterdrückt, aber freigesetzt 1. in Träumen, 2. in Rauschzuständen und 3. durch Schreiben.

Poe war ein großer Verbrecher, und wen mordete er? Er mordete sich selbst.


511. WIDENER LIBRARY, [HARVARD,] 16. FEBRUAR 1951. Edgar Allan Poe und der Tod.

Ich habe nie das Gefühl gehabt, daß das Wissen – die Erkenntnis –, daß wir sterben werden, vielen Menschen wirklich gegenwärtig ist. Für die meisten ist es etwas, wovon sie allmählich erfahren, daß es anderen Menschen widerfährt. Für die Jungen hat es nicht mehr Kraft als die beinahe groteske Vorstellung, daß sie eines Tages graue Haare haben werden.

Es dringt jedoch in einer bestimmten Form in das Bewußtsein weniger junger Menschen ein: nicht dadurch, daß sie Tote sehen oder unter Sterbenden leben, auch nicht dadurch, daß sie mit dem Tode bedroht oder von Geistlichen an den Tod gemahnt werden, sondern dadurch, daß sie jemanden hassen. Sie lernen den Tod dadurch kennen, daß sie jemandem den Tod wünschen.

Es wird oft gesagt, daß die Liebe in ihrem Schatten den Tod mit sich bringt, aber das ist für reife Menschen so: für Liebende ist es klar, daß sie nur der Tod scheiden kann: daher hallt nachdrücklich durch die ganze Lyrik der Schrei, daß sie der Tod *nicht* trennen kann.

Das Kind Poe haßte jemanden so sehr, daß es ihm den Tod wünschte, und fühlte dann die ganze Last der Schuld des Mörders.

So wird ein Muster erkennbar: es ist der Gegenstand der Geschichten Poes, daß *Geheimnisse heraus wollen...*

Nun bin ich beinahe bereit, die Vorlesung zu beginnen und diese Aufzeichnungen zu beenden.

Wir haben also den kriminellen Untergrund, wo er Mörder ist.

Wir haben die Formung des Intellekts als Analysator, als Rettungsfloß aus der See von Qualen.

Nun als Opfer: Poe klagte nicht Gott, die »Ordnung der Dinge« an wegen des Elends, in dem er sich befand. Er fühlte sich selbst so böse, daß es ihm nie einfiel, die Schuld anderswo zu suchen, bis: bis er in dem euphorischen Ende von *Eureka* Gott mit sich selbst identifiziert – Gott, den großen Autor, den großen Pläneschmied.

Nun muß ich einige Beispiele für die Objektivität seiner Prosa finden (die natürlich nicht stark gegeben ist in den Erzählungen, die in der ersten Person geschrieben sind – wo er das Opfer, nicht den Detektiv dramatisiert –, und die meisten Erzählungen sind in der ersten Person geschrieben).

Ich kann nur einen Blick auf die Literaturkritik werfen – nur um den Drang nach der Bestätigung einer Einheit zu betonen.

Gewiß, ich habe noch nicht die hohe Qualität Poes bewiesen. Dies könnte immer noch eine Beschreibung sein, wie ein mittelmäßiger Schriftsteller den Weg zu seinem Material fand. Ich muß die Sache von vornherein als erwiesen ansehen. Und ich bin in diesen Aufzeichnungen noch nicht auf das zentrale Vorhaben eingegangen: Was für Formen würde der forschende Genius in den Vereinigten Staaten annehmen?


513. Copley-Plaza Hotel, Boston, Sonntag Morgen,
     [18.] Februar 1951. Zum Vortrag über das griechische
     Drama[1]: Die Lehre von der einzigartigen Gelegenheit.

Ich beginne also mit drei anschaulichen Bildern des Theatererlebnisses: der Schauspieler-Zuschauer in einem No-Spiel; der Ballsaal der Capulets; der Skandal bei der ersten Aufführung der *Medea*.

Die griechische Ablehnung des Einzigartigen. Das Gebot, bei Sta-

1 Gehalten vor dem Harvard Classics Club am Montag, dem 19. Februar 1951.

tuen keine Porträts anzufertigen; sogar die griechische Erotik: man liebte nicht so sehr das Individuum als vielmehr die gottähnliche Stimmung, die von einem Besitz ergriffen hatte.

All das fasse ich auch als sein Gegenteil auf: die berauschte Freude über jeden Bewußtseinsaugenblick, besonders wenn er mit dem hohen Mittag der Jugend und Kraft verbunden ist. Die eine Sünde, die man den Griechen nicht oft ankreiden kann, ist *accedia* (Achill schmollt in seinem Zelt; der Tadel an Paris: »Verschmähe nicht die Gaben Aphrodites.«).

Die unhistorischen Griechen: ihr Zeitsinn daher so grotesk anders als der unsere – die gewaltsame Betonung des Jetzt; die unterwürfige Hinnahme der großen Dauer. Und dazwischen eine amorphe Zeitspanne – der Vertragstein: »Athen soll Frieden haben hundert Jahre von nun an« – und sie vergaßen, das Datum hinzuzufügen! Das große Rad der Zeit ist ihnen nicht als Ewigkeit gegenwärtig, sondern als die unzählbaren Wiederholungen von Ernten und Bewegungen der Gestirne.

Gut – und wenn dann etwas geschah, das heißt in all der Zeit *einmal* geschah, stellte es ein fesselndes Problem dar.

Es war das eigentümliche Wesen der griechischen Verzweiflung, daß die Behauptung des eigenen Selbst – des individuellen Ichs – sowohl berauschend als auch unwichtig war. (*Abschweifung–Veranschaulichung:* Ich habe immer das Gefühl gehabt, daß das mörderische Entsetzen der Zuschauer in dem Augenblick, in dem Aischylos auf die eleusinischen Mysterien anzuspielen schien und sich an den Altar klammern mußte, um sich zu retten, nicht nur daher kam, daß er ein Kultgeheimnis enthüllte, sondern, wie es schien, auf *sein Privatleben anspielte* – daher verspottet Aristophanes Euripides.) Und die Tragödie lief ständig Gefahr, einen Augenblick in einem individuellen Leben zu betonen. So daß die Handlungen jedes Individuums mit einem möglichst großen Element der Verallgemeinerung befrachtet werden mußten: sie waren Hybris, oder sie veranschaulichten die Moralgesetze, die sich in dem ererbten Verhängnis spiegelten, oder die Individuen waren Figuren in einem rituellen Kult.

Und wenn Philoktet oder Ajax oder auch Orest beginnen, sich mehr und mehr als Individuen ins Leben vorzudrängen, so kann man immer noch die *einzigartigen Augenblicke* irgendwie würdevoller, *repräsentativer* gestalten, indem man ihnen das Gewicht der Agonie gibt und die Entfernung vom Alltäglichen, die Raserei und Wahnsinn sind.

Aber natürlich ist auch das Gegenteil wahr. Jede Darstellung des

Individuums als einzigartige Person war lächerlich, war in hohem Grade komisch. Ich habe immer angenommen, daß es schon unerträglich komisch war, einen Bürger auf der Bühne zu sehen: schon bevor er sprach oder sich bewegte, lachte man sich tot – über das gewaltige Mißverhältnis zwischen dem hohen Podium des Theaters und einem grotesken kleinen Griechen. Daher fehlen der altgriechischen Komödie völlig zwei Dinge, die in jedem anderen Zeitalter die Hauptstützen des Theaters waren: der jugendliche Hauptdarsteller und die jugendliche Hauptdarstellerin. Selbst wenn man die Tatsache beiseite läßt, daß die Griechen – allein unter den Völkern des Westens – kein Interesse daran gehabt hätten zu sehen, wie sie sich ineinander verliebten: ein bewundernswerter junger Mann hätte sie nicht interessieren können, weil er als Bühnenfigur lächerlich gewesen wäre. Der Wächter in der *Antigone*, der die Heldin festnehmen muß, ist nicht irgendein undifferenzierter Soldat, er ist nicht einmal ein undifferenzierter Bote; er ist doppelt lächerlich: einmal, weil er ein beschränkter Tölpel ist, der diese Zwiesprache mit seinen Füßen hält, und zum andern Mal, weil er ein Mann ist, von dem man sich nicht vorstellen kann, daß er in einem Mythos lebt.

Daß sich dieser Grad von Abstraktion nicht halten konnte, ist ebenso augenscheinlich wie der ungeheure Skandal, den Euripides' Hinwendung zur Individualisierung und die Methode der Neuen Komödie verursachten. So wie Pindar sagte, daß das Große, das Griechenland ist, vorbei sein wird, wenn Sport etwas mit Geld zu tun hat, so ruft Aristophanes immer wieder: »Wenn Euripides das Alltägliche auf die Bühne bringt, werden wir von unseren Vätern abgefallen sein.«

Woher in unserer Gedankenwelt nehmen wir nun das Gefühl für die feinsten Spezifizierungen der Individualität, die Einstellung, daß die einzigartigen Gelegenheiten von Interesse und voll Würde sind?

Von zweierlei: 1. Der christlichen Vorstellung, daß jedes Individuum von größter Bedeutung in den Augen Gottes ist, und, davon abgeleitet, 2. der Lehre vom Fortschritt. Keine zwei Individuen sind jemals dasselbe gewesen, keine zwei Ereignisse sind jemals dasselbe gewesen; aber sie unterscheiden sich nicht zufällig: es besteht eine Beziehung zwischen ihnen allen, und das ist die Vorwärtsbewegung der Gesellschaft. Der Tod der Jeanne d'Arc ist ein Meilenstein. Die Ablehnung Falstaffs ist ein winziger Zuwachs in der moralischen Entwicklung eines Prinzen. Die Stücke Tschechows handeln von Trägheit – aber in ihnen klingt die halb ironische, halb qualvolle Versicherung, daß die Welt immer besser werden wird.

Spanier: völlig frei von jeglichem Anflug von Fortschritt. Jede Seele wiederholt das apokalyptische Drama des Universums. Sie sehen gern die bildlichen Darstellungen der Wiederholungen dieses großen Dramas. Das ist Ritual: die Mahnung an das Unveränderliche.

Wirklichkeit ist, was bleibt, wenn die Möglichkeit aus der Notwendigkeit hervorgegangen ist. Jede Epoche betont diese Faktoren anders: die an Ritualen Hängenden betonen die Notwendigkeit = die Griechen und Spanier: Schicksal und Verhängnis; die einzigartige Gelegenheit ist nur ein Beispiel für das allgemeine Unveränderliche, betont durch Entsetzen oder Mitleid. Möglichkeit = die moderne westliche Welt: Freiheit und Fortschritt; die einzigartige Gelegenheit zitternd vor dem, was A. N. Whitehead die Injektion der teleologischen Bewegung des Universums in jedem Bewußtseinsaugenblick genannt hat etc.

(Nun ja, das ist nicht sehr gut. Ich hatte gehofft, einen Schritt vorwärts zu tun, aber meine aufgereizte Existenz hat es verhindert. Laßt uns jedoch hoffen, daß die obigen Bemerkungen für morgen abend genügen werden. Und nun kehre ich zurück zu Poe und zum Stil des Cervantes.)

514. Deepwood Drive, [Hamden, Ct.,] 22. Februar 1951. Zu *Don Quijote*: Sechste Vorlesung.

Oh, nie wieder nehme ich mir vor, über *Don Quijote* vor Zuhörern zu sprechen, die ihn nicht in spanischer Sprache verstehen. Selbst wenn ich ihn mit meinem Spanisch lese, fühle ich von Augenblick zu Augenblick, daß mir die Feinheiten entgehen – besonders im zweiten Teil, wo seine inneren Qualitäten einer immer größeren Verfeinerung zustreben. Was mir jetzt auffällt, ist:

1. *Die Keim-Idee*: Während der zehn Jahre, die vergangen sind, hat sich Cervantes beruhigen können: es funktioniert, dieses neue Ding, der Roman, fesselt den Leser tatsächlich. Alle seine Befürchtungen sind unnötig; kein Bedarf an eingeschobenen Geschichten; keine Angst (im Gegenteil!), daß die Gespräche und besonders Sanchos »endloses Geplauder« die Leser ermüden könnten. So holt er wieder aus – holt weit aus – und läßt die Zügel schießen. Er sieht, daß es an Sancho noch viel mehr zu erforschen und auszubeuten gibt, aber der Ritter und die *caballería andante* erfordern eine neue Note oder einen erhöhten Wert: daher führt er einen viel listigeren, intelligenteren und farbigeren *Provokateur* ein mit dem *Bacheller* Sanson Carrasco. Aber Cervantes'

Überlegungen haben sich im Laufe der Jahre geändert. Der erste Teil handelte von den Verzauberungen, dem Wahn und den Täuschungen, die uns die Umstände bescheren können: die »Dinge« sind nicht das, wofür wir sie halten, die Ereignisse gehen nicht so aus, wie wir hofften. Der zweite Teil wird von den Täuschungen berichten, die die Menschen einander mit oder ohne Absicht bereiten. Dies ist das Buch der *burlas*, aber die *burladores* sind immer wieder die *burlados*. Wir wundern uns schon im 11. Kapitel: Don Quijote stößt auf den Karren der Schauspieler, die als der Tod, der Teufel, der Engel verkleidet sind. Im Ersten Buch hätte er sich zu einer wilden Phantasie hinreißen lassen. Hier genügen einige erklärende Worte. Wir reiben uns die Augen: er ist für Erklärungen zugänglich. Aber Erklärungen werden hinfort sein Untergang sein: Sancho hat gerade erklärt, daß eine der drei *labradoras* Dulcinea ist. Und darauf folgt der Spiegelritter. Wir haben nun Illusionen zu erwarten, die durch den Geist motiviert werden: Puppen und Maese Pedros Affe und so fort. In diesem neuen Bereich wird die Kritik an der Welt durchdringender, und wir finden:

2. *Religion.* Ja, nach langem Widerstand stimme ich Américo Castro zu.[1] Cervantes kämpft nicht von Angesicht zu Angesicht mit den religiösen, d. h. römisch-katholischen Glaubensforderungen. Er »läuft« einen Parallelkurs. Ich kann nicht entscheiden, ob er sich dessen ganz bewußt ist. Es ist ein so gefährliches Spiel, daß es schwer zu glauben ist, er sei sich dessen nicht bewußt. Und doch könnte er es vor sich selbst rechtfertigen als eine Unterscheidung zwischen dem, was für den Glauben wichtig ist und was nicht. Man sollte vielleicht beachten, daß die Beteuerungen der Unterwerfung unter die Mutter Kirche häufiger werden, aber man beachte auch, wie offensichtlich unbedeutend, wie fern von der wesentlichen Doktrin [sie sind] . . .

3. *Konversation.* Immer mehr Gewicht wird auf die Konversation gelegt. *Worüber sie sprechen*, fließt noch immer unerschöpflich aus den Situationen des Fahrenden Ritters, aber es ist mehr und mehr eine *Charakterkonversation.* Ständig wechselnde Situationen liefern neue Ausgangspunkte, sind aber nicht der Hauptfaktor. Erstaunlich ist das Ausmaß, in dem Cervantes auf die Hilfe für eine Romankonversation verzichtet, die durch die Beschreibung der Gesten, Blicke, Pausen und das Zeitmaß geboten wird, das ein erklärender Satz liefert. Um so mehr muß er durch den Tonfall und die Eigenart der Sprache charakterisieren. Daß er das hervorragend macht, kann ich sehen, aber *was* muß mir

1  Seinem *El pensamiento de Cervantes* (1925).

entgehen! Es entgeht uns schon genug von solchen Modellierungen in den Szenen in Dame Quicklys Taverne [in *König Heinrich IV.*] (es genügt nicht, Englisch zu sprechen); wieviel mehr durch mein neuerworbenes Spanisch ... Dennoch bin ich reich und glücklich genug mit dem, was ich bekomme ...

Aber das zu lehren!

Und ich spreche nicht nur vom *Tonfall* der Gespräche. Wie die ganze Erfahrung die Erkenntnis erneuert hat, daß alle Bücher durch die *Stimme des Autors* leben, daß alle Bücher *Persönlichkeit* sind! Ich möchte lieber nicht glauben, daß es so ist; ich möchte lieber glauben, daß der Geist keine Persönlichkeit besitzt. Aber da ist sie: *Rot und Schwarz* – nicht ein Abschnitt ist Flaubert oder Balzac; und *Moby Dick* ist Melville, nur allzusehr Melville.


516. Deepwood Drive, [Hamden, Ct.,] 24. Februar 1951. *Don Quijote*, immer wieder.

Nachdem ich eine Nacht geschlafen und in der Innenstadt zeitig gefrühstückt habe, ermahne ich mich, mein Bewußtsein immer für die Hauptsache offenzuhalten: da ist ein Mann, der versessen ist auf vollkommene Gerechtigkeit, d. h. der vollkommen darauf besteht, daß es eine vollkommene Gerechtigkeit gibt – und vollkommen darauf besteht, daß die Existenz der vollkommenen Gerechtigkeit durch die Koexistenz der vollkommenen Schönheit aufrechterhalten wird. Alles, was diesen beiden Bedingungen nicht entspricht, ist die Folge von niederträchtiger Verzauberung.

Dann dies meinen Studenten begreiflich machen ... Ich reibe ihnen unter die Nase ... die offensichtliche Relativität aller Dinge, die *saleté* des Lebens, des Limbus zwischen Hoffnung, Zynismus und Verzweiflung von Mrs. Hawkins, ihrer Einkaufstüte und ihrer drei schreienden Bälger.

Als die Herzogin Don Quijote fragt, ob es Dulcinea wirklich gibt, muß der Ritter erklären, daß »nur Gott weiß ... ob sie ein Geschöpf des Traumes ist oder nicht – sie gehört zu jenen Dingen, die ein Mann nicht bis zur letzten Erkenntnis zu erkunden vermag«. Dennoch muß es diese Vollkommenheit geben, oder Don Quijote kann nicht leben. Und tatsächlich stirbt er, als er in unserer »gemeinen Wahrheit« zu sich kommt.

All das muß ich mir merken, und ich darf mir nicht erlauben zu stottern, nach kleinerer und lediglich literarischer Nachtarbeit in den folgenden Episoden zu suchen. Ich muß sehen, wie dieses Konzept so durch Cervantes' Geist flutet, daß er keine systematischen »Variationen« darauf zu errichten braucht: es ist ständig da, es ist das Licht, in dem der Roman spielt, es starrt uns jedesmal ins Gesicht, wenn wir den Ritter sehen – so daß Cervantes Episode auf Episode von verschiedenen Graden von Offenbarung schaffen kann – *spielend* –, ohne seinem Material die Härten aufzuerlegen, die ich auf so ermüdende und literarische Weise suche.

521. [MASSACHUSETTS GENERAL] HOSPITAL, [BOSTON, MASS.,][1]
KARFREITAG, 23. MÄRZ 1951.
Varia: Der »Ich«-Erzähler als Person; berichten Shakespeare und Dickens ehrlich über das Abscheuliche? Was ist das wirkliche Thema von *Große Erwartungen*?

Ich beginne einfach damit, einige der angesammelten Gedanken dieser Tage und Nächte *telles quelles* niederzuschreiben, so unzulänglich begründet und ausgeführt sie auch sind, und ich will mich immer daran erinnern, daß dieses Tagebuch nicht eine Sammlung von verarbeiteten Endgültigkeiten ist, sondern eine Technik zur Stimulation der Ideen-Herstellung und zur Erhaltung des Schwungs der Ideen-Produktion. Also:
1. *Der Ich-Erzähler*. Hunderttausende müssen *Große Erwartungen* gelesen haben, ohne zu bemerken, daß der Pip, der die Geschichte erzählt, ein ganz anderer Mensch ist als der Pip, der der Protagonist ist. Pip-der-Held ist ganz eindeutig charakterisiert: ein humorloser, von seinem Gewissen gequälter, aber liebenswerter junger Mann, bei weitem nicht so sehr vom Snobismus angesteckt, wie die Erzählung behauptet (hier liegt ein Problem, auf das ich gleich noch zurückkommen muß). Selbst der Lauf der Jahre zusammen mit der Zunahme an Alter und Erfahrung kann nicht annähernd die Diskrepanz zwischen Philip Pirrip, Esq., und dem Erzähler des Buches überbrücken. Pip wäre nie der Mischung von stilisierter Phantasie und realistischer Schärfe fähig gewesen, die uns die Beschreibung der Fahrt um Newgate liefert, oder auch nur der trockenen Beobachtung, die dem Porträt des Anwalts Mr. Jaggers zugrunde liegt. Ebenso ist »Ishmael« in *Moby Dick*, der

---

1 Ein Bandscheibenvorfall zwang Thornton Wilder im März, vier Wochen im Krankenhaus zu verbringen.

rührselige junge Mann mit Byronschen Neigungen, der zweimal auf seinem Wachtposten hoch oben im Mast einschläft ... nicht derselbe junge Mann, der uns die unvergleichlich klaren, lebhaften, begeisterten Beschreibungen der verschiedenen technischen Vorgänge beim Fang des Pottwals liefert.

Diese Diskrepanzen sind unlogisch und können daher als Fehler betrachtet werden. Was sollen wir von ihnen sagen? Daß der Roman – das imaginative Leben – eine Form von solcher Vitalität ist, daß er solche Unvereinbarkeiten unwesentlich erscheinen läßt? Ja, aber anders ausgedrückt: der Blankoscheck der Allwissenheit, den man dem imaginativen Erzähler ausstellt, ist so großzügig, daß wir verstehen, daß der Dickens-Geist und der Melville-Geist die wahren Erzähler sind und daß der Pip-Erzähler und der Ishmael-Erzähler nur untergeordnete Fragmente davon sind – provisorische und nur halb verwirklichte *personae*, an die wir im Grunde nicht »glauben«.

2. Hier ist ein großes Thema, das ich jetzt nur streifen kann. Hindern uns in der Literatur nicht sogar die großen Meister daran, das Laster als Laster zu sehen? Diese Frage stellte ich mir, als ich *Heinrich IV., Zweiter Teil* sah (aber sie hatte mich schon seit Jahren bewegt: Sarah Gamp [in Dickens' *Martin Chuzzlewit*] als eine Wonne statt als pestilenzialische Verteilerin von Keimen, Schmutz und Qualen; Miß Bates [in Jane Austens *Emma*] als eine »Beobachtung« statt als soziales Ärgernis). Der neugekrönte Heinrich V. verstößt Falstaff nicht als Gefährten, der ihm half, die Zeit zu vergeuden, und als Anstifter gelegentlicher Ausschweifungen, sondern als Feind des Guten und Symbol des Lasters. Aber wo ist das Laster in diesen Tavernenszenen? Laster ist die Zerstörung des Menschlichen, sein Ende ist der Abscheu vor anderen und vor sich selbst; seine Darstellung ist gegenseitige Beschimpfung und die Leidenschaft, andere zu degradieren und auf das Niveau des Tieres zu reduzieren. Seine äußere Erscheinung ist Trägheit, Schmutz und Gleichgültigkeit gegenüber allem, was über das Animalische hinausgeht. All das wird in den Heinrich IV.-Dramen kurz gestreift (und ich muß sie bald wieder lesen), aber seine wirkliche Darstellung ist zugedeckt durch Charme, durch blendende Wortspiele und durch die grenzenlose überanimalische geistige Vitalität des Autors. Shakespeare will einfach *die Daten des Lasters nicht liefern*.

In *Krieg und Frieden* flüstert Pierre dem Freimaurer zu, daß seine ständig drohende Versuchung »Frauen« sind. Danach sagt uns Tolstoi zweimal, daß Pierre seinen alten Ausschweifungen verfällt. Aber nirgends macht Tolstoi – mit all den Dimensionen, die ihm zu Gebote stehen – halt, um dieses wichtige Element in Pierres geistigem Leben zu veranschaulichen, zu dramatisieren, zu verwirklichen.

Dickens und die Schlechtigkeit – dasselbe, selbst in dem Abschnitt, der Newgate als einen Blumengarten darstellt.

Formulieren wir es so: Die meisten großen Schriftsteller (Dante ist die bemerkenswerte Ausnahme) wollen nicht ganz preisgeben, was sie über die Erniedrigung wissen. Sie geben lediglich den Wissenden einen Wink, denjenigen, die aufgrund ihrer Lebenserfahrung die Anspielung verstehen. Sie weihen die Unschuldigen nicht ein; für sie (die Unschuldigen) sind das Hassens- und Verabscheuenswerte in Abschwächungen der literarischen Kunst verschleiert.

3. Was ist das Thema von *Große Erwartungen*? G. K. Chesterton erinnert mich in einem Vorwort (Everyman's Edition) daran, daß – so wie viele allesfressende Leser lesen, um die Quellen des Denkens zu verstopfen, und eifrig nach Ideen in ihrer Lektüre suchen, weil sie Angst davor haben, an der einzigen Stelle zu suchen, wo Ideen entspringen können, nämlich in sich selbst – gewisse Schriftsteller alles verwenden, was auffällig ist und sie unmittelbar begeistert, um sich die schwierigeren *plongées* zu ersparen. Diese letzteren sind produktive Autoren, und ich denke, man kann nachweisen, daß sie zu der sonderbaren Gesellschaft der Fleißig-Faulen oder Zaudernd-Unermüdlichen gehören. Sie schreiben nur unter einem äußeren Antrieb (Herausgeberschaft, Geldmangel, Eitelkeit des Wettbewerbs, Klubs und Zirkel), und sie schreiben ihren Artikel in Windeseile in der letzten Minute vor der Veröffentlichung. In diesem Vorwort sagt Chesterton, *Große Erwartungen* veranschauliche, in Pip, »wie die Umstände Menschen korrumpieren können«. Unsinn!

Pip wird mit Magwitchs Geld ein Gentleman, und er verabsäumt es, Joe Gargerys Haus bei der Schmiede zu besuchen . . . Dickens zeigt uns in den Veneerings, was Snobismus ist. Pip ist dagegen ein sehr leichter Fall, und er liefert uns kein Bild der Korruption. Er ist ein geradezu beispielhafter junger Mann . . . Nach seiner anfänglichen Abneigung gegen seinen Wohltäter, der ein Sträfling gewesen war, wird er zu einem sehr liebevollen Gefährten seiner letzten Tage. Nein, seine Sünde ist, daß er sich in seinem Herzen für das bäurische Wesen von Joe und Biddy schämte und sie nicht mehr regelmäßig übers Wochenende aufsuchte. Dickens beklagt das, aber wenn er sich nicht wegen etwas anderem in einer Wolke von Emotionen befände, würde er bald zugeben, daß die Befriedigung ihre Grenzen hat, die aus der wiederholten Begegnung alter Freunde zu gewinnen ist, wenn sich diese durch gesellschaftliche Stellung und Interessen weit voneinander entfernt haben. Freundschaft wird gefördert durch die Vielfalt der Assoziationen, Interessen und Aktivitäten, die beide teilen. Pip, der alle vierzehn Tage in Joes Kaminecke zurückgekehrt wäre, hätte zuletzt nichts anderes tun können, als Joe und Biddy schweigend anstarren. Und dieselbe »Reduzierung auf das Schweigen« gilt auch für etwaige Briefe, die sie noch gewechselt hätten.

Was ist dann also das Thema des Buches, und woher kommt die augenscheinliche Emotion, die seinen Autor erschüttert?

Das Thema des Buches ist das Bemühen älterer Menschen, junge *Protégés* aus ihrer natürlichen Umgebung zu reißen und ihnen ein Lebensmuster aufzuzwingen, das die älteren Menschen gewählt haben. Das macht Magwitch mit Pip und Miß Havisham mit Estella.

Dickens' Emotion ist eine übertragene Emotion, und ich glaube, es läßt sich zeigen, daß Dickens vielleicht wehmütig an die Veränderung dachte, die er in das Leben der . . . jungen Ellen [Ternan] brachte, seiner Beinahe-Geliebten, die er »etablierte« und durch die er das ganze traurige Drama aller Wohltäter-*Protégé*-Beziehungen erlebte – schlechte Anpassung, Verdrießlichkeit, Undankbarkeit, Trägheit, Reue, Bitterkeit und Frustration.

Ich werde nicht imstande sein, eine Vorlesung über diesen Roman zu halten; ich werde mich hier vermutlich zum letztenmal mit ihm beschäftigen; deshalb will ich noch einige Ideen festhalten, die sich zu formen begannen:

Dickens hat eine furchtbare Kindheit gehabt . . . eine so furchtbare, daß er diese Schrecken nie mehr direkt zu betrachten, sie in ihrer ungemilderten Scheußlichkeit auszumalen wünschte. Er war jedoch zu ehrlich, um sie ganz auszutilgen. So baute er einen kunstvollen Mechanismus auf, um sie nur flüchtig zu betrachten, und dieser Mechanismus ist der Humor.

Ungeheuern wird ein Drittel ihres Schreckens genommen. Ich habe mir selbst durch eine *explication de texte* vor Augen geführt, wie dem Leser – während der ersten Begegnung Pips mit dem Sträfling auf dem Friedhof – auf feine Art versichert wird, daß wir nicht mit den letzten Schrecken konfrontiert werden. Und so im ganzen Buch: Dickens sehnt sich nach einem glücklichen Ausgang für alle Figuren, die er liebt. Er scheint zu sagen: »Ich habe Grausamkeit und Bestialität kennengelernt; ich war selbst imstande, sie zu ertragen, aber ich werde alles tun, was in meiner Macht steht – nicht ohne ein wenig zu lügen, aber nur soviel, wie unbedingt nötig ist –, um zu gewährleisten, daß diese guten Leute nie erleben, was ich erlebt habe.«

Im letzten Viertel des Buches ist beinahe absolut nichts von dem charakteristischen Genie von Dickens zu finden. Er ist ganz damit beschäftigt zu zeigen, daß er Fäden miteinander verknüpfen und eine einfallsreiche Geschichte konstruieren kann: Magwitch ist Estellas Vater; sein lebenslanger Feind ist Miß Havishams treuloser Verlobter etc. . . .

Es ist qualvoll, das Buch so zu verlassen, wenn es noch so viele andere Wege zu verfolgen gibt – alles, was bleiben kann, ist Liebe und Verehrung.

523. [Massachusetts General] Hospital, [Boston, Mass.,] Ostermorgen, 25. März 1951. Das Norton-Buch: Versuch einer Beschreibung einer amerikanischen Religion.

Diese Aufzeichnung wird wahrscheinlich müßig sein, aber ich möchte in Schwung bleiben. Sie ist das Ergebnis gewisser Gedanken, die mir in der Nacht kamen – die mir jedoch in einer öffentlichen Form kamen, so als hielte ich eine Ansprache vor einer Zuhörerschaft, was kein vielversprechender Weg ist, etwas zu erreichen.

Es ist jedoch in keinem geringen Maße ungehörig, daß dieser Abschnitt heute, am Ostersonntag, niedergeschrieben wird, denn er handelt davon, daß die amerikanische Religion jeden *anthropomorphen Charakter* abstreifen wird.

Ein Amerikaner ist ein Mann, der über seinen Vater hinausgewachsen ist; er braucht weder Rat noch Hilfe von einem anderen Mann. Selbst im täglichen Leben um uns her beginnen Väter ein wenig lächerlich und lästig zu erscheinen, und alle Arten von Vaterersatz – Präsidenten, führende Staatsmänner, Weise etc. – sind ebenso der Kritik ausgesetzt wie alle anderen. Gott als Vater befriedigt kein tiefes moralisches Bedürfnis mehr.

*Christus passus est.* Er war ein kontemplativer Mensch, dessen geringstes Eingreifen in das tätige Leben ihm eine rasche Reaktion ungerechter Vergeltung einbrachte. Er wurde ausgelöscht.

Nun ist der Amerikaner mit zweierlei zugleich beschäftigt: er erweitert seine Erkenntnis von der Mannigfaltigkeit der erschaffenen Dinge, und er behauptet sein dramatisches Interesse als einsames Individuum. Ihm ist die Zuflucht zur Identifikation mit einem mythischen Typus ebenso versagt wie der Trost, sich eingebettet zu fühlen in eine soziale Struktur, die durch die Überlieferung geheiligt ist und zugleich besänftigend wirkt und würdevoll ist als sein »Los« nach Gottes Willen und den sichtbaren Erfordernissen der öffentlichen Ordnung.

Dieser Amerikaner ist allein, und kein Menschen-Bild kann ihm helfen, wenn man es auch zum Gott erheben mag. Dieser Amerikaner behauptet seine prekäre Individualität als Mensch, aber die Christusbiographie ist weit davon entfernt, eine Projektion seines *agon* zu sein. Der amerikanische Mann ist nicht kontemplativ, noch ein Zuschauer noch unverheiratet noch ein Opfer sozialer ideologischer Kräfte. Am allerwenigsten beschwört er im Traum eine Umkehr des Wirkens der Natur herauf – eine Auferstehung von den Toten, ein Leben nach der Verwesung – als eine Kompensation, eine Rechtfertigung seiner Unfähigkeit, eine Harmonie zwischen Individualität und Mannigfaltigkeit herzustellen.

Die Geschichte Christi hat allerdings dem amerikanischen Geist ihren Stempel aufgedrückt. Nie hat es ein Volk gegeben, dem so instinktiv bewußt war, daß auch andere Menschen leben (das heißt, andere Menschen leiden auch), aber vor unseren Augen sehen wir, wie die Christusbiographie – insofern als sie uns als eine ausreichende Erklärung dafür angeboten wird, »was es heißt, ein Mensch zu sein« – auf »Anmut und Gnade« reduziert wird.

Wir sind also wieder bei Gertrude Stein: »In der amerikanischen Religion gibt es keine Heiligen und keine Schreine. Es gibt keinen Himmel, denn es gibt nur ein ›Oben‹.«

Der Amerikaner hat nicht das Gefühl, daß die Welt für ihn gemacht wurde: so daß an Natur und Gott nicht leicht anthropomorph gedacht werden kann.

Neigt der Mensch in der subtropischen Zone nicht zu der Annahme, daß *die Sonne für ihn scheint*? Und all diese Riten, um die Ernten zu beschwören und zu erzwingen – bedeuten sie nicht, daß die Natur – mag sie auch launisch und oft widerspenstig sein – dazu da ist, dem Menschen zu dienen, und daß sie letzten Endes nichts anderes zu tun hat?

Der Amerikaner, als Siedler und dann als Kolonist, lernte (was Europa schon von einer im Mittelmeerraum wurzelnden Theologie zu trennen begonnen hatte), daß die Natur nicht daran interessiert ist, dem Menschen irgend etwas zu liefern; alles muß ihr abgerungen oder durch Voraussicht und unermüdliche Arbeit gewonnen werden.

Das Schicksal ist daher kein Vater und die Natur keine Mutter – und nur ein im Grunde träger Waldbewohner wie Thoreau konnte sich in lyrischen Zuständen der Dankbarkeit gegenüber der allgütigen Mutter Natur ergehen – und seine Nachbarn verachten, die mit ihr rangen. Wo kann also ein Amerikaner das Anderssein fühlen – als Gebendes, als Verbindung zwischen dem Individuum und dem Ganzen, als Hilfe bei der Suche nach Selbsterklärung – nicht in der Natur, die ein Mechanismus/Prozeß ist, nicht in anthropomorphen Bildern von Richter/Vater/Versöhner – wo anders als in der Lebenskraft selbst?

Dafür ist er dankbar, und dies konfrontiert er mit einer Unmittelbarkeit, die man in Europa nicht gekannt hat, wo sie verschleiert und verdeckt war in Mythen, im Dogma und in jener menschlich-allzumenschlichen Personifizierung der Natur. Der Amerikaner ist dem Leben dankbar nicht durch die Unmittelbarkeit seiner Eltern... Ebensowenig gibt es ein qualitatives Element in der Tatsache des Geborenwerdens... Es ist unergründbar, nicht einem mechanischen Prozeß zuweisbar (wie die anderen Aspekte der Natur) und in jedem Augenblick identifizierbar mit jedem Drang zur Qualität – in der Liebe, der Verbesserung, der Kunst etc.

Habe ich da nun etwas?

Habe ich – durch den Ausschluß der klassischen Erklärung, daß die religiöse Emotion dem Gefühl der Unvollkommenheit, der Schuld, der Sünde, des Leids und der Not entspringt – lediglich Papierwindmühlen beschrieben? Macht nichts.


527.  [Massachusetts General] Hospital, [Boston,] 29. März 1951.
Französischer Individualismus und Dr. Schweitzer.

Für diejenigen, die auf ihre Weise die Franzosen lieben, gibt es eine vergnügliche Lektüre (es sei ohne Respektlosigkeit gegenüber dem großen Arzt in Lambarene gesagt) in Dr. Albert Schweitzers Aufsatz über die Schwierigkeiten, in Paris einen Chor zusammenzustellen, um die großen Werke der Chorliteratur aufzuführen. Wir verstehen sehr gut die Schwierigkeit, die für ein unverheiratetes Mädchen darin bestände, eine Anstandsdame zu engagieren, die es auf dem Weg durch die Stadt zu den abendlichen Proben begleitet. Oder die Schwierigkeit einer verheirateten Frau, genug freie Abende von der endlosen Runde von Dîners unter ihren Verwandten und denen ihres Mannes zu finden (corvées, die gnädig durch den Umstand gemildert werden, daß die Gastgeberinnen miteinander wetteifern, die Köstlichkeiten der französischen Küche vorzuführen). Aber hat Dr. Schweitzer nicht eine weitere Schwierigkeit ausgelassen? Wenn Madame Un Tel, die unter ihren Freunden mit so manchem bewundernden Attribut als vollendete Sängerin gefeiert wird, das heißt als ein in dunkle Mysterien eingeweihtes Wesen besonderer Art, wenn Madame sich bereit erklärt hat, in einer in sechs Wochen stattfindenden Aufführung von Bachs *Messe in h-Moll* zu singen, so hat sie das Gefühl, daß sie den Musen ein ausreichendes Opfer dargebracht hat, indem sie sich so bescheiden gibt, Schulter an Schulter unter dreißig anderen Sopranen von zweifelhaftem Können zu sitzen. Sie kann die Noten lesen, sie kann selbst auf die letzten Feinheiten der Phrasierung eingehen, sie hat keine Proben nötig, und außerdem wird man, da so viele andere Soprane anwesend sind, ihre Abwesenheit nicht bemerken. Selbst bei der Aufführung wird sie kaum den Blick zu heben brauchen, um den Stab des Dirigenten zu beobachten. Die Franzosen sind große Individualisten.

*30. März 1951.*

Aus Washington erhalten: »Der Präsident der Französischen Republik verlieh Ihnen... Chevalier der Légion d'Honneur...« Ich nehme also an, ich muß das Obige etwas abschwächen...

535. HOTEL CONTINENTAL, CAMBRIDGE, [MASS.,] MITTWOCH,
11. APRIL 1951. *Große Erwartungen*: Der Ich-Erzähler und die Allwissenheit des Romanciers.

Versuchen wir es noch einmal:

Kurz nachdem er ein Werk zu lesen begonnen hat, weiß der Leser – er muß es wissen –, ob er sich im Reich des Erdachten oder des Historischen befindet. (Dieses Prinzip eines Tages ausarbeiten; besonderes Beweisstück: der Anfang von *Robinson Crusoe*.)

Wenn er das Gefühl hat, daß er im Reich des Erdachten liest, gesteht er augenblicklich zu, daß alles »poetisch« ist und daß der Romancier eine erlaubte Allwissenheit genießt.

Die Ich-Erzählung wird also als Fiktion, als eine Konvention aufgefaßt – ein abgeschnittenes Fragment vom Gesamtwissen des Romanciers. [Ein Leser] ... wird immer das Gefühl haben, daß der Geist des Romanciers hinter, über und unter dem Geist der erzählenden Figur steht. Er wird sogar auf den treffenden Kommentar des Romanciers über den Erzähler, oder dessen Bloßstellung, achten.

Die Ich-Erzählung kann daher als eine lange Rede oder ein langer Gedankengang *einer* der Figuren des Werkes bezeichnet werden. Dabei ist klar, daß der Autor, wenn er wollte, eine ähnliche und parallele Erzählung aus dem Munde jeder der anderen Figuren liefern könnte (was tatsächlich oft geschieht).

Die Ich-Erzählung wird also als Fiktion innerhalb der Fiktion empfunden, als bloßes Hilfsmittel, und der Geist des Romanciers, der dahinter steht, bleibt getrennt, überlegen und beherrschend.

Da sich das Werk im Reich des Poetischen befindet, braucht die Ich-Erzählung keine realistische Darstellung des Charakters oder der geistig-seelischen Vorgänge des gewählten Erzählers zu sein.

Die Analogie findet man im poetischen Drama. Man könnte sich keinen jungen Mann vom Typ Claudios in *Maß für Maß* vorstellen, der seine Sache so vorzüglich – in einer so gut organisierten Form – vorträgt wie die große Rede über die Todesangst.

Die Einräumung seitens des Lesers, daß in der poetischen Atmosphäre der erdachten Erzählung der angenommene Erzähler weit von seiner Charakterisierung im Roman abweichen und Kräfte entfalten darf, die weit über die begrenzten Kenntnisse jedes Menschen hinausgehen, gestattet Phänomene wie 1. die Diskrepanz zwischen Pip als Charakter und Pip als Erzähler, 2. die Stellen in *Moby Dick*, wo Ishmael die Selbstgespräche von »Captain Ahab, *solus*« aufzeichnet, 3. bei Proust die Rekonstruktion des Innenlebens von Swann während des ersten Teils der Liebesaffäre mit Odette, als der Erzähler erst acht Jahre alt ist.

Was ist also diese »poetische Welt« der erdachten Erzählung, in der solche Abweichungen von der Logik erlaubt sind?

Sie hat ihr Gegenstück im täglichen Leben jedes Menschen. Sie ist eine Kopie – eine Erweiterung – des Reiches unserer Tagträume, unserer Phantasie.

Jedermann unternimmt täglich zu gewissen Zeiten Ausflüge in die Allwissenheit. Er versucht, die Motivation, die innersten Gedanken seines Arbeitgebers, seiner Familienangehörigen, der Menschen, mit denen er spricht, zu rekonstruieren.

Er geht sogar noch weiter: er begibt sich in das Gebiet der reinen Fiktion. »Ich frage mich, wie einem zum Tode Verurteilten am Tag vor seiner Hinrichtung zumute ist.« – »Ich frage mich, was eine ausgehaltene Frau empfindet, wenn sie sich einem großen, dicken, häßlichen

Liebhaber hingibt.« Oder – wenn er die heutige Zeitung liest[1]: »Ich möchte wissen, wie sich ein General wie MacArthur fühlt, wenn er vor den Augen der Welt von seinem hohen Posten abberufen wird.« All dieses Traumleben kommt jedoch dem Roman am nächsten, wenn sich die Träume auf das eigene Ich beziehen: »Was werde ich empfinden, wenn ich alt bin? – oder wenn meine Frau stürbe und ich frei wäre – oder wenn ich Geschäftsteilhaber würde?«

Und dieser Mann – dieser nichtkünstlerische Jedermann, den wir uns vorstellen – weiß sehr gut, daß diese Wahrheit, die er durch die Vorstellungskraft einzufangen versucht (unser Bild von Situationen im Leben, die noch nicht, oder jedenfalls unseres Wissens nicht, historische Situationen sind), am wirklichsten ist, wenn sie von ihm selbst am unabhängigsten ist – am wenigsten von seinen Wünschen geformt, mehr den Lebensmechanismen entsprechend, die unseren Ich-Phantasien nicht gehorchen. Er weiß, daß er den jugendlichen Tagträumen entwachsen ist: »Was würde ich tun, wenn ich FBI-Agent wäre?« Oder: »Was würde ich tun, wenn ich ein großer Liebhaber wie Rudolph Valentino wäre?« Er hat gelernt, daß imaginative Konstruktionen nur lohnend und lehrreich sind, wenn sie den Gesetzen gehorchen, die den Teil der Welt regieren, der nicht unserer eigenen Befriedigung dient. Mit dem Ergebnis, daß ihm, wenn er versucht, das Innenleben seines Arbeitgebers oder seiner Frau oder auch sein eigenes in zwanzig Jahren zu rekonstruieren, klar wird: 1. Er muß die Situation konstruieren, sie in einen Zusammenhang von verschiedenen und widerstreitenden Spannungen verlegen, und 2. er muß achtsam sein auf die *Freiheit* dieser anderen Personen (seine eigene inbegriffen), auf ihr unveräußerliches Recht, sich anders zu verhalten, als er es wünschen mag.

Jedermann weiß daher aus seiner eigenen täglichen Erfahrung etwas von dem Prozeß, der dem Schreiben erdachter Erzählungen zugrunde liegt. Und er ist bereit zuzugestehen, daß die Darstellung einer erdachten Situation zwei Operationen im Geiste dessen voraussetzt, der sie sich vorstellt: die Konstruktion der Situation und die Beobachtung des Aktes der Konstruktion; den Flug der Phantasie und die Kritik an der Phantasie, die diese vor einer zu emotional subjektiven »Verdrehung der objektiven Wahrheit« bewahrt.

---

1 *New York Times* (11. April 1951): »Truman enthebt M'Arthur aller seiner Posten; findet ihn unfähig, US-UN-Politik zu unterstützen. Ridgway zum Oberkommandierenden im Fernen Osten ernannt.«

Dieses Reich des Erdachten ist also nicht »poetisch«, weil es etwas schönes oder befriedigendes Nichtwirkliches ist, sondern weil es versucht, an das Wirkliche heranzukommen, dennoch nicht wirklich ist und gleichzeitig erhalten wird durch einen ernsthaften Versuch, allen Gesetzen zu gehorchen, die das Wirkliche beherrschen. Es ist alles eine »Konstruktion«, aber doch eine ernsthafte – sogar unentbehrliche – Konstruktion, eine lebensnotwendige.

Ein Geschäftsmann in Boston erfährt, daß seine Mutter in Oregon im Sterben liegt. Er nimmt das Flugzeug, um zu ihr zu kommen. Unvermeidlich versucht er zu rekonstruieren, welches ihre Gedanken sein mögen. Und unvermeidlich weiß er, daß er nicht an die Wahrheit herankommen kann, was ihre Gedanken in diesem Augenblick sind: ihr Ärger über Krankenschwestern, ihre Wahnvorstellungen unter dem Einfluß von Betäubungsmitteln und Schmerzen. Doch er hat keine andere Wahl, als ihr zuzuschreiben, was *sehr wahrscheinlich* ihre Zusammenfassung ihres ganzen Lebens sein *könnte*, ihre zärtlichen oder vorwurfsvollen Gedanken an ihn. Und unser Geschäftsmann weiß, daß seine Rekonstruktion dieser Regungen ihres Geistes stilisiert ist, poetisch ist, im wesentlichen potentiell wahr, wenn auch in der spezifischen Form völlig irrig. Das ist das Poetische, und das ist alles erdachte Erzählung.

Daher hat auch der Mann auf der Straße keine große Schwierigkeit, die offensichtlichen Widersprüche in der Literatur zu dulden; alle Widersprüche sind verständlich in der Welt des Poetischen, denn das Poetische fängt eine essentielle Wahrheit ein, von der keine Tatsachenschilderung versichern könnte, daß sie die ganze Wahrheit oder *die* essentielle Wahrheit sei.

Und damit bin ich wieder bei einem schlichten Gemeinplatz angelangt, was immer ein Vergnügen ist, wenn er sich unerwartet einstellt.


537. Hotel Continental, Cambridge, [Mass.,] Sonntag, 15. April 1951. Melville und der Roman.

Ich möchte den Augenblick wochenlang aufschieben, in dem ich mich zusammennehme, um irgendwelche Gedanken über dieses Thema zu formulieren, warten, bis sich meine irritierte Ablehnung von *Pierre* beruhigt hat, so wie sie sich (allerdings Ablehnung bleibend) im Falle von *Ein sehr vertrauenswürdiger Herr* beruhigt hat.

Beide Romane sind totale Fehlschläge. Je mehr man die symbolischen Ausarbeitungen in *Pierre* sieht, desto mehr muß man zugeben, daß Erfindungsgabe, Kampf und edle Vorsätze nichts zählen, wenn die wirkliche Reife in der Beziehung zu einem Kunstwerk fehlt.

Was ich versuchen will, ist, aus diesen beiden Schiffbrüchen und aus dem unzweifelhaften Triumph, der ihnen vorausging [*Moby Dick*], eine Beobachtung zu retten: daß Melville darum kämpfte, die neue Form des Romans zu finden: den Roman, den dann Joyce schaffen sollte, in dem der Held Jedermann ist und in dem die Gesamtheit der Erfahrung in der des Helden konvergieren sollte.

*Ein sehr vertrauenswürdiger Herr* wurde zerstört durch die Kleinheit, die beinahe engstirnige *mesquinerie*, die Täuschungen der Gesellschaft auf bloße Gaunerei und kommerziellen und philanthropischen Betrug zu beschränken. Aber das Bemerkenswerte in *Ein sehr vertrauenswürdiger Herr* ist der Kunstgriff, daß der Hochstapler in aufeinanderfolgenden Verkörperungen wiedererscheint. Wie großartig hätte das sein können – was für Kontrapunkte hätte es geben können –, wenn die Skala von Bosheit und Unmenschlichkeit und Arglist von Charakterisierung zu Charakterisierung erweitert worden wäre, und was für ein Feld für die Wirkung der *vis comica*.

Und *Pierre*: in weiter Ferne, durch diesen entsetzlichen Schleier von gezierter, unlebendiger Sprache hindurch erkennt man undeutlich, was hätte sein können: eine große Moralität, in der das subjektive Element ständig Abstraktionen mit Wirklichkeit hätte erfüllen können.

Man liest das erste Drittel von *Pierre* mit Verwunderung: wie konnte Melville so lange so klischeehafte, leblose und doch erregte Strecken schreiben? Die einzigen Antworten – auf einer steigenden Energieskala – müssen lauten: 1. Eine Energie, die in ihm durch das Gefühl geweckt wurde, daß er über aristokratische Menschen – seine Vorfahren – schrieb. 2. Die Selbsttäuschung, daß er sich in der Beschreibung von Lucy und Isabel und seiner Mutter-Schwester als Frauenkenner erwies. 3. Die dunkle Erregung, die ihm das Wissen verschaffte, daß er sich dem Thema des Inzests näherte; und doch war es nicht der Inzest, der ihn wirklich bewegte (denn Inzest ist eine Übertragungs-Erregung, eine Fassadenbildung), sondern etwas anderes Uneingestehbares. 4. Die Erregung, die hätte gerechtfertigt sein sollen, daß er eine neue Art von Roman schuf: die Geschichte von Jedermann in der Situation, in der alle psychischen Kräfte konvergieren.

Letzteres verführte ihn zu dem Irrtum in der Wahl des Stils. Ja, ein solcher Roman würde einen eigenen Stil fordern. Die Darstellung des Helden würde seine Verdopplung, seine Vervielfachung verlangen, seine Identifikation mit zahllosen Männern, die ihm vorausgegangen sind (hier ab und zu angedeutet, indem wir an Hamlet, Christus und Prometheus *erinnert* werden). Seine Beziehung zu Familie, Gesellschaft und Tradition, zu Sex und zu Ehre und Identität muß in immer weiteren und unterschiedlicheren Symbolen dargestellt werden. Und das Gleichgewicht zwischen einem individuellen, konkreten Mann und dem vielgestaltigen Typ-Mann muß aufrechterhalten werden.

Angesichts dieser Aufgabe hat Melville genau den falschen Stil gewählt: er beschloß, uns mit *seiner* Emotion zu überwältigen, d. h. mit dem Rhapsodischen. Und er wählte den Stil der öffentlichen Ansprache, d. h. den mahnenden und zwingenden anstelle des erläuternden und zurückhaltenden.

Dutzende Male habe ich das Buch von mir gestoßen und ausgerufen, daß Melville einen unheilbar gewöhnlichen Geist hat.

Und dennoch:

Es bleibt *Moby Dick* und das ganze faszinierende Problem, wie eine so große Pyramide aus so vielen Ziegeln gemacht werden konnte, die, einzeln betrachtet, als Pappe bezeichnet werden könnten und dennoch wirklich halten, gestützt von der Kraft, die aus der großartigen Bewegung des Ganzen kommt.

Die Schwäche der beiden späteren Romane ist nicht in erster Linie eine Schwäche des Geistes, sondern eine Schwäche des Charakters.

Melvilles Charakter hatte sich, als er *Moby Dick* schrieb, zur höchsten für ihn erreichbaren Spannung gesteigert, und dieses eine Mal – durch die äußerst glückliche Themenwahl – kamen ihm gerade seine Schwächen als Stärke zugute. Danach wählte er Sujets, die er nicht zu umfassen vermochte... Außerdem kam noch eine gewisse Ermüdung hinzu, ein Rückfall in seine selbstgefälligen *stupidités*, aus denen er nur gelegentlich noch auftauchte, um eine kürzere Erzählung zu schreiben.

Alle seine Schwächen hängen zusammen mit seinem langweiligen Narzißmus, seiner Vernarrtheit in sich selbst: alle seine Fehlanpassungen sind Auszeichnungen; er ist (von wem?) für das Leid ausersehen worden; er ist (von wem?) für die Rolle des tragischen, aber philosophischen Leidenden ausgewählt worden.

Und all das entspringt seiner anthropomorphen Anschauung vom Lauf der Dinge. Das richtet eine so extreme Subjektivität in einer unreifen Natur an.

... Ich sehe bei Melville wie bei so vielen anderen Autoren die ewig jünglingshafte Überraschung darüber, daß es das Böse im Universum gibt. Und, das sei hinzugefügt, die uneingestandene Selbstgerechtigkeit derer, die nichts von diesem Bösen in sich selbst finden und daher ständig schockiert sind und seine Gegenwart in anderen beklagen.

Ich muß in mancher Hinsicht so eingemauert, so verhärtet sein, daß ich nicht verstehen kann, wovon andere Leute reden.

1. Ich trenne Gott von den physikalischen und meteorologischen Vorgängen im Universum. Ich würde ein Erdbeben nie einen »Akt Gottes« nennen, ebensowenig die Geburt eines behinderten Kindes oder eine Verstümmelung oder den Tod durch einen Autounfall.

2. Das böse Verhalten von Menschen – auch der Nazis mit ihren Verbrennungsöfen – kann ich nicht als das absolute Böse betrachten. Ich versuche in diesem Leben, keinem Floh etwas zuleide zu tun, aber ich bin grausam mir selbst gegenüber aus einer Quelle von Grausamkeit heraus, die ich gelegentlich auch andere spüren lasse, und ich finde, daß sich diese Grausamkeit in mir selbst nur dem *Grad*, nicht der Art nach von der Jagos oder von der der Nazis unterscheidet. Ihre Anwesenheit in mir ist nicht so absolut, aber sie entspringt ebendem *schlechten Charakter*, dessen ich Melville anklage: moralische Trägheit, Sichge-henlassen, Selbstüberhebung – was zu korrigieren in meiner Macht steht.


540.   [Hotel Continental, Cambridge, Mass.,] Sonntag Mittag, [22.] April 1951. *Krieg und Frieden.*

In meiner Verzweiflung, meinem regelrecht physischen Ärger über [Melvilles] *Pierre* nahm ich mir wieder *Krieg und Frieden* vor, das ich im Krankenhaus gelesen hatte – bis zu den letzten Kapiteln (die ich, glaube ich, noch nie gelesen hatte). Dort hatte ich aufgehört aus Angst, Tolstoi könnte nachlassen.

Kommt mein Angriff auf *Krieg und Frieden* für die Studenten nicht einfach daher, daß es der Roman eines Mannes ist, der an Gott glaubt? Und ist es nicht mein Grundsatz, daß ich, wie Tolstoi, nicht wagen darf, zu eng zu definieren, was ich damit meine – was er damit meint? Nichtsdestoweniger, bei all der Schwierigkeit zu entscheiden, wie nahe man sich an eine Definition heranwagt.

Und dann alle Register meiner Allwissenheits-Theorie ziehen und zeigen, was für eine Harmonie zwischen einem Glauben an Gott und dem imaginativen Erzählen besteht.

Und dann zeigen, daß in dem Maße, in dem es auf großartige Weise richtig ist – furchtbar richtig ist –, sich die Sicht des Romanciers als die

Sicht Gottes vorzustellen, auch die Gefahr besteht, daß der Romancier durch eine zu enge Vorstellung von Gott seine Mission verfehlt. Daher Sartres Essay über die vom Dogma gehemmten, vom Dogma erdrückten Romane François Mauriacs.[1]

Dann zeigen, wie schön Romane ohne Gott auskommen *können*.

Daß Gott ein Symbol ist, das man für jedes Glied einer Gleichung einsetzen kann, ohne etwas an der Richtigkeit der Gleichung zu ändern.

Daß man, wenn sich Tolstoi nicht einige Male einmischte, den ganzen Roman lesen könnte, ohne gewahr zu werden, daß Tolstoi die Allgegenwärtigkeit Gottes auszudrücken versucht.

Daß das gleichmäßige Licht, das alles menschliche Verhalten in *Krieg und Frieden* beleuchtet – von den Völkerkatastrophen bis zu den unbedeutendsten Ereignissen des häuslichen Lebens –, möglich wird durch Tolstois Vorstellung von der Natur Gottes.

Dann fällt mir der Satz ein, mit einem veränderten Wort: es ist schrecklich, Tolstoi in die Hände zu fallen. Denn Tolstois Vorstellung von Gott erfordert, daß ein Mensch die extremsten Prüfungen des Lebens erleidet, um die Gottbeziehung zu enthüllen, preiszugeben, anzuerkennen. Selbst in diesem längsten seiner Romane hat Tolstoi keinen Platz, dies für alle seine Hauptfiguren zu tun; er tut es für einige, aber wir haben das Gefühl, daß er es auch für Mlle. Bourienne oder für Wera oder für Leutnant Berg tun könnte. Von allen Attributen Gottes drückt Tolstoi in erster Linie Gottes Unparteilichkeit aus oder vielmehr Gottes Mangel an Eile – Seinen Interessen wird auf lange Sicht, in großem Maßstab, gedient werden.

Woher kommt Tolstois erste und primäre Überzeugung, daß Gott die Oberhand gewinnt – aus der Innerlichkeit oder aus der historischen Perspektive? Er besitzt natürlich beides, aber ich würde sagen, daß Tolstois Überzeugung in erster Linie von seiner Anschauung von der gesamten Gesellschaft herrührt – andernfalls hätten wir einen »mystischen« Roman; wie der aussehen würde, zeigt uns ungefähr *Der Tod des Iwan Iljitsch*.

Ich sehe nun, daß ich mein ganzes Leben lang ein Idiot in bezug auf *Anna Karenina* war – was dann zu so einer ausgemachten Dummheit in meinem Gespräch darüber mit Vivien Leigh führte: ich hatte nie den leisesten Schimmer von diesem Roman, und nun muß er noch einmal gelesen werden.

Was wäre es anderes als Wiederholung, dem Tagebuch – vor der

1  »M. François Mauriac et la liberté« in den... *Situations, I: Essais critiques* (1947).

Klasse, das ist etwas anderes – all die Konsequenzen anzuvertrauen, die sich aus dem Gottinteresse Tolstois und der Theorie der Allwissenheit ergeben?

Aus ihr geht die absolut gleichmäßig verteilte Aufmerksamkeit auf das spezifische Detail in allen erzählerischen Teilen hervor: jede Person, jede Nation, jeder Augenblick in der Zeit ist einzigartig. Hier ist kein Platz für das Symbol – wir befinden uns im extremen Gegensatz zu Melville, niemand ist Jedermann, niemand ist Typ-Mann; jeder ist er selbst, vertikal in der Beziehung zu Gott, nicht horizontal in der Beziehung zur Gemeinschaft.

Daher kommt auch die leidenschaftslose Kraft: die Unfähigkeit des alten Fürsten Andrej, seine Liebe seiner Tochter Marja mitzuteilen, und die des jungen Fürsten Andrej, eine menschliche Beziehung zu seiner Frau Lisa herzustellen, sind erschreckend; aber nicht, weil sie ein versteinerter Determinismus sind, sondern weil sie potentiell möglich sind – sie hätten in der den Menschen gewährten Freiheit erreicht werden können; nach dem Tod des Fürsten und Lisas gehen sie weiter, streben danach, ihre wahre Erfüllung zu erlangen. Gottes Interesse erlahmt nie: aus Nataschas Irrtum (selbst Ausdruck des leidenschaftlichen Lebens als Kreativität) wird eine großartige Vertiefung ihrer Vereinigung mit Fürst Andrej kommen, wie er selbst sie aus dem Irrtum in seinem Eheleben gewonnen haben wird.

Und was für ein anderes Interesse hat Gott, als daß diese essenden, dienenden, als Soldaten kämpfenden, beschränkten Menschen ihre Gottesbeziehung im natürlichen menschlichen Leben finden?

So weit entfernt vom klassischen und Shakespeareschen Heroischen, liegt Tolstoi sogar in diesem Buch über den Krieg nicht viel daran, seinen Kriegs-»Helden« große Taten zuzuschreiben – obwohl er stolz den einfachen russischen Soldaten lobt. Nein, Gott wird die Schlachten gewinnen durch die Weisheit des alten Kutusow und durch etwas Tiefes (und ihm selbst beinahe Verborgenes) im russischen Volk: Kutusow wird immer wieder dafür gepriesen, daß er sich nicht in das Wirken Gottes einmischt.

Für Tolstoi war der Brand Moskaus und der Rückzug aus der Stadt »das zentrale historische Ereignis«. Man kann beinahe hören, wie er mit Themistokles sagt: »Nicht wir haben das getan.« Tolstoi läßt es sich angelegen sein zu sagen, daß niemand die Brände entfachte; sie waren das zu erwartende Ergebnis bei leeren Häusern und biwakierenden Soldaten. Aber je *natürlicher* etwas ist, desto *übernatürlicher* ist es. (Und man beachte, wie er seinen Lieblingsfiguren das Adjektiv *natürlich* zuweist: Pierre tritt in den Salons wiederholt ins Fettnäpfchen mit seiner Natürlichkeit, und Natascha ist die Seele spontaner Natur.)

Nirgends sieht man diese natürlich-übernatürliche Identifikation deutlicher als in den großen Sterbeszenen. Hier besteht Tolstoi auf den klinischen Details des Verlöschens, aber eine wilde Flamme des Anderen wirft ihr Licht auf die Vergangenheit, die Gegenwart und die Zukunft – nicht als Mystik (und wie er alle kirchlichen Elemente ablehnt, die ihre Spiritualität erhöhen könnten), sondern als Forderung, daß wir die Grundfragen in bezug auf Leben und Tod stellen...

Und alle diese Tode erfüllen das Buch mit Leben, strahlen es aus – nicht wie die Tode in der *Ilias* (obwohl Tolstoi die *Ilias* im Auge hatte), indem sie uns die Sinneserfahrung des Lebens höher schätzen lassen – sondern indem sie uns die menschlichen Beziehungen und die Tiefe, die man in sie hineinlegen kann, um so höher schätzen lassen.

*[Hotel Continental, Cambridge, Mass.,] Später: 23. April.*

Seit sieben oder acht Wochen zum erstenmal wieder in der Widener. Humpelte hinauf in die slawistische [Abteilung] im dritten Stock der Regale. Las in [Aylmer] Maude, [Romain] Rolland, [N. H.] Dole – und ihren Zitaten aus [E. M.] Forster und [Percy] Lubbock –, und nirgends finde ich so etwas wie dieses, was ein religiöses Interesse anbetrifft. Noch finde ich sonst irgend etwas außer einer allgemeinen ekstatischen Begeisterung über das »Leben-im-Roman«, durch einige wohlüberlegte Vorbehalte abgemildert. Auch in einem Vorwort Tolstois – das in der Dole-Ausgabe enthalten ist – finden wir nicht mehr als eine journalistische Antwort auf einige Kritiken. Ein Autor sagt uns, daß Tolstoi später, als er »bekehrt« war, *Krieg und Frieden* und *Anna* als weltliche Werke ablehnte – was (ich merke es versuchsweise aus meiner Ecke in Unwissenheit an) genau eine Art von Verzerrung der Perspektive sein könnte, wodurch er sich *à travers Anna* daran erinnern würde. Jedenfalls erinnert mich meine Jagd in der Bibliothek lediglich – wie schon die Lope-Palestrina-Melville-Interessen – daran: Sei dein eigener Fachmann.

556. Dunster House, [Harvard,] Sonntag, 5. August [und Dienstag, 7. August] 1951. Poe: Wie man aus nekrophilem Sadismus
Literatur machen kann.

... Die Fragen, die man sich also stellen muß, lauten, wie eine so große
Menge von stark abnormalen Phantastereien akzeptiert, bewahrt und
mehr als ein Jahrhundert lang oft so hoch geehrt werden konnte.

Wir können nicht wie von *Oedipus Rex* und den entsetzlicheren
elisabethanischen Stücken sagen, daß sie beim Leser eine mitfühlende
Schwingung auslösen – zumindest trifft diese Erklärung nur teilweise
zu. Selbst wenn wir zugestehen, daß das sadistische Element und die
Elemente, die den Ödipus- und den Kastrations-Komplex widerspiegeln, ein halb entsetztes, halb dankbares Echo finden können, gibt es
noch stärker vorherrschende Arten von kannibalischen, nekrophilen
und die Impotenz betreffenden Motiven, von denen man nicht annehm-
men kann, daß sie eine so allgemeine »Anerkennung« finden. In »Berenice« zieht [der Protagonist] seiner toten Verloben die Zähne – und
zwar alle.

Mehr noch, gewisse Erzählungen wie »The Assignation« hätten
schon längst zusammen mit Tausenden von anderen Horrorgeschichten
verschwinden sollen, denn sie sind als menschliches Verhalten vollkom-
mener Unsinn und werden mit den schlimmsten Zutaten einer längst
aus der Mode gekommenen Romantik dargeboten.

Warum haben sie überlebt, und warum kann man – obwohl sie von
vielen Kritikern getadelt wurden – sagen, daß sie noch immer dem
Kanon der amerikanischen Literatur angehören? Die Frage ist um so
berechtigter, als »Horrorgeschichten« nach wie vor ein gültiges Genre
darstellen und seit Poe Tausende gelesen – und wieder vergessen wurden.

Was für einen Namen sollen wir der *Treue* geben, mit der Poe die
Eingebungen seiner Instinkt-Zentren aufzeichnete?

Negativ ausgedrückt, können wir sagen, daß er nicht betrog oder daß
er nicht in sie eingriff. Er baute darauf nicht – wie Hawthorne – moralisierende Konstruktionen auf (nein, nicht einmal in »Never Bet the
Devil Your Head«, das, wie er sagte, »eine Moral« hatte).

Er akzeptierte die Bilder des Grauens, er vertraute darauf, daß sie für
sich selbst genügten. Wenn wir dies sagen, sagen wir aber auch, daß er
in bezug auf ihre psychische Bedeutung für ihn *nicht neugierig* war; er
sondierte nicht weiter, nicht einmal weit genug, um zu sehen, daß sie
mit dem Körper eines Mannes und einer Frau zu tun hatten. Sein

166

mächtiger Forscherdrang machte halt vor der Schrecklichkeit seines Unbewußten.

Nur wenn Sex nicht im Spiel war, sehen wir, daß er sich vielleicht – in »William Wilson« – einer allegorischen Deutung bewußt war.

Im ganzen... wurden diese Erzählungen mit einer erstaunlich unmittelbaren Unterwerfung unter die Eingebungen des psychischen Lebens geschrieben. Sie wurden in die mittelalterlich-romantischen Formeln gekleidet, und man hat das Gefühl, daß ihnen Poe, hätte er in Maupassants Zeit gelebt, die »realistische« Form gegeben haben würde – was in »The Black Cat« geschehen ist. Aber die mittelalterliche Aufmachung ist für ihn so tief wirklich wie die Greuel.

Was die Welt anerkannt hat, ist also die »Wirklichkeit« des Grauens.

Und... die meisten Leser finden Gefallen am Grauen, das heißt, sie »erkennen« es, und sie akzeptieren die Teile, die sie *nicht* kennen, weil sie so offensichtlich Wirklichkeit für den Autor sind.

Was aus den Seiten hervorgeht, ist, daß Poe nicht erfindet und fälscht. Andererseits befriedigt er nicht lediglich seine *velléités*. Das ist eine Unterscheidung, die schwer zu treffen ist: dies sind einfach unbeherrschte Anspielungen auf Druck, Ersatzhandlungen. Sie sind konkrete Darstellungen authentischer Erfahrung in der Literatur.

Poes Intelligenz hatte den Mut und die Konzentration, sie zu sehen, zu verkörpern und von sich selbst zu trennen. Es ist an ihnen keine Spur von einem privaten Plädoyer, von Selbstrechtfertigung oder auch nur Selbsterniedrigung. »Diese Dinge sind so, diese Dinge kenne ich«, scheint er zu sagen.

Das vermochte sein Intellekt für ihn zu tun.

In diesem Licht kann man sehen, daß Poes Bestehen auf der »Einheit« einer Erzählung – eines Werkes – auch als »Ehrlichkeit« gedeutet werden kann. Er häufte nicht Grauen auf Grauen, um die Leser zu schockieren, denn sein hauptsächliches Ziel war es... eine Wahrheit zu sagen. (Es ist interessant, daß wir, wenn er wirklich von der Einheit abwich... durch die Psychoanalyse sehen können, daß eine tiefere Einheit, als Poe selbst ahnen konnte, da ist und die ungleichartigen Motive miteinander verbindet. Er war selbst dann einer unbewußten Einheit treu, wenn er gegen seine eigene Regel zu verstoßen glaubte!)

Gogol ist zweifellos ein größerer Schriftsteller, und »Die Nase« ist eine größere Schöpfung auf Poes eigenem Gebiet; aber »Die Nase« besitzt nicht die rohe Kraft, die Poes Erzählungen eben deshalb haben, weil er nicht ahnte, womit er es zu tun hatte. Und verglichen mit Poe, steigert [E. T. A.] Hoffmann ständig, schönfärbend, die Schrecken und schwächt damit ihre Kraft.

Was die Beziehung zu Amerika betrifft: darf ich sagen, daß die Kraft von dem Aspekt des amerikanischen Geistes kommt, der abstrakt ist? Daß die Abstraktion nicht das Bedürfnis empfand, irgendein vermittelndes Material einzuschalten?


557. HOTEL CONTINENTAL, CAMBRIDGE, [MASS.,] 18. AUGUST 1951. Woollcott.

Habe wieder einige Zeit über den [Alexander] Woollcott-Papieren in der Houghton Library verbracht und nehme mich zusammen, um das Zeug für das *Harvard Library Bulletin*[1] zu schreiben. Alexander Woollcott wurde geboren und verbrachte einen Teil seiner Jugend in Phalanx, New Jersey, das heißt in einer der *phalanstères*, die von Anhängern des Sozialreformers Charles Fourier gegründet wurden. Zur Zeit seiner Geburt hatte die Gemeinschaft, der seine Eltern und Verwandten angehörten, schon manchen Kompromiß bezüglich ihrer Organisation schließen müssen. Die Familiengruppe, die in dem langen, weitläufigen Haus mit acht Zimmern wohnte, lebte nicht mehr unter einem System, das gleiche Arbeit und gleichen Lohn forderte und jedem eine gleiche Stimme in der Verwaltung des gemeinsamen Unternehmens zusicherte. Geblieben war in der Phalanx jedoch die Atmosphäre der Einheit der Gemeinde, der Verachtung für den Wettbewerb und der gegenseitigen Nachsicht. Es gab eine Reihe von Zügen in Woollcotts Charakter, die ihn immer daran gehindert hätten, ein beispielhaftes Mitglied einer selbstlosen Gemeinschaft zu sein, aber es besteht kein Zweifel daran, daß er sich als solches sah, und er gab nie den Versuch auf, um sich her eine Phalanx von gleichgesinnten Freunden aufzubauen. Außenstehenden schien es, als würden die Zirkel, in denen er sich bewegte, nach ihrem Witz, Sarkasmus und auffälligen Erfolg ausgewählt, aber Woollcotts eigene Beschreibung von ihnen betonte beinahe heftig ihre Großzügigkeit und Geistigkeit. Er veranlaßte die Eröffnung einer Reihe von Restaurants in New York, die als Treffpunkte seiner Phalanx gedacht waren, er kaufte später ein großes Haus auf dem Mt. Kisco in der Hoffnung, daß seine Freunde auf einen Besuch ohne Ende kämen, und

1 Diese Eintragung und die Eintragungen 560 und 565 sind ein erster Entwurf des Artikels, aber er wurde nicht vollendet und erschien erst 1985 im *Bulletin*.

schließlich erwarb er – zusammen mit acht anderen – die Insel Neshobe im Lake Bomoseen, Vermont, und gab sich alle Mühe, ihr den Charakter, nicht eines Klubs oder Erholungszentrums, sondern einer *agape* aufzuprägen. Wie so viele Amerikaner wurde Woollcott von einem Gefühl der Einsamkeit heimgesucht, das er beinahe hektisch durch eine geradezu fieberhafte Geselligkeit zu verdrängen trachtete, und die Geselligkeit, die er suchte, war nicht in erster Linie eine des Talents oder Verstandes, sondern eine des Herzens.

Dieses Arrangieren eines Gesellschaftslebens war kostspielig: wie er selbst hatten sich die meisten seiner Freunde einen verschwenderischen Lebensstandard angewöhnt. Lange Zeit gestand er sich nicht ein, daß er aufgehört hatte, sich an einen der wichtigsten Grundsätze von Phalanx, New Jersey, zu halten – an den Glauben, daß Tugenden nur in Armut gedeihen können. Gegen Ende seines Lebens wurde er jedoch von ernsten Befürchtungen heimgesucht. Er ermüdete seine Freunde mit seinen nie ausgeführten Plänen, sein Gefolge aufzulösen und in apostolischer Genügsamkeit zu leben. Aber er war in seiner Jugend arm gewesen und sorgte dafür, daß er es nie wieder wurde. »Alec ist ein heiliger Franziskus«, sagte einer seiner Freunde, »ein heiliger Franziskus mit einem gesunden Verständnis für doppelte Buchführung.«

Die Phalanx lebte in einer Atmosphäre brüderlicher Liebe. Woollcott betrachtete Freundschaften nicht als etwas, was »im Leben eintritt«, abhängig von den Zufällen der Abwesenheit, des Beschäftigtseins und der Launen, sondern als Tätigkeiten, die man aufrechterhält, pflegt und verteidigt. Wenn er eine Vortragsreise plante, wählte er die Städte, in denen er sprach, aus Gründen aus, die nichts mit dem Honorar zu tun hatten. Er sprach in Indianapolis, weil Booth Tarkington dort lebte, in Cincinnati, weil dort Dr. [Gustav] Eckstein Professor an der Universität war; in Chicago traf er [Robert] Hutchins, in San Francisco Kathleen Norris, in Los Angeles Harpo Marx und Dorothy Parker. Wehe dem abwesenden Freund, der eine zu lange Zeit verstreichen ließ, ohne einen gefühlvollen Brief zu schreiben. (Bloße Fakten genügten nicht.) Vor allem bereitete es ihm Freude, Geschenke zu machen und zu erhalten. Die Mitglieder seines Zirkels wetteiferten miteinander, ihm seltene, einfallsreiche Geschenke zu machen – oder solche, die eine lange Vorbereitung erforderten. Frank Lloyd Wright gab ihm einen vollständigen Satz von Hokusais *Sechsunddreißig Ansichten des Fujiyama*. Harpo Marx schickte ihm sechs Jumper oder Overalls, jeder von einer anderen Farbe und jeder mit einem auf die Tasche aufgestickten Satz in Griechisch oder Latein. Lady Colefax schenkte ihm zwei ungewöhnliche

Fotografien der Duse, Helen Hayes zwei Majolika-Blumenschalen für die Terrasse auf der »Insel«. Und er seinerseits verteilte Briefe und Erstausgaben von Dickens, Theaterzettel von der historischen Matinee im Ford's Theatre, Dolche, die Edmund Kean gehört hatten.

Woollcott hätte am liebsten alle seine Freunde gleichzeitig unter einem Dach gehabt. Für ihn war es nicht nötig, jeden für sich zu sehen. Aber die meisten seiner Freunde hatten das eine gemeinsam, daß sie immer gerade sehr aktiv, sehr intensiv anderswo verpflichtet waren, so daß die Korrespondenz eine große Rolle spielte.

560. Hotel Continental, Cambridge, [Mass.,] 20. August 1951.
Woollcott – Fortsetzung.

Eine Auswahl von Woollcotts Briefen wurde veröffentlicht[1] und bereitete viel Freude. Kein Leser konnte übersehen, daß jeder Brief mit einer höchst ungewöhnlichen Präzision auf die Interessen seines Empfängers ausgerichtet war und daß jeder mit großer Lebendigkeit die Züge des Absenders widerspiegelte. Das sind die Kennzeichen des geborenen Briefschreibers, und wegen dieser Charakteristika werden Briefe noch lange, nachdem ihr Inhalt – als Ereignis und sogar als Nachwirkung – jede Bedeutung verloren hat, gelesen. Briefe sind die einzige Form in der gesamten Literatur und in allen Künsten, die auf der Kommunikation zwischen einem Menschen und nur einem anderen beruht. Das macht sie zum hervorragenden Ausdrucksmittel für den Aspekt des Lebens, der von der Literatur mit Ausnahme des Romans allgemein ausgeschlossen ist: für die unzähligen Kleinigkeiten des täglichen Lebens, diesen Regen von unbedeutenden angenehmen und ärgerlichen Einzelheiten, der auf die Gerechten und die Ungerechten niederfällt und eine unausweichliche Begleiterscheinung des ganzen menschlichen Lebens ist. Briefe sind nicht notwendigerweise ein Produkt der Intimität (die Briefe Walpoles an Sir Horace Mann sind nicht intim), aber sie können nicht von einer Natur geschrieben werden, die vor Intimitäten zurückschreckt oder sie fürchtet, denn die ungehemmte Darstellung des Ichs, im Selbstporträt, ist in jedem Brief enthalten. Das lag nicht in Woollcotts Macht. Sein ganzes Leben lang hatte er für sich eine *persona* geschaffen, eine Fassaden-Charakterisierung, dank derer er imstande war, mit solcher Lebenskraft und Intensität unter seinen

1 *The Letters* ... hrsg. von Beatrice Kaufman und Joseph Hennessey (1944).

Mitmenschen zu leben. Diese Bemerkung stellt ebensowenig eine Anklage wegen Heuchelei gegen ihn dar wie gegen die vielen Menschen, denen wir begegnen und die sich selbst und anderen eine ähnliche *persona* vorführen. In dem Sinne, in dem ich das Wort verwende (und der sich von dem in heutigen Diskussionen über poetische Technik so häufig verwendeten unterscheidet), ist *Maske* nur eine grobe Übersetzung von *persona*. Ihre Annahme geschieht unfreiwillig, ihr Träger kann sich ihrer Anwesenheit nie voll bewußt sein. Sie wurde schon in der Kindheit fixiert und ist vermutlich das Ergebnis eines Gefühls der Entbehrung oder Verletzung. Naturen, die in *personae* eingeschlossen sind, können sich nie der Gesellschaft der großen Briefschreiber anschließen, denn die Vermittlung des täglichen Lebens von einem Menschen an einen anderen ist für andere Leser nur interessant, wenn sie von einem Schreibenden aus seinem ganzen und ungeteilten Selbst heraus ausgedrückt wird. Eine *persona* kann lebendige Briefe diktieren; sie kann nicht einen bleibenden Wert vermitteln. Die Briefe von Lewis[-Carroll] Dodgson und Proust und Henry James sind von dieser Art – und wahrscheinlich auch ihre Konversation. Sie gestalten zu offensichtlich, was sie sagen. Die großen Briefschreiber hatten zwar ein tragisches oder rätselhaftes Element in ihrem Leben (nur solche Autoren konnten... das Triviale in den Rang von Literatur erheben; nur so waren sie imstande, das Triviale vom Bedeutsamen zu unterscheiden) – [Horace] Walpole, Madame de Sévigné, [Edward] FitzGerald –, aber ihre Leiden haben sie nicht dazu getrieben, sich ein *Alter ego* zu schaffen. Der William Cowper, der in dem Augenblick abgeschnitten wurde, in dem er sich auf dem Dachboden zu erhängen versuchte, ist derselbe Cowper, der uns durch seine Schilderung des Verhaltens eines Kaninchens im Garten oder seines Nachmittagsspaziergangs durch die Dorfstraße bezaubern kann.

Woollcotts *persona* war angenehm, Aufmerksamkeit fordernd, aufreizend, sentimental, moralisierend, und sie konnte Züge strenger moralischer Erhabenheit an sich haben. Sie war nicht nachdenklich noch nachgiebig noch geduldig, und sie war nicht geneigt, feine Unterscheidungen zu machen. Ihr Alter – allen *personae* haftet die Täuschung an, immer gleich alt zu sein – war ungefähr fünfzig, was schon die in der Kindheit geschriebenen Briefe zeigen. Sie verband die Elemente eines gütigen, nachsichtigen Onkels mit denen eines eigensinnigen, verschrobenen Haustyrannen. Gütig war er – und seine Korrespondenz zeigt, wie verschwiegen er war, was seine Freigebigkeit anbetraf –, aber seine *persona* forderte, daß er sich als Richter über die einfachen Tugenden projizierte, als eine Art von öffentlicher Statue philanthropischer Verantwortlichkeit. Er war zutiefst emotional, abhängig davon, Zuneigung zu geben und zu empfangen, aber seine *persona* – die aus irgendeiner Entbehrung und einer Angst, um alle Zuneigung betrogen zu werden, konstruiert war – trieb ihn zu einer Art von Verspottung der Ansprüche des Herzens. In seiner liebevollsten Stimmung konnte er einen Brief an einen Freund mit den Worten »Liebes Scheusal« beginnen. Sein großartiger Geist war in Schmähungen geschult worden – die vielleicht die Schule allen Geistes sind –, und sein ganzer Freundeskreis spielte das gefährliche Spiel, die gegenseitige Achtung in Herabsetzungen auszudrücken. Kein Wunder, daß es in beinahe allen seinen Freundschaften immer wieder zu Abkühlungen und gelegentlich zu heftigen Streitigkeiten kam. Er war manchmal ungerecht, und auch hier schaltete sich seine *persona* ein. Eines Irrtums überführt zu werden, war keine Erleichterung, sondern eine Demütigung; der universelle Onkel ließ keine allmähliche Vervollkommnung gelten. Während der zehn Jahre, in denen er als Theaterkritiker für die *New York Times* arbeitete, erwarb er sich einen Ruf wegen seiner ätzenden Bemerkungen. Ein lebhafter Satz aus seiner Feder konnte beinahe die Karriere eines Schauspielers beenden. Als er älter wurde, hütete er sich davor, solchen Schaden anzurichten. Über die Figur, die in der Komödie *The Man Who Came to Dinner* von George Kaufman und Moss Hart nach seinem Vorbild geschaffen wurde, sagte er, der einzige Aspekt, den er nicht als Spiegelung seines Charakters erkennen könne, sei, daß der Held die Dienstboten ausschimpfte. »Ich greife nur die Schwächen der Selbstsicheren und Mächtigen an«, sagte er, »nicht die von Menschen, die ihre Stellung daran hindert, sich zu verteidigen.«


565. Janet [Dakin]s Haus in Amherst, Mass., 7. September 1951.
    Woollcott – Fortsetzung...

Bühne und Podium sind, wie zu erwarten, Magneten für alle, die eine *persona* besitzen oder suchen. Dort kann man sich selbst so darstellen, wie es den eigenen Bedürfnissen entspricht. Es gibt viele Männer und Frauen in hervorragenden Stellungen, die aus ihrer Berühmtheit keine Befriedigung und aus der Tatsache, daß ihnen Millionen zustimmen, kein größeres Selbstvertrauen schöpfen. Für sie ist jede Leistung einsam, und Beifall erhöht eher ihren Zweifel an sich selbst. Woollcott ermöglichte es jedoch seine Rolle als ungeheuer erfolgreicher Rundfunkmann, sein Porträt bis ins feinste Detail zu gestalten. Nun konnten sich ihm Millionen anschließen, um denen ihre Zuneigung zu zeigen, die er bewunderte. Er führte eine Reihe von angeblich »überraschenden« Serenaden für Jerome Kern und Justice Holmes, William Allen White und Ethel Barrymore ein. Er konnte nach Herzenslust vom Hamilton College sprechen und einen noch größeren Kreis für die Ausbildung von Blindenhunden interessieren. Schließlich wurde er 1941 von der BBC nach England eingeladen, um zu der berühmten Serie der »Postskripta« zu den Elfuhrnachrichten beizutragen, und er machte seine Sache bemerkenswert gut.

Man hört häufig, daß niemand mehr Briefe schreibt, aber Woollcott rühmte sich nicht, besonders zeitnah zu sein. Seine *persona* war ungefähr auf das Jahr 1910 festgelegt; sie zog Briefe an. Aus der großen Zahl, die er erhielt, stellte er eine Sammlung von mehr als fünftausend Stück zusammen, die er der Harvard Library vermachte. Darunter befinden sich die Antworten der amerikanischen und britischen Öffentlichkeit auf seine Rundfunksendungen und Schriften ebenso wie Zeugnisse für seine warmherzige und doch strenge Auffassung von Freundschaft.

Von Zeit zu Zeit haben Gelehrte den Lesern Sammlungen von Briefen vorgelegt, die *an* eine hervorragende Persönlichkeit gerichtet sind. Sir Hugh Walpole, der sich im Laufe des Lebens allmählich eine *persona* zulegte, die der von Sir Walter Scott ähnelte (der selbst so ganz und gar keine hatte), der sich eine Art Abbotsford nahe der schottischen Grenze baute und der die Romane der Familie *Herries* (dt.: *Die Herries-Saga*) schrieb, kaufte die großen Kisten mit Briefen an Sir Walter und veröffentlichte zwei Bände. In Frankreich erschienen *Le Portefeuille de Lamennais* und *Le Portefeuille de Victor Hugo*. Bis zu welchem Grade kann ein Mann durch die Briefe, die an ihn gerichtet wurden, beschrieben werden oder – wie wir jetzt sagen – ein Profil erhalten? Die Antwort darauf führt uns wieder zum Problem der *persona* zurück. Wenn man die Mappen der Woollcott-Korrespondenz durchblättert, stellt man erstaunt fest, wie sehr die Briefe in der »Woollcott-Manier« geschrieben sind. *Personae* haben sozusagen eine ansteckende Kraft; sie tauchen in Persönlichkeiten (wie das Wort selbst suggeriert) wieder auf, die für Persönlichkeit empfänglich sind, und selbst diejenigen, für die allein die Unmittelbarkeit des Denkens und Empfindens entscheidend ist, erliegen dem Zauber der Persönlichkeit. Ihre Briefe beginnen, eine Art von mimetischem Echo zurückzuwerfen. Sogar Gertrude Stein, deren Briefe im allgemeinen von einer unerschütterlichen Individualität sind, beginnt einen Brief an Woollcott mit den Worten »Lieber Papa Woojums«.[1]


567. SS »VEENDAM«, FREITAG, 21. SEPTEMBER 1951. *Der scharlachrote Buchstabe.*

Ich las diese Geschichte noch einmal (mit der größten Schwierigkeit), nachdem ich einen Band Erzählungen von Nathaniel Hawthorne gelesen hatte, um in diesem größeren Maßstab meine Beobachtungen über Hawthornes *Tempo* zu überprüfen – die Verzögerung, die er dadurch bewirkt, daß er den letzten Teil seiner Sätze mit Dingen befrachtet, die schon ausgesprochen oder angedeutet wurden. In den Erzählungen kommt diese Praxis reichlich vor, durch die er irrtümlicherweise Würde zu erreichen versuchte. Ich finde, daß er sich, als er diesen Roman schrieb, beträchtlich korrigiert hatte; statt dessen erreicht er eine bewußte Langsamkeit dadurch, daß er... Adjektive, Verben und andere Formen *in Paaren* liefert – eine Praxis, die wahrscheinlich von den Parallelismen in der biblischen Dichtung und der ganzen Literatur, die sie kopierte, abgeleitet wurde...

Mein Interesse bei dieser neuerlichen Lektüre bestand darin, mir klarzumachen, weshalb mich meine Erinnerung an den Roman so sicher machte, daß er – in dem Sinne, in dem ich die zeitgenössischen Werke studierte – völlig »unamerikanisch« ist.

Hawthorne nannte diesen Roman (im letzten Satz) eine »Legende«.

Er ist ein religiöser Roman und ist es nicht. Gewiß, alle Hauptfiguren haben den Eindruck, daß sie ein religiöses Leben führen. Ihre Sünde ist nicht sozio-ethischer, sondern religiöser Natur; ihre (lange aufgeschobene) Buße ist nicht in erster Linie öffentliches Bekenntnis und öffentliches Leiden, sondern ein Bemühen, wieder eine richtige Beziehung zu Gott aufzunehmen...

Ist es für Hawthorne ein religiöser Roman, oder ist es seine Beschreibung der religiösen Gedankenwelt, in der sich diese Menschen bewegten?

---

1 Gertrude Steins Brief war nicht an Woollcott adressiert, sondern an Carl Van Vechten, der ihn offenbar auf Miß Steins Bitte an Woollcott weiterleitete, damit er möglicherweise einen Auszug daraus über den französischen Pudel Basket verwendete.

Ungewöhnlich ist, wie selten Gott außerhalb der direkt aufgezeichneten Gespräche und Gedanken der Figuren erwähnt wird, aber Hawthorne spielt an sehr wenigen Stellen noch auf die »Vorsehung« an. (Viel öfter jedoch spielt er auf Gott in Zusammenhängen an, in denen er die Einstellungen seiner Figuren schildert.) . . .

Die Seltenheit des Ausdrucks religiösen Glaubens auf seiten N. H.'s rührt jedoch, wie ich glaube, nicht von einer »Reservatio mentalis« her . . . Hawthorne betrachtete es als selbstverständlich, daß die Leser seine Überzeugung teilten, daß der Ehebruch eine Sünde wider Gott ist, daß Erlösung »Unsterblichkeit« bedeutet etc.

Und dennoch: wenn Hawthorne wirklich geglaubt hätte, daß die Probleme seines Romans religiöser Natur seien, wäre alles anders ausgedrückt worden. Es ist ein Roman mit einem ethischen Anliegen, und durch das Schwanken des Autors zwischen dem Religiösen und dem Ethischen entstehen alle Elemente in bezug auf Inhalt und Stil, die das Buch so unbefriedigend machen. Die Tatsache, daß es para- oder pseudoreligiös ist, lähmt die Freiheit der Figuren; die Tatsache, daß es ethisch ist – aber nicht nur ethisch –, verhindert, daß sie uns als wirkliche Menschen erscheinen.

Religion ist Leidenschaft oder gar nichts, und die Religion versetzt jede Ethik und jede Moral in etwas Relatives, in einen fließenden Zustand, oder sie ist nichts. Und Hawthornes lauwarme und rein konventionelle Einstellung zu dieser religiös motivierten Gemeinschaft hat die unglücklichsten Auswirkungen: 1. Sie erweckt den Anschein, daß die Figuren – und er – alle Phrasen dreschen, wodurch sie alle als unreif erscheinen, sich alle in einer hermetisch versiegelten Welt von starren, kraftlosen und dummen dogmatischen Anschauungen bewegen, und 2. sie erlaubt ihm, ständig den Standort zu wechseln – in einem Augenblick sentimental zu sein und im nächsten intellektuell grausam.

Für Hawthorne ist die Hauptsünde, die er uns vorzuhalten behauptet, daß man auf den Verstand hört und nicht auf das Herz. Er leidet jedoch unter der Zwangsvorstellung, daß Sex Sünde ist. Aber Sex ist dem Herzen näher als dem Verstand, und N. H. verfängt sich auch sofort in einer Reihe von Widersprüchen, die in seinem ganzen Buch Verheerungen anrichten. Hesters Versicherung: »Was wir taten, hatte seine eigene Weihe«, läßt nicht nur Dimmesdale kalt, sondern auch Hawthorne. Gretchen [im *Faust*] und Anna Karenina werden von der Gesellschaft und von ihren Liebhabern zerbrochen, aber nicht von ihren Dichtern. Hester wird von ihrem Schöpfer verleugnet, der für sie nur die kalte Rechtfertigung übrig hat, daß sie – wäre sie weniger »unrein« gewesen – einen Kreuzzug für das bessere Verständnis der Frauen hätte beginnen können.

Hawthorne hätte diesen Roman in weltlichen Begriffen schreiben können (*Anna Karenina*) oder in religiösen Begriffen (Dostojewski); er glaubte, ihn in religiösen Begriffen zu schreiben, aber seine religiöse Bildung war ohne Überzeugung oder Leidenschaft. Er verwendet gewisse religiöse Formeln als vagen Hintergrund, als Steigerung einer Art von *faux-sublime*...

Von dieser laxen Religiosität rühren auch die stilistischen Fehler her. Hawthorne erklärt, daß er eine Romanze schreibt. Er sagt mit Nachdruck, daß der kluge Romanzenschreiber »das Wunderbare eher als einen leichten, zarten und flüchtigen Duft beimischt denn als einen Teil der wirklichen Substanz des der Öffentlichkeit dargebotenen Gerichts«. Ja, so wäre eine Legende, und so wäre eine Romanze. Aber wenn er es nur voll erkannt hätte, würde er seine Wahl getroffen haben: dies ist keine Romanze und keine Legende, sondern eine regelrechte Geschichte der Probleme von Gut und Böse in den Augen Gottes. Gerade vom Wunderbaren handelt ein religiöser Roman, und in jeden seiner Winkel dringen die Strahlen des übernatürlichen Zentrums. Das so anwesende Wunderbare gestattet nur schwer die Mitanwesenheit sekundärer Anreize für Verwunderung oder Erschütterung. Aber Hawthorne will auf einer Ebene den Unmenschen, verkörpert in Chillingworth, haben und auf einer anderen eine Andeutung von engelhaften Zügen (ironisch dargestellt, aber ihre Möglichkeit ist impliziert) in Dimmesdale. Und auf einer dritten Ebene den ganzen Hokuspokus des zeitgenössischen Aberglaubens...

Dieser ungeordnete Supernaturalismus verleitet Hawthorne zu einer weiteren chaotischen Emotion: Die Natur wird von einer sehr aktiv tätigen Intelligenz beherrscht. Wenn man das Buch noch einmal liest, muß man unwillkürlich auflachen am Anfang des 5. Kapitels. Hester tritt heraus in den »Sonnenschein, der, auf alle gleich niederfallend« etc. Nicht in diesem Buch fällt er auf alle gleich nieder, denn Hawthorne schaltet ihn ein und aus, um seiner mühsamen Symbolik zu dienen. Im 18. Kapitel mit dem Titel »Eine Flut von Sonnenschein« fällt er auf Hester – »so groß war die Sympathie der Natur«. Dieses allgegenwärtige Schalten mit einer »Sympathie in der Natur« – der niedrigsten Form religiösen Empfindens – macht uns am deutlichsten klar, wie wenig es Hawthorne zustand, sich auf einen religiösen Roman einzulassen.

176

Alle diese Unvereinbarkeiten öffnen einer Welt von Plattheit und Sentimentalität Tür und Tor...

Letztlich reduziert dieser didaktische, moralisierende Tenor des Werkes, unterstützt durch die Sanktion dieser vagen Religiosität, die Figuren auf Automaten...

Das ist der Gifthauch des doktrinären Romans: daß er den Figuren die Freiheit nimmt. Es ist schlimm genug, daß ihnen in solchen Romanen (unser Gefühl für) ihre Zukunft geraubt wird; bei Hawthorne geht es so weit, daß sie sogar ihrer Gegenwart beraubt werden.

In diesem Sinne ist N. H. so unamerikanisch. Alles ist gekennzeichnet durch eine Unterwerfung unter allgemein anerkannte Ideen. Er beschreibt nicht nur eine frühere Zeit, er nimmt sie in sich auf.

568. SS »VEENDAM«, SAMSTAG, 22. SEPTEMBER 1951. Amerikanische Aspekte von *Der scharlachrote Buchstabe* und das Unamerikanische.

Was an diesem Roman unamerikanisch ist, ist offensichtlich.

Zudem muß jedoch darauf hingewiesen werden, daß er viel Lehrreiches bezüglich der negativen Aspekte des amerikanischen Charakters enthält; und er enthält auch einige der amerikanischen Züge in einem wehmütigen, verkümmerten, ungeschickten, schlecht verarbeiteten Zustand.

Da ist erstens das berühmte Neu-England-Gewissen. Die Figuren sind gebeugt und bedrückt vor Selbstvorwürfen; das Leben kann nicht weitergehen, weil man *sich selbst* erniedrigt hat, indem man den Erwartungen von der eigenen Vortrefflichkeit nicht gerecht wurde (das Unrecht, das man anderen angetan hat, kommt ganz entschieden erst in zweiter Linie). Es könnte gut sein, daß Whitman nach der Lektüre dieses Romans seine berühmten Zeilen über die Kühe schrieb, die sich nicht wegen ihrer Sünden grämen.[1]

Zweitens: am empfindlichsten ist das Gewissen in bezug auf Sex. Dimmesdales Feigheit und Heuchelei hängen damit zusammen. Die Überentwicklung von Chillingworth's Intellekt führte zu seinem »Unrecht« gegenüber Hester, indem er sie heiratete.

---

1 »Ich glaube, ich könnte eine Weile bei den Tieren leben... /Sie liegen nicht wach im Dunkeln und weinen um ihrer Sünden willen.« *Leaves of Grass* (1855) [dt.: *Grashalme*] Zl. 683, 686.

Drittens: Buße ist öffentliche Buße, was zeigt, in welchem Maße Sünden als Verstöße gegen eine soziale Ordnung empfunden werden. Es ist charakteristisch, daß, als die Situation schließlich an die Öffentlichkeit kommt, die drei Hauptpersonen keine andere Wahl haben, als »fortzugehen« – zwei in den Tod und Hester nach Europa. Pearl, dieses Kind der Scham und Sünde, heiratet einen europäischen Adeligen; so als wollte es Hawthorne jedem Amerikaner ersparen, eine solche Möglichkeit der Katastrophe auf sich zu nehmen. Hester kehrt zwar viele Jahre später nach Boston zurück, aber das gehört dann schon zu unserer legendären Atmosphäre.

Diese drei Charakteristika sind nicht ausschließlich amerikanisch – sie sind aber zutiefst protestantisch, und sie sollten eine große Entwicklung in Amerika durchmachen.

Die amerikanischen Elemente im verkümmerten Zustand sind:

1. Die Moral, die, wie man uns sagt, unter vielem anderen aus Dimmesdales Leben abzuleiten ist: »Sei wahr! Sei wahr! Sei wahr! Zeige der Welt frei, wenn schon nicht deine schlimmste Seite, so doch einen Zug, aus dem auf das Schlimmste geschlossen werden kann!«

Dieses erstaunliche Gebot klingt wie ein verzerrtes Echo der Predigt Father Mapples.[2] Was bedeutet es? Es ist eine monströse Variante von Sei du selbst, und nichts anderes läßt sich daraus machen.

2. Das merkwürdig ausgedrückte Vertrauen in die Menschenmassen: »Wenn eine ungebildete Masse mit ihren Augen zu sehen versucht, läßt sie sich außerordentlich leicht täuschen. Wenn sie aber, was sie gewöhnlich tut, den Eingebungen ihres großen, warmen Herzens folgend, ihr Urteil bildet, sind die Schlüsse, zu denen sie so gelangt, oft so tief und unfehlbar, daß sie den Charakter übernatürlich enthüllter Wahrheiten besitzen...«

Das ist die richtige Melodie, dadurch entstellt, daß sie in der falschen Tonart gespielt wird. Hawthorne steckt voll von sentenziösen Bemerkungen, oft in der Manier der französischen *moralistes*, aber die meisten von ihnen sind entweder von zweifelhafter Gültigkeit oder Gemeinplätze.

2 *Moby Dick*, 9. Kapitel.

570. Hotel Montalambert, Paris, 29. September 1951. Anouilh und die Frau in Frankreich.

Gestern abend ging ich zu Anouilhs *Colombe*, derzeit der große Erfolg; morgen sehe ich mir seine *Ardèle* an, die ich noch einmal gelesen habe, und ich habe *La Répétition* gelesen.

Wieder, wie in Eintragung 490 [20. September 1950] muß ich versuchen, meine Gedanken über diese Angelegenheit zu ordnen; sie sind verworren. Eine Mlle. [X.] von den *Nouvelles Littéraires* aß mit mir zu Mittag. (Ich fürchte das, was sie aus unserem Gespräch für den Druck ausgewählt haben mag.) Ich mußte ihr sagen, daß ich erstaunt bin über die niedrige Meinung von den Frauen, die sich in einem so großen Teil der modernen französischen Literatur ausdrückt. Sie stimmte mir zu und gab der starken Zunahme der Päderastie die Schuld; ich behauptete, es gehe viel tiefer als das, und beide Phänomene könnten eine gemeinsame Ursache haben.

Seit dem Mittagessen ist mir die Idee gekommen: es ist *der Mann, der ständig durch seine Beziehungen zu Frauen lächerlich gemacht wird,* und *das* ist das Unerträgliche. Nicht nur klingt das Wort *cocu* wiederholt in allen Stücken Anouilhs an: in *La Répétition* hält es Anouilh für komisch, den Ausdruck auf einen Liebhaber anzuwenden, dem die Geliebte von einem anderen Mann abspenstig gemacht wird, und es ist eine zentrale Situation in *Ardèle*, wo ein Liebhaber diese Art von Groll gegen den Mann seiner Geliebten (den Grafen) hegt.

Das kann sehr weit gehen. Ein Franzose haßt eine Frau, weil sie ihn durch einen anderen ersetzt hat oder ihn eines Tages durch einen anderen ersetzen wird. Ein Franzose ist wütend darüber, daß er nicht der einzige und ausschließliche Mann fürs Leben, im Leben einer Frau ist. Und damit sind wir wieder beim Ödipuskomplex angelangt.

Aber da ist noch etwas: wenn man darüber nachdenkt – ist nicht die Rolle des *Vaters eines Sohnes* eine besonders ungeschickte in der französischen Literatur? Hat ein Vater in Frankreich *Würde*? Das heißt: spielt in einem matriarchalischen Land ein Vater nicht eine Rolle, die dem Lächerlichen gefährlich nahekommt? – das heißt ein Vater, der Vater, der Mann?

Ich habe überall meine Doktrin zum besten gegeben, daß Amerika vom Patriarchat zum Matriarchat übergeht, und ich habe auf all die Belastungen und den Streß hingewiesen, die sich aus einem solchen Übergang ergeben müssen.

Könnte Frankreich drauf und dran sein, vom Matriarchat zum Patriarchat überzuwechseln? Gibt es ein solches Gesetz des Pendels? Welches wären die Anzeichen? Gewiß, die Folgen des Matriarchats werden nun bis zu ihren letzten, grotesken Grenzen enthüllt. Was kommt als nächstes?

Und all das hängt irgendwie mit Gides *Journal* zusammen... dessen letzte Rate soeben erschienen ist: *Et nunc manet in te, suivi de Journal Intime* ([Neuchâtel], Ides et Calendes 1951). Zuerst ein Bericht über das Leben mit seiner Frau, dann einige Teile des *Journal*, die damit zu tun haben – alles so schrecklich wegen seiner Dummheit und Grausamkeit, und dazu so viel *mauvaise foi* beim Erzählen, daß es zu bodenlos ist, um diskutiert zu werden. . . .

Doch um auf die eigentliche Behauptung zurückzukommen: Was einen an all dem immer wieder überrascht, ist, daß einem auf der Straße jeden Augenblick die Tatsache auffällt, daß die französische Nation außerordentlich *saine* ist; daran ist nicht zu zweifeln. Diese so häufig unstabilen Organisationen werden getragen von der großartigen gesunden Vernunft ihrer Diät und von der glänzenden geistigen Absicherung durch ihren Egoismus. Gesund sind sie, und sie tun – unter diesem Gesichtspunkt – recht daran, sich ihre Ichbezogenheit zu bewahren.

*Postskriptum*: Ich suche immer nach Beweisen für meine Behauptungen in der Syntax, im Stil, in der Wortwahl der Autoren. Es gibt eine bei Anouilh, die seine ganze schmerzerfüllte Wut gegen die Frauen verrät. In diesem Fall ist es nicht nötig, nach solchen Beweisen zu suchen, aber dieses verräterische Verplappern ist nun einmal da.

Überall in den Stücken ergehen sich die Männer in Schmähungen gegen treulose Frauen oder widerspenstige *partenaires* und werfen ihnen vor, etwas Drohendes an sich zu haben oder ein Desideratum überzubewerten – und dann geben sie die anatomische Lage der Geschlechtsteile an: »*entre vos jambes.*« Irgendwie treibt das in ihrer Vorstellung die Kränkung und Erniedrigung auf die Spitze.

Aber selbstverständlich ist das keineswegs eine Herabsetzung. Es zeigt lediglich, daß ein anatomischer Ort für Anouilh die ganze emotionale Intensität seiner Natur angenommen hat. Es ist, als wollte jemand rufen: »*Vous m'avez giflé avec cette main au bout de vos bras.*«

Ich hoffe, daß ich in Zukunft diese Art von Beobachtung auf einem ganz anderen Gebiet anwenden kann: bei den stilistischen Problemen Thoreaus und Melvilles.

575. Hotel Legris et Parc, Fontainebleau, [Frankreich,]
3. Oktober 1951. Memoiren: eine Begegnung mit Gurdjieff in
Fontainebleau.

Zum Spaß will ich einmal sehen, ob ich mein Gedächtnis durch eine
Übung im Erinnern stärken kann. Diejenigen, die mich am besten kennen, haben sich lange darüber gewundert, daß ich kein Gedächtnis für
Ereignisse und (bis vor kurzem) ein bemerkenswert gutes Gedächtnis
für Literatur und Kunst habe. Letzteres ist natürlich nur bemerkenswert für Menschen, die für diese Dinge ein, wie man sagt, nur flüch-
tiges Interesse aufbringen. Ich war immer davon überzeugt, daß ich nie
meine Memoiren schreiben werde, ja, ich ging sogar so weit, diesem
hypothetischen Band den Titel »Wenn ich mich recht erinnere« oder
sogar »Ich erinnere mich nicht« zu geben. Es wäre gut, wenn ich einmal
in diesem Tagebuch mit mir selbst über die Gründe für mein kurzes
Gedächtnis spräche. Zu verschiedenen Zeiten in meinem Leben – gewöhnlich in Perioden einer kurzen und angenehmen Schlaflosigkeit –
habe ich dieses Experiment in Selbstanalyse versucht, das die Geduld
mit einer vollkommenen Erinnerung zu belohnen verspricht, und ich
habe tatsächlich festgestellt, daß eine nicht überanstrengte Konzentration auf, beispielsweise, meine Kindheitstage in Madison oder Hongkong eine erstaunliche Menge verlorenen Materials zutage fördern
kann.

Im Falle einer Episode von der Art, die ich berichten will, gibt es
einen zweiten Grund für ihre wahrscheinliche Oberflächlichkeit, nämlich den, daß ich sie öfters erzählt und »ausgeschmückt« habe, um
andere zu amüsieren. Das Ergebnis solcher Schilderungen – die Gespräche mit Freud, sogar die mit Gertrude Stein, die Begegnungen mit den
[F. Scott] Fitzgeralds – ist, daß die Erinnerung sofort zu einer Stilisierung erstarrt ist. Man erinnert sich zuletzt nicht an das, was geschehen
ist, sondern an die erste Erzählung dessen, was geschehen ist, und diese
ist tief zugedeckt mit den Kommentaren, Folgerungen und sogar den
Moralisierungen, mit denen man sie den Zuhörern empfahl.

Das trifft besonders auf den vorliegenden Fall zu.

Ich glaube, diese Ereignisse trugen sich auf der Reise zu, die ich
ungefähr 1927 unternahm, d. h., als ich *Die Brücke von San Luis Rey*
schrieb.

Auf dem Schiff nach Neapel war einer meiner Mitreisenden ein
ehemaliger Student in Lawrenceville, [X], ... der nicht nur wohlgebo-
ren ... sondern auch reich war. Er war in Lawrenceville und anderen

181

Schulen und schließlich in Princeton durchgefallen, hatte sich allen möglichen Zerstreuungen hingegeben und war gerade intelligent genug, um etwas zu empfinden, was man Verzweiflung nennen konnte. Ich glaube mich an einen Spaziergang auf dem Deck zu erinnern, bei dem er mir sagte, daß er... nachdem er zwei Jahre zuvor von Gurdjieffs Institut für die harmonische Entwicklung des Menschen in Le Château des Enfants in Fontainebleau gehört hatte, als Patient dorthin gegangen war, ein Jahr dort verbracht hatte, dann in die Vereinigten Staaten zurückgekehrt war und nun wieder nach Fontainebleau fuhr.

Gurdjieffs Institut wurde damals gerade bekannt, weil sich Katherine Mansfield in ihm aufgehalten hatte und dort gestorben war... Unlängst war ein Artikel darüber in der *New Republic*[1] erschienen, aus dem ich gern die Anekdote von irgendeiner schottischen alten Jungfer hohen Standes erzählte (ich nannte sie die Ehrenwerte Angela Balfour). Gurdjieff hatte ihr befohlen, auf einen Baum zu klettern und herunterzufallen. »Aber ich werde mich verletzen, Mr. Gurdjieff!« – »Ja, Sie fallen runter, Sie verletzen sich, Sie nicht sterben.« (Ich pflegte das mit meinem schulmeisterlichen Kommentar zu erzählen, daß sie in ihrem Leben nichts getan hatte, was ihr nicht mit Vernunft erklärt worden war – aber in einem durch ihre Klasse beengten Sinne von Vernunft.) [X] sagte mir, daß der Meister alle Sprachen der Welt sprechen konnte, ohne sie gelernt zu haben – einfach indem er konzentriert in das Erinnerungsreservoir der Rasse eintauchte; daß er Millionen verdient und wieder verloren hatte – er war Levantiner, so etwas wie eine russisch-bulgarisch-türkische Mischung, und hatte sich im Weizengeschäft versucht – und daß er sich nie auch nur einen Augenblick um Geld zu sorgen brauchte: er brauchte es nur zu *wollen* und hatte es auch schon. (Das war nur allzu wahr. Als er später nach New York kam und im Columbus Circle Child's Restaurant seinen Stammtisch hielt, wußte man, daß er sich in beengten Verhältnissen befand. Das wurde wie folgt erklärt: Hier in Frankreich hatte er bei seinen Experimenten mit dem Okkulten einen Fehler begangen; er hatte die dunklen Mächte beleidigt und war durch einige Unfälle bestraft worden. Ich glaube, er brach sich das Rückgrat und verlor zu-

---

1 Der Artikel (der die »Balfour«-Anekdote nicht enthält) war Carl Zigrossers »Gurdjieff«. Er wurde in der Ausgabe vom 5. Juni 1929 gedruckt. Thornton Wilders Begegnung mit Gurdjieff fand 1931 statt, *nach* – nicht vor – dem großen Erfolg von *Die Brücke von San Luis Rey* (erschienen am 3. November 1927).

gleich einiges von seinen magischen Kräften.) [X] fügte hinzu, daß er ein Buch schrieb, das große Buch, das pro Exemplar 5000 Dollar kosten sollte, daß er einmal in der Woche nach Paris fuhr, wo er einen Tisch im Café de la Paix hatte, zu dem seine früheren Schüler kamen, um Führung und Unterweisung zu erhalten, daß er ein- oder zweimal im Jahr ähnliche Konsultationsstunden in Berlin, Zürich etc. abhielt und daß seine Gäste im Institut bei Tisch von seinen vielen unehelichen Kindern bedient wurden, meistens sehr schönen Mädchen (und sie waren Mädchen und meistens schön). [X] bat mich, ihn aufzusuchen, wenn ich je nach Fontainebleau käme, und versprach, mich dem Meister vorzustellen.

Viele Monate später kam ich nach Fontainebleau und in dieses Hotel. Erst als ich im Park umherspaziert war, erinnerte ich mich plötzlich an [X]. Ich rief im Château des Enfants an und lud ihn zum Abendessen ein. Er wollte mich unbedingt schon am nächsten Morgen Gurdjieff vorstellen. Ich erkannte bald, daß [X] der geduldete Narr des Instituts war. Er war eifrig und ergeben, aber er brachte nicht den tiefen Ernst auf, der dort so seltsam mit einem Element von Possenreißerei abwechselte. [X] hatte das Gefühl, daß es sein Ansehen fördern würde, wenn er mich als seinen Freund einführte.

Gurdjieff saß jeden Vormittag auf der Terrasse eines Cafés in der Hauptstraße der Stadt. Er trank Kaffee und Kognak und verlangte, daß jeder in seinem Gefolge dasselbe trank. Er war dabei, sein Buch in mehrere Sprachen zu übersetzen. Für jede Sprache hatte er eine Gehilfin, und alle waren sie schöne Frauen. Ich wurde ihm also am nächsten Vormittag um elf vorgestellt. Er grinste und forderte uns auf, uns zu setzen und Kaffee und Kognak zu trinken. Er beriet sich mit einer sehr schönen Französin flüsternd über seinen Text. Schließlich wandte er seine Aufmerksamkeit mir zu. Ich kann mich an sein Gesicht nicht erinnern. Ich weiß nur noch, daß es zugleich verschlagen und jovial, arrogant und clownhaft war. Er sah aus wie ein sehr intelligenter armenischer Teppichhändler. Er stellte eine Reihe von Fragen und lachte zu jeder übertrieben laut. Dann bestellte er noch mehr Kognak und Kaffee und begann unter großem Gelächter und mit viel Clownerie zu erklären:

»Auf der Welt jeder Idiot. Einundzwanzig Arten von Idiot: einfacher Idiot, ehrgeiziger Idiot, mitleidiger Idiot, objektiver Idiot, subjektiver Idiot – jeder eine Art Idiot.«

»Gut«, sagte ich, »ich glaube, ich weiß, was für eine Art von Idiot ich bin: ich bin der subjektive Idiot.«

»*Non. Il ne faut pas aller trop vite. Il faut chercher – – – – Mais vous êtes idiot type vingt: vous êtes idiot sans espoir!*«

Diese Beleidigung kränkte mich nicht, obwohl er schallend lachte. Die Art, wie ich sie aufnahm, schien ihm zu gefallen, denn er wandte sich an [X] und bat ihn, mich an diesem oder am nächsten Abend zum Essen ins Château mitzubringen.

Ich hatte angefangen, ihn zu mögen, und seine Blicke ruhten beinahe liebevoll auf mir. Er hielt mir sein Glas entgegen und sagte – vor Lachen beinahe unfähig zu sprechen:

»Ich auch Idiot. Jeder Idiot. Ich Idiot *type vingt-et-un*: Ich« – er hielt den Zeigefinger nachdrücklich in die Höhe – »Ich der *einzigartige* Idiot« – und er lachte laut und selbstgefällig.

Ich glaube, ich muß einen Teil dieser ersten Begegnung vergessen haben . . . denn wenn ich sie schilderte, fügte ich gewöhnlich hinzu:

»Ich hatte das Gefühl, daß Gurdjieff von dem Wunsch besessen war, Seelen zu beherrschen, und daß er sehr klug war – so klug, daß er einsam war. In seiner Einsamkeit fand er keinen anderen Ausweg, als mit anderen Geistern zu spielen, immer einen Schritt weiter zu denken als der Mensch, den er vor sich hatte. Hier beleidigte er mich zuerst grob, dann weniger grob, bis er schließlich den Finger auf den Punkt legte, der mich am meisten schmerzen mußte. Das tat er dann auch, aber ich habe vergessen, was es war. Während seiner Beleidigungen sagte er jedoch interessante Dinge, und von diesen sollte man sich angezogen fühlen, wenn man es wert war.

Was mich hier anzog, war die Kategorie ›mitleidiger Idiot‹. Ich hatte Nietzsche noch nicht gelesen, aber ich war reif für eine Ausarbeitung des Themas, daß Mitleid und Erbarmen eine Schwäche seien – ausgerechnet ich, der aus einer Gedankenwelt kam, in der diese Worte ein absolutes Ansehen genossen.«

*8 Uhr 30 abends*

Während ich mir auf meinem Spaziergang diese Erinnerungen durch den Kopf gehen lasse, fällt mir immer mehr wieder ein. Ich will sie jetzt für einige Stunden ausschalten, meinen Emerson wiederaufnehmen, dann meine Aufmerksamkeit wieder Gurdjieff zuwenden, während ich einschlafe. Wieder ein Experiment, um zu sehen, ob das so angeregte Gedächtnis während des Schlafes und danach Material zurückbringen kann.

578. Hotel Legris et Parc, Fontainebleau, [Frankreich,] Montag, 8. Oktober 1951. Memoiren II: Begegnung mit Gurdjieff, Fortsetzung.

Diese Übungen haben tatsächlich viele Erinnerungen zurückgerufen, aber es ist immer noch das, »was ich mich erinnere, erzählt zu haben«.

An diesem Abend oder dem folgenden fuhr ich mit dem Taxi zum Essen im Château des Enfants... ein protziges Gebäude mit einer großen weißen Fassade, das früher das Waisenhaus eines reichen Philanthropen beherbergt hatte. Davor umgab eine mit Kies bestreute Terrasse ein rundes Blumenbeet. Ein Auto war in der Auffahrt geparkt, und neben ihm standen Gurdjieff und eine Dame. Ich sollte beim Essen neben dieser Dame sitzen. Sie stammte aus Des Moines oder Omaha und war eine jener traurigen, schönen Strohwitwen, deren melancholische Sanftheit anzudeuten scheint, daß das Leben ungerecht und unfreundlich ist. (Später in Zürich sollte ich noch zwei von dieser Art kennenlernen, die sich auf ähnliche Weise in der Nähe von Jungs Institut aufhielten.)

Gurdjieff begrüßte mich mit seiner clownhaften Jovialität und stellte mich der Dame vor. Gleich darauf sagte er zu ihr: »Riechen Sie an ihm und sehen Sie, ob er Geld hat.« Er schnupperte an mir. »Ja, ich rieche ihn. Ich glaube, daß er Geld hat.« Entspanntes Gelächter.

Ich halte das immer noch für brillant. Er wußte: ich dachte, daß er Menschen mit Geld anzog und (wie Rasputin und Frank Buchman) solche Macht über sie ausübte, daß sie ihm ihre Schecks förmlich aufdrängten. Und daß er das auch mit [X] getan hatte. Hier brachte er nun den Verdacht offen ans Licht.

Vor dem Abendessen stellte mir [X] noch einen anderen Insassen vor. Er hatte kürzlich seine Studien in Princeton abgeschlossen und stammte aus einer alten amerikanischen Familie. Ich habe seinen Namen vergessen und will ihn Rogers nennen. Weder [X] noch Rogers war Neurotiker. Vielleicht... waren sie Söhne neurotischer Mütter, die ihnen zusammen mit dem Willen auch jedes Gefühl der Beziehung zu ihrer Umwelt genommen hatten; sie waren Hedonisten ohne Narzißmus. Rogers hatte den Ehrgeiz, Schriftsteller zu werden. Er erklärte, daß man im Institut lediglich »weiterhin tat, woran man interessiert war«. Ich erfuhr, daß es keinen Unterricht gab, daß man aber von Zeit zu Zeit ein Gespräch mit dem Meister hatte. [X] und Rogers führten mich umher. Sie zeigten mir Blumen- und Gemüsegärten, in denen sie ab und zu arbeiteten, das Badehaus, wo jeden Samstag abend ein gemeinsames Bad stattfand, teils Tanz, teils Party, teils Ritual, den Raum über dem Kuhstall, wo Katherine Mansfield bis zu ihrem Tode im Jahre 1923 lebte. (Ich las seither, daß das Schlafen über einem Kuhstall eine alte »Volks«-Kur für Schwindsucht ist.)

Das Abendessen wurde auf einem einzigen großen Tisch serviert. Wir müssen unserer fünfundzwanzig gewesen sein. Vor jedem Platz stand eine Flasche Kognak. Ich saß zur Rechten eines Mannes von etwa vierzig Jahren – eines Russisch sprechenden Franzosen, glaube ich –, dem mich Gurdjieff zuwies. Wir saßen ungefähr auf dem fünften und sechsten Platz rechts von Gurdjieff. Man sagte mir, daß viele der Gäste mittellose russische Flüchtlinge waren, die er dort erhielt. Wie vorausgesagt, wurden wir von einer Schar gesunder, hübscher und lächelnder Mädchen zwischen dreizehn und sechzehn Jahren bedient. Das Wichtigste, was einem während des ganzen Essens auffiel, war, daß sich Gurdjieff laut, jovial und clownhaft gab und daß alle Gäste stumm, nachdenklich und verschlossen waren. Die Frau aus Omaha zu meiner Linken erklärte, das Schlimmste, was man im Institut erlebe, seien nicht die intimen Unterredungen, die man von Zeit zu Zeit mit dem Meister hatte, sondern die – oft Wochen dauernden – Perioden, in denen er nicht mit einem sprach und einen überhaupt nicht zur Kenntnis zu nehmen schien. Ich bemerkte bald, daß die Augen der ganzen Gesellschaft oft auf mich gerichtet waren: Ich war der Neue, der nächste, der das Fegefeuer erlebte, das sie durchmachten. Sie hatten auch allen Grund, mich anzusehen, denn Gurdjieff wandte seine Aufmerksamkeit ständig mir zu. Er prostete mir immer wieder mit Kognak zu. Oft fragte er meinen »Führer« (ich glaube, mich zu erinnern, daß sie miteinander russisch sprachen), was ich zu ihm gesagt hatte. Eine große Menge Kognak wurde getrunken, denn Gurdjieff hob immer wieder sein Glas und schlug vor, auf die eine oder andere der einundzwanzig Kategorien von Idioten zu trinken. Das Hauptgericht war ein Hammel, der auf einer großen Platte hereingebracht wurde. Der Kopf war noch dabei, und er lag in einem Bett von gedünsteten Früchten aller Art. Er war gut. Ich war ein wenig beschwipst vom Kognak und amüsierte mich. Gurdjieff und ich waren die einzigen glücklichen Menschen am Tisch. Hier läßt mich nun mein Gedächtnis im Stich, aber ich weiß, daß ich in einem bestimmten Augenblick auf eine Frage Gurdjieffs eine Antwort gab, die beinahe eine Frechheit war, und daß sie dem Meister gefiel.

Nach dem Essen gingen etwa fünf von uns in ein anderes Zimmer, an dessen einem Ende sich eine Art Diwan auf einem Podium befand.

Gurdjieff setzte sich auf den Diwan und ließ sich eine Art Zither bringen.

»Ich singe euch Lieder vor«, sagte er. »Wenn ich in Paris, in Berlin singe, es kosten zweihundert Dollar. Ich schenke euch zweihundert Dollar.« Ich habe die Lieder und ihren Vortrag völlig vergessen.

Dann sagte er: »Ich lasse euch mein Buch lesen. Wenn mein Buch erschienen, es kosten fünftausend Dollar. Ich schenke euch fünftausend Dollar.«

Zu diesem Zweck wurde ich Rogers' Obhut übergeben. Es wurde ihm nachdrücklich eingeschärft, mich nicht aus den Augen zu lassen, während ich das Manuskript las. Bevor wir uns trennten, bat mich Gurdjieff, am nächsten Samstagabend zur Bade-Party zu kommen. Man hatte mir gesagt, daß die Bäder im Institut von der russisch-baltisch-finnischen Art waren, und ich fragte Gurdjieff, wie sie für das menschliche System gut sein konnten, da man in der Natur keine Bedingungen vorfinden kann, unter denen der unmittelbare Wechsel zwischen heißem und kaltem Wasser möglich wäre, und ich sprach zuletzt von der Entwicklung des menschlichen Körpers während der Hunderttausende von Jahren, bevor solche künstlichen Bedingungen geschaffen werden konnten, und fragte, ob eine solche Berufung auf die natürlichen Bedingungen nicht richtig sei.*

Gurdjieff antwortete nicht direkt auf meinen Einwand, aber er bereitete ihm eine Art von unbändigem Vergnügen, so daß er rief: »Alle Amerikaner schmutzig. Sie baden zu oft. Alle Amerikaner schmutzig.« Dann zeigte er mit einem listigen Blick auf mich und sagte: »Sie kein quadratischer Idiot, Sie ein *runder* Idiot.« Rogers, [X] und ich gingen dann in eine Reihe kleinerer Räume, und man gab mir, in Englisch auf der Maschine geschrieben, das erste einleitende Kapitel von etwas, was später »The Tales of Beelzebub« hieß (und kürzlich unter wieder einem anderen Titel gedruckt wurde[1]). Ich war nicht sehr beeindruckt. Alles, woran ich mich jetzt noch erinnere, ist eine Art allegorischer Phantasie, die der Parabel von dem Lenker zweier Rosse aus Platons *Phaidros* ähnelte. [X] und Rogers schlugen eine Schachpartie vor und gingen des

---

* Diesen Teil und mehrere andere, die ich noch erzählen werde, hatte ich vergessen. Nachdem ich den ersten Teil der Eintragung 575 beendet hatte, machte ich einen Spaziergang. Ich stellte mir die Aufgabe zu versuchen, mich an die Geschehnisse zu erinnern. Diese Einzelheiten fielen mir nach und nach wieder ein, aber nicht, weil ich mich an die Vorfälle selbst erinnerte, sondern daran, was ich *zu erzählen pflegte*. Sie sind deshalb nicht weniger wahr, aber sie sind eben keine echten Erinnerungen.

1 *All and Everything*, Bd. I, 1950.

Lichtes oder des Tisches wegen in das nächste Zimmer und ließen die Tür zwischen uns offen. Wegen dieses Verstoßes gegen die Anordnung Gurdjieffs wurde Rogers aus dem Institut ausgewiesen. Er mußte seine Koffer packen und gehen.

Das hörte ich später, als ich Gurdjieff aufsuchte, um mich zu verabschieden. Die stürmische Entlassung fand gerade statt. Ich nahm an, Gurdjieff hatte den Befehl erteilt, um sicherzugehen, daß ich nichts aus seinem Text abschrieb, um ihn zu plagiieren oder lächerlich zu machen. Ich sagte zu ihm: »Aber Mr. Gurdjieff, Sie könnten doch *an meinen Augen* (sic!) sehen, daß ich mit Ihrem Buch nichts tun würde, was Ihnen nicht recht ist.«

»Nein«, schrie Gurdjieff. »Er nicht tun, was man sagt. Er gehen!«

Dann wandte er sich mit strahlender, einladender Miene an mich: »Sie kommen und bleiben. Sie kommen drei Tage, drei Monate oder drei Jahre.«

»Das würde ich gern tun«, sagte ich zögernd. »Aber ich kann jetzt nicht kommen. Ich kann im November kommen.« (Ich glaube, ich fuhr zu den Salzburger Festspielen.)

Gurdjieff bekam plötzlich einen seiner Wutanfälle. Ich hatte im Laufe des Abends schon einen gesehen. Vielleicht war es die Ausweisung von Rogers, aber meine Erinnerung scheint mir zu sagen, daß es noch einen anderen gegeben hatte. Er ruderte und schlug mit den Armen um sich und stampfte auf den Boden. »Nicht November, jetzt! Ich lebe nicht im November. Ich lebe *jetzt*!«

Es war phantastisch und ging so schnell vorüber, wie es gekommen war. Und er hatte nicht die Beherrschung verloren: es war eine pädagogische Emphase.

Er begleitete mich zum Pförtnerhaus hinunter, wo ein Portier stand, ein junger Russe in einer Russenbluse.

Ich wollte zu Fuß heimgehen. »Nein«, sagte Gurdjieff. »Ich schicke Sie im Wagen nach Hause.«

Ich wandte ein, daß ich gern zu Fuß ging, daß ich überall zu Fuß ging.

»Nein«, sagte er und lächelte den Russen an, der mein Chauffeur sein sollte. »Er fährt Sie zu Hotel. Sie zahlen nicht. Ich bezahle ihn. Ich bezahle ihn – indem ich ihm Geld zeige.« Und er nahm eine Banknote aus der Tasche und fuhr damit vor den Augen des Russen hin und her. Er grinste. Der Russe grinste.

Auch das, finde ich, war kühn und brillant. Andere Menschen leben vom Geld; die Beziehung zwischen Herr und Diener wird durch Geld

geregelt. Hier leben wir von viel wirklicheren Werten – so daß wir uns
so über Geld lustig machen können.

Natürlich ging ich nie wieder hin. Dieser ungeheure Egoismus
konnte seinen Zauber nur auf verkrüppelte Seelen ausüben; aber es
machte großen Spaß, das zu sehen.

All dies ist die exakte Wahrheit, und es ist nicht das kleinste zurück-
gehalten worden. Aber es hat mir kein Vergnügen bereitet, es zu erzählen. Wäre es ein Vergnügen gewesen, wenn ich aus einer Erinnerung
heraus geschrieben hätte, die nicht schon durch frühere Erzählungen
kodifiziert wurde? Ich glaube nicht. Die bloßen Daten – die gemeine
Wahrheit – das interessiert mich nicht. Geschichte ist etwas für Diener-
naturen.

Ist der Grund dafür nicht, daß man mit vierundfünfzig Jahren alles
schon einmal und zweimal gesehen hat? Ein einzelnes Beispiel für
Scharlatanerie, Gerissenheit, Zügellosigkeit – sosehr es im einzelnen
variieren mag – nimmt das Interesse nicht mehr gefangen, das nun ganz
den Beziehungen, den Gründen für die Dinge gilt. Das Interessante an
[X] und Rogers wäre, wie sie ins Institut kamen – wie sie auf diese Art
von Kur aufmerksam wurden, was in ihnen vorging. Und das Warum
Gurdjieffs ist genau das, was ich nicht herausfinden konnte.


581. SS »Saturnia«, 30. Oktober 1951. Jean Genet: Œuvres com-
    plètes; Volume II: *Notre-Dame-des-Fleurs; Le Miracle de la rose*
    und zwei Gedichte. (Marie-Louise Bousquet sagt mir, daß der –
    noch nicht erschienene – Band I aus Sartres Essay über Genet
    bestehen werde und daß dieser Band [Gallimard 1951] als Ver-
    suchsballon gestartet wurde, um zu sehen, ob ihn die Polizei
    beschlagnahmt.)

Meine Bekanntschaft mit Genet begann in Aspen. Saul Colin schickte
mir ein Exemplar der englischen Übersetzung von *Notre-Dame-des-
Fleurs*, in weiches Leder gebunden und zu dreißig Dollar – eine Ausgabe, die in den Vereinigten Staaten sehr weit verbreitet ist. Ich las die
ersten dreißig Seiten mit Erstaunen und Verachtung, wurde aber alsbald von verblüffter Verwunderung überwältigt.

Jetzt habe ich diesen französischen Text*, den ich gleich über Bord
werfen muß.

* Auf der Titelseite ist der Titel ohne Bindestriche geschrieben, aber oben auf jeder Seite
stehen die Bindestriche. Im Text werden fast immer die Bindestriche gesetzt.

Zunächst ein großartiges Kunstwerk, nicht nur als brillantes Schreiben, sondern als Einführung eines Tons, als *éclairage*: der Wechsel zwischen subjektiver Lyrik und der detailliertesten Beschreibung seiner Welt wird mit ungeheurer Findigkeit bewerkstelligt.

Dann ein Werk von ungebrochener Künstlichkeit und List. Als Literatur ganz *livresque*, ganz bewußt; und als *tableau de mœurs* und als persönliches Dokument ganz Berechnung.

Dennoch ist es schwer, sich vorzustellen, wie dieser Stoff anders hätte erzählt werden können, es sei denn von einem, der »nicht dazugehört«. Sartre kopierte offensichtlich einen Teil davon im ersten Band seiner Tetralogie[1]; aber er ist ein Eingeweihter, und das ist das überwältigend Merkwürdige daran. Im Klappentext heißt es: ». . . *s'il faut lui trouver un maître, ce n'est pas Villon mais Rimbaud.*« Es könnte Rimbaud sein, was die Gedichte betrifft – die mir sehr schlecht und erzkünstlich vorkommen; aber diese Romane haben nicht die Authentizität von Rimbaud. Nein, der Meister ist Proust – und seitenlang ist der Ton Proust; und nicht wegen der *mœurs*, um die es geht; aber Proust ist die Rhetorik, und Proust ist die Analyse der Motivation, und Proust ist vor allem die List.

Genet war Einbrecher gewesen, und dann hatte er sich (für Männer) prostituiert. Als Neuankömmling in einem Zuchthaus hatte er die übliche Tortur durchmachen müssen, von Dutzenden der älteren Insassen mißbraucht – *violé* – zu werden. Und es geschah dieses eine Mal unter hunderttausend Fällen, daß der *voyou* die Gabe eines großen Schriftstellers besaß.

Und weiter heißt es im Klappentext, dies sei *l'itinéraire d'un homme qui a visé à transformer la malédiction qu'il subissait en salut.* Nicht *salut*. Aus dieser für immer unsühnbaren Verworfenheit hat er eine ungeheure Mythologie aufgebaut, eine ungeheure proklamierende Fassade; er verwendet die Sprache des Rittertums und der Religion. Diese hingerichteten Mörder sind Helden und Heilige; es ist viel von ihrer »Reinheit« die Rede und von ihrem Verhalten vor ihren Richtern und Henkern. Und diese Übertragung der Werte will nicht funktionieren – oder funktioniert nur insofern, als wir ihre seltsame Wirkung in Genets Geist beobachten. Er verhehlt nicht die Tatsache – obwohl er gleichzeitig den Bildern diese abgöttische Symbolik auferlegt –, daß diese Helden für ihn leidenschaftlich begehrte Sexualobjekte sind. Er

---

1 Vermutlich *L'Age de raison* (1945), der erste Teil von *Les Chemins de la liberté* (1945–49).

wird angezogen 1. durch ihre Schönheit, 2. dadurch, daß sie Morde begangen haben (oder Verrat – eine noch verführerischere Qualifikation), und 3. dadurch, daß sie hingerichtet wurden. Gewiß, »Divine« (die ihre »Kumpel« gern an die Polizei verrät) starb an Tuberkulose, aber Genet will es so haben, daß *Divine est morte sainte et assassinée – par la phtisie«.*

Aber diese Heiligsprechungen funktionieren nicht – oder funktionieren nur insofern, als sie unsere Blicke wieder auf Genet lenken – Genet, der einen Trick vorführt und weiß, daß er es tut. Auch hier wieder ist der Klappentext falsch und eine Unverschämtheit: *»Jamais style n'a transfiguré d'une manière plus éclatante des héros de faits-divers; mais derrière ces héros... il y a l'évidence de destins aussi rigoureux qu'exemplaires.«* Was Unsinn ist.

Genet hat eine Menge großer Literatur gelesen (er stahl die schön gebundenen Bände bei seinen Einbrüchen), aber er las auch – und beschreibt mit tiefer Ergriffenheit – Hunderte von Groschenromanen von Banditen, Piraten, Rittern und Cowboys. Und die Helden dieser Romane waren für ihn die Objekte einer allzu buchstäblichen, leidenschaftlichen Fixierung. Die Gewohnheit bildete sich heraus: er steht in einer intensiven erotischen Beziehung zu den von ihm geschaffenen Figuren.

Es ist sein literarisches Problem – und was für ein bewußter literarischer Künstler er ist –, uns dazu zu bringen, seine Glorifizierung und Rechtfertigung seines leidenschaftlichen Bildes – seine Gewohnheit, seine Notwendigkeit, seine *malédiction* zu akzeptieren. Das beabsichtigte auch der Marquis de Sade – mit einer weit weniger blendenden literarischen Ausrüstung; aber er schlug einen anderen Kurs ein: er versuchte zuerst, unsere früheren – unsere »normalen« – Vorurteile über eine große Vielfalt von Dingen umzustürzen. De Sade hatte außerdem eine weniger schwierige Aufgabe, da in jeder Leidenschaft eine »sadistische« Komponente vorhanden ist.

Genet setzt jedes Mittel ein, das ihn in seinen eigenen und in unseren Augen als einen »Helden der erotischen Enthüllung« hinstellen kann – jedes Mittel außer dem Pathos. Er ist stolz, und das Maß seines überlegenen Stolzes ist, daß er nicht um Mitleid bittet. Das Material für eine solche Bitte ist allgegenwärtig – besonders im zweiten Roman [*Le Miracle de la rose*] ist das Material für Entsetzen und Mitleid zugleich allgegenwärtig. Die Romane sind ungeheure Konstruktionen eines besonderen Plädoyers, aber diese Verteidigungsrede bringt er nicht vor: er ist nicht das Opfer seiner frühen Erziehung oder einer neurotischen

Deformation; nicht einmal das Opfer einer verständnislosen Gesellschaft.

Die meiste Zeit wird seine Verteidigung sozusagen umgekehrt geführt: er beleidigt uns, er schleudert uns Obszönitäten entgegen – das soll uns zeigen, daß er nicht vor Scham gebeugt ist, daß er sich nicht verteidigt. Die Romane sind sehr verschieden. In *Notre-Dame-des-Fleurs* reproduziert er mit großer Ausführlichkeit das Leben dieser puppenhaften Männer – seine Leute, seine Art –, und er zeigt, wie der große Haufe sie verspottet, so daß sie gezwungen sind, in ihrer eigenen kleinen Welt zu leben. Er ist sich dessen bewußt (und unterstreicht), daß sie außerhalb des Normalen liegt, läßt aber ebensowenig Hohn erkennen wie Pathos. Dennoch hat auch sie ihr Grauen, und er weiß es; aber Grauen kann zusammen mit Verachtuung existieren, was Überlegenheit beim Betrachter impliziert. Und hier nimmt sein »Plädoyer« (sein Versuch, sich selbst als eine Art von moralischem Helden hinzustellen) seine genialste Wendung. Er sagt, daß er aus Gründen, die man respektieren muß, in die Erniedrigung hinabstieg.

[*Notre-Dame-des-Fleurs*] Seite 51: »*... Je pourrais ... confier que ce mépris que je supporte – en riant aux éclats, ce n'est pas encore ... par mépris du mépris, mais pour n'être pas ridicule, pour n'être pas avili, par rien ni personne ... Que j'annonce que je suis une vieille pute, personne ne peut surenchère, je décourage l'insulte.*« ...

[*Le Miracle de la rose*] Seite 210: Es gibt keine Schrecken auf der Welt (er führt einige an) wie »*... les quelques détails qui font du prisonnier ... un réprouvé. Mais à l'intérieur de la prison, à son cœur même , existe le mitard et la salle de discipline d'où l'on remonte purifié.*«

Genêt hätte uns wie Dostojewski an diese letztliche Läuterung und Heiligkeit glauben machen können, die durch die bewußte Erforschung der niedrigsten Verworfenheit erreicht wird, wenn er sein Material nicht vor unseren Augen für eine erotische Befriedigung verwendet hätte. Man kann nicht durch die Hölle geläutert werden und gleichzeitig die Hölle genießen.

Aber in einem wichtigen Abschnitt behauptet er, aus der Hölle emporgetaucht zu sein: [*Le Miracle de la rose*] Seite 206: »*Si j'écrivais un roman, j'aurais quelqu'intérêt à m'étendre sur mes gestes d'alors, mais je n'ai voulu par ce livre que montrer l'expérience menée de ma libération d'un état de pénible torpeur, de vie honteuse et basse, occupée par la prostitution, la mendicité et soumise aux prestiges, subjuguée par les charmes du monde criminel. Je me libérais par et pour une attitude plus fière.*«

192

Vielleicht habe ich diese Bücher falsch gelesen: vielleicht zeigt er uns wirklich das, aber ich glaube es nicht.

*Postskripta:*

Aber – wie ich so oft auf dem Podium gesagt habe – das Geheimnis des Lebens eines Schriftstellers ist seine Suche nach dem wirklichen *richtigen* Sujet. Wie Lawrence von Arabien war Genet (mehr noch als Lawrence) ein geborener Schriftsteller. Von seinen frühen Jahren an muß er gefühlt haben, wie das Leben, das er führte, und das Leben um ihn her nach einem Zustand der Literatur strebten. Die immer tieferen Schrecken müssen sich ihm als schreibbar, in Bilder von sich selbst verwandelbar dargestellt haben. Mit seiner Sensibilität hatte er keine andere Wahl als 1. sich selbst umzubringen (er spricht von solchen Anwandlungen), 2. ein Heiliger zu werden* oder 3. sich um Dantes Sold zu bemühen.

Aber man darf die ständige willkürliche, »zügellose« Obszönität nicht vergessen. In ihrem Lichte sieht man beinahe lächelnd, daß Frankreich diese schmerzliche Situation akzeptieren mußte: ein großer Schriftsteller, der noch die schlimmste Anstößigkeit des Römischen Reiches übertrifft.

Was für eine ironische Heimsuchung. Was für ein *fléau*!


583.  SS »Saturnia«, Donnerstag, 1. November 1951. Emersons Essay »Experience«, Paragraph 8: Explication de Texte.

Seit Wochen plage ich mich nun mit R. W. E.'s *Essays*.

Ich werde es durchstehen, und wenn es mich den ganzen Winter kostet. Ich bin sicher, wenn ich hartnäckig genug bei diesem Material bleibe, wird sich der Schlüssel finden.

---

\*  Als Veranschaulichung dieser Beziehung zwischen extremem Leid und Heiligkeit und als letztes Beispiel für seine großartige Beherrschung der Sprache [*Le Miracle de la rose*] Seite 215 – 16: »*Ces condamnés à mort par toute leur vie – les relégués – savent qu'il n'est pour échapper à l'horreur que l'amitié... après avoir assisté à la scène aussi terriblement fabuleuse que la menace coléreuse de Dieu au couple puni, oser vivre et vivre de toutes ses forces, a la beauté tragique des grandes malédictions car c'est digne de ce que fit dans le cours de tous les âges l'Humanité mise à la porte du Ciel. Et c'est proprement la sainteté, qui est de vivre selon le Ciel, malgré Dieu.*«
Das überzeugt einen beinahe. Die ganze Menschheit ist verflucht, sündhaft und im tiefsten Elend. Worin sind diese verurteilten jungen Männer schlimmer als die anderen Sterblichen? Und seht – sagt Genet –, mit wieviel Stolz und Energie und manchmal selbstvergessener Liebe sie ihr Leben leben, obwohl sie eingemauert sind, zu Opfern gemacht und geschmäht werden.

Nicht, daß ich demonstrieren will, was für ein schlechter Schriftsteller er ist, aber ich kann von dem Phänomen R. W. E. die Prinzipien ableiten, wonach jeder Amerikaner 1. der Gründer einer neuen Religion sein muß, 2. vor der Tätigkeit zurückschreckt, die Kunst ist, und 3. Autodidakt ist und ein schlechter dazu, das heißt mangelhaft gebildet.

Dann möchte ich meine Untersuchungsergebnisse wieder in meinen Text einbringen, und zwar an der Stelle, wo ich die entscheidenden Abschnitte von *Moby Dick* analysiere.

Ja, das kann mich den ganzen Winter kosten.

Wenn »Friendship« der Essay ist, in dem Emerson am meisten verwirrt, befangen und widersprüchlich ist, so ist »Experience« der Essay, in dem er uns am offensten die ganze Abneigung zeigt, die seine egozentrische, leidenschaftslose und narzißtische Natur gegen die Welt um ihn herum und gegen die Rolle empfand, die er im Leben zu spielen verdammt war.

Er weiß nicht, daß er diese unterirdischen Quellen der Abneigung in sich hat, und er kann sie, voller Unbehagen, immer vor sich selbst verbergen, indem er aus seiner eupeptischen Natur schöpft, um dann von »erhabenen Gedanken« und »göttlichen Eingebungen« zu sprechen. Daher die Zusammenhanglosigkeit, der er verfällt, daher die seltsame Doppelzüngigkeit.

. . . es ist alles undiszipliniert, schludrig – teils weil sich Emerson nicht konzentrieren kann, und teils weil er durch gewollte Unklarheit Eindruck machen möchte.


587. COLUMBIA UNIVERSITY CLUB, [NEW YORK,] DIENSTAG,
6. NOVEMBER 1951. Emersons (und Amerikas) Optimismus.

Wieder gibt es so viele Dinge, die man zugleich im Kopf behalten muß – oder zumindest . . . bis man ihre Beziehung zueinander sieht (und das ist nur in dem Augenblick zu erreichen, in dem man sie alle zusammen auf einmal im Kopf hat, denn wenn man es am Anfang falsch versteht, geht man danach womöglich immer in die Irre):

1. Wenn du einen traditionellen Gott aufgibst und beginnst, dir selbst einen zu machen, wird dieser neue Gott ein Abbild deiner selbst sein. Woraus wir ableiten: wenn du eine traditionelle Deutung von Leben und Tod aufgibst, wird die neue, die du an ihre Stelle setzt, nach den Zügen deines eigenen Charakters geformt sein.

2. Deine Vorstellung vom Guten und Schönen... kann nicht höher sein, als deine Vorstellung vom Bösen und vom Verlust (vom Vergeudeten und Benachteiligten und vom unwiderruflich Verdammten) niedrig ist: das Helle deiner Phantasie ist das Gegenstück zum Dunklen deiner Phantasie.

3. Ein Mann, dessen Berichte vom geistigen Glück losgelöst sind von seiner Beobachtung von Glück und Leid in einer gesamten Menschheit, ist (als Deuter) ebenso nutzlos für uns wie ein Mann, dessen Berichte von geistigem Leid auf eine ähnliche Weise losgelöst sind. Nein, er ist sogar noch nutzloser: denn selbst er wird zugeben, daß seine Perioden des Glücks nur gelegentlich auftreten – daher kommt ein Bericht von Leid dem Bericht einer allgemeinen Bedingung näher.

Emerson lebte für die Augenblicke, in denen er die Harmonie des Universums erkannte. (Die Unterschiede zwischen seinen »Augenblicken des Erkennens« und Thoreaus knabenhaften »Ekstasen« sind lehrreich.) Diese Augenblicke waren für Emerson so authentisch, daß er sich durch sie ermächtigt fühlte, der Lehrer zu werden und der Welt die Lektionen beizubringen, die er von ihnen lernte.

Er empfing diese Autorität verleihenden Augenblicke 1. aus der Betrachtung der Natur, d. h. der Landschaft, 2. aus Meditationen über die gesamte Geschichte der Menschheit, wie er sie aus der Lektüre ableitete, und zwar in dieser Reihenfolge: die Mystiker, vor allem Sanskrit, Swedenborg, dann die griechischen Dichter, dann die englischen Dichter. Mit anderen Worten, er verdankte seine Offenbarungen Wäldern, Binnengewässern, Tieren und Pflanzen und dann Büchern. Was auffällig fehlt, ist die Gesellschaft von Männern und Frauen...

Emerson hatte sein Leben so eingerichtet, daß er beträchtlich weit entfernt war von Armut, Verbrechen, Laster und Elend und jenem Hauptaspekt des Bösen, den die meisten in ihrem Leben empfinden: dem Unrecht, das man anderen angetan hat (und von dem Tolstoi in jener großen Szene die ganze Frage eines Lebens nach dem Tode abhängig machte). Emerson richtete seine Spaziergänge in der Natur so ein, daß er keine Gelegenheit hatte, mit dem Weiten, Unpersönlichen, Überwältigenden konfrontiert zu werden. . . .

Daher: Emerson wählte das Weltbild, aus dem er seine Schlüsse zog. Aber zuerst hatte sein eigenes Temperament diese Wahl geleitet.

Ich sehe, daß Van Wyck Brooks behauptet, Emerson habe Schwierigkeiten, Armut und Frustration gekannt. Ich bezweifle es. Selbst wenn er diesen Bedingungen begegnet wäre, würden sie in dieser Bostoner Luft etwas anderes bedeutet haben, und zweitens wäre sein Geist nicht aufgeschlossen genug gewesen, um sie als solche aufzufassen. Er hungerte nicht, er wurde nicht geschlagen, er wurde nicht – wie Poe – gehaßt. Der Tod seiner ersten Frau? Ich will wohl glauben, daß er litt; aber er könnte zu bald *seine Resignation gefunden haben*. Es war kein Element der Auflehnung in ihm. Er beschreibt, wie der Tod seines Sohnes nicht imstande war, in ihm das Gefühl zu wecken, es mit der Wirklichkeit zu tun zu haben.

Er war – um eine vielbewunderte Wendung zu gebrauchen – selbstgenügsam. Und hier sind wir wieder bei unserem amerikanischen Individualismus angelangt. Das ist nämlich der amerikanische Individualismus: Selbstgenügsamkeit. Daß Amerikaner einsam sind und daher *nicht* sich selbst genügen, ist nur ein scheinbarer Widerspruch: denn sie genügen sich selbst, ohne aus dieser Genügsamkeit eine Genügsamkeit für die gesamte Lebenserfahrung zu machen, die sie selbst mit einschließt.

Europäer genügen sich selbst nicht: sie müssen Kraft aus all den Abhängigkeiten von der sozialen Gruppe, der Umwelt, der Religion schöpfen, aber aus der Religion, wie sie sie durch Wiederholungen, Agenzien, Rituale und konkrete Formen erreicht. Sie schaffen sich eine bessere Genügsamkeit (mit der man leben kann) aus allem, was sie umgibt; sie geben sich wenig Mühe, sich selbst zu genügen. Das können nur ihre Großen.

Emerson war selbstgenügsam – und er ermahnt uns dringend, es auch zu sein; aber er machte eine sehr suspekte Tugend daraus, einen großen Teil der gesamten menschlichen Erfahrung auszuschließen.

*[Columbia University Club, New York,] am nächsten Tag*

Warum spalteten die Amerikaner die Rolle des Bösen in der Welt in die beiden Aspekte: kalvinistisches schlechtes Gewissen und Optimismus/ humanitäre Einstellung (wobei unser Sonderfall Emerson gegen ersteres revoltierte und es leichthin verwarf)? Selbstgenügsamkeit treibt zur Introspektion oder zur Externalisierung.

Die Theologie – für sie eine Tradition – lieferte den Gründern eine Grammatik und eine Technik für die Introspektion. Wie man heute allenthalben sehen kann, ist Introspektion eine Selbsterstickung, sofern man nicht Methoden geerbt hat. Es gibt keine engere Sackgasse als die Selbsterforschung ohne eine Technik: daher hier die Popularität der Psychoanalyse.

Emerson und die meisten Amerikaner warfen den Kalvinismus über

Bord, und damit sahen sie, daß die tiefe Analyse des Selbst zu nichts führte und vergeudete Energie war; daher begannen sie, nach außen zu blicken.

Emerson versuchte nie zu untersuchen, woher seine Offenbarungen, seine göttlichen Eingebungen kamen. Es genügte ihm zu sagen: »Ich fühle das; diese Einsicht schlüpfte in meine Seele.«

588. COLUMBIA UNIVERSITY CLUB, [NEW YORK,] 7. NOVEMBER 1951. Emerson und das Fehlen der Mitte (oder Emerson und der Rat zur Vollkommenheit).

Es ist zu früh für mich zu entscheiden, ob Emerson vor der Betrachtung des Bösen innerhalb und außerhalb seiner selbst zurückscheute oder nicht; ob es eine Form von Furcht und Angst war und die Bewahrung vor einer leichten Verletzung, oder ob er die empfindungslose Pflanze war, die einfach imstande war, nichtsahnend zu wachsen.

Wir wollen uns auf alle Fälle an unser Gesetz erinnern: wer sich des Bösen in sich selbst nicht bewußt ist, weiß mit ihm in der Welt um ihn her nichts anzufangen. Er kann sich natürlich sehr damit beschäftigen (was Emerson nicht tat), aber er wird es auf eine dumme Weise tun (als Reformer, als Schriftsteller, zum Beispiel); er wird keine Geduld damit haben, sich darüber ärgern und, in vielen Fällen, eine harte, scharfe Grausamkeit gegenüber dem Bösen entwickeln.

Und dann unser zweites Gesetz: wer das Böse nicht kennt, kennt auch das Gute nicht.

Und hier kommen wir zu Emersons Vorstellung vom Guten, Wahren und Schönen. Er möchte, er verlangt das alles in seiner extremen Form. Er kennt keine Schattierungen.

Emerson schafft seine Atmosphäre der Erhabenheit, indem er ... die gemischten Elemente von Gut und Böse ausschaltet: »Freundschaft« ist ganz so geschrieben, als ständen all die großen Begriffe wie Seele, Genie, Überseele und Natur Mr. Smith und Miß Jones ohne weiteres zur Verfügung, kostenlos und ohne Anstrengung. Emerson kann das versichern, denn er besitzt sie, und zwar (wie er berichtet) ohne Kosten und ohne Mühen.

Genie ohne Tränen. Größe ohne Anstrengung.

590. Columbia University Club, [New York,] November 1951.
Amerikanischer Individualismus.

Bei meinen Vorlesungen führte ich Beispiele für den englischen, französischen und spanischen Individualismus an. Ich behauptete, daß jedes Land individualistisch sei, aber jedes auf einem anderen Gebiet. Und dann war es mir nicht möglich, die besondere Art und den Bereich des amerikanischen Individualismus anzugeben.

Jetzt habe ich gesagt, es sei die Selbstgenügsamkeit.

Aber als Wort, als Bezeichnung, ist das nicht richtig. Zunächst sehe ich sie zu positiv; die negative Formulierung wäre besser: *Die Unfähigkeit, aus einer Abhängigkeit Kraft zu schöpfen.*

Denke ich dabei aber nicht nur an den »sensiblen Amerikaner«? Die anderen – Westchester County – sind sicherlich eifrig darauf bedacht, sich vor sich selbst dadurch zu rechtfertigen, daß sie der richtigen Gruppe angehören und daß sie ihr Geld vorzeigen: allerdings eine Abhängigkeit. Was uns zu der Ansicht zurückbringt, die ich oft vertreten habe, nämlich daß die amerikanische Geselligkeit ein echter (aber unbelohnter, frustrierter, vergeblicher) Versuch ist, eine Zugehörigkeit zu schaffen.

Soll ich mich mit der Formulierung zufriedengeben, daß Religion das Gefühl ist, daß man dazugehört – daß es richtig ist, daß man da ist? Und würde das nicht auch für das Glück gelten?

Und *das* kann der Amerikaner in keiner Weise so haben, wie es der Europäer gehabt hat.

Für einen Europäer kann sogar sein Gefühl von der Zeit – daß sie ein Kontinuum ist, unerbittlich, aber ein Gürtel, ein eng gewobener Gürtel – ein »Trost« sein. Und selbst dieser Trost (ganz zu schweigen von Ort, Umgebung, Institutionen) ist dem Amerikaner versagt: die Zeit *trägt* einen Amerikaner nicht; sie ist etwas, was er »ausfüllt«; die Zeit ist neutral, sie ist nicht geladen. Die Zeit steht ihm für das zur Verfügung, was er ihr aufprägen kann.

596. Princeton Inn, [Princeton, N. J.,] Dienstag, 27. November 1951. Syntax und Ausdruck der Freiheit.

Ich bin noch nicht ganz bereit, dies zu schreiben, aber ich fange einmal an, so gut ich kann, um zu sehen, was geschieht.

Habe [Hawthornes] *Das Haus der sieben Giebel* gelesen. Ja, ich werde in mein [Norton-]Buch zwei nicht gehaltene Vorlesungen einschieben: »Emerson, amerikanisch, allzu amerikanisch« und »Hawthorne oder der Amerikaner, der zurückblickte«.

Die Allegorie ist die leidigste Form der Erzählung, aber sie ist möglich: Spenser und Bunyan (und man sieht, wie es ihnen gelang, sich ihres toten Gewichts zu entledigen), Hans Christian Andersen und Raimund.

Wie kommt es, daß Hawthorne seinen Figuren die Freiheit nehmen kann?

Alle Erzählungen finden in der Vergangenheit statt, und das Wissen des Autors, wie es weitergeht, was später geschieht, droht ständig, den Figuren ihre Unkenntnis der Zukunft, d. h. ihre Bewegung in Freiheit zu nehmen. Diese Gefahr wird vervielfacht, wenn den Figuren ein bestimmtes Verhalten auferlegt wird, um eine moralische Wahrheit zu demonstrieren. All das ist leicht zu sehen.

Die Erstickung durch die Erzählung kommt daher, daß der Autor ständig ein endgültiges deskriptives Urteil über die Figuren abgibt. Sie sind im voraus dazu verdammt, eine bestimmte Art von Person zu sein, und wenn der Autor nicht in die Freiheit verliebt ist, wird er sie unvermeidlich dazu verdammen, eine stark eingeengte »Art von Person«, ein bloßer Typ zu sein. Das ist leicht zu sehen.

Aber welche stilistischen und syntaktischen Methoden verraten die Ablehnung der Freiheit durch den Autor? Die Zeitform kann es nicht sein: Stendhals Perfekt und Flauberts Imperfekt lassen Julien Sorel und Emma Bovary ihre Freiheit.

Die Antwort liegt irgendwie in der Beschreibung und in den Adjektiven und Abverbien . . .

Wieder glauben diese (Hawthornes) Naturen an *Wesenheiten*. Es ist leicht und sehr befriedigend, ein Urteil über eine Wesenheit zu fällen.

Letzten Dienstag hörte ich einen sehr verworrenen Vortrag von Jacques Maritain über die »Moralische Verantwortung des Künstlers«. Zum größeren Teil hatte seine dogmatische Neigung zu dem Ergebnis geführt, daß er sich weigerte zu denken . . . Aber plötzlich hörte ich ihn sagen:

»Es hat in der Geschichte der Welt niemals zwei identische Fälle von Gewissen gegeben – und es wird sie nie geben. Jedes ist einzigartig und muß in seiner existentiellen (*sic!* – das Wort und die Assoziation kamen häufig vor) Situation gesehen werden.« Da wir gerade von Moralität gehört hatten, dachte ich an Ehebruch. Aber Maritains Gedanken, kühner als meine, sprangen zum Mord über. Ich dachte, ich würde nun eine

Erweiterung zu einer Unendlichkeit von Möglichkeiten der klassischen zweiunddreißig Situationen hören, in denen es statthaft ist, ohne Sünde zur Waffe zu greifen. Aber wieder wich Maritain aus und verdrückte sich durch eine Seitengasse.

Die Freiheit des Menschen impliziert nicht, daß keine zwei Situationen je gleich sind. Der Glaube an Wesenheiten tendiert – besonders bei einem imaginativen Erzähler – dazu zu behaupten, daß Menschen auf Typen und Situationen beschränkt sind.

Und ein Autor verrät sein Desinteresse an der Freiheit seiner Figuren, indem er sein Urteil zu verstehen gibt – und das führt uns zurück zu einer meiner Kategorien der Allwissenheit.[1] Aber das ist ein stilistisches Kriterium; ich träume davon, mit harter Arbeit ein syntaktisches einzuschließen in der Hoffnung, es auch auf meine Seite aus *Moby Dick* anwenden zu können.[2]


602.  1440 North Atlantic Avenue, Daytona Beach, [Fla.,]
       11. Februar 1952. Science-fiction.

Als ich auf dem Flughafen auf Les Glenn wartete, kaufte ich meine ersten »Science-fiction«-Magazine, da ich von dem weitverbreiteten und zunehmenden Kult mit dieser Art von Literatur gehört hatte.

Sie sollte in ständiger Beziehung zu den beiden anderen Zweigen der Massenlektüre betrachtet werden: Kriminalromane und Western.

Es wird allgemein festgestellt, daß diese letzten beiden »Genres« degeneriert sind. Westernromane, die zunächst Geschichten von Taten und Phantasien waren, die einen Gegensatz zu den Komplikationen des Lebens in den Großstädten boten, neigten mehr und mehr dazu, an den Sadismus zu appellieren. Kriminalromane, die zunächst an die intellektuelle Findigkeit appellierten, während sie zugleich Furcht weckten und beschwichtigten, begannen, Sadismus und Pornographie auszuschlachten (letzteres leitet sich von einem Element bei Dashiell Hammett her, auf den Chandler und nun Spillane zurückgriffen – drei Millionen Exemplare in einem Jahr).

---

1  Siehe Eintragung 433 (3. März 1950).
2  In der ersten Norton-Vorlesung (veröffentlicht in *American Characteristics and Other Essays* [1979] u. d. T. »Toward an American Language«) unternahm Thornton Wilder eine detaillierte Analyse von Melvilles Stil und verwendete dazu eine Seite aus dem 133. Kapitel von *Moby Dick*.

Science-fiction widmet sich bisher allein der *Erforschung.* Selbst Furcht und Schrecken sind nur sekundär, denn die Marsmenschen, Vimps, Sluggs und anderen außerirdischen Rassen und Tiere werden sorgfältig analysiert und erklärt – jede bezieht ihre Neuheit aus den physischen Bedingungen ihrer Herkunft –, so daß sie weniger Objekte einer atavistischen Angst und vage »Bedrohungen« sind als vielmehr Gegenstand der Neugier.

Es gibt nun schon so viele dieser Geschichten, daß es die Autoren schwer haben, jede neue Art von Feind für das menschliche Leben zu »erforschen«. Schon nachdem ich acht gelesen habe, stelle ich fest, daß mein Appetit nachläßt.

Das vorherrschende Thema ist die Lebensweise auf anderen Sternen. Zum größten Teil scheinen es die Autoren schon müde zu sein, vogelartige Wesen oder Geschöpfe mit fünf Händen oder Rüsselnasen zu erfinden. Die Betonung liegt jetzt auf der Frage: *Wie würden sie denken?* Der Ausdehnung des Raumes entspricht die Ausdehnung (durch Spekulation) der Denkvorgänge, und die Lösung läuft darauf hinaus, daß wir – Menschen *dem Verstande nach* – eine andere Art von *Verstand* überwältigen. Eine dieser Geschichten hier spielt auf unserer Erde. Eine Gruppe von Menschen hat eine Mutation durchgemacht (für Verleger, die diese Literatur diskutieren, sind *Mutanten*-Geschichten eine wichtige Kategorie dieses Genres). Sie beherrscht die *Telekinese* und hat den Rest der Erdbevölkerung versklavt. Die Geschichte zeigt, wie eine geheime Widerstandsgruppe (die Teleks) die Telekinese für alle entdeckt. In einer anderen Geschichte werden die Fremden von einem anderen Planeten in Reservaten gehalten. Sie besitzen außerordentliche Kräfte und sind offensichtlich gefährlich für uns – nicht durch Bösartigkeit, sondern durch mangelndes Verstehen: sie sprechen Englisch, aber ein unverständliches Englisch. Es ist unmöglich, mit ihnen zu kommunizieren. Alle ihre Werte, Interessen und Reaktionen unterscheiden sich von den unseren. Man findet einen Anfang, und es wird erklärt, daß sie sich lediglich anders entwickelten.

Diese Geschichten sind nie surrealistisch. Die Wissenschaft wird in Anspruch genommen, um alles zu erklären. Auf der ständigen Suche nach Neuem gehen die Autoren sehr weit, und manche erzielen Wirkungen von großem Interesse und großer Schönheit. In einer Erzählung unterrichtet ein Orden auf der Wega junge Männer in den Hunderten, ja, Tausenden von stellaren Sprachen, damit sie als Übersetzer (»Herolde«) im Handelsverkehr des ganzen Universums dienen können – mit dem edlen Ziel, Frieden durch Handel zu stiften. In der

Bücherei unseres jungen Helden (natürlich auf Filmrollen – die Bücher werden auf Mikrofilm aufgenommen, und ein Apparat wirft das Bild an die Wand) finden sich Werke wie Nicholson: *Die Verben der Marssprache... Kurzgefaßte Cepheische Grammatik*, aber die Geschichte und ihr Titel (»Der Anteil am Ruhm«, *Astounding Science Fiction*, Januar 1952) gehen auf einen Satz in Machiavellis *Der Fürst* zurück: »Gott ist nicht gewillt, alles zu tun und uns so unseren freien Willen und den Anteil am Ruhm zu nehmen, der uns gebührt.«

Es ist unvermeidlich, daß diese Art von Erzählung, die so weit entfernt ist von den Spezifizierungen unseres täglichen Lebens, dazu neigt – und sogar gezwungen ist –, sich auf allgemeine Ideen zu stützen, und ohne didaktisch zu werden, bringt eine Geschichte nach der andern gewisse Verallgemeinerungen von moralischer Erhabenheit ans Licht, die im Kriminalroman und Western fehl am Platze wären.[*]

Die ungeheure Beliebtheit wird wahrscheinlich bald wieder nachlassen, aber dieser Literatur ist sicherlich ein höchst interessantes Phänomen. Sie ist die Vulgarisierung der wissenschaftlichen und technologischen Konzentration des Jahrhunderts. Sie scheint von Jules Verne abzustammen, aber die leidenschaftliche Neugier in bezug auf den Geist stellt eine sehr reale Verschiebung der Betonung dar.

Das Wichtigste ist die Feststellung, daß es keine »Angst«-Literatur ist. (Ein Spezialist erklärt, daß das Goldene Zeitalter des Genres zwischen 1939 und 1949 lag, das heißt größtenteils vor der Atombombe.) ... Die Freude an der Erforschung von Raum und Mentalität wiegt alle Elemente von Angst, Gefahr und Schrecken auf. Die Flucht von diesem Planeten spielt sicherlich eine Rolle, aber allem unterliegt die stillschweigende Annahme, daß die Reise durch die Tiefen des Weltraums unmittelbar bevorsteht und daß die Menschen dieser Erde weiterhin die Norm bleiben werden. Sie werden triumphieren, sagt man uns, weil die Erforschung des Raumes ständig begleitet sein wird von einer Erforschung latenter geistiger Kräfte. Die Erzählungen spiegeln eine Art von mitleidiger Verachtung für das zurückgebliebene 20. Jahrhundert – so große und neue Entwicklungen liegen gleich hinter der nächsten Ecke.

---

[*] Es muß festgehalten werden, daß nicht selten die Wissenschaft die Rolle des Schurken spielt – das heißt, die Erzählung handelt von einer Revolte gegen eine Welt, die durch wissenschaftliche Entwicklungen überreglementiert ist. Die Wissenschaft ist nur ein Forschungsgebiet des Geistes, und der Geist muß ihr im Interesse des Lebens eine untergeordnete Stellung zuweisen.

608. Deepwood Drive, [Hamden, Ct.,] Freitag, 9. Mai 1952. Laufende Arbeiten.

Nun stecke ich wirklich bis über die Ohren in Arbeit und noch unerfüllten Verpflichtungen. Die Hälfte jeder Woche fahre ich nach New York, um über dieses »Chicago« zu sprechen (für das ich, dort und hier, ständig Szenen schreibe).[1] Die erste der Nortons wurde vom *Atlantic* angenommen, und die zweite (d. h. *eine* zweite) muß für die Augustausgabe fertig sein. Ich hätte der Academy schon längst meine Bemerkungen zur Verleihung der Medaille schicken sollen.[2] Oberlin möchte eine Art Entwurf der Ansprache zur Feier der Verleihung der akademischen Grade haben. In Cambridge las ich bei den [William] James meine lang versprochene Gastkolumne für Leonard Lyons[3] und meinen Text über A. Woollcott für das Harvard Library Bulletin[4] vor, aber beide müssen neu geschrieben und gestrafft werden, und schließlich habe ich einen Beitrag über Lope für die Festschrift für Professor [S. Griswold] Morley versprochen.[5] Und zu alledem noch solche Stapel unbeantworteter Briefe.

Der Fortschritt des Films erstaunt mich. Wir beginnen mit einer wertlosen Geschichte von Ben Hecht und werfen mehr und mehr davon weg. Allmählich ist in den Gesprächen (Marcello Gerosi, Orin Jennings – Vittorio [de Sica] fügt keine Handlungselemente hinzu) etwas gewachsen. Ab und zu, nicht aus Begeisterung, sondern aus schierer Verzweiflung über die unbefriedigende Geschichte, denke ich mir eine neue Komplikation oder »Bereicherung« aus. Dieser Zusatz diktiert wie-

---

1 »Rain in Chicago« nach dem Roman *Miracle in the Rain* (1943) von Ben Hecht sollte Vittorio de Sicas erster amerikanischer Film (für Warner Brothers) werden. De Sica selbst arbeitete mit Thornton Wilder und Orin Jennings an der Adaptation und schrieb schließlich mit Dudley Nichols ein Drehbuch, aber das Projekt wurde aufgegeben. Ein Film, »Miracle in the Rain«, der 1956 entstand, wurde nach einem Buch von Hecht und unter der Regie von Rudolph Maté gedreht.
2 Der Text von Thornton Wilders Bemerkungen anläßlich der Verleihung der Merit Medal for Drama an Sidney Kingsley durch die American Academy of Arts and Letters wurde veröffentlicht in deren *Proceedings*, 2nd. ser. no. 2 (1952), S. 20 – 21.
3 Zwischen dem 22. und 29. Juni und dem 9. und 13. Juli, während Leonard Lyons in Europa war, wurde seine tägliche Kolumne für die *New York Post*, »The Lyons Den«, von Gastautoren, zu denen Herman Wouk, James Jones, Truman Capote und Robert E. Sherwood gehörten, geschrieben. Thornton Wilders Beitrag wurde offenbar nicht zu seiner Zufriedenheit beendet, denn er erschien nicht in der Reihe.
4 Siehe Eintragung 557, 560 und 565 (18. und 20. August und 7. September 1951).
5 Die geplante Schrift wurde nicht veröffentlicht. Thornton Wilders Abhandlung über Lope erschien als Beitrag in *Varia Variorum: Festgabe für Karl Reinhardt* (1952).

derum eine neue Entwicklung. Könnte es möglich sein, daß das so richtig ist? – daß uns die Geschichte ihr eigenes wahres organisches Leben abringt? Könnte nicht diese ganze Konstruktion plötzlich als krampfhaft, erzwungen einstürzen – eine Art von kumulativer Über-Selbstüberredung?

Die zweite Norton-Rate stellt ein echtes Problem dar, da von den sechs Kapiteln nur drei in Fortsetzungen erscheinen sollen. Soll ich nun das Kapitel über Thoreau so behandeln, als wäre es ein zweites von dreien statt ein zweites von sechs? Ich müßte dazu viel von dem biographischen Material streichen, und was bleibt dann noch? Der Abschnitt über Waldgötter gegen Wüstengötter, der Abschnitt über Freundschaft und gesellige Einsamkeit, der schon in der ersten Fortsetzung allgemeiner behandelt wurde. Der Essay über das amerikanische Zeitgefühl muß da sein, und das wird durch Thoreau nicht gut vertreten. Aber keiner der vier anderen würde viel besser passen. Ich werde lieber den Thoreau machen und Teile zusammenstellen, die ich anderen Kapiteln entnehme. Nur die wenigen Verständnisvollen werden eine Art »Zusammenhanglosigkeit« feststellen, und das Ganze wird im Buch richtiger herauskommen.[6]

In der Ansprache zur Verleihung der Medaille weiß ich nicht, was ich sagen soll. Sie wird nur fünf Minuten oder weniger dauern. Ich werde es mit Gertrude [Stein]s »Abnahme der Wirklichkeit in etwas Vorgestelltem« versuchen.

Die Abhandlung über Lope ist am attraktivsten. Ich möchte eine Mischung aus einem reizenden Essay und einem bißchen Gelehrsamkeit versuchen – eine Art von [John Livingston Lowes'] *Road to Xanadu* (das ich nie gelesen habe), und dabei ein Stück datieren, aber viele Vermutungen zusammenfassen und ein Dutzend Stücke halb datieren. Ich denke, ich könnte damit anfangen, daß Lope die Teilnahme Alfonsos VIII. an den Kreuzzügen erfand – und zeigen, daß ihm das noch nicht eingefallen war, als er Anfang 1603 *La corona merecida* schrieb, d. h. *La Jerusalén conquistada* noch nicht angefangen hatte. Mit diesem Werk begann er Ende 1603, als er die »Epistola« an den Cantador schrieb – und dann *El ejemplo de las casadas* (ich habe gerade heute entdeckt, daß er, als er *La Jerusalén* schrieb, keine Ahnung hatte, daß eine Moncada aus Barcelona den König nach Palästina begleitete) und

---

6  Drei Essays – revidierte Fassungen von Norton-Vorlesungen – erschienen im *Atlantic*: »Toward an American Language« (Juli 1952), »The American Loneliness« (August 1952) und »Emily Dickinson« (November 1952).

*Los paces de los reyes* hineinarbeiten. *El ejemplo* kommt also nach *La Jerusalén* (erschienen 1609, aber beendet 1605). Dann, wenn ich Zeit dafür habe, die Datierung von *Los paces*; dazu gehören Pinedos Gesellschaft und der Schauspielerknabe. Großer Spaß, aber ich sollte dafür Wochen einsamer Arbeit haben.

Zurück zum Film. Gestern spät am Abend schrieb ich das erste Gespräch, im Park, zwischen Milly und ihrem Sergeanten. Jetzt schreibe ich eine Szene um, die ich in Chicago schrieb – Millys erste Begegnung mit der Familie des Sergeanten.

(*Postskriptum*: Später an diesem Abend wurde mir klar, daß ich nicht weiter den Dialog für Vittorios Film schreiben kann. Eine Reihe von Gründen war für diese Entscheidung maßgeblich, die ich am nächsten Tag meinen italienischen Freunden mitteilen mußte und die große Bestürzung und Sorge auslöste. Obwohl ich eine Anzahl wirkungsvoller Szenen geschrieben hatte, sah ich, daß meine nächtlichen Erfindungen rein synthetisch waren. Ich polsterte eine Geschichte aus, die ich selbst nie vorgelegt hätte. Ich konnte sehen, daß Vittorios Interesse an der Geschichte dazu neigte, ein Chicago – einen liebeleeren Betondschungel – darzustellen, das seinem ersten oberflächlichen Eindruck entsprach und von dem er überdies glaubte, es werde von einer kleinen Gruppe von *aficionados* in Italien von ihm verlangt, die ihn in offenen Briefen in ihren Zeitungen davor warnten, sich durch den trügerischen Optimismus des Landes der »Hamburgers und sanitären Anlagen« von seiner »neorealistischen Ehrlichkeit« abbringen zu lassen.

Außerdem hatten wir unter uns noch einen anderen Schriftsteller, dessen Beiträge in bezug auf Handlung und Dialoge von einer bodenlosen Konventionalität und routinierten Gewandtheit waren, aber meinen italienischen Freunden gefielen. Ihr natürlicher Geschmack hatte sie verlassen, als sie vor dem Problem standen, in einem neuen Land einen Film zu machen, und voller Unbehagen daran dachten, daß das Drehbuch zur Annahme oder Ablehnung Charles K. Feldman [dem Produzenten] vorgelegt werden mußte. Ich sah eine Wiederholung der alten Geschichte – das *dépaysement* großer Künstler, die in diesem Land die Orientierung verloren und schließlich verstümmelt und verworfen wurden – denn das war auch die Geschichte von [Max] Reinhardt, [Elisabeth] Bergner, René Clair, [Julien] Duvivier und [F. W.] Murnau.)

619. Columbia University Club, New York, 6 Uhr 15 morgens,
15. Juli 1952, »Les Grandes Chaleurs«. Norton. Das Kapitel
Poe.

»Poe hatte ein sehr unglückliches Leben.«
    Wie meinen Sie das?
    »Sie können nicht leugnen, Mr. Wilder, daß er die meiste Zeit sehr
unglücklich war – er nahm zu Alkohol und Drogen Zuflucht, lebte in
schrecklicher Armut und mußte oft zusehen, wie Menschen, die er
liebte, an Krankheiten starben. Natürlich hatte er ein sehr unglückliches Leben.«
    Wer sagt das?
    »Ich sage das. Jeder sagt das.«
    Sagt es Poe?
    »Ja, ja. Oft.«
    Sagt Poe, die Erfahrung des Lebens selbst sei eine unglückliche Er-
fahrung?
    »Jetzt versuchen Sie, mich in ein Paradoxon zu verwickeln, das Sie
sich ausgedacht haben. Ich versichere Ihnen, daß Poe ein sehr unglückliches Leben hatte, und dabei bleibe ich.«
    Die Wörter *glücklich–unglücklich* müssen immer mit Vorsicht ge-
braucht werden.
    Poes Leben wird tatsächlich für ein geradezu typisch unglückliches
gehalten. Es war offensichtlich voll von Gründen für des Unglücklichsein. Poe entging nicht Gelegenheiten, die ihn mit Kummer, Zorn, mit
einem Gefühl erstickender Frustration erfüllten. Henry Adams war
reich, gesund, von Freunden umgeben, und es fehlte ihm nie die Bewunderung von Männern und Frauen, deren Urteil er schätzte. Vielleicht das zentrale Erlebnis im Leben beider Männer war der Verlust
einer sehr geliebten Frau. Man hat jedoch das Gefühl, daß Adams ein
sehr viel unglücklicherer Mensch war als Poe.
    Gibt es eine besondere amerikanische Art, glücklich oder unglücklich
zu sein?
    Ich sagte in der ersten Vorlesung, daß die amerikanischen Autoren
(oder vielmehr die Amerikaner in ihrer Sprache) versuchen, dem Englischen ein »kontinuierliches Präsens« zu geben, selbst wenn sie von
vergangenen Ereignissen sprechen; daß die Vergangenheitsform (»Poe
*hatte* ein sehr unglückliches Leben«) immer Gefahr läuft, einen falschen Eindruck zu vermitteln. Sie ist ein Urteil, das am Ende einer
fortlaufenden Handlung abgegeben wird, sie impliziert einen Determi-

nismus, und sie nimmt den vergangenen Augenblicken ihre einst lebhafte Zukunftsorientierung . . .

Der Satz »Poe hatte ein unglückliches Leben« vermittelt gewissermaßen den Eindruck, daß Poe in seinem ganzen Leben nicht imstande war zu glauben, daß es für ihn irgendwelche Befriedigungen, Belohnungen, irgendein erreichtes Ziel geben könnte. Und das ist nicht wahr. Das traf für Henry Adams und Thoreau zu. Sie hatten jedoch nicht den schlimmsten Zustand erreicht, nämlich den Verlust des Glaubens an *jegliche* Möglichkeit; sie waren lediglich in der Vorhölle – sie hatten den Glauben verloren, daß es *für sie* eine Möglichkeit des Erfolgs gab. »Die Masse der Menschen führt ein Leben stiller Verzweiflung«[1] – das heißt, sie hat den Glauben verloren, daß es für sie irgendwelche faire Möglichkeiten gibt.

Unglücklichsein bedeutet Verlust des Glaubens an eine Möglichkeit. Die Hölle ist der Verlust des Glaubens an eine Möglichkeit. Ich vermeide den Gebrauch des Wortes *Hoffnung*, weil ich auf dem *Glauben* bestehen möchte.

Wenn Goethe sagte, Homers *Ilias* lehre uns, daß es hier auf Erden unsere Aufgabe sei, täglich die Hölle aufzuführen, so meinte er, die *Ilias* zeige uns einen Achill, der dazu *verdammt* ist zu sterben, nachdem er einen *verdammten* Hektor vor den Toren einer *verdammten* Stadt erschlagen hat. Es ist etwas undankbar von Goethe, unser Leben als eine Hölle zu beschreiben, denn noch im hohen Alter verlor er nicht den Glauben an die Möglichkeit, daß er ein leidenschaftliches Glück durch seine Verbindung mit Marianne von Willemer erleben könne, daß ihm noch die Kraft gegeben werde, den großartigen Plan des *Faust, Zweiter Teil* angemessen zu beenden, und daß er durch immer neue Einsichten in die Gesetze der Natur beglückt werden könne.

Poe zerstörte sich zuletzt selbst. Daran ist nicht zu zweifeln. Der immer häufigere Gebrauch von Alkohol und Drogen hat einen eindeutig selbstmörderischen Charakter – aber erst, als es schon auf das Ende zuging. Berauschung war für ihn lange mit einem erhöhten Glauben an Möglichkeiten eines glücklichen Ausgangs verbunden. (Ich glaube, im Gegensatz zu seiner eigenen Behauptung, daß er künstliche Stimulierung mit Kreativität identifizierte – und was ist Kreativität anderes als die absolute Überzeugung, daß man im Begriff ist, etwas zu schaffen, was man gut nennen kann?) Poe war fasziniert von den mathematischen Gesetzen der Wahrscheinlichkeit. In welchem Augenblick ge-

---

1 Das Zitat stammt aus Thoreaus *Walden*, 1. Kapitel.

wann er die Überzeugung, daß die Möglichkeiten, die sich ihm bieten könnten, alle, alle verderblich sein würden? Das wäre der Augenblick, von dem an man sagen könnte, daß er ein unglückliches Leben führte.

Ich jongliere mit dem Wort *unglücklich*?

Ja, das Wort ist stets unbeständig. Aber man kann sagen: Alle Biographien zeigen uns, daß ein von unglücklichen Augenblicken erfülltes Leben nicht notwendigerweise ein unglückliches Leben ist. *Menge* geht nie in *Grad* über.

623. SS »AMERICA«. 13. SEPTEMTER 1952. Identität und das Hündchen.

Nachdem ich in den Norton-Vorlesungen *ad nauseam* Gertrude Steins Zitat aus den Kinderreimen von der alten Dame und ihrem Hündchen als Beispiel für Identität, die Bestätigung sucht, gebraucht hatte, war ich nicht wenig überrascht, als ich den folgenden Satz fand: *König Salomos Ring* von Konrad Lorenz... Dr. Lorenz, eine große Autorität auf dem Gebiet des tierischen Verhaltens, hat lange von den Vorzügen von Hunden als Heimtieren gesprochen und endet mit dem Satz: »... In dem beinahe filmartigen Vorbeiflitzen des modernen Lebens braucht ein Mensch etwas, was ihm von Zeit zu Zeit sagt, daß er noch er selbst ist, und nichts kann ihm diese Versicherung auf so tröstliche Weise geben wie die ›vier Füße, die hinterher trotten‹.«

624. HOTEL BAUER GRÜNWALD, VENEDIG, 11. OKTOBER 1952. Meine Lage.

... Was mich bedrückt, ist die Menge der Hindernisse, die auf meinem Weg liegen, bevor ich zu meiner rechtmäßigen Lage zurückkehren kann... die drei Berichte für das Außenministerium...[1] Unglücklicherweise nehmen sie Zeit in Anspruch. Hier in Venedig sitze ich spät abends in einem Hotelzimmer und schreibe Zeug, das nur wenige interessieren wird... Nun lädt mich Ruth [Gordon] – die wie eine Löwin entschlossen ist, *The Merchant* [*of Yonkers*] in London auf die Bühne

---

1 Thornton Wilder war im September Leiter der amerikanischen Delegation bei einem Kongreß der UNESCO in Venedig gewesen. Der von ihm verfaßte Allgemeine Bericht wurde in *The Artist in Modern Society* (1954) veröffentlicht.

zu bringen – zu einer einwöchigen Besprechung der Angelegenheit mit Tyrone Guthrie, vorzugsweise in Paris, ein. Sie haben noch keinen Produzenten gefunden. Das Stück kommt vielleicht nie heraus.[2] Heute rief ich an und bat darum, daß die Besprechung in dieser Sache in St. Moritz stattfindet, wo ich davon träume, meine Papiere um mich herum auszubreiten, mich endlich wieder diesem Tagebuch zuzuwenden und »The Emporium« (»Das Kaufhaus«) in Angriff zu nehmen.

Nun was für mich wirklich ist:

Ich denke, ich kann und werde mich in das Norton-Buch verlieben. Ja, das kann ich, aber nur mit stillen, mit langen, müßigen Tagen, in denen wachsen kann, was so wichtig dafür ist, die Verschmelzung von Inhalt und Form. Ich habe der Harvard Press gesagt, daß ich es für ein Jahr aufschiebe... aber es ist die richtige Art von Aufschub, weil sein seltsames Wachstum fruchtbar weitergehen kann, während meine Gedanken scheinbar woanders sind. Ich denke nie an dieses Buch, betrachte es nie ohne Freude und ohne das Versprechen all der neuen Schönheiten zu spüren, die ich darin entwickeln kann. Die schwierigeren Teile – das Zeitgefühl und die tiefergehenden Erkundungen – müssen auf ihre eigenen Sitzungen in Einsamkeit warten. Selbst wenn sich herausstellen sollte, daß ich außerstande bin, Dinge wie die Syntax der Freiheit zu formulieren, tut das nichts zur Sache. Ich kann ein anregendes Buch schreiben und eine Anzahl von möglichen Wegen aufzeigen, auf denen andere weitergehen können.

Was »Das Kaufhaus« anbetrifft, ist alles ebenso unklar, völlig unklar wie damals, als ich die erste Aufzeichnung darüber in diesem Tagebuch machte. Zwei Szenen habe ich – solide und gut. Erst in diesen letzten Tagen und nachdem ich sie Marion [Preminger] vorgelesen habe – die immer ein sehr gesundes Urteil hat –, habe ich gesehen, daß die dritte Szene (die im Kaufhaus nach Ladenschluß) nicht richtig, nicht *menschlich* ist. Aber selbst in diesen verzettelten Tagen hatte ich Augenblicke, in denen ich sah, wie einiges von diesem Material neu geschrieben werden kann.

... Als ich Amerika verließ, sagte ich leise zu mir, daß ich vielleicht lange fortbleiben würde. Laßt mich einem solchen Vorsatz wenigstens eine Chance geben, seine Möglichkeiten anzudeuten. Keine *Neigungen* mehr zu diesem und jenem. Vor allem dieses Tagebuch als Erkundung in der Tiefe. Dann das Stück. Dann ein Film. Dann das Opernlibretto.

---

2 Thornton Wilder schrieb das Stück um, und die Erstaufführung fand unter dem Titel *The Matchmaker (Die Heiratsvermittlerin]* in Edingburgh statt.

Dann ein komischer Roman. All das als Freiheit – zu spielen, zu sehen, was ich mit der bescheidenen Gabe, die ich habe, genießen kann. Mein Ruf drängte mich immer dazu, mich größer zu geben, als ich bin. Wenn ich größer sein kann, dann durch das Kleine.

Vielleicht muß ich Ruth nachgeben und nach Paris fliegen, aber danach muß ich streng sein – der Zusammenarbeit ade sagen und mich verstecken. St. Moritz ist das rechte, wenn auch einsam. Ich habe immer die Hitze gehaßt ... Im Engadin werde ich mich über den ersten Schnee und über die folgenden Schneefälle freuen. Ich werde keine Termine vor mir haben und keine Versprechungen. Will sehen, was ich tun kann.

632. Hotel Bayerischer Hof, München, 26. November 1952. Für das Norton-Buch: Einige ökonomische ABC's und der Begriff der Freiheit.

Freiheit ist keine negative Abstraktion. Sie muß immer mit einem spezifischen Inhalt gebraucht werden: Freiheit ist der Besitz der Möglichkeit, ein gegebenes Ziel zu erreichen.

In den Jahren nach 1850 vermittelten die Bedingungen in den Vereinigten Staaten – unbeschränkte natürliche Hilfsquellen, riesige ungenutzte Ländereien, der Aufbau neuer Industrien – den Eindruck, daß jeder Mensch frei war (d. h. im Besitz der Möglichkeit zu bekommen, was er wollte).

Aber es gab bereits eine Marktwirtschaft: man bekam, was man wollte, indem man ein Produkt seiner Arbeit verkaufte. Man war *frei* in der Wahl dessen, was man produzieren wollte, und es stand einem *frei*, das Produkt seinem Verbraucher anzubieten. Die Freiheit zu produzieren, was man wollte, war wichtig, weil darin die persönliche Befriedigung lag (die eigene Kreativität, der eigene Ausdruck, das eigene »Glück«), und die Freiheit zu verkaufen war wichtig, weil darin die Zuversicht begründet war, daß man so fortfahren konnte (die Sicherheit, die Beziehung zur Zukunft).

Emersons Doktrin vom Selbstvertrauen beruht auf der Annahme, daß diese soziale Bedingung der normale Zustand des Wirtschaftslebens in den Vereinigten Staaten war und nicht eine kurze Übergangsperiode. Er denkt nicht einmal daran, den ökonomischen Hintergrund des Selbstvertrauens zu untersuchen, so selbstverständlich ist es für ihn, daß er es unmittelbar auf den moralischen und psychologischen Bereich übertragen kann. So wie der glückliche Schmied für immer sicher sein kann, daß er Hufeisen für dankbare Fuhrleute machen wird, so kann der Weise sicher sein, daß er dankbaren freien Menschen Selbstvertrauen predigen darf.

Aber währenddessen entwickelte die Marktwirtschaft Formen, die die Freiheit des Bürgers, sein Produkt auszuwählen, und seine Freiheit, es zu verkaufen, einschränkten. Mehr noch: sie legte für Millionen den *Inhalt* der Freiheit fest, nämlich: man war frei, *Geld zu verdienen*. Gleichzeitig reduzierte sie für die meisten Menschen die Möglichkeit, *viel Geld* zu verdienen. Die Gesellschaft machte sich das Prinzip zu eigen, daß man, wenn man viel Geld verdiente, erfolgreich war, und wenn man wenig Geld verdiente, ein Versager. Man machte eine Moral daraus: die Tugenden, die dem Geldverdienen förderlich waren, waren die wichtigsten Tugenden; wenn man ein Versager, das heißt arm, war, so war man auch nicht tugendhaft.

*Daher*: die Leidenschaft Thoreaus. Er verteidigte sich gegen die Anklage, ein Sünder zu sein – nicht nur in den Augen seiner Nächsten (ihnen warf er hysterisch vor, daß sie Geld verdienende Sünder seien), sondern auch in seinen eigenen Augen. Er mußte einen *Inhalt für die Freiheit* finden. Offensichtlich kann die Freiheit nicht beschrieben werden als *die Gelegenheit zu tun, was man will*. Er tappte umher: er sagte, Freiheit sei die Gelegenheit, nahe der Natur zu leben, und die Gelegenheit, den Zweck des Menschen zu entdecken. (Es war nicht einmal grundlegend wichtig für ihn, daß Freiheit die Gelegenheit war, andere diese Wahrheiten zu lehren. Was er wirklich wollte, war *die Freiheit, allein zu sein*, und, man kann sagen, *die Freiheit, unbeobachtet zu leiden*.)

In Amerika wurde es zur klassischen Doktrin, daß jeder Mensch frei ist, Geld zu verdienen. Dazu gehört viel Selbsttäuschung, aber so heißt es nun einmal. Dazu gehört, daß man ständig auf die höchst ungewöhnlichen Lebensgeschichten einiger weniger hinweist, die von Armut zu Reichtum aufgestiegen sind (was gleichzeitig bedeutet, daß diejenigen, die nicht von Armut zu Reichtum aufgestiegen sind, gestehen müssen, daß es ihnen an Sparsamkeit, Nüchternheit, Ausdauer und vielleicht auch Ehrlichkeit mangelte); und dazu gehört, daß immer wieder von dem ungeheuren Wert und Nutzen des kommerziellen Produkts und der kommerziellen Funktion für die gesamte Gesellschaft gesprochen wird. (Letztere Doktrin wurde beträchtlich unterstützt durch die Beiträge der Wissenschaft und die ständig neuen technologischen Erfindungen.) Der nicht oder nur mäßig Erfolgreiche konnte sich mit mehreren Faktoren trösten: 1. Er konnte jeden Augenblick reich werden, wenn er sich nur zusammennahm und im höchsten Grade tugendhaft war. 2. Er war – wenn auch in bescheidenem Maße – an einer großen und schönen Arbeit beteiligt: Handel und Industrie.

Die amerikanische Satire hat sich mit diesen Legenden beschäftigt, aber nie ernsthaft, weil die Amerikaner, Satiriker mit inbegriffen, wirklich an sie glauben. Diejenigen, die diesen Forderungen nicht entsprachen, mußten Positionen extremer Revolte beziehen. Es gibt drei Gegenpositionen: 1. die religiöse, 2. die künstlerische, 3. die bohemienhafte (oder vagabundisch-hedonistische).

Ein großer Teil der amerikanischen Religion stimmte weitgehend mit dem Gesichtspunkt des Geldverdienens überein: sie hob die Tugenden hervor, die am engsten mit einem solchen Erfolg verbunden sind. Sie hatte wenig zu sagen über Selbstverleugnung und Bescheidenheit, und sie änderte sogar die Bedeutung des Wortes *Nächstenliebe*... Der amerikanische Vagabund-Hedonist tritt oft in Erscheinung, aber in Gestalt des gewinnenden, kindlichen Menschen (siehe die Werke von E. A. Robinson).

Worin unterscheidet sich dies nun von ähnlichen Einstellungen in den europäischen Ländern nach 1830? Der Franzose paßte sich viel leichter der wettbewerbsorientierten kapitalistischen Marktwirtschaft an. Er hat einen Inhalt, ein Ziel, für das er Geld verdient, und die Belohnungen sind so ziemlich die gleichen, ob er viel oder wenig verdient: er möchte *frei sein, sein Leben zu genießen*. Viele seiner Vorstellungen vom Lebensgenuß würden von Angelsachsen mißbilligt werden, aber nicht alle: auch er genießt das Familienleben, das Gärtnern, das Angeln etc. und vielleicht bewußter als wir. Die Selbstachtung hängt davon ab, ob man sich ein gewisses Maß von Vergnügen leisten kann. Auch die Engländer haben einen Inhalt: sie verdienen Geld, um ein respektables und respektiertes Heim erhalten zu können. In Anbetracht des Klassensystems ist das auf jedem Einkommensniveau möglich, und es wird dadurch aufregend, daß man vorgibt, einen etwas höheren Lebensstandard als den tatsächlichen zu besitzen.

Aber diese beiden *Inhalte* der Freiheit sind dem Amerikaner versagt: dem Lebensgenuß mißt er keine Bedeutung bei, und jeder Amerikaner hat so viel Respektabilität, wie er braucht.

Was will also ein Amerikaner?

*Reprise:* Wir suchen, *wofür* ein Amerikaner seine Freiheit wünscht, und wir bleiben im Rahmen: Was würde er mit seinem Geld tun wollen, wenn er so viel verdiente, wie er gern möchte?

Wenn wir sagen, daß der Franzose Geld verdient, um sein Leben zu genießen, und der Engländer, um ein respektables Heim zu haben, sagen wir doch offenbar, daß dies die Beschwichtigungsmittel – die *panem et circenses* – sind, die ihre Regierungen ihnen gewähren müssen, um sie für die Tatsache blind zu machen, daß sie Lohnsklaven in einem System ungleicher Verteilung der Güter sind.

Soweit ist ein großer Teil der Masse der Menschen tatsächlich damit zufrieden, Lohnsklaven zu sein. Sie sind damit zufrieden, wenn man ihnen ihre Vergnügen und ihre Unterhaltung, beziehungsweise ihr respektables Heim gibt, so bescheiden es auch sei, denn sie haben 1. Angst vor Verantwortung und Initiative\* (Kapitulation ist Sicherheit) oder 2. finden in sich selbst keinen Antrieb zu größerer Selbstverwirklichung oder 3. akzeptieren wie die Leibeigenen des Mittelalters die religiösen und politisch-sozialen Dekrete, die ihnen fügsam zu sein gebieten. Alle Diskussionen über dieses Thema scheinen zu dem Schluß zu gelangen, daß die Menschen »sicher« sein wollen, das heißt: sie wollen zumindest die Gewißheit haben, daß sie behalten dürfen, was sie besitzen – eine Charakterisierung, die so sehr verallgemeinert, daß sie ständig neu überprüft werden muß. Diese »Freiheit von Furcht« in der ökonomischen Welt wird ständig durch andere Faktoren variiert. In Frankreich ist sie sicherlich begleitet von der »Furcht, übertölpelt zu werden« – durch politisch-soziale Lügen zu Unterwürfigkeit eingelullt zu werden.


633. HOTEL BAYERISCHER HOF, MÜNCHEN, 1. DEZEMBER 1952. Meine Oper.

Heute setzte ich mich hin und entwarf Pläne für die Oper. Angefeuert durch die Begeisterung und gewisse Vorschläge von Garson [Kanin] in St. Moritz, kaufte ich ein *cahier* und begann ein »Gespräch mit mir

---

\* Dostojewski sagte, daß es in unserer ganzen Zivilisation Menschen gibt, deren höchstes Bedürfnis es ist, »so schnell wie möglich das Geschenk der Freiheit aufzugeben ... mit dem sie, unglückliche Geschöpfe, geboren wurden«. Zitiert von Harold Laski in *The Dilemma of Our Times*. George Allen and Unwin, London 1952.

selbst« in der Manier von Henry James. Nach einer Weile ging ich daran, den Dialog von Anfang an zu schreiben. Nur um mich später darüber zu amüsieren, was von einer solchen ersten *esquisse-esquisse* gestrichen wird und was bleibt, schrieb ich den ersten Entwurf nieder:

»Das Ende des zweiten Akts muß irgendeine Sorge, eine Spannung sein, die eine Frau überkommt – eine verliebte Frau, eine Frau, die im Begriff zu sein scheint, ihre Singstimme zu verlieren, weil etwas zwischen sie und den jungen Mann des Hauses getreten ist. Entweder stellen sich seine Eltern zwischen ihn und das Mädchen, oder er preist mit seiner neuentdeckten Stimme eine andere Frau. Geben wir unserer Heldin – Koloratur oder Sopran – einen irischen Namen? Patty ... Und sagen wir, da ist eine zweite Frau – brünett –, Alt oder Mezzosopran. Unser junger Held ist Edward. Edward findet seine Stimme durch seine Liebe zu Patty, aber dann liebt er Geraldine.

Damit ergibt sich eine ernsthafte Schwierigkeit: Wir müssen im ersten Akt zwei Mädchen – zum erstenmal – einführen, denn wir sollten annehmen, daß Edward Geraldine vorher noch nicht begegnet ist, obwohl sie seiner Klasse angehört.

Oder wir könnten mit einem Tee eröffnen – gesprochen: Mr. und Mrs. Edward Hawkins Carberry und Geraldine. Edward II. ist oben. Er fühlt sich nicht wohl.

Mrs. Carberry gibt das Thema an: Musik ist das Leben; das gesprochene Wort ist armselig, blaß, verglichen mit der Musik. Die Prosa ist leblos. ›Ich gehe singend durch das Leben.‹ Mrs. Carberry muß den Raum mehrere Male verlassen. In ihrer Abwesenheit singen Edward *père* und Geraldine, monoton.

Nun können wir nichts doppelt haben. Wenn Edward eine Singstimme findet, können wir nicht auch Geraldine eine finden lassen. Sollen wir noch einen Mann – einen Bariton – für Geraldine haben? Einen richtigen Sänger? Sollen wir ihr den Hausarzt geben und einen Baß aus ihm machen? Haben wir zu viele Personen?

Irgendwie müssen wir das alles mit Täuschungen, Verkleidungen umhüllen.

Sagen wir, Edward *fils* ist die Figur des ›verzauberten Prinzen‹. Der Doktor plant, ihn zu erlösen. Vielleicht ist Patty nicht eine ›arme Verwandte‹, wie ich zuerst dachte, sondern der Doktor hat sie kommen lassen (aus Montana) ...

Es spielt alles in Saratoga Springs. Mrs. Pettry [Carberry] verläßt nicht gern ihr Heim, aber sie hat Edward (der Vater heißt James) zur Trinkkur hergebracht.«

214

Dann begann ich, den Akt zu schreiben. Ich kam bis zum Ende des Duetts Edward–Patty.

Bei dem Versuch, eine Auftrittsarie für Patty zu schreiben – keine Couplets, keine Ballade –, sah ich plötzlich Gertrude Steins Problem und Leistung: nicht Wörter zu liefern, sondern den Stoff-Ersatz für Wörter. Gereimte Texte wären bei dieser Art von Oper ganz fehl am Platz: immer am Rande des Unsinns bleiben und doch das »Gefühl« von Emotion und Phantasie bekommen.

Das heutige Fragment verursacht mir ein Gefühl der Enttäuschung (es ist alles zu nahe bei [Eugène] Labiche und [Jacques] Offenbach – die großen Möglichkeiten von Gesang und Rede sind abgetrieben in den Sand eines »Vaudeville«), aber ich habe die Hoffnung, wenn ich weiter daran arbeite, wird *es* mich lehren, wie ich es in einen bedeutenderen Brennpunkt bringen kann.


634. HOTEL BAYERISCHER HOF, MÜNCHEN, 3. DEZEMBER 1952. Meine Oper.

Dieses ganze Ding mag Schund sein, und vielleicht wird nichts daraus, aber ich habe einige Arbeitsnotizen gemacht, um mir selbst später zu zeigen, wie es wuchs oder wie es fehlschlug. Gestern war ein schlechter Tag. Nach der gehobenen Stimmung des ersten Tages schien alles zu zerfallen. Hier sind die Notizen. Ich schrieb keinen Dialog:

»Das war nun die Arbeit von gestern. Enttäuschung darüber, daß alles auf die Dimensionen eines Labiche-Vaudevilles zusammengeschrumpft ist. Nun zurück zu verschiedenen ernsteren Punkten: der Tod-im-Leben, den Mrs. Perry [Pettry-Carberry] um sich verbreitet. Alles, was ich jetzt habe, ist eine snobistische, geschwätzige Frau. Und ich denke immer an einen Höhepunkt im zweiten Akt, versuche, das ›Verliebtsein‹ dieser Leute einigermaßen überzeugend zu machen.

Vielleicht ist der einzige Ausweg – ich habe das den ganzen Tag hin und her gedreht –, noch weiter ins *Vaudeville* hineinzugehen. Das heißt: die Idee des Singens-Schweigens ist primär eine komische Idee. Sie hat auch etwas Ernstes an sich, aber das könnte man nur eine Stunde durchhalten. Meine Aufgabe ist es, das ganze Belustigende herauszuwringen und einige Momente der ernsteren Aspekte für den Spaß zu sammeln. Wollen sehen, was für weitere Komplikationen wir uns ausdenken können . . .«

Das war die Eintragung von gestern. Eine regelrechte Hemmung. Ich begann die Arbeit des heutigen Tages mit den folgenden Notizen: »Ein schlechter Tag gestern.

Nun heißt es: noch einmal versuchen ...

Wir haben einen Prolog im Sprechzimmer des Doktors mit der stummen Patientin, der Sängerin Lucille. Der Doktor ›spricht‹ (nur), wenn er seinen weißen Mantel an hat.«*

Von da an ging ich weiter und schrieb die ganze Szene im Sprechzimmer, der Doktor–Anabel [Lucille] und der Doktor–Mrs. [Patty] Hope. Nächste Woche hasse ich sie vielleicht, aber jetzt bin ich damit zufrieden (zufrieden in dem Sinne, daß sie, wenn ich sie noch einmal schreibe, mit Charme und Witz aufgebaut werden kann). Sie löst noch nicht mein Problem des Höhepunkts im zweiten Akt, aber sie hilft.

[*Hotel Bayerischer Hof, München*,] 28. Dezember 1952.

(*Später:* Diese Bemühungen scheiterten – an ihrer eigenen offensichtlichen Unüberwindbarkeit und an dem Eindringen anderer Zerstreuungen in mein Leben. Gestern begann ich sie wiederaufzunehmen. Ich denke, ein neues Licht ist gekommen, von dem zu gegebener Zeit berichtet werden soll.)

635. Hotel Bayerischer Hof, München, Sonntag, 28. Dezember 1952. Eine Aufführung von Palestrinas *Missa Brevis*.

An der Tür der Stiftskirche Sankt Cajetan in der Theatinerstraße hat man die Musik angeschlagen, die zu den wichtigeren Gottesdiensten an den Feiertagen aufgeführt wird. Es gibt vier-, sechs- und achtstimmige Messen von [T. L. de] Victoria und unserem Münchner Orlandus Las-

---

* Zu beachten, wie ein Teil meiner Hemmung – einschließlich meines Zögerns, einen Prolog ins Auge zu fassen – nicht auf Probleme des Entwurfs der »Handlung« zurückging, sondern auf eine die Idee der Oper betreffende Schwierigkeit. Ich lehnte es ab, mich mit Material zu befassen, welches erforderte, daß meine Figuren sangen, wenn der Vorhang aufging. Das Singen muß allmählich eingeführt werden und so, daß die Zuhörer den Zusammenhang zwischen Singen und *l'élan vital* zu sehen beginnen. Sobald ich auf die Idee kam, daß Lucille (jetzt Anabel) ihre Stimme nicht gebrauchen kann und daß der Doktor (obwohl er in meiner Besetzung eine sehr »singende« Person ist) nicht singt, wenn er seinen weißen Mantel trägt, war dieses Problem gelöst.

sus (nach dem drinnen auf dem lärmenden Platzl ein Café, ein regel-
rechtes Nachtlokal, benannt ist). Heute, am Tag der Unschuldigen Kinder, war es Palestrinas *Missa Brevis*. Obwohl ich sie für mich selbst an
die hundertmal gelesen hatte, hatte ich sie – von einigen völlig unbe-
friedigenden Schallplatten abgesehen – noch nie gehört. Die Akustik in
der (vollen, aber sehr kalten) Kirche war seltsamerweise gut. Für die
hohen Stimmen wurden Frauen eingesetzt. Wahrscheinlich gegen jeden
liturgischen Brauch sangen sie das zweite »*Agnus Dei*«, eine meiner
Lieblingskompositionen in der gesamten Musikliteratur. Vor dem
»*Sanctus*« und dem »*Benedictus*« spielte der Organist die ersten vier
oder fünf Takte! – so als wollte er nach der durch das Ritual bedingten
langen Pause den Sängern den Ton geben. Die Gemeinde folgte der
Musik genau genug, um beim »*Crucifixus*« im »*Credo*« niederzuknien
oder sich zu bekreuzigen.

Ich kannte jede Note, und doch erkannte ich sie oft nicht wieder.
Einige Passagen waren »besser«, als ich erwartet, als ich sie zuvor verstanden hatte (die musikalische Einheit des »*Sanctus*«), aber das meiste
war eine weit geringere Freude als beim Lesen. Die Männerstimmen
boten im allgemeinen Massivität und Volumen auf Kosten der Melodie-
führung: man schien Thema oder Nachahmung gar nicht zu hören. Ist
das immer so bei dieser Art von Musik – ist es falsch, zu genau auf den
Kontrapunkt zu horchen? Zweitens gab es wenig Spielraum in der Dy-
namik. Wir waren entweder langsam oder sehr langsam, entweder forte
oder mezzoforte oder piano. Die »*resurrexit*« erhoben nicht, die »*ho-
sannae*« schallten nicht, und die »*Amen*« am Ende des *Credo* – diese
ineinandergreifenden synkopierten Sequenzen – erklärten nicht eine
oh, so sichere Endgültigkeit. Ich vermute, meine relative Enttäuschung
war nicht nur auf meinen Mangel an Erfahrung im Hören dieser Art
von Musik zurückzuführen (obwohl man verwundert darüber ist, daß
die Zeitgenossen Palestrinas – und noch mehr die Orlandos – das ganze
Jahr über solche kontrapunktischen Kniffligkeiten hören konnten). Sie
ging zum Teil wohl auch auf ein Nachlassen der europäischen Sensibilität als Folge der nervlichen Belastung während der Kriegs- und Nach-
kriegsjahre, wahrscheinlich zusammen mit einer unausgeglichenen Er-
nährung, zurück. (Letzte Woche sang Hans Hotter [Schuberts] *Winter-
reise*. In der heutigen Zeitung – vom 28. Dezember – wird sie sehr
gelobt, vor allem der Begleiter. Tatsächlich fehlte dem Vortrag spürbar
der Akzent, die Abwechslung, die Beredsamkeit – trotz der prachtvollen
Stimme des Sängers. Alles war gleichförmig elegisch. Auch »Die Post«,
auch die Rufe »mein Herz, mein Herz!«) Außerdem muß ich unwill-

kürlich denken, daß der Dirigent im Unrecht war. Der Kanon der beiden Soprane im »*Agnus Dei I*« ging vollkommen verloren. Die Begleitstimmen löschten oft den Kanon aus, und die Kanonstimmen löschten sich gegenseitig aus. Würde er mit einem sorgfältigen *Legato* gesungen, könnte der Zuhörer sicherlich die beiden gleichzeitigen Melodien erkennen.

Nichtsdestoweniger war das Hören erregend und schön, und wenn ich länger in der Stadt bliebe, würde ich um die Erlaubnis bitten, allen Chorproben beizuwohnen, und mir meinen Weg »in das Innere« all dieser Werke suchen.

*[Hotel Bayerischer Hof, München, Donnerstag,] 1. Januar 1953.*

Zur St. Michaels-Kirche (d. h. während der Reparaturarbeiten im Bürgersaal), 8 Uhr 50 Schuberts *Große Messe in As-Dur* – mit Offertorium, Bruckners *Virgen Jesse*, aber 10 Uhr 30 wieder Theatinerstraße. Cristôbal de Morales' *Missa quaeramus cum pastoribus*. Erstaunlich, wie allein durch diese beiden Messen die Fähigkeit des Hörens zunimmt – oh, ein Jahr nur mit diesem Chor verbringen! –, und geradezu komisch, wie man beim Fortgehen unwillkürlich in diesem Stil summt, seine eigenen nachahmenden Eingangsgesänge erfindet und die Tenorstimme bis zu einem imaginären Diskant hinauftreibt.

637.  BAD-HOTEL ZUM HIRSCH, BADEN-BADEN, 9. FEBRUAR 1953.
      Neues Stück: »The Heir« [Später »Illinois, 1905«].

Gestern begann ich ein neues Stück, und heute habe ich den ersten Akt beinahe beendet. Ich bin deshalb nicht aufgeregt, und vielleicht kommt auch gar nichts dabei heraus – außer der Erfahrung, die, wie ich hoffe, wertvoll sein wird.

So überzeugt, wie ich davon bin, was mein Thema ist (und dieses Deutschland-Erlebnis macht mich immer sicherer, daß es *das* Thema der heutigen Literatur ist), habe ich zwei Jahre lang davon geredet und daran geschrieben und es abgeklopft. Während ich nach Möglichkeiten suche, es in die »Handlungen« von »The Emporium«, der Oper und den anderen Projekten einzusetzen, beginnt es mich zu langweilen. Erstens habe ich zu lange davon gesprochen; es ist abgenutzt durch meine an ein Auditorium gerichtete Emphase. Zweitens war ich schon sehr nahe daran, es in *Wir sind noch einmal davongekommen* zu schreiben.* Was ich also in diesen letzten Wochen versuchte, war, diese Themen-Idee mit der einen oder anderen der schon geplanten Skizzen zu verschmelzen; und immer wieder stelle ich fest, daß ich mich in eine lästige Symbolik oder ins *faux-sublime* verrenne. Diese Wilder-Bühnentricks und dieses weite Thema brauchen beide eine Ruhepause. Daher mein Entschluß: *reculer pour mieux sauter.* Immer noch unter dem Eindruck von Hauptmanns *Die Ratten* – diesem weit ausgreifenden, wuchernden vieraktigen Genre-Stück, dessen Gesamtwirkung von keinem seiner einzelnen Handlungsfäden abhängt –, begann ich darüber nachzudenken, ob man nicht ein ähnliches Milieubild voller Porträts und Handlungen von einer Stadt im Mittelwesten machen könnte – ein Winesburg, Ohio-Spoon-River-Stück.[1] Ich wußte, daß ich auf lange Sicht eine *Idee* haben mußte, die es trägt (*mußte*, einfach weil ich ich bin, nicht, weil es irgendeine dramaturgische Theorie erfordert), aber ich bemerkte, wie unzulänglich Hauptmann sein Stück zusammenbindet (auf die Frage des jungen Dramatikers hin, ob Frau Johns Tod nicht eine *Tragödie* war), wodurch das Ganze der *Ratten* nicht nur scheinbar ein Thesen-Stück in Richtung des Neuen Theaters wird, sondern ein offen vorgelegtes Beispiel für Hauptmanns theoretische Ansichten über das Drama.

So begann ich mit einer kleinen Handlungsidee, die ich von einem Roman borgte, den ich nicht nennen will. Der erste Akt ging recht lebendig dahin und nahm auf seinem Wege eine zweite Idee auf, von der ich jedoch fürchte, daß sie ihn zerstört. Mein Held entpuppt sich als der existentialistische Mensch, der nach den Worten, die Camus für mich aus Dostojewski zitierte[2], fürchtet, daß er alles nicht genug haßt. Das könnte tatsächlich ein Stück ergeben, aber ich befürchte allmählich, daß es zu »heiß« ist, um durch ein Genre-Tableau-Stück ausgedrückt zu werden. Es erfordert ein ganzes Stück für sich allein.

Jedenfalls macht es Spaß, zur Abwechslung einmal nach der rein naturalistischen Methode zu arbeiten. Und ich glaube, ich habe mein Hotel in Dakota gut aufgebaut.

---

* In München bat mich Herlitschka (mein deutscher Übersetzer), mir noch einmal einige Stellen in »Pullman Car Hiawatha« anzusehen. Ich habe das Stück seit fünfzehn Jahren nicht mehr gelesen und habe auch jetzt das Ganze nicht noch einmal gelesen, aber als ich seine Fragen beantwortete und den Text betrachtete, fielen mir zwei Dinge auf: erstens, wie komisch manche der Zeilen sind, und zweitens, vor wie langer Zeit ich schon *ebendieses Thema* behandelte. Das ist erstaunlich.
1 Anspielung auf Sherwood Andersons *Winesburg, Ohio* und Edgar Lee Masters' *Die Toten von Spoon River (The Spoon River Anthology).*
2 Siehe Eintragung 766 (5. Mai 1960).

Vielleicht kommt nichts anderes heraus als Selbstentdeckung und die zeitweilige Reinigung meines Kopfes von all den schädlichen Gasen – den Nebenprodukten der guten, die meine wirkliche Arbeit sind.

Heute abend werde ich also weitermachen, den ersten Akt beenden und sehen, was ich dann habe.


637A.   Bad-Hotel Zum Hirsch, Baden-Baden, Mittwoch, 11. Februar 1953. [»Illinois, 1905«].

Ich habe das Thema gefunden, und kaum ein Wort des ersten Aktes wird geändert werden müssen. Es ist ein Stück, das komisch ist und ein wenig pathetisch und ein wenig ergreifend. Es entstand aus der Lektüre von Harold Laskis (müdem und lähmendem) *The Dilemma of Our Times* und Georges Simenons *Le Voyageur de la Toussaint*.

Es handelt von Anarchisten in Illinois im Jahre 1903!, und ich hätte mich selbst nicht mehr überraschen können.


*Reichsbahnhotel, Stuttgart, Samstag, 14. Februar 1953.*

Ich kam durch die erste Szene des dritten Aktes, und dann sperrte sich etwas. Ich konnte einen gefälligen dritten Akt machen, aber ich sah nicht, wie ich einen großen machen sollte. Daher betrank ich mich ein wenig, und ich begann, etwas klarer zu sehen. Ich begann, den ersten Akt in einem anderen Schulheft abzuschreiben. Und ich eröffne den Akt neu mit dem Besuch Mrs. Watsons bei Carrie Nation und mit der Versammlung des Abstinenzlervereins Christlicher Frauen. Und dann sehe ich, daß das einen Kontrapunkt zum Anarchismus von Margarets Vater bildet. Das Stück handelt von der ewigen Bewegung der sozialen Besserung. War das die ganze Zeit in meinem Unbewußten – diese Affinität zwischen Mrs. Watson und den Anarchisten? Das Motto des Stücks ist »*Eppur si muove*«[1]. Und wie seltsam, daß das Stück, das als ein Genre-Volksstück begann, seinen Weg zu einem der Sujets gefunden hat, die mich so unfehlbar zu Tränen rühren: der stille, absurde, hartnäckige Drang nach dem Besseren. Soll ich dieses Stück Jane Addams widmen, Dr. Alice Hamilton, dem Andenken an das Frühstück im Hull House? Mein Arbeitstitel ist nun »Illinois, 1905«. Habe ich die richtigen Daten? Dies ist ein Stück über [Eugene V.] Debs.

---

1   Galileis angebliche Worte: »Und sie bewegt sich doch.«

643. SS »AMERICA«, FREITAG, 24. APRIL 1953. Georg Büchners
*Woyzeck.*

Als ich Dr. Kurt Hirschfeld wieder in München traf, drückte ich meine
Zweifel daran aus, daß es ratsam sei, den *Woyzeck* mit der Bemerkung
des Gerichtsdieners enden zu lassen: ».. . ein schön Mord, so schön als
man ihn nur verlangen tun kann, wir haben schon lange so kein gehabt«
– wie das in den Münchner Kammerspielen geschieht. Kurz darauf
schickte er mir dieses Buch: *Georg Büchner, Woyzeck, nach den Hand-
schriften des Dichters herausgegeben von Georg Witkowski* (Leipzig,
im Insel-Verlag MCMXX). Es besteht aus dem Abdruck zweier Bündel
von Papieren:
   1. Folio, siebzehn Seiten; vom Herausgeber »Entwürfe« genannt.
   2. Quart, vierundzwanzig Seiten; vom Herausgeber »Ausführung«
genannt.
   3. Quart, einzelnes Blatt – zwei Seiten –, enthält die Szene des
Doktors, der Woyzeck seinen Studenten vorführt, und eine kurze
Szene: Der Idiot. Das Kind. Woyzeck.
   *Woyzeck* ist noch lange nicht fertig. Das Quart zeigt, wie G.B. den
Szenen aus seinem ersten Folio-Skizzenbuch folgt, einige erweitert oder
verdichtet und neue einfügt. Es ist jedoch nicht abgeschlossen; es endet
vor der Mordszene, und die letzten Szenen des Stücks (wie sie im Buch
und auf der Bühne wiedergegeben werden) müssen dem ersten, nicht
umgeschriebenen Folio entnommen werden – und dem Anfang des
Folios, wo Büchner (mit dem Höhepunkt des Stückes beginnend) elf
Szenen flüchtig notierte, bevor er das Stück »von Anfang an, der
Reihe nach« zu skizzieren begann.
   Was wir lesen und sehen, sind daher etwa fünfzehn Szenen in der
zweiten Fassung, auf die elf Szenen im ersten Entwurf folgen.
   Was würde ich tun, wenn ich die Aufgabe hätte, einen brauchbaren
Text zusammenzustellen? Zu untersuchen:
   Ich glaube, es bestehen kaum Zweifel daran, daß die Folio-Seiten
Büchners erste Aufzeichnungen dieses Stückes enthalten. Er beginnt,
wie gesagt, mit Hinweisen für elf Szenen einschließlich des Mordes und
um den Mord herum; dann geht er daran, das Stück von einem logischen Anfang an zu schreiben. (In einem gewissen Sinne haben wir also
drei Texte) . . .

Noch einmal von vorn:

1. Büchner begann mit kurzen Szenen (sogar einzelnen Reden), die alle mit dem Höhepunkt des Stückes und dem Ende zu tun haben. Es gibt keine Zuflucht zum *Grotesken* (sein eigener Ausdruck), aber er greift auf das Kosmisch-Sentenziöse zurück.

2. Dann sagt Büchner: »Ich bin bereit, mit dem Anfang zu beginnen.« Erste Szene:* Andres und Woyzeck schneiden Stöcke. Woyzecks Halluzinationen. Zweite Szene: Louise-Marie mit ihrem Kind. Sie bewundert den Tambourmajor. Woyzeck kehrt zurück, hat immer noch Halluzinationen. Dritte bis achte Szene: Der Markt: voll von Burlesken, die sich mit den kosmischen Prätentionen decken und sie parodieren. Neunte bis elfte Szene: Drei Szenen, die den Tanz im Wirtshaus vorbereiten. Zwölfte Szene: Woyzeck und der Doktor: eine wahnsinnige Groteske gegen Woyzecks Einfalt, bis Woyzeck der Groteske mit seinen Halluzinationen »entspricht«. Dreizehnte Szene: Doktor, Hauptmann und Woyzeck: die idiotische Groteske, in der der Hauptmann und der Doktor einander verspotten; Woyzeck tritt auf. Der Hauptmann sät die Saat von Woyzecks Eifersucht. Vierzehnte Szene: Woyzeck droht Marie. Fünfzehnte Szene: Maries Gebet.

3. Büchner ist nun ... auf dem Höhepunkt des Stückes angelangt und kann die Skizzen verwenden, mit denen er zuerst begann. Er nimmt also ein Heft im Quartformat und beginnt mit dem Stück noch einmal von vorn.

Augenblicklich gerät er in Schwierigkeiten. Er eröffnet das Stück mit der Szene, die wir die dreizehnte genannt haben – der Hauptmann und der Doktor verspotten einander. Er will, daß sein »Rahmen« die Idiotie der Männer ist, die Autorität ausüben. Aber er muß an der Stelle abbrechen, wo – in der früheren Skizze – Woyzeck eintritt, denn es ist noch zu früh zu zeigen, wie Woyzecks Eifersucht geweckt wird: Marie ist dem Tambourmajor noch nicht begegnet. Die Szene, wie sie nun steht, erwähnt nicht nur Woyzeck nicht, sie ist eine statische Genre-Groteske. Sechs Seiten später wird Büchner die Szene schreiben, die das Stück richtig eröffnet (und mit der Alban Berg seine Oper beginnen läßt), das heißt, Woyzeck rasiert den Hauptmann. Auf der Bühne be-

---

* Die Numerierung der Szenen ist willkürlich. Wir sind auf die Einteilungen des Herausgebers angewiesen.

ginnt das Stück mit der Szene, in der Woyzeck und Andres Stöcke schneiden.

Büchner schreibt dann (und kopiert nacheinander aus seinem ersten Folio-Skizzenbuch) das Stöckeschneiden und die Szene Marie–Kind–Nachbarin–Tambourmajor.

Man beachte Büchners weitere Ausführung. Andres–Woyzeck: beinahe dieselbe Anzahl von Dialogzeilen. Die »Zeile« ist etwas knapper, die Spannung daher größer: Woyzeck ist dem Wahnsinn sehr nahe. Die Szene mit Marie: beinahe dieselbe Anzahl von Dialogzeilen. Wieder sind Woyzecks halluzinierende Reden verkürzt, aber nichtsdestoweniger erschreckend ... Marie gebrauchte in der früheren Szene eine der thematischen Wendungen des Stückes: »Ach, wir arme Leute« – die ihr nun weggenommen und in zwei späteren Szenen Woyzeck in den Mund gelegt wird.

Büchner kopiert nun nicht die Marktszenen. Er schreibt nur: *Buden. Lichter. Volk.* Was hinlänglich zeigt, daß er dies nicht als endgültige Fassung ansieht. Gleich wird er jedoch die Reden der Handwerksburschen der Buden-Szene verwenden, um die Szene des Tanzes im Wirtshaus auszufüllen. Dann geht er sofort weiter zu einer Szene zwischen Marie und Woyzeck. Marie hat den Tambourmajor getroffen und ein Paar Ohrringe geschenkt bekommen. Büchner leistet sich kühne Auslassungen und Übergänge, aber in einer späteren Fassung würde er sicherlich die Begegnung zwischen Marie und dem Tambourmajor ausgearbeitet haben. Was wir jetzt lesen und spielen, ist eine Szene aus dem ersten Entwurf, in einen Text des zweiten Entwurfs eingesetzt, aber beides zusammen ist keine endgültige dritte Fassung. Doch der Text ist kraftvoll, großartig. Mit Marie und ihren Ohrringen schreibt Büchner noch einmal die Schmuckszene aus dem *Faust,* und er weiß es. Louise–Marie hat nun auch nicht mehr den überraschenden Namen Margarethe. Diese Szene und die beiden folgenden (die Rasierszene und die Szene zwischen Marie und dem Tambourmajor) sind neu. Nach ihnen folgt G.B. wieder der Szenenordnung des früheren Textes.

Büchner steht unter dem Eindruck starker Inspiration, aber einige seiner großartigsten Sätze standen schon in der früheren Fassung. Diese glühenden Wendungen der Schlüpfrigkeit oder Bitterkeit*: Die Nachbarin unterstellt Marie, sie gucke »siebe Paar lederne Hosen« durch.

---

* Ich stahl eine aus *Dantons Tod* und nahm sie in *Wir sind noch einmal davongekommen* auf (2. Akt, Wahrsagerin): »Ja, streckt nur eure Zungen heraus. Ihr könnt sie nicht lang genug herausstrecken, um den Todesschweiß von euren Stirnen abzulecken.«

Und Marie sagt zu ihrem Kind: »Bist doch nur en arm Hurenkind und machst deiner Mutter Freud mit deim unehrliche Gesicht. Sa! Sa!«

Nun bekommen wir von Woyzeck ein Grundthema des Stückes: »Wir arme Leut!« Aber in was für einer Rede! Er wird von Eifersucht gequält – die Ohrringe –, aber er sagt (und woher hatte Büchner dieses unmittelbare Eintauchen in das häusliche Genre?): »Was der Bub schläft. Greif' ihm unters Ärmchen, der Stuhl drückt ihn. Die hellen Tropfen stehn ihm auf der Stirn; alles Arbeit unter der Sonn, sogar Schweiß im Schlaf. Wir arme Leut!« . . .

Auf dieser Ebene ist das ganze Stück Revolte. Aus dem Prozeß des historischen Woyzeck macht Büchner ein Bild der Erniedrigten und Unterdrückten, das für sich selbst eine Anklage ist. Warum vergrößert er Woyzecks Elend noch, indem er ihn zum Opfer der Experimente eines verrückten Doktors macht?[*]

Weil Büchner nicht glaubt, daß die gesellschaftliche Ordnung – weder Klasse noch die eingesetzte Autorität – verantwortlich ist. Die Tyrannen sind höher oben. Die Unterdrücker dieser Welt sind bloße Idioten und Irre. Ihre Bosheit hat nicht genug Statur, um als moralische Verantwortlichkeit gerechnet zu werden. Das Universum ist krumm, ist »sinnlos« – daher die Fabel der Großmutter.

Therese Giehse, die Schauspielerin und Lehrerin, die diese aus einem einzigen kleinen Auftritt bestehende Rolle spielte – und den weiten Weg nach Venedig reiste, um sie zu spielen –, sagte mir, sie glaube, dies sei die größte Tragödie in deutscher Sprache. Sie kann noch einen anderen Anspruch erheben: sie ist die größte Dichtung des »Absurden«. Sie hält drei Achsen mit außerordentlicher Regelmäßigkeit ein:

1. Eine menschliche Geschichte, in sich selbst geschlossen, gründlich erforscht. Man beachte, daß Büchner Goethe nicht nur in der Schmuckszene begegnet, sondern mit Maries Reue in zwei Szenen. Er stellt Gretchens Gebet und Qualen durch den »bösen Geist« Maries Bibellektüre und Gebet gegenüber.

2. Die »kosmischen« Beziehungen: sogar die Narren stehen unter dem Druck der Beziehung zu allen.

---

[*] Die Experimente des Doktors sind eine Erfindung Büchners, wenn auch Woyzecks Halluzinationen im Detail den Gerichtsakten entnommen sind. Der historische Woyzeck hatte ein ähnliches Erlebnis mit zwei Frauen, deren zweite ein Kind von ihm hatte. Woyzeck sagte aus, die »Veränderung in seinem Gemütszustand« habe nach dem zweiten Treubruch begonnen. Solche Motivationen sind zu natürlich und zu normal für Büchners Zwecke.

3. Die Reduktion des menschlichen Elends und des menschlichen Strebens auf ein leidenschaftliches Bestehen auf dem Absurden. Doch das Stück ist unvollendet. Bei seinem zweiten Entwurf hatte Büchner den Augenblick vor dem Mord erreicht. Woyzeck übergibt seine Habe Andres. (Wie das nach Shakespeare klingt: Er findet einige Hymnenverse, die seiner Mutter gehört hatten: »Mei Mutter fühlt nur noch, wenn ihr die Sonn auf die Händ scheint. – Das tut nix.«)

648. HAMDEN, [CT.,] 16. JULI 1953. *Finnegans Wake.*

Besuchte gestern Adeline (Mrs. Francis) Gasheen in ... Farmington, mit der ich eine lange *F.W.*-Korrespondenz gehabt hatte. Ich hatte auf diese Droge verzichtet und ihr meinen ganzen Apparat gegeben; sie hat einen Briefwechsel mit zwei Süchtigen in England aufgenommen. In ihrem Haus sah ich [J.S.] Athertons Abhandlung über den Koran in *F.W.* [und seine] Liste von Liedern (und *alle* von [Thomas] Moores Irischen Melodien), die in *F.W.* eingebettet sind.

Das Wunder wird immer größer. Alle Arten von Wunder. Aber das wichtigste ist heute das Ausmaß, in dem sich J.J. so beständig auf ein Buch stützt: Er muß in *F.W.* einen Platz für *jede* der »Melodien« Moores finden, zusammen mit dem Namen der Weise, nach der sie gesungen wird. Er muß einen Platz für *jede* der Suren des Korans finden; er muß jede Figur aus den *Alice*-Büchern [von Lewis Carroll] einführen. Es ist verständlich, daß er einen Platz für jedes Sternbild finden muß, für jedes Element im physikalischen System, jede Farbe im Spektrum (immer wieder). Aber diese Leidenschaft für das Alles-Einschließende auf Moore angewandt! Daß jemand so gründlich Boucicaults Stück *Arrah-na-Pogue* und Wills' *A Royal Divorce* kennt!

Es ist charakteristisch für unsere Zeit, daß jedes ernsthafte Werk entweder eine Kosmologie oder eine grundlegende Metaphysik versuchen muß. Die Darstellung eines Erfahrungsfragments ist nicht mehr möglich, so von Würmern zerfressen oder verrostet scheinen alle Gerüste von Denken und Brauch zu sein.

Schwer einzusehen ist jedoch, daß Joyce und Proust solche fliegenden Strohhalme und merkwürdig geformten Ziegel verwenden, um ihre Hagia Sophia zu bauen – *Arrah-na-Pogue* und die Karriere eines kleinen *Condottiere*.

Bei Joyce stellt es jedoch eine Art von Ehrlichkeit dar: Er verwendet nicht nur, was er gelesen hat (in der Bibliothek); er verwendet, womit er gelebt hat: der Student in Clongowes und Belvedere sah sich jedes Jahr Boucicaults Stück an und war davon gefesselt.

Aber es ist ein Zeichen von Verarmung, daß Joyces Ausgangspunkt so oft das geschriebene Wort ist. Das Leben – und sein Leben – ist immer drängend da, aber es erreicht uns durch diese Brechung. Was bei Kafka nicht der Fall ist, was bei Proust nicht der Fall ist. Mann stützt sich auch stark auf die Gelehrsamkeit und auf die Parodie (oder Nachahmung) älterer Stile.

Das ist nicht dasselbe wie wenn man sagt, daß sie mythologische Figuren verwenden: Odysseus, Faust, Teiresias, Semele etc. Sie schöpfen nicht nur aus dem Mythos, sondern aus der literarischen Tradition des Mythos – was seine erstaunlichste Exemplifikation erreicht, wenn uns Pound [in seinem Canto I] liebevoll eine lateinische Übersetzung der *Odyssee* [von Andreas Dions] präsentiert.

Bücher – Schreibende – nähren sich von Schreibenden.

Und natürlich denke ich bei alledem an mich selbst.

649. HAMDEN, [CT.,] 20. JULI 1953. Whitman und der Zusammenbruch der Liebe.

Gerade als ich – eine Sorge, die mir durch die Monate in Deutschland auferlegt wurde – an die »gesunkene Temperatur des Planeten«, die Abkühlung der Herzen, dachte, schien ich plötzlich von Berichten über neurotische Leiden überschwemmt zu werden. A gestern abend wieder ins Krankenhaus eingeliefert, um noch mehr Bluttransfusionen zu bekommen; B ein völliges Wrack; C, der der gesündeste Mensch der Welt zu sein schien, schreibt einen euphorischen Brief von seiner Psychoanalyse; D gesteht seine ausweglose Lage und bittet mich, einen Analytiker vorzuschlagen; E schreibt, daß seine Frau sich umzubringen versuchte – und mehr und immer mehr dieser Art.

Haben wir keine Angst vor Klischees. Von den meisten dieser Menschen kenne ich die Lebensgeschichte. Es ist leicht zu sagen (und *sie* sagen es), daß das alles mit Sex zu tun hat; sie sind nicht imstande, »harmonische sexuelle Anpassungen« vorzunehmen. Aber es hat – tiefer und in erster Linie – etwas mit Liebe zu tun. (Man kann über das Libido-Element in der Eltern- und Geschwisterliebe sprechen, soviel man will, ja, aber man läuft Gefahr, die rein emotionale Ergebenheit zu übersehen, die einen qualitativen Unterschied ausmacht und ständig als solche anerkannt werden muß.)

Daß all diesen Freunden in der Kindheit keine ausreichend liebevolle Umwelt vergönnt war, ist wahr (und die Tatsache, daß einer von ihnen von einer liebeshungrigen Mutter beinahe erstickt wurde, ist kein Widerspruch: *ihre* Zuneigung zu ihrem Sohn war eine Ich-, eine Eigenliebe-Kompensation für Entbehrungen, die sie anderswo erlitt, und der kleine Junge muß sich ihres unreinen Ursprungs bewußt gewesen sein).

Durch ihre Umwelt, was die Liebe anbetrifft, ausgehungert: daher zeigen sie hernach immer eine so gierige und alles verschlingende Liebeserwartung, daß keine Zuneigung, die sie *empfangen,* ausreichend ist und (was noch schlimmer ist) ihre Zuneigung zu anderen nicht wahre Liebe ist, sondern eine Forderung und ein Befehl, geliebt zu werden. (Ich bin immer mehr bereit, gewissen Autoritäten zuzustimmen, daß Homosexualität negativ ist – daß sie, auch wenn sie scheinbar aggressiv ist, eine Unterwerfung unter Forderungen ist. Diese Forderungen kommen nicht notwendigerweise von außen; sie kommen auch von innen, aus einem ungeheuren Bedürfnis nach Zärtlichkeit, das heißt nach Wertschätzung durch einen anderen.)

Ich bin nun bereit, meine Ansichten zu ändern. Der Mensch, so wie er ist, hat keine andere Wahl, als zu glauben, beharrlich zu glauben, daß sich die Welt auf Liebe gründet – Liebe als Zuneigung. Was uns zur Hauptprämisse des Christentums zurückführt. Die menschliche Seele muß fühlen, daß sie geliebt wird. Gibt es gewisse überlegene Menschen, die imstande sind, sich darüber zu erheben? Zwei Arten: der vollkommene Wissenschaftler und der Heilige/Philanthrop. Hier komme ich wieder auf meine alte Theorie zurück: der Wissenschaftler ist ein Mensch, der beschlossen hat, daß er mit der ganzen quälenden Angelegenheit der Herzensregungen nichts zu tun haben will: er stürzt sich in eine herz-lose Welt, die objektive Wahrheit genannt wird. Der Heilige ist sicherlich der ungeliebte Liebende. Der Heilige *wird* geliebt, aber das ist nicht sein Ziel noch sein Trost; tatsächlich langweilt es ihn. (Das kann sehr wohl heißen: »Keine persönliche Liebe, die man mir entgegenbringt, wird jemals das Ausmaß meines Bedürfnisses erreichen, daher habe ich es aufgegeben, sie hier auf Erden zu erwarten« etc.)

All das nimmt in der Neuen Welt einen neuen Charakter an: Was ist das Liebesobjekt (unschön und öde ist die ganze Terminologie für diese Dinge) des Amerikaners? Ja, die Frau. Aber so, wie wir sahen, daß sich ein Amerikaner nicht auf ein konkretes Ortsgefühl festlegt (ein Platz, mein eigener) und sich nicht einer bestimmten Stellung in der Gesellschaft unterwirft (der Stellung, die ihm Gott und die soziale Ordnung zugewiesen haben) und sich daher auch nicht in einen zeitlichen Augenblick eingeschlossen fühlt – so hat seine erotische Emotion einen weiteren Spielraum als die des Europäers, nicht als Polygynie, sondern als Sublimierung. Nicht einmal als Huldigung für die allgemeine Abstraktion *Weiblichkeit*. Er verfügt über eine nicht gerichtete Zuneigung und kann kein Objekt auf die Dauer finden. Das ist verbunden mit der Möglichkeit, eine gewisse autoerotische Färbung anzunehmen (wie bei Thoreau und Melville – nicht bei Poe, glaube ich). Kann es eine starke Autoerotik ohne Narzißmus geben? Ich scheine da einen Unterschied zu spüren.

Sublimiert der Amerikaner leicht? Ja. Aber der Ausdruck Sublimierung ist irreführend: er impliziert nur eine *höhere* Transferenz des Sexualtriebs. Der Amerikaner sublimiert in das Geschäft, in die Vernarrtheit in Berühmtheiten, in die Philanthropie.

All diese »Zerbrochenen« um mich herum hatten ein solches Bedürfnis, geliebt zu werden, daß sie außerstande waren, mit dem Lieben zu beginnen.

Walt Whitmans Liebesobjekt ist gewiß ein imaginärer Gefährte. Die Biographen mögen diesen oder jenen Straßenbahnschaffner etc. nennen, aber die »Liebesgedichte« erwecken sicherlich nicht den Eindruck, daß sie zu einem gegebenen Zeitpunkt an eine gegebene Person gerichtet waren. Sie sind die abstrakteste Liebesdichtung, die man sich denken kann; noch mehr so als die Menge der quasi-pastoralen Verse – »An Phyllis«, »An Chloe« –, teils weil sie ständig zwischen der Anrede an einen *camerado* und einer Anrede an alle *camerados* hin und her schwanken und dann obendrein noch eine Theorie der Staatsregierung auf der Grundlage der »Liebe« aufbauen.

Das Amorphe von Whitmans Liebesobjekt zeigt sich gerade darin, daß diese Dichtung von den Lesern so leicht ihren eigenen Bedürfnissen und Erfahrungen angepaßt werden konnte, d. h., »wir müssen offener in bezug auf das Geschlechtliche und stolzer auf den Körper sein«, und »wir sollten uns zusammenschließen zu einer Gemeinschaft der Zuneigung«.

Nun, das ist nur ein erstes Scharmützel mit einem sehr komplizierten Thema ...

651. Columbia University Club, New York, 23. Juli 1953. Alma
Mahler-Werfel über Freud.

Besuchte gestern A. M.-W. Wir tranken Champagner in ihrer schönen
Wohnung. Konversation im Grunde unmöglich wegen ihrer Taubheit
und meines unzulänglichen Deutschs. Sie ist voll von stereotypen
Schrullen: anti-Freud, anti-Kafka, anti-Karl Kraus. *Au fond* hat sie den
unausrottbaren Wiener Antisemitismus. (»Habe ich nicht Glück gehabt
mit meinen Juden?«) Und außerdem hat sie das Gefühl, daß sie, indem
sie diese Männer attackiert, ihren Liebling Franz Werfel (der einmal
*deren* enger Freund war) erhöht und jedem vergleichenden Urteil ent-
zieht.

»Nein, ich habe nie jemanden gesehen, der durch die Psychoanalyse
geheilt wurde oder auch nur einen Nutzen davon gehabt hätte; ich habe
Hunderte gesehen, die durch sie ruiniert wurden – – – – Alle Genies sind
krank, aber die Krankheit ist eng verwoben mit dem Genie: ich glaube
nicht, daß sie ›nivelliert‹ werden sollten. Sie würden die sogenannte Kur
als banale Männer überstehen.

Ich kannte einen Mann. Er war Gardeoffizier und tötete einen anderen Mann bei einem Duell. Das hinterließ einen *bloc* in seinem Geist,
und er verlor die Kraft, gewisse männliche Funktionen auszuüben – – – Sie verstehen mich. Er kam zu Freud zur Behandlung – – –
Es zeigte sich, daß er diese Funktion nur in Freuds Haus ausüben
konnte. Daher gab ihm Freud seinen Hausschlüssel.« (Vermutlich damit er seine Mädchen ins Haus bringen konnte.) »Zuletzt brachte er
sich übrigens um.«

Diese Geschichte ist »sehr wienerisch«. Sie sieht ganz so aus, als
wäre sie von einem Erzähler zum anderen weitergegeben worden; und
sie ist sicherlich unwahr. Sie wurde mit der besonderen Betonung erzählt, mit der jemand eine zweifelhafte Ware anzubringen versucht.
Mit all seinem Charme lebte Wien Generationen lang von den Befriedigungen tendenziöser Verleumdung.

653. Hotel Continental, Cambridge, [Mass.,] Sonntag, 26. Juli
1953. Fortsetzung von Eintragung 649: Whitman und der Zusammenbruch der Liebe.

... Haben wir keine Angst vor Klischees, und haben wir bei unserem
tastenden Suchen keine Angst vor dem Unsinn. Kann ich sagen, daß

in unserer Zeit die Fähigkeit zu lieben durch die Sehnsucht danach ersetzt wird, geliebt zu werden? Kann ich außerdem sagen, daß man in einem patriarchalischen Zeitalter liebt und in einem matriarchalischen Zeitalter darauf wartet, geliebt zu werden? Und daß am schlimmsten die Übergangszeit zwischen diesen beiden Zeitaltern ist, in der das einzige Verhaltensmuster die Gier, geliebt zu werden, ist? Alles, was ich im Augenblick zu sagen wage, ist, daß es unter meinen unmittelbaren Bekannten fünf gibt, die aufgrund eines alles verschlingenden chaotischen Anspruchs auf Liebe zerbrochen oder dem Zerbrechen nahe sind, bei denen kaum die leiseste Spur einer Kraft zu lieben sichtbar ist und die durch den Egoismus ihrer Forderung Liebe abstoßen . . .

Wie aufrichtig ist Whitmans Gebot, eine Gesellschaft von Liebenden zu bilden?

Gertrude Stein sagte immer: »Das Schwierige [beim Denken] ist, daß man so viele Dinge auf einmal im Kopf behalten muß.« Hier müssen wir auch die Vorstellung (die »stillschweigende Annahme«) all dieser kämpfenden, nichtliebenden Liebenden in bezug auf das Universum, in dem sie leben, im Kopf behalten. Haben sie das Gefühl, in einem liebenden Kosmos, in einem gleichgültigen Kosmos oder in einem »abweisenden« Kosmos zu leben?

Die Natur ist offenbar gütig zum heutigen Amerikaner. Für den Pionier war die Natur gütig und grausam. Man erwarb das Seine nur durch ungemilderte Anstrengung. Ungemildert? Nein, sicherlich nicht. Die Natur schien zumindest mitzuarbeiten, belohnte im günstigsten Falle die Anstrengung rasch. Hatte ich unrecht, als ich mich über Thoreaus Satz lustig machte: »Die Natur ist kristallisierte Güte«? Ja, ich habe ein Recht, bei Thoreau darüber zu spotten, weil er nicht imstande ist, seine Feststellung mit einer hohen, weiten und tiefen Vision all dessen auszufüllen, was die Natur umfaßt . . .

Diese Menschen, die nicht lieben und Liebe verlangen, sind verzogene Kinder, die das Geliebtwerden der Kindheit für immer wünschen – und die Situation des Geliebtwerdens, in der der amerikanische Protestantismus den Kosmos präsentierte. »Gott ist Liebe; Gott ist der Vater.« Diese Phrasen stellten eine kosmische Umwelt dar, die zusammenbrach.

Was brach zuerst zusammen: ihre Fähigkeit, die Totalität zu lieben, in der sie leben, oder ihre Fähigkeit, einen Menschen zu lieben?

655. MacDowell Colony, [Peterborough, N.H.,] 2. August 1953.
[»The Emporium«.]

Hier beginnt eine Serie von Aufzeichnungen für eine Fortsetzung von
»The Emporium«, die ich später als eine Gruppe *hors-série* in dieses
Tagebuch aufnehmen werde oder auch nicht.[1]


658. Peterborough, [N.H.,] Freitag, 18. September 1953. *Die Alkestiade.*

Letzten Montag abend erzählte ich, um die arme [X] zu interessieren,
den ersten Akt der stehenbleibenden [*sic* im Original] *Alkestiade* und
trug einiges Material vor, das für die Schlußszenen brauchbar sein
könnte. Das brachte mich in Schwung, und seither habe ich einen Teil
jedes Tages darauf verwendet, das Stück »hin und her zu drehen«. Im
besonderen habe ich versucht – d. h. indem ich die gegebene Sage modi-
fizierte – zu sehen, wie ich es dazu bringen könnte, die Unvergleichbarkeit des Menschlichen und des Göttlichen auszudrücken, die Zwiespäl-
tigkeit, der jede menschliche Deutung des Göttlichen ausgesetzt ist.
Könnte ich die Geschichte so formen, daß es zweifelhaft bleibt, ob das
Übernatürliche zu Menschen gesprochen hat oder ob Menschen erhabene Eingebungen gehabt haben, die sie unmittelbar dem Übernatürlichen zuschrieben?
   Bald sah ich: 1. Wir könnten sagen, daß die Amme (lange danach?)
gesteht, sie habe die Geschichte erfunden, daß sie in einem Traum
hörte, wie Apoll Admetus lehrte, einen Löwen und einen Eber zusam-
menzuspannen. In dem drängenden Wunsch, Alkestis dazu zu überreden, Admetus zu heiraten, *log* sie einige Stunden später. Nichtsdestoweniger vollbrachte Admetus die Tat; das Wunder, möglich gemacht
durch seine Liebe, fand wirklich statt. 2. Ich kann Zweifel daran wek-
ken, daß Apoll unter den Fünf Hirten war: könnte es nicht lediglich eine
weise und gütige List Delphis sein, die Berggegend durch einen solchen
Besucher zu adeln? 3. Und heute hatte ich folgende Idee: Warum starb

1 Diese Aufzeichnungen wurden nicht dem Tagebuch einverleibt, sondern sind unter den
Thornton-Wilder-Papieren in Yale zu finden. Sie machen zwölf Seiten aus und stammen
vom 2. August 1953 bis 17. Juni 1954.
Das Stück wurde nie beendet, aber die beiden Szenen, die Wilder »solide und gut« fand,
befinden sich ebenfalls unter den Wilder-Papieren in Yale. Sie sind, zusammen mit der
Eintragung 655 *hors-série*, im Anhang dieses Buches abgedruckt.

Admetus im zweiten Akt? Weil ihn einer der Fünf Hirten im Zorn geschlagen hat. Aber das war fünf oder sechs Jahre nach dem ersten Akt. Apolls Jahr auf Erden war vorüber, aber alle *Fünf Hirten* waren in Pherai geblieben. Wo war Apoll? Er muß sich in einem der Hirten *verkörpert* haben. Bestrafte Admetus den Hirten, der ihn geschlagen hatte? Nein – weil er der Mann sein konnte, der den Gott beherbergte.

Jetzt sind wir auf dem Weg zu einigen sehr schönen Möglichkeiten. Man weiß nie, wo Apoll lauert. Das ist vor allem Alkestis klar. War es Herkules, der sie von den Toten zurückholte? (Im zweiten Akt machen wir vollkommen klar, daß Herkules vor keiner Aufgabe mit Ausnahme dieser einen zurückschreckt.) Nein, es war zur Sommersonnenwende, und Herkules nahm die Aufgabe nur auf sich, weil er wußte, daß Apoll das Haus des Admetus liebte und in diesen Tagen am nächsten war. Daher verkörperte sich Apoll in Alkestis' Augen auf dieser Reise in Herkules. Wir können andeuten, daß sie noch von einer dritten Person begleitet wurden.

Wir kommen also zum dritten Akt. Der Sohn des Admetus und der Alkestis kehrt nach Pherai zurück, um den Usurpator und Tyrannen zu töten und seinen Thron zurückzugewinnen. Um den Tyrannen zu ermorden. Aber Alkestis, verwitwet und Sklavin, will nicht, daß ihr Sohn den Tyrannen tötet, obwohl dieser ihren Gatten ermordet hat und obwohl er das Land mit Ungerechtigkeit und Verbrechen erfüllt. Im weiteren Verlauf des Aktes ergreift der Tyrann den jungen Mann, um ihn zu töten. Der junge Mann hat seine List bereit, um den Tyrannen zu töten. Da trifft (wieder!) Teiresias aus Delphi ein mit der Botschaft: »Kein Mann soll in Pherai getötet werden, denn Apoll ist wieder im Land.« (Das ist nichts Neues für Alkestis, die Apoll überall sieht.) Der Tyrann verehrt auf seine unbeholfene Weise Apoll und ist stolz, ein Land zu regieren, das der Gott auserlesen hat. Er ist bereit anzunehmen, daß der Gott in dem jungen Mann wohnt, den er gefangen hält. Der junge Mann wendet seine List an und überwältigt ihn, aber er kann ihn nicht töten, weil der Tyrann Apoll sein *könnte*. Und was geht dann in einem bösen und unwissenden Mann vor, wenn die Zuschauer annehmen, daß er Apoll ist?

Das starrt von Schwierigkeiten – nicht die geringste davon ist die Tatsache, daß Alkestis selbst nicht im Zentrum der Bühne steht –, aber es zeigt, wie das metaphysische Fragen, das Vielleicht-ja-vielleicht-Nein, bis in den letzten Akt fortgesetzt werden kann. Zu überlegen.

661. [Castle Hill Hotel,] Newport, [R. I.,] 4. November 1953. Eine Fernsehsendung.

Ich ging heute abend in meine Lieblingsbar (»Ann's Kitchen«) und sah wieder fern – und war überwältigt von dem, was ich sah. Die Firma Eliza Bishop – Lippenstifte und Rouge – präsentiert ein Programm mit dem Titel »Das ist dein Leben«. Eine pensionierte Lehrerin, Miß Anne Lou Babcock von der High-School (an der sie fünfunddreißig Jahre gearbeitet hatte) einer Stadt in Michigan, von der ich noch nie gehört hatte (White Falls? – etwas dieser Art), kommt aus dem Zuschauerraum auf die Bühne ... Ihre Schönheit, Würde, Liebenswürdigkeit und Gelassenheit angesichts erstaunlicher Überraschungen spielen bei dem Folgenden eine große Rolle. Fotografien von ihren Eltern, von ihr selbst als Baby, als junges Mädchen, als junge Frau, von den Schulen, an denen sie nacheinander unterrichtet hat. Dann treten plötzlich Menschen hinter einem Vorhang hervor: ein Verehrer, den sie seit fünfunddreißig Jahren nicht mehr gesehen hat, ihre Schwester, ein Sergeant aus dem Ersten Weltkrieg, der sie gekannt hatte, als sie eine Kantine in Frankreich leitete, ein Angehöriger der ersten Klasse, die sie 1907 an dieser High-School unterrichtet hatte, ein berühmter Baseballspieler und seine Frau, die sie irgendwie zusammengebracht hatte, eine Richterin, die sie einmal beraten hatte, und schließlich der Sprecher der Schülervereinigung in ihrem letzten Unterrichtsjahr. Zuletzt ein Blick in den Zuschauerraum, in dem hundert ehemalige Schüler saßen, die jetzt an der Westküste lebten – hundert von den zehntausend, die ihre Schüler gewesen waren.

Warum wurde ich so sehr in meinem Gefühl bestärkt, daß dies das großartigste Land der Welt ist?

Nicht wegen des technischen Wunders, das wir sahen, noch wegen der Freigebigkeit, mit der man zu diesem Anlaß Dutzende von Menschen nach Los Angeles eingeflogen hatte, noch wegen des strahlenden, märchenhaften Höhepunkts: Miß Babcock war von all diesen *revenants* umgeben und erhielt eine Filmkamera und einen Mercury-Wagen (»Im Namen einer Million Lehrer in Amerika überreichen wir Ihnen ...«).

Ist es nicht so, daß es, obwohl alles Glück und Huldigung war, nicht wirklich als überraschend und außergewöhnlich empfunden wurde? Es gab keine Herablassung. In diesem Lande könnte man so viele Tausend in einen ähnlichen Brennpunkt stellen. Miß Babcock war nicht reich noch hochgeboren; sie war nur bewundernswert in ihrer Funktion – daher *gab es niemanden über ihr.* Sie füllte das Bild ganz aus. Sie wurde nicht aus der Dunkelheit hervorgehoben, und sie verdunkelte als Zentrum der Aufmerksamkeit keines anderen Menschen Stellung. Mit anderen Worten: in bezug auf das Leben eines Menschen war die Betonung richtig gesetzt – besser als es in jedem anderen Land der Fall gewesen wäre.

662. Hotel La Concia, Key West, [Fla.,] 17. November 1953. *Die Alkestiade.*

... So fiel mir ein, daß nach einem neuen Anfang – dem Gespräch zwischen dem fledermausähnlichen Thanatos auf dem Boden und Apoll auf dem Dach des Palastes\* – der Weg offen war, Apoll *inkognito* viel spezifischer in den ersten Akt und in das ganze Stück einzuführen. Ich kann nun den zu langen Dialog zwischen Alkestis und dem Ersten Hirten verkürzen, indem ich Apoll selbst daran teilnehmen lasse. Ja, wenn die Fünf Hirten von Teiresias eingeführt werden, ist Apoll in seiner goldenen Rüstung\*\* unter ihnen, aber in den Augen des Admetus und der anderen ist er ebenso schmutzig und von der Wanderung staubig wie seine Gefährten. Aus dieser neuen Anordnung – Apoll auf dem Dach und Apoll unter den Hirten – kann ich einen großen Vorteil für meine Hauptidee ziehen, aber ich bringe mein Stück in große Gefahr in bezug auf eine andere Idee.

Was ich gewinne, ist die Möglichkeit, dramatisch – durch die Gespräche des Hirten/Apoll mit Alkestis und Admetus – die Schwierigkeit darzustellen, die ein Gott zu überwinden hat, wenn er versucht, sich mit Sterblichen zu verständigen. »Ein Mensch, dem sich ein Gott zu sehr nähert, empfängt eine Wunde.« Die Anstrengungen eines Gottes, die *terribilità* seiner Sympathie zu mildern. Was ich verliere, ist dies: Das Stück ist im Begriff zu sagen, daß es gar keine Götter gibt; daß eine gottähnliche Kraft auf das Universum drückt, aber ... wir können nicht sagen, ob sie sich außerhalb oder innerhalb befindet. Alles, was in diesem Stück übernatürlich ist – so hatte ich es geplant –, sollte so doppeldeutig dargestellt werden, daß es als Projektion aus den subjekti-

---

\* Und nachdem ich – in Newport – diese Szene geschrieben hatte, erinnerte ich mich, daß es in einer der griechischen Tragödien einen solchen Dialog gibt – und ist es nicht gerade in der *Alkestis*?
\*\* (Später am selben Tag:) Nein, ich kann ihn nicht in seinen »göttlichen Kleidern« erscheinen lassen, aber ich kann es so einrichten, daß ihn die Zuschauer erkennen.

ven Schichten der Hauptpersonen gedeutet werden könnte. Aber *jetzt* ist da als nur allzu objektive Tatsache die überwältigende Anwesenheit Apolls. Diese »Gefahr« hatte ich schon lange vorausgesehen, da sie schon in der Legende selbst als Gegebenes vorhanden ist. Ich hatte jedoch gehofft, mit Apolls Anwesenheit als Hirte und der Rückholung der Alkestis durch Herkules so zu spielen, daß sie eine »rationale« Deutung haben könnten.

Wenn ich kein theatralisches Mittel finden kann, in bezug auf diese sichtbare Beteiligung Apolls an unserer Handlung Zweifel zu säen, bin ich im Begriff, ein *Mysterienspiel* zu schreiben, in dem die personifizierte Gottheit auftritt. Und ein solches Stück will ich nicht schreiben. Diese neueren Entwicklungen in der Anlage des ersten Aktes machen das Stück immer brillanter und immer weniger bedeutungsvoll. Zuletzt bekomme ich einen echten barocken Kitsch [deutsch im Original]. Ich werde in diesen Tagen darangehen, Mittel und Wege zu finden, diesem Akt die verwirrende Vieldeutigkeit zurückzugeben.

Ich kann vor diesem Tagebuch nicht verbergen, daß ich auch dazu getrieben, gedrängt wurde, eine andere Dimension in das Stück einzuführen. Etwas in mir hat es satt, eine »schöne« Heiligenlegende zu schreiben: alles muß weiter, neuer, verrückter sein. Der einzige Kunstgriff, der mir bis jetzt eingefallen ist, ist das Auftreten einer Gruppe von Archäologie-Touristen aus dem 20. Jahrhundert, die mit einem Führer den Ort besuchen, wo der Palast von Pherai stand. Sie sind für die Figuren des im Altertum spielenden Stückes unsichtbar und umgekehrt. Der *Cicerone* leiert seinen Text herunter: »Meine Damen und Herren, bitte bleiben Sie beisammen−−−− Hier, nimmt man an, stand der Palast des Admetus−−−−« etc. So nahe das einer ausgesprochenen Plattheit kommt, es könnte zulässig sein, wenn ich noch einen weiteren Einbruch einer späteren Zeit fände oder einen *anderen* Hinweis, den man hinzufügen könnte – so daß eine zusammenhängende Zusammenhanglosigkeit über das ganze Stück flimmern könnte.

Und wie sehr ich mir wünsche, daß der Ton des Stückes der der großen Komödie sein könnte – lyrisch, durchscheinend und zart –, gerade weil er so sentenziös und didaktisch zu werden droht.

664. THE KEY WESTER, [KEY WEST, FLA.,] DIENSTAG, 3. DEZEMBER 1953. Gogol, russischer Humor und das Bewußtsein eines ungeheuren Universums.

Bei der neuerlichen Lektüre der *Toten Seelen*\* fiel mir ein humorvolles Stilmittel auf, das ich die *übertriebene Genauigkeit in unangemessenen Situationen* nenne. Gewiß, wir kennen das aus der Konversation alter Damen – das klassische Beispiel ist Miß Bates in *Emma* –, das *enchaînement* von Details durch freie Assoziation. In ihrem Fall verstehen wir jedoch, daß die weit hergeholten Einzelheiten *für sie relevant* sind. In diesem Roman sind sie in eine offensichtlich intellektuell beherrschte Darlegung eingebettet, und ihre Anwesenheit bedeutet nicht, daß der Autor einen albernen, sprunghaften Geist hat. Warum lachen wir also?

Im Stil Defoes und bei Flaubert erhalten wir auch Details von größter Ausführlichkeit, die nicht annähernd für unsere Kenntnis oder auch nur unsere Bereitschaft zu glauben nötig sind. Sie sind ein Kunstgriff des realistischen Schreibens, Versuche, uns davon zu überzeugen, daß die Erzählung absolut tatsachengetreu ist: der einzige Grund dafür, daß man so unbedeutende Dinge erwähnt, ist der, daß sie eben so sind; niemand würde im Traum daran denken, so etwas zu erfinden.\*\* Bis zu einem gewissen Grade verleiht Dickens seinen Figuren und Orten Lebendigkeit, indem er ihnen irgendeine Eigentümlichkeit zuschreibt; aber diese Eigentümlichkeiten werden so oft erwähnt und herausgearbeitet, daß die Absicht offenkundig wird. Die Eigentümlichkeit nimmt die Mitte der Bühne ein; die Irrelevanz wird durch die hartnäckige Wiederholung zu einem operativen Faktor – das heißt, zu einer Relevanz.

Gogols »Einbrüche des Unerheblichen« haben einen anderen Charakter, der sie unwiderstehlich drollig macht und ihnen etwas Philosophisches verleiht. Ästhetisch gesehen, vermitteln sie ein Gefühl der Unzählbarkeit der Personen und Gegenstände auf der Welt, aber sie erreichen uns in der Kategorie der Ironie: »Millionen Menschen und Dinge gibt es nun auf der Welt; ist es nicht zum Lachen, daß ich *diesen*

---

\* Modern Library 1936. In einer Übersetzung von Constance Garnett, die ahnen läßt, daß es ihr an Beweglichkeit und überraschenden Wendungen mangelt. Muß mir Nabokovs Buch [*Nikolai Gogol*, 1944] besorgen und seine Wiedergabe gewisser Stellen vergleichen. *Frage:* Hat Gogol (1809–52) Dickens gelesen?
\*\* Was alle Lügner wissen. Die unglaublichen Geschichten von Davy Crockett etc. gehen mit todernster Miene auf die kleinsten Kleinigkeiten ein, um die Glaubwürdigkeit einer faustdicken Lüge zu erhöhen.

*einen* herausgreife, denn wahrhaftig, ein Mensch müßte verzweifeln, wenn er versuchte, auch nur den winzigsten Bruchteil von allem zu katalogisieren.«

Aber das Seltsamste daran ist bei Gogol, daß man fortwährend an Homer erinnert wird. Homers formale Gleichnisse tun ständig dasselbe: das Gleichnis geht über seine formale Funktion hinaus, eine Ähnlichkeit zwischen zwei Erscheinungen anzuzeigen; es wuchert in spezifische Details aus, die für den Vergleich nicht relevant sind und ihn gelegentlich sogar stören. »Wie wenn ein Holzfäller einen Baum in felsiger Höhe schlägt« (ich improvisiere jetzt) »und die Krone mit einem mächtigen Krachen auf den Boden stürzt *und der Holzfäller sich freut, weil er weiß, daß nun seine liebe Frau und seine Kinder Brennholz für die Wintermonate haben und helle Flammen in seinem Herd prasseln werden* – so fiel das mächtige Theognis.« Die äußeren Lebenskreise drücken ständig auf die Erzählung und wollen eingelassen werden. Bei Homer ist die Wirkung nicht ironisch, weil die ins Bild gezogenen Details nicht sehr spezifisch sind. Ein Grad mehr an hervorgehobener Spezifität, und sie würden uns als unangemessen auffallen. (Als »unangemessen«, weil wir uns sagen: »Wenn du dich unterbrichst, um dich an solche frei assoziierten Details zu erinnern, kommst du zu keinem Ende, denn es gibt Millionen und aber Millionen von solcher Relevanz in deiner Reichweite.«) . . .

Gleich der erste Abschnitt des Romans zeigt uns einen Charakter, der dann nie wieder erscheint:

». . . Zudem, gerade als die Kutsche vor dem Hotel vorfuhr, begegnete ihr ein junger Mann in übermäßig kurzen und engen weißen Leinenhosen, einem Rock mit modischen kurzen Schößen und einer Hemdbrust, die mit einer Tula-Nadel befestigt war, welche eine Bronzepistole zierte. Der junge Mann drehte sich um, starrte die Kutsche an, hielt seine Mütze fest, die beinahe im Wind davonflog, und ging seiner Wege.«

Will man uns Jedermann zeigen, der Tschitschikow ansah? Die Brustnadel von Jedermann, der Tschitschikow ansah? Wir lächeln über Gogols Unverschämtheit, aber wir begreifen, worum es geht. Gogols Held ist in hohem Maße ein Jederrusse (und schließt sich damit der Gesellschaft von [Joyces] Bloom, Earwicker und Kafkas K. an – ein Held des Romans der Zukunft); und je mehr eine zentrale Figur etwas Allgemeines ausdrückt, desto mehr muß der Autor ein Milieu konstruieren, das Andeutungen und Hinweise auf alles, überall, jedermann und jede Weise liefert.

*Hotel Ambos Mundos, Havann, [Kuba,] 17. Dezember 1953.*

Kürzlich las ich *Die Brüder Karamasow*. Bisher habe ich, auf sechshundert Seiten, nicht ein einziges »überflüssiges« Detail gefunden (obwohl es da eine Dame der Gesellschaft gibt, die davon übersprudelt). (*Frage:* Erinnere ich mich nicht, irgendwo gesehen zu haben, daß André Gide, als er über Madame de Sévigné schreibt, einige kühne Adjektive wählt – das heißt, Adjektive, die als Metaphern dienen, bei denen aber die Metaphern implizierenden Konjunktionen weggelassen wurden – und von ihnen sagt, sie zeigten »die Note Dostojewskis«?)

Ich sage, daß diese Art von Irrelevanz die Wirkung des Komischen hat. Sie sagt, daß ich aus den Milliarden Dingen, die um mein erwähltes Erzählungssujet herum auf der Welt vorhanden sind, *grundlos* dieses *eine* einführe. Und mit diesem »einen« ist einen Augenblick lang das Tor für alle anderen geöffnet. Sie ist komisch, weil sie unangemessen, disproportioniert und widerspenstig ist. Daher könnte sie in einer tragischen Darstellung des Lebens kaum Platz finden.

Die tragische Emotion kann und muß sich, obwohl sie von einem Gefühl des Tragischen in allen Lebenden getragen wird, in einem spezifischen Beispiel eines katastrophalen Ereignisses für eine Person oder eine Gruppe von Personen ausdrücken. Diese Leidenden müssen eine Zeitlang von allen anderen Leidenden auf der Welt und in der Geschichte der Welt isoliert werden. Die mitfühlende Emotion, die wir für *eine* Mutter, die ihren Sohn verloren hat, empfinden, ist nicht dieselbe Emotion, die wir empfinden, wenn wir an alle Mütter denken, die ihre Söhne verloren haben.


667. HAMDEN, [CT.,] MONTAG, 18. JANUAR 1954. Zeitsinn: Barock, Renaissance und anderes.

Ich arbeite an dem Vorwort für den Ausstattungsband der ANTA [American National Theater and Academy] für Rosamond Gilder.[1] (Warum habe ich zugesagt?) Bei meinem Versuch, einen Ausdruck für meine langgehegten Überzeugungen zu finden, daß ein schlechtes Theater ein in der Phase verschobenes Theater ist – ein Stück mit einem überholten Zeitsinn –, sah ich mich gezwungen, lose Charakterisierun-

---

1  Das geplante Buch wurde nicht veröffentlicht. Ein unvollständiger Entwurf des Essays befindet sich unter den Thornton Wilder-Papieren in Yale.

gen von einigen von ihnen zusammenzustellen (unter lose verstehe ich das, was die Architekten und Maler »Attrappen« nennen).

Meine Kenntnisse von den Griechen sind nicht sehr gut, aber sie müssen ausreichen. Ich verwende die alte Geschichte von der niederschmetternden Wirkung auf das erste Publikum der *Medea*.

»Zeit und Umstände scheinen sich den Griechen als ein fortschreitender Block dargestellt zu haben, vorausbestimmt, unteilbar und unausweichlich. So groß ist die Konzentration der moralischen und ethischen Vision in einem griechischen Drama, daß die Ereignisse in einer Welt stattzufinden scheinen, wo *sonst nichts geschieht*. Man könnte von ihnen sagen: ›Wo Gottes Auge ruht, ist der Mittelpunkt des Universums.‹ Kein Wunder, daß die Figuren Masken tragen. Könnte irgend etwas unserem modernen Empfinden ferner sein?«

Nun, um etwas Spielraum zu bekommen:

Im Barockzeitalter wird das Leben als eine ständige Folge von Metaphern gesehen; das Ereignis im täglichen Leben wird verstanden als (d. h. es ist wie) ein typisches Erlebnis in der Welt feststehender religiöser und gesellschaftlicher Muster. Die Beziehungen eines Menschen zu Sünde, Verdienst, Liebe, Ehre, Familie, König – alles wird als Metapher gesehen, daher als »gedoubelt«. Wenn man das Gefühl hat, daß das Erlebnis in unserem Leben ein hohes abstraktes Gegenstück hat, so richtet sich das Hauptinteresse der Männer und Frauen des Barocks auf das zeitlose und unveränderliche Element in der Gleichung. Das irdische Ereignis war nur Illustration. Es nahm einen voll in Anspruch und wurde leidenschaftlich erlebt, aber es verlor seine Bedeutung als »einzigartige Gelegenheit«. Daher waren jeder Unwahrscheinlichkeit, jedem Zufall und jeder Übertreibung Tür und Tor geöffnet. Im spanischen Drama wurden als Männer verkleidete Mädchen siegreiche Generäle, und Eltern fanden ihre lange vermißten Kinder in den absurdesten Situationen wieder. Da die Aufmerksamkeit des Publikums auf die Muster hinter dem Verhalten gerichtet war, nahm die bloße tägliche Anekdote, die sie illustrierte, von den Mustern den Charakter an, »außerhalb der Zeit« zu sein. Die Ereignisse traten nacheinander ein, aber wo und wann, war von geringer Bedeutung. Die Gedankenwelt des Barockzeitalters traf erst mehrere Generationen, nachdem sie die mediterrane Welt erfaßt hatte, in England ein. Aber auch dort kamen Zeit und Ort erst in zweiter Linie nach dem Interesse an Charakter und Umständen. (Man stelle sich die Mentalität eines Publikums vor, vor dem jede Szene – gleich ob sie im Altertum oder im alten Britannien oder in einem tausend Meilen entfernten Land spielte – im »modernen Gewand« aufgeführt wurde; was für ein Mangel an Neugier in bezug auf Zeit und Ort!) Hier sind wir mitten in der Renaissance, wo nach dem Mittelalter die Aufmerksamkeit der Freiheit, den Forschungen und dem Selbstvertrauen gilt. Und hier haben wir auch einen Appetit auf das Unwahrscheinliche und den Zufall, denn je ungewöhnlicher eine Krise ist, desto mehr bringt sie die berauschenden Freiheiten des Willens ins Stück.

Ich hoffe, ich habe da einen Gedankengang, der mir auch für das Norton-Buch nützlich sein wird.

Ich scheine zu sehen, daß man sich die Zeit nur in Beziehung zu einer anderen Koordinate vorstellen kann – Zeit und Ort, Zeit und Umstände.

*[Hamden, Ct.,] am nächsten Tag*

Ich will das ein wenig weiter ausführen:

Das griechische Drama spielt sich in einer Welt ab, in der nichts anderes geschieht. »Wo die Augen der Götter ruhen, ist der Mittelpunkt des Universums.« Racine und Corneille übernahmen auch diese Welt einer einzigen Aktion, aber aus einem anderen Zwang heraus – sie verweltlichten sie: »Wo ein König oder eine Königin auf der Bühne steht, ist der Mittelpunkt der Welt.« (Sehr gescheit, Thornton.)

Die Elisabethaner hatten ihre Freude daran zu zeigen, daß viele andere Dinge auf der Welt geschahen, aber was auf der Bühne und anderswo geschah, war, daß sehr viele Menschen zu Recht oder zu Unrecht ihrem Charakter gemäß handelten – und das Interessanteste am Charakter war seine Initiative: seine Kühnheit in Freiheit.

Das barocke Theater, hauptsächlich vertreten durch die Spanier des Goldenen Zeitalters, war sich auch dessen bewußt, daß sehr viele Dinge gleichzeitig auf der Welt vor sich gingen, aber die Ereignisse waren »Metaphern« nach Typmustern.

Das 19. Jahrhundert wußte, daß viele Dinge vor sich gingen, aber jede dargestellte Handlung illustriert nur etwas, was über sie selbst hinausgeht. Es genügt, daß ein Stück »eine Scheibe Leben« ist. Charakteristisch für die Autoren des 19. Jahrhunderts ist, daß ihre Stücke nicht um eine Abstraktion kreisen: nicht um das »Schicksal«, die Botschaft von den Göttern, nicht um Sex, nicht einmal um die Leidenschaften, obwohl sie über die Bühne schritten, sondern um Besitz oder Geld und um die gesellschaftliche Stellung, d. h. um den Ruf. [Dumas *fils'*] *Camille*, [Pineros] *The Second Mrs. Tanqueray* – sogar [Ibsens] *Nora oder Ein Puppenheim* – handeln von Dingen, die eine solche Situation reflektieren.

240

669. HAMDEN [CT.,] 27. FEBRUAR 1954. Poe, der Tod und »die Wahrheit sagen«.

Ein Brief von [Thomas J.] Wilson von der Harvard [University] Press
hat in mir einen kleinen Wirbel von Gewissensbissen wegen der aufge-
schobenen Nortons aufgerührt. Zwei Tage lang habe ich die erste Vorlesung in Ordnung gebracht. Alles, was ich jetzt sagen kann, ist, daß sie
von der kühlen Lagerung sehr profitiert hat. Ich lese mich gelegentlich
noch mit Thoreau in den Schlaf (allerdings nicht mehr mit den *Tagebüchern*) und frage mich verwirrt, warum ich die Bücher bewundere.
Meine Bewunderung für sie ist echt, aber die einzigen Gründe, die ich
bisher dafür finden kann, sind ästhetischer Natur: die Prosa und ihre
Rhythmen und deren perfekte Anpassung an den Inhalt. Die ewige
charakteristische Übertreibung seiner Ideen und ihre Ferne vom »Leben« hindern mich daran, sie [die Bücher] sehr ernst zu nehmen: er ist
ein sonderbarer, ungeschickter, unreifer Mensch, der schön schreibt.
Ich nehme an, etwas wurde in ihm geweckt durch die lateinische Sprache; sie kommt nicht als Latinität zum Vorschein, so gut ist sie verdaut
worden, aber sie hat die Qualität.

Heute machte ich einen Spaziergang, um über Poe nachzudenken – und über die Amerikaner; all die Dinge an Poe, die nicht amerikanisch sind. Sie brachten ihn um, so wie die Dinge, die an Thoreau
nicht amerikanisch sind, allmählich seine Kraft auslaugten. Das Wichtigste an Poe, das, was ihn abseits stellt, ist, daß er ein Verbrecher war;
er war voll von mörderischen Gedanken. Amerikaner sind keine Sadi-
sten.

Alle Kinder (ich wollte sagen, alle kleinen Jungen, aber der Niagara
von autobiographischem Material von Frauen, den wir in diesen Tagen
zu sehen bekommen, zeigt, daß wir kleine Mädchen miteinschließen
müssen) hegen Todesphantasien ... Wir lernen die Tatsache des Todes
wirklich – das heißt innerlich kennen durch unseren Wunsch, andere
auszulöschen.* Das ist allgemein so, aber die Amerikaner haben sehr
wenig davon. Warum? Wegen der »Güte im amerikanischen Heim«?
Weil, im großen ganzen, die amerikanischen Eltern selbst keinen Sadismus kennen. Sie müssen das Kind ständig im Zaum halten und zurechtweisen (was das »Mörderische« weckt), aber es *interessiert* sie nicht,

---

* *Später:* Ich sehe in der heutigen (28. Februar) *New York Times Book Review*, daß das
Motto von Simone de Beauvoirs Roman *L'Invitée* von Hegel stammt: »Jedes Bewußtsein
sucht den Tod des anderen.« Am Ende ermordet die Heldin ihren (weiblichen) Gast.

Schmerz, Demütigung und Verzweiflung zu verursachen, obwohl sie gerade das oft unvermeidlich tun müssen. Es ist auch nicht so, daß sie zärtlich, sanft, verständnisvoll zurechtweisen; sie tun es mechanisch ... Was wird aus der Mordphantasie des amerikanischen Kindes? Sie wendet sich gegen das eigene Ich oder wird in die abstrakteren Formen des Wettbewerbs im Geschäftsleben, der sozialen Führerschaft etc. verwandelt ...

Poe »unamerikanisch« als Mörder, aber sehr amerikanisch als einer, der die Wahrheit sagt: seine Stärke ist die unverminderte Offenheit, mit der er sein Phantasieleben berichtet – er lehnt es ab, das Material zum Moralisieren zu verarbeiten etc.

Wem und zu welchem Zweck sagt der Amerikaner die Wahrheit? Die ethischen Gebote des Protestantismus? Nicht primär: die Verdrehung der Tatsachen entspringt zwei Quellen, die nur unterirdisch miteinander verbunden sind. Nach außen gewandt, ist sie ein Werkzeug des Erfolgs, nach innen gewandt, ein Mittel der Flucht. Tatsachenverdrehung als Mittel zu gewinnen wird besonders von Menschen angewandt, für die soziale Hindernisse auf legitime Weise unüberwindbar zu sein scheinen: List ist die Zuflucht der Unterdrückten und Ausgeschlossenen. Unvermeidlich erwarten die Slawen List und praktizieren sie. Die Franzosen leben in der Angst, düpiert zu werden – als Düpierte lächerlich gemacht zu werden (daher die ungeheuer umfangreiche Literatur über das Hahnreitum). Wer in der Angst lebt, düpiert zu werden, weiß alles über das Düpieren ...

Lügen gedeiht wie das Glücksspiel in Situationen, in denen man daran verzweifelt, durch ehrliche Anstrengungen gewinnen zu können. Die List wurde in einer Gesellschaft eingeführt, in der die Belohnungen auf einer anderen Grundlage als der des Verdienstes verteilt wurden – das heißt, in der feudalistischen.

Amerikaner sind keine Lügner. Kommt das daher, daß sie nichts zur Lüge trieb? Die Engländer sagen die Wahrheit, aber sie haben nichts gegen die Konvention des Eingehens auf Erdichtetes. Und warum waren sie in ganz Europa als Bürger des »perfiden« Albions bekannt?

Amerikaner sind keine Lügner. Was machen wir mit 1. der gegen »uns Puritaner« erhobenen Anklage der Heuchelei* und 2. der schon früh entwickelten Freude am Gaunerstreich?

---

* Gerade für Poes Tod machte Mallarmé die *mensonge* der amerikanischen Heuchelei verantwortlich.

670. HAMDEN, [CT.,] 1. MÄRZ 1954. Poe: Obiter dicta.

*Geschmack:* Wer mit einer Lektüre Poes beginnt, muß von vornherein
darauf vorbereitet sein, alle Ansprüche in einem bestimmten Bereich
aufzugeben, nämlich was die Beschreibung imaginärer visueller Objekte
anbetrifft. Aus Gründen, die wir kennen, brauchte seine Phantasie
grelle Bilder. Er kultivierte sicherlich den Tagtraum, und er kultivierte
ihn schließlich mit Opium. Seine Phantasie, die nicht besser war als die
der meisten von uns, konnte ihm keine anderen Bilder liefern als solche,
die er schon in Bilderbüchern, im Theater etc. gesehen hatte, und sein
Bilderrepertoire entsprach dem beklagenswert schlechten Geschmack
seiner Zeit. Sein Kopf war wie das Schlafzimmer von Ligeias Witwer
mit gotisch-druidisch-sarazenischem Plunder gefüllt. Sogar Ligeias Gesicht, sagt man uns, war griechisch-hebräisch-persisch.

Wenn sich Poe *erinnerte,* waren seine Beschreibungen bewundernswert – wie im Falle der englischen Schule in »William Wilson«. Doch
das Erinnerte und das Naheliegende konnte seine Phantasie nicht nähren, wenn sie erhitzt war. Sein Zensor, sein innerer Zensor, würde
seinen frühen Geschichten nicht erlaubt haben, zur Ebene des Bewußtseins aufzusteigen, wenn sich ihr Hintergrund in einer erkennbaren
Welt befunden hätte. »Berenice«: die Zähne aus der Leiche geschlagen,
nein, aus der wiederbelebten Leiche – was jedem, der sich auch nur
oberflächlich mit psychoanalytischer Lektüre beschäftigte, so viel zu
sagen hat –, das hätte nicht in Baltimore gesehen werden können, wo es
um 1831 geschrieben wurde. Poe selbst sagte darüber am 30. April (zu
[Thomas W.] White): »Ich gebe zu, daß es hart an den schlechten
Geschmack streift – aber ich werde nicht noch einmal so kraß sündi-
gen.« Er erklärt (obwohl er an den Verleger schreibt, der die Geschichte
kaufte), daß sie auf eine Wette zurückging, weist dann aber darauf hin,
daß Erzählungen dieser Art in England und Amerika sehr gefragt waren. Er sprach jedoch von Geschmack in bezug auf das Thema, nicht auf
den Dekor ...

Es wird allgemein angenommen, daß Bildung einen Menschen oder
ein Milieu vor schlechtem Geschmack bewahrt; aber Bildung hat damit
nichts zu tun: sie kann gerade die Fallen stellen, vor denen sie uns
angeblich schützen soll. Winckelmann, Lessing, Diderot, Renan, Rus-
kin – alle enorm gebildet – hatten ihre Entgleisungen und Schiffbrüche.
(Diderot *über* Greuze ist schlimmer als Greuze selbst.) Mit dem Geschmack verhält es sich wie mit der Sündenlosigkeit in der Bibel: Es soll
niemand sagen, er habe sie, daß er nicht falle.

Schlechter Geschmack entsteht, wenn eine Gruppe ein oder mehrere exotische Elemente zu hastig in ihren Kanon aufnimmt. England und Amerika hatten zu Beginn des 19. Jahrhunderts alle postpalladianischen Motive erschöpft und brauchten eine neue Bildersprache. Sie wandten sich durch die deutsche Romantik und den Orient dem Mittelalter zu. Chippendale hatte ein exotisches Element aufgenommen, die *Chinoiserie*; das *Empire*, schon griechisch-römisch, nahm das Ägyptische auf. Poes Zeitgenossen stürzten sich auf zu vieles zugleich. Aber Amerika ist eben das synkretistische Land. Wird es aus dem, was wir nun »modern« nennen, Geschmacksnormen aufstellen, oder muß es warten, bis es alle Kunstformen der Geschichte der Menschheit verdaut hat?

NB. Das Problem des Geschmacks ergibt sich auch, wenn wir zu Whitman kommen . . .


671.   HAMDEN, [CT.,] 2. MÄRZ 1954. Poe und das Fehlen der Mitte.

Poe hatte in dem Maße, in dem es ihm der innere und äußere Tumult erlaubte, seine Freude am Denken, an der Gehirntätigkeit. Er hatte zwei Auswege, der eine sündhaft, der andere glückselig: Traumphantasien und reines Denken. Erstere drehten sich nicht nur um den Tod, sondern sie reinszenierten eine Zwangsvorstellung von einem zweiten Tod durch Ersticken im Grab . . . Poes große Sünde war nicht in erster Linie der Alkohol oder Drogen – *sie* waren dabei behilflich: es war das Tagträumen. Er scheint darauf bestanden zu haben, daß er »Schlafträume« hatte, aber durch Übung konnte er ihnen eine solche Aufmerksamkeit widmen, daß sie auf eine beinahe bewußte und erinnerbare Ebene aufgestiegen und Tagträume geworden waren . . . Die Träume handelten von den Toten, und ihr Ende war das Grauen, lebendig begraben zu werden.

Ohne seine Besessenheit vom Tod wäre Poe frei gewesen für eine außerordentliche Erfüllung seiner anderen Obsession: sie betraf die Möglichkeiten des Geistes, das Leben zu meistern. Er stand außerhalb des allgemeinen amerikanischen Stroms durch seinen Todeskult; er stand in der Avantgarde dieses Stroms mit seinem Sinn für das Unermeßliche und mit der wissenschaftlichen Methode, sich ihm zu nähern.

Was ihm fehlte, war jegliche Fähigkeit, sich für die Mitte zu interessieren, für die Tätigkeiten, die eine Anpassung an das Unmittelbare und Nahe darstellen, an die Möglichkeit, sich den Lebensunterhalt zu verdienen, die Gegenwart zu gestalten. Selbst das nahm er jedoch wieder-

holt in Angriff mit seinen Versuchen, eine Zeitschrift zu gründen ...
Das widerspricht wiederum seinem früheren Projekt (18. Oktober
1948), ein »Landhaus ... von einer seltsamen, unheimlichen und unbe-
greiflichen und dennoch höchst einfachen Schönheit« zu bauen ... Jedoch »nicht *zu* fern von aller Welt«.

Wir kommen wieder zu Gertrude Steins Unterscheidung zwischen
menschlicher Natur und menschlichem Geist. Poe gab sich Mühe, sich
aus dem – verführerischen und verachtenswerten – Morast des sexuellen Wettbewerbs, der Anmaßung, der Eitelkeit und des Stolzes heraus-
zuziehen und zum Denken und zur Idealität zu gelangen. Das ist auch
die Grundlage seiner Erotik. Nie hat es eine so zusammenhanglose
Mischung von Bildern gegeben, die das wild Leidenschaftliche und das
Reine verbinden ... Wir haben genug gehört von der verdoppelten Anziehung, die Frauen von dem Augenblick an auf ihn ausüben, da er
weiß, daß er sie körperlich nicht besitzen kann. Wenden wir uns seiner
Zuflucht zum Denken zu. War sein Interesse an der Astronomie ein
Dilettantismus, der uns und ihn selbst beeindrucken sollte? *Eureka*
liefert den Gegenbeweis: ob kompetent oder nicht, es war selbstvergessene Vertiefung ...

Aber das führt uns zu einem weiten Thema.


672. HAMDEN, [CT.,] 2. MÄRZ 1954. Poe und der lebende Leichnam.

Ich wollte, ich wüßte, was *symbolisch* bedeutet, aber ich werde das
Wort trotzdem gebrauchen. Poe ist nicht an Geistern interessiert ...

... Er ist nicht an Geistern interessiert, weil er sich die *wirklich
Toten* nicht vorstellen kann. Die Lebenden sind galvanisierte Leichen –
andere gibt es nicht.

Hier kommen wir zur Nekrophilie – dem uneingestehbaren Thema
von »Berenice«, dem unterirdischen Bild, das hinter all diesen unge-
küßten sterbenden Heroinen steht. Bei der Nekrophilie umarmt man
nicht einen *völlig* unbeweglichen »toten Körper«, sondern–––– einen
schwach bewußten, der so schwach ist, daß er einem nicht weh tun
kann, einen zahnlosen sozusagen.

Diese ganze Seite Poes ist unsagbar erschreckend und bemitleidens-
wert. Dies ist das extreme Bild von Gertrude Steins Kategorie »menschliche Natur«. Kein Wunder, daß er daraus hervor nach dem menschlichen Geist griff. Dennoch erfüllt es einen mit Bewunderung, daß er
diese Phantasien niederschreiben konnte und niederschrieb, ohne sie

mit der Beschönigung und Lüge der Allegorie und des Moralisierens zuzudecken.

Hier war also dieser schwarze Grund, der immer unter Poes Leben und Gedanken lag – dieses zutiefst unamerikanische Aufsuchen des Todes. Es bezieht seine Kraft aus seiner Komplexität: er beschäftigt sich aus den verschiedensten Gründen mit dem Tode. Das rettet einen so großen Teil des Werkes vor Effekthascherei und Konvention zu einer Zeit, in der alle Schriftsteller immer wieder von Leichentüchern und Beinhäusern redeten. Sofern man von ihm sagen kann, daß er das »Unheimlich-Groteske« reflektiert, hat er alle anderen überlebt.

674. HAMDEN, [CT.,] 4. MÄRZ 1954. Zu einer Theorie der Symbolisierung im 20. Jahrhundert (Norton: Kleiner Essay über die entstehende amerikanische Religion).

... *Die Welt hat keinen Sinn außer dem, den ihr unser Bewußtsein verleiht.* Und mit »unser« meine ich nicht ein kollektives menschliches Bewußtsein, sondern das jedes einzelnen existierenden Geistes. Alle Objekte im Universum existieren, ohne einen Sinn zu haben. Und Existieren ohne Sinn – das wollen wir nicht existieren nennen.

So kommen wir zum nächsten Schritt: *Bewußtsein macht die Welt existent.* Jedes Bewußtsein oder nur ein höheres Bewußtsein?

Oh, jedes Bewußtsein. Aber das gewöhnliche Bewußtsein, gequält, voll Furcht und Befangenheit, macht seine Welt nur ruckweise, nur dann und wann existent und lebt weitgehend mit der Erinnerung an die wenigen kurzen Gelegenheiten, bei denen die Welt so heraufbeschworen wurde, und von den geborgten Zeugnissen anderer in bezug auf die Welt, die *sie* sich schaffen konnten.

Es gibt mehrere Medien, durch die Welt existent gemacht werden kann: Kunst, Musik, Literatur.

Hier finden wir Hölderlins Vers: »Was bleibet ... stiften die Dichter.«[1]

Bin ich nun nicht beinahe bereit weiterzumachen und dies als Teil der »Nortons« zu schreiben – entweder als »Zwischen-Essay« vor der letzten Gruppe Poe–Whitman–Melville oder als eingeschobenen Essay mitten in Poe? Ich darf »es« hier nicht schreiben, oder es wird mir schal, wenn ich mich schließlich wirklich imstande fühle, es *in situ* zu schrei-

---

1 Aus »Andenken«, erstmals veröffentlicht im *Musenalmanach für das Jahr 1808.*

ben. Dieses Tagebuch darf sich mir nicht als »letzte Niederschrift« oder auch nur als »erste Fassung der letzten Niederschrift« präsentieren. Dieses Tagebuch ist bloßes *remuement* und Einkreisen. In dem Augenblick, in dem das *Schreiben* in Sicht kommt, muß ich aufhören.

Und von diesem Punkt aus sehe ich die nächsten Entwicklungen: die Verneinung, daß diese Ideen Atheismus sind; der Grund, warum der Amerikaner wegen seines Erfassens des Unermeßlichen diese Dinge zur Welt brachte – das symbolische Schreiben ist von einer neuen Art; nicht so wie der Romantiker ein Symbol für eine innere Empfindung findet, sondern das Symbol stellt sich selbst dem Dichter als ein Mittel (als das einzige Mittel) dar, durch das die träge Außenwelt mit einem Sinn erfüllt werden könnte etc.

Ein recht guter Tag, denke ich.


675. HAMDEN, [CT.,] FREITAG, 5. MÄRZ 1954. Lope de Vega und das Abencerraje-Problem: Das Datum von *El Sol parado*.

Hatte neulich ein kleines Lope-Scharmützel. Ein Idiot an der Columbia University stellte auf der Grundlage eines gefälschten [Textes von Lopes *El] Peregrino [en su patria]* eine Theorie auf, daß die . . . Liste der Stücke [in der Einleitung zur Ausgabe von 1618] in Wirklichkeit die Liste [in der ersten Ausgabe] sei, d. h. um 1604 geschrieben. Beinahe wäre es ihm gelungen, die spanische Abteilung an der »Columbia« und die Herausgeber der *PMLA* zu überzeugen. – Was für ein Spaß für mich. Denn das Wichtigste, was ich aus diesen Tausenden Stunden Lope gewonnen habe, ist, daß ich der Fachmann in bezug auf die *Peregrino*-Listen bin. Dieser Mr. [X] schrieb mir über seine Entdeckung. Ich schrieb zurück: »Sehr geehrter Mr. [X], Sie sind vollkommen verrückt.« Und führte kurz meine Gründe an. Dann teile ich die ganze Kontroverse mit [Courtney] Bruerton und [S. Griswold] Morley. Sie schreiben an die »Columbia« und an *PMLA* und geben ihre Gründe an; bibliographisch. Aber ich halte insgeheim den einfachen, schnellen Schlag mit dem Holzhammer bereit für solchen Unsinn. Was für ein Spaß – endgültig zu besitzen, was man weiß.

Dieses Lope-Scharmützel veranlaßte mich, mir einen Tag frei zu nehmen . . . Ich öffnete wieder meine Lope-Welt. Meine nächsten Ausgrabungen dort werden die . . . Stücke sein, die an den [Schauspieler und Theaterdirektor Nicolás de los] Ríos verkauft wurden. Daher nahm ich *El Sol parado* in Angriff.

Es ist ein sekundäres Thema in diesem Stück, daß der *villano-bobo-gracioso* Campuzano das Gelübde ablegt, zum Altar der Virgen de la Peña de Francia zu pilgern. Das Stück wurde früh geschrieben – Morley-Bruerton [*Chronology of Lope de Vega's Comedias*]: 1596–1603. Wie früh?

Wir haben mehrere Stücke, die Material über verwandte Themen enthalten – Stücke, deren Daten wir kennen oder mit ziemlicher Sicherheit bestimmen können.

Lope schrieb ein Stück, *El casamiento en la muerte*, über die Ereignisse unmittelbar nach der Schlacht von *Roncesvalles*. Es hatte auch den Titel *Roncesvalles* und scheint so in der *Peregrino*-Liste auf ... Darin stellt Lope zum erstenmal eine Verbindung zwischen Bernardo del Carpio und dem erwähnten Altar her. Dieses Stück wurde, wie ein Dokument berichtet, von Direktor Ríos im Juni 1597 einer Stadt zur Aufführung angeboten. Bernardo del Carpio hängt also mit dem Altar zusammen. Lope ist ein Carpio ... Er wird in den folgenden Jahren immer wieder seinen Anspruch geltend machen, ein ruhmreicher Carpio zu sein – weshalb ihn Góngora verspotten wird. Lope hängt sich an Carpios Wagen an, und Carpios Wagen ist an die Legende von dem Altar der [Virgen de la] Peña de Francia bei Salamanca angehängt.

1. In dem Stück *El Sol parado* legt also dieser Campuzano ein Gelübde ab, zum Altar der Peña de Francia zu pilgern. Die heilige Jungfrau erscheint ihm zweimal und erinnert ihn an sein Gelübde. Nicht erwähnt wird Bernardo de Carpio, Lopes neue Obsession und Einbildung: daher wurde das Stück vor *El casamiento en la muerte* – Juni 1597, und vor diesem Datum geschreiben.

2. In *El Sol parado* sehen wir einen maurischen *galán*, einen romantisierten Mauren. Er gehört der Gazul-Dynastie an, und sein Name ist Gazul. Es gab eine ganze Anzahl dieser wunderbaren Dynastien, und zuletzt war die tapferste, tragischste und strahlendste die der *Abencerrajes*. Lope schrieb ein Stück über sie. Darin wurden die Gazules erwähnt. Das Stück ist *El remedio en la desdicha*, 19. Oktober 1596. Danach fallen Lope die Abencerrajes und ihr tragisches Ende ein, sooft er die edlen Mauren in Spanien erwähnt. In *El Sol parado* ist jedoch von den Abencerrajes nicht die Rede. Das Stück wurde also vor Oktober 1596 geschrieben. Morley–Bruerton sagen 1596–1603. Ich habe das Gefühl, es war 1596. Kann es früher als 1596 geschrieben worden sein? Das ist nicht wahrscheinlich, aber ich muß erst noch die Beziehungen Lopes zum Hause Alba studieren, das darin erwähnt wird.

248

All das ist sehr wichtig, denn ich möchte die Stücke, die Lope für Ríos schrieb, in ihrer Reihenfolge aufzählen können. Wenn ich das richtig zustande bringe, passen auch viele andere Dinge ins Bild.

Vor Jahren begann ich mit dieser ganzen beklagenswerten Stunden und Jahre verschlingenden Arbeit, um mehr über einige Meisterwerke Lopes – nicht sein ungeheuer umfangreiches Gesamtwerk – zu erfahren, nämlich über *La discreta enamorada, Peribáñez, Los Comendadores de Córdoba* und einige andere.

Nun, ich komme der Sache näher. *Los Comendadores* stammt aus dem Jahre 1596. Bestätigt die Verwendung des Ausdrucks »*el sol se pare*« (*Acad.*, XI, 281 a) in *Los Comendadores* die Annahme, daß es nach *El Sol parado* geschrieben wurde?

Arbeit, Arbeit, Arbeit. Eine Menge Arbeit vor mir. Aber ich werde es schaffen. Ich werde dieses Gebiet beherrschen. Ich werde schließlich ein Buch schreiben, das diese Stücke nacheinander anführt. Es wird mir eine wunderbar wohltuende Befriedigung gewähren.

677. HAMDEN, [CT.,] 13. MÄRZ 1954. François Mauriac: *Ce qui était perdu; Les Anges noirs* (*Œuvres complètes*, vol. III – mit *Le Nœud de vipères* – Bibliothèque Bernard Grasset, chez Arthème Fayard, Paris. Datum 1950. *Ce qui était perdu* erschien 1930, *Les Anges noirs* 1936, *Le Nœud de vipères* 1932).

Es ist sehr leicht, seine Entrüstung über diese Romane (und die späteren Graham Greenes) auszudrücken: die *délectation* an der Lüsternheit, die so heuchlerisch nahe unter der Oberfläche des Tadels liegt; die Künstlichkeit, mit der F. M. die Sündenfallen aufstellt, in die er seine armen Figuren jagt; der Mißbrauch des Zufalls in seinen *finales*; die Sentimentalität, das zuckersüße Weihwasser, das seine Prosa besprengt, wenn er die Gelegenheit hat, sich dem Altar oder dem Rosenkranz oder der Gesellschaft seiner Priester zu nähern (von denen man uns so oft sagt, daß sie *chastes* sind).

Was mir diesmal auffiel, war etwas anderes:

Das Thema dieser Werke ist die Sünde. Ohne Zweifel. Und welche Sünden erregen den Autor besonders? *Ce qui était perdu:* Drogen ... Homosexualität (impliziert), Selbstmord, Inzest und Ehebruch ... *Les Anges noirs:* Mord, Verführung, Erpressung – alles impliziert ... Ehebruch; und auf dem Grunde von all dem das, was Mauriac selbst *matérialisme* nennt und womit er die Leidenschaft für das Geldverdienen meint – was die ganze Rolle in *Le Nœud de vipères* spielt – und die Vernachlässigung »Gottes«.

Gestehen wir die Sünde zu ohne den Versuch, sie zu definieren, und gestehen wir ihr einen weiten Spielraum zu. Die geographische, kulturelle Verteilung der Sünde muß erst noch aufgezeigt werden: Vom Dritten Buch Mose bis zum Code Napoléon und vom Neuen Testament bis zu den Romanen Mauriacs.

Wir stecken sofort mitten im Problem der »Essenz«: der Annahme, daß es ein essentielles Verbrechen im Gegensatz zum Verbrechen aus der Situation heraus gibt. »Essentielle« Verbrechen gehören zwei Kategorien an: der sozialen Konvention oder dem Gesetz und der religiösen Konvention oder höheren Moralität. Und beide stehen sofort im Widerspruch zueinander.

Mord ist eine Sünde, aber Soldaten werden dazu aufgefordert zu morden. Mord ist gerechtfertigt in Notwehr. Und so gibt es eine ganze Skala vom gerechtfertigten bis zum sträflichen Mord; vom bewunderten Mord zum bedauerlichen, aber notwendigen Mord, zum vielleicht ungerechtfertigten Mord, zum abscheulichen Mord. Auch die Religion gestattet diese Abstufungen. Doch die Art von Geist, die durch das Leben in einer »Umwelt« geformt wird (und am Ende dieser Reihe von Überlegungen setzen wir Mauriac und Greene in Beziehung zum Denken in einem dicht bevölkerten Europa mit feudalem Erbe), neigt immer dazu, Essenzen zu errichten: einem Konzept Endgültigkeit und Autorität zu verleihen und damit den Geist daran zu hindern, die besondere Gelegenheit des Mordes zu prüfen – und Mord ist nichts anderes als eine Aufeinanderfolge besonderer Gelegenheiten. Dieser Prozeß der Einrichtung essentieller Kategorien hängt zusammen mit der jahrtausendealten Formung des westlichen Geistes, mit der Tatsache, daß Königen und Priestern endgültige Autorität zugeschrieben und daß ihnen magische, nicht überprüfbare Qualifikationen der Rechtmäßigkeit gewährt wurden: auch der Geist wurde von Fürstentümern und Mächten beherrscht.

Diese Romane wimmeln von Illustrationen der Widersprüche, in die der Anhänger eines solchen essentiellen Denkens getrieben wird. Zuerst die gähnende Kluft zwischen den Guten und den Bösen: jeder steckt tief in der Sünde mit Ausnahme des Priesters oder Heiligen ...

Die Mauriacs lassen sich in einem System von allgemein anerkannten Ideen nieder: den Sieben Todsünden. *Dort* sind sie autoritativ – die dogmatische Ethik ist ihr Thron –, von dort aus projizieren sie ihre Rahmen des menschlichen Verhaltens.

*Nun beachte man:* Das 20. Jahrhundert fließt wie ein Strom – es trägt die Annahme vor, daß jede Verhaltensgelegenheit einzigartig ist.* Das Wort *Mord* bedeutet nicht, dem Leben eines Menschen ein Ende machen; es ist ein beschreibendes Wort, und es ist unvermeidlich mit Assoziationen von rechtmäßigem Entsetzen und Tadel verknüpft. Aber man muß sich vorstellen, daß jeder der Millionen Morde, die jährlich begangen werden, unter dem Zeichen – und teilhabend an der Natur – einer ethisch-religiösen essentiellen Kategorie »Mord« verübt wird. Diese Unterscheidung basiert nicht auf einer Bemühung, die Motive jedes einzelnen Mordes zu mildern oder zu »verstehen«; sie ist Teil einer Bemühung, die ständig fortschreiten sollte, die Sprache zu verfeinern, allmählich die gleiche Unterscheidung wie in bezug auf eine ungeheure Menge solcher Wortgebräuche einzuführen.

*Anmerkung:* Nun ja, ich sehe, ich bin noch nicht fähig gewesen, mir selbst klarzumachen, was ich fühle, aber nicht ausdrücken kann . . .

## Hotel Algonquin, New York, 15. März 1954

Als ich diesen mißglückten Gedankengang begann, wollte ich auch noch einen anderen verfolgen. Nämlich den zu zeigen, daß Graham Greene und Mauriac und der spätere Julien Green, die von einem dogmatischen Standpunkt aus schrieben, so leicht zum Kriminalroman neigten. (Mauriac rühmt sich in seinem einfältigen Vorwort zum Dritten Band, daß er es mit [Georges] Simenon hätte aufnehmen können – eine Stelle, die ich für Georges herausschreiben muß, wenn er sie nicht ohnehin schon kennt; und Greene war selbst Autor von Kriminalgeschichten, bevor er von *la grâce* geschlagen wurde.) Kommt das nicht gerade daher, daß man in unserer Zeit nichts über Sünde-als-Essenz aussagen kann, es sei denn, man stellt sie in ihren extremsten und schrecklichsten Erscheinungsformen dar?

Gott ist ein König. Da er ein König ist, ist er auch ein Richter. Richter arbeiten notwendigerweise mit Essenzen: Gerechtigkeit und Verbrechen. Gnade ist eine Unregelmäßigkeit, eine Gewalt, die der Gerechtigkeit angetan wird. Das drückt sich deutlich aus durch den allgemeinen Brauch im alltäglichen Leben der Katholiken: Man betet zur Muttergottes, damit sie auf ihren Sohn einwirkt, der dann Seinen

---

* Ich erinnere mich an mein Erstaunen, als ich Jacques Maritain – vor einigen Jahren in seinen Vorlesungen in Princeton – erklären hörte, daß »keine zwei Morde gleich sind«. Der dilettantische *Existentialist*, der es sich nicht gestattet, die Konsequenzen zu ziehen.

Einfluß dazu verwendet, Seinen Vater »herumzukriegen«. Der größere Teil des Gebets ist immer die Bemühung gewesen, die Absolute Weisheit dazu zu bringen, *ihre Meinung zu ändern* – und das ist die aufschlußreichste Veranschaulichung des anthropomorphen Charakters der westlichen Religion.

Hätte ich gestern in meinen Gedankengang nicht einführen sollen (ich meine: hätte es mich nicht weiter vorangebracht), daß die Errichtung von Essenzen ein Beispiel für falsch angebrachte Konkretheit ist?\* – Es ist die Neigung, einen Komplex von *vitaler* Kraft so zu behandeln, als wäre er ein Ding – etwas Objektives, feststehend, umschreibbar. Mord – das Ding. (Ja, ja – das ist richtig. Wohin gehe ich nun von hier aus – außer daß ich noch einmal Sartre lese? Arbeitet er nicht ausführlich den Gedanken aus, daß Genet ein Dieb ist, weil die Gesellschaft und er selbst die Kategorie »Dieb« objektivieren?)\*\*

678.  Hotel Algonquin, [New York,] Dienstag vormittag, 16. März 1954. Meine Oper.[1]

Gestern abend kamen Louise Talma und Marjorie Fischer zum Essen. Die besten Jazz- und Bebop-Lokale waren am Montag abend geschlossen, aber ich konnte den Mädchen einen Ersatz bieten: Jam Sessions bei Eddie Condon (er spielte) und Nick. Musik nicht sehr gut, aber trotzdem das Richtige. Außerdem war es noch früh. Diese Sachen kommen vor zwei Uhr morgens nicht richtig in Schwung. Ich hatte beschlossen, Louise meine Oper anzubieten. Ich erzählte ihr davon. Sie ist begeistert. Sie hat nächstes Jahr ein Ferienjahr. Ich habe also noch einmal über die Handlungsstruktur nachgedacht und hatte einige zusätzliche Ideen.

Wir haben zwei Männer und drei Mädchen. Wer kommt mit wem zusammen?

Wenn wir . . . Montana-Patty Edward *fils* begegnen lassen und Bella [Edwards Schwester] irgendeinem passenden (sicherlich höchst unpassenden) Mann – muß die Handlung irgendwo in der Öffentlichkeit

---

\*  Das ist, wenn ich mich recht erinnere, ein Ausdruck von Alfred North Whitehead . . .
\*\*  Ja, und natürlich muß dieses Problem noch entscheidender sein für das *Porträt des Antisemiten.* Wie seltsam die Art ist, wie ich das verwendet habe – oder, in diesem Fall, nicht verwendet, sondern für spätere Überlegungen aufgehoben.
1  Frühere Hinweise auf die Oper finden sich in den Eintragungen 633–634 (1., 2., 3. und 28. Dezember 1952).

stattfinden, und dann haben wir eine andere Art von Oper – verdammt . . . Dies ist eine Oper für ein kleines Theater, nicht wahr? Was ich jedoch gern *hätte,* ist, daß wir zum Stück vom Nestroy-Typ zurückkehren könnten, mit vielen Szenenwechseln, aber das kann man vom modernen Theater nicht verlangen (und dieses Stück verträgt weder Pausen zwischen den Szenen noch eine Zwischenmusik). *Peccato! Peccato!* Andernfalls könnte ich eine Szene haben, in der Edward Patty begegnet und Bella Canfield etc. Aber ich will nicht eine Menge Nebenhandlungen. Ich will Komplikationen der Haupthandlung.

Nun eine Idee zu dem Sprechen und Singen: wollen wir nicht eine Szene haben, in der Miß Anabel Leclair aufgefordert wird zu singen? Und sie singt, sagen wir, den Anfang von »*Voi che sapete*«, begleitet von einem Klavier auf der Bühne. Da aber in dieser Oper Singen = Sprechen ist, singt sie gar nicht. Sie macht nur die Mundbewegungen. Ihre Zuhörer *auf der Bühne* hören es als Singen, aber wir hören gar nichts, und Louise schreibt hübsche orchestrale Kontrapunkte zu Mozarts Melodie.

Oh, was für eine entsetzliche Menge Arbeit noch vor mir liegt. Aber da ist sicherlich etwas dran. Ich habe ein paar hübsche Ideen für das Sprechzimmer des Doktors. Die Schwester, Mrs. Watkins, eine sehr sachliche Sprechrolle, wenn sie ihre Tracht anhat, überquert die Bühne am Ende des Arbeitstages in Mantel und Hut, für die Straße gekleidet, und ist mit einemmal eine singende Figur. Sie verlangt vom Doktor flüsternd seinen weißen Mantel, weil morgen Waschtag ist, und er gibt ihr den Mantel und wird plötzlich eine singende Figur.


*Hamden, Ct., 17. März 1954*

Muß daran denken, bei dieser Art von Komposition vom Höhepunkt aus rückwärts zu arbeiten. Der Höhepunkt ist sicherlich ein Augenblick, in dem jemand, der ein Sprecher war, ein Sänger wird; oder jemand, der ein Sänger war, wird ein Sprecher. Vorzugsweise sollte beides zugleich geschehen . . .

. . . Es geht nicht nur darum, wie einige Personen durch die Liebe eine »Singstimme« erhalten, sondern darum, wie unser Doktor plant, gefährliche Intrigen spinnt, um sie in den Zustand der Singstimme zu bringen. Er identifiziert sie nicht mit Liebe, er will die Personen nur von der Langeweile befreien. Zuerst war es zweifelhaft, ob ich eine glaubwürdige Motivation dafür finden kann, daß sich Mlle. Leclair als Montana-Patty verkleidet – aber ich brauche nur die Verzweiflung des Doktors über die Zahl der Patienten stark genug zu betonen, die von sich behaupten, ihnen sei »sterbenslangweilig«. Er ist am Ende seiner Geduld. Wie er es ausdrückt, fürchtet er allmählich, zu Tode gelangweilt zu werden ...

Aber nun sehe ich, daß mein Stöhnen über die Oper nicht mein Tagebuch ausfüllen darf. Ich werde also innerhalb des *cahiers* ein eigenes *cahier* für die Oper allein anlegen und es Eintragung 679 nennen.[2]


680. GIDEON PUTNAM HOTEL, SARATOGA SPRINGS, [N.Y.,] 20. MÄRZ 1954. Madame de Sévigné.

... Als ich letzte Woche nach New York fuhr, eilte ich natürlich in die französische Buchhandlung im Rockefeller Center, um zu sehen, ob die *neue* Ausgabe von Mme. de Sévigné schon gekommen war. Sie war da*, und Mesdemoiselles de la Libraire waren nicht dazu gekommen, es mir mitzuteilen, obwohl ich schon vor langer Zeit meinen Namen und meine Adresse hinterlassen hatte. Ich hatte gehofft, eine Ausgabe auf breiten Seiten mit einem schönen Rand zu bekommen, aber nein! Es ist eine Ausgabe, die den anderen Klassikern der Pléiade-Reihe entspricht. Das Papier ist also glatt und weich, und ich kann keine Anmerkungen auf den Rändern machen.

Was ist neu?

Vieles und nichts.

Das ist nur der erste Band ... von ihrem ersten Brief an ihren Hauslehrer Ménage (*circa* 1644, *agée* 18 *ans*) bis zu einem Brief vom 29. Dezember 1675 – ihr Alter *circa* 49. Sie wird an meinem Geburtstag, am 17. April, sterben und beinahe an einem Jahrestag – 1696. Wahrscheinlich folgen noch zwei Bände. Dieser erste ist 1198 Seiten stark – die ersten 93 Seiten der Einleitung brauchen nicht wiederholt zu werden.

Was haben wir nun durch diese glorreiche Wiederentdeckung des Urtextes gewonnen? (Ich urteile nur nach dem ersten Band, aber viele der *wiederhergestellten* Briefe stammen aus dem sechsten Band des

---

* Madame de Sévigné, *Lettres, Tome I, 1664–1675. Edition nouvelle comportant de nombreux fragments inédits et restitutions de textes, établie avec une introduction, des notes et un index par Gérard Gailly*. Bibliothèque Nouvelle Revue Française de la Pléiade, Dijon 1953.
2 Vernichtet im Februar 1955. Siehe Eintragung 706 (22. Februar 1955).

Capmas-Manuskripts, wo der Text die meisten *inédits* enthält.) Was gestrichen worden war, waren nicht in erster Linie die *chroniques scandaleuses* des Hofes, sondern die überschwenglichen Beteuerungen der Zuneigung zu ihrer Tochter. Davon gab es schon eine ganze Menge. Ändern die neuen unser Verständnis des Bildes? Ja – man muß immer empfindlich sein für den Punkt, an dem die *Quantität* in *Qualität* übergehen kann. Wir wußten schon immer, daß es ein frenetisches Element in der Anbetung von Madame de Grignan gab. Auf verschiedene Weise haben alle Kommentatoren dazu Stellung genommen. Jetzt ist es eine erstaunliche, eine leuchtende Gegebenheit.

Und durch den Grad allein wird die Gegebenheit zum Absoluten: wir haben diese Situation vor uns, eine überlegene Seele ist einer mittelmäßigen Person hörig.*

Mme. de Sévignés Briefschreibekunst ist nur ein schwacher Abglanz ihrer Fähigkeiten. Sie ist kein ästhetisches Genie – oder nicht nur ein ästhetisches Genie. Sie ist ein vielgestaltiges Genie, das sich nicht entfalten konnte. Sie verstand etwas von Geschäften, sie war ein politischer Kopf, sie hatte ein unfehlbares Auge für Kombinationen und vor allem für *Männer*. Schon in diesem ersten Band versucht sie, ihre Tochter vor dem Ruin zu retten, dem das ungeheure Vermögen der de Grignans verfiel. Sie – die Mutter – ist so gut wie de Retz und d'Hacqueville.

Aber sie ist nicht nur ein praktisches Genie. Sie ist eine Frau, und sie führt ein leidendes Frauenleben. Ist sie auch Künstlerin? Dafür gibt es nie ein Anzeichen. Ihre Freude an Tacitus (so verwandt), an La Fontaine (so verwandt) – ich schwöre auf zehn Bibeln, daß es keinen Hinweis darauf gibt, daß sie schreibt, um in der Nachwelt Ehre einzuheimsen. Sie weiß, daß die Zeitgenossen an ihren Briefen Geschmack finden (diese faszinierende Geschichte von der Bitte um ihre Briefe auf *la prairie* und *le cheval*); das konnte sie nicht *ablenken*. Warum nicht? Weil sie nur an der Gegenwart interessiert war. Sie konnte sich eine andere Welt als die Gegenwart nicht vorstellen. Die Bemühung, die Aufmerksamkeit ihrer Tochter zu gewinnen, rettete sie vor der anderen Gefahr – dem Bemühen um die Aufmerksamkeit der Nachwelt.

Ihr Meisterstück ist – wie jedes Meisterstück – ein Ringen mit dem Engel, der unmittelbar gegenwärtig war. Diese neue Ausgabe macht es noch offenkundiger: die Briefe waren in erster Linie für die Tochter gedacht: nach der ersten Trennung von ihr weint sie sich buchstäblich die Augen aus. Aber 1675 kann sich Madame de Sévigné nicht mehr die

---

* Zu studieren: Mrs. Edith Wharton und Walter Berry.

Augen ausweinen – sie hat zu viele Fähigkeiten. Ja, die Fixierung auf ihre Tochter ist noch immer da und kehrt überwältigend zurück am späten Nachmittag; das kann man nie übersehen oder leugnen. Aber von Zeit zu Zeit ist Madame de Sévigné ihrer Tochter untreu. »Leider« – wie sie selbst es hätte ausdrücken können – »werde ich auch von der Welt vor meiner Türschwelle verführt, von der erregenden Gegenwart des Lebens selbst.« ...

[*Gideon Putnam Hotel, Saratoga Springs, N.Y., 21. März 1954*]

(Hier unterbrach ich, was ich geschrieben hatte ... Ich hatte mich zu allzu vielen Cocktails mit Monty Woolley verleiten lassen, und als ich nach dem Abendessen heraufkam, hatte ich mich in diesen ganzen zusammenhanglosen Blödsinn gestürzt. Er ging noch auf einer weiteren Seite weiter, die ich vernichtet habe ...)

Es war Unsinn zu sagen, daß Madame de Sévigné einer mittelmäßigen Person hörig war – aber der Punkt ist wichtig. Mme. de Grignan kann von uns nur in dieser Beziehung zur Mutter als mittelmäßige Person betrachtet werden: ihre Fehler wurden in dieser Beziehung verdoppelt, ihre Vorzüge wurden in dieser Beziehung abgeschwächt.

Im ersten Jahr nach der Abreise Mme. de Grignans in den Süden sammelte Mme. de Sévigné eifrig Komplimente für ihre Tochter. Man sammelt nicht Komplimente für jemanden, der schon die Liebe und Bewunderung einer Gemeinschaft genießt. Mme. de Grignan war ein zutiefst verzogenes, dünkelhaftes und arrogantes Mädchen, das keine Freunde hatte. Mme. de Sévigné hatte keine Rivalen im Herzen ihrer Tochter, oder wir würden es nur allzu deutlich bemerken. Aber da war der Ehemann – bereits zweimal verwitwet. Die Ehe war zufriedenstellend, vielleicht sogar glücklich. Mme. de Sévigné verstand das nie ganz, sie konnte es nicht verstehen. Hier ist das Diagramm:

1. Die Fixierung auf die Tochter.

2. Das Bewußtsein, daß die Fixierung auf die Tochter maßlos war. Das hatte zwei Folgen: a) das Gefühl, daß sie ihr religiöses Leben gefährdete ... und b) ihre distanzierte Beziehung zu allen anderen Menschen. Diese Hingabe ihrer Seele und ihrer Phantasie hinderte sie daran, irgend jemanden sonst als tiefe Realität zu empfinden. Das zeigt sich vor allem in der Beziehung zu ihrem Sohn.

3. Sie ist daher auf eine Situation verwiesen, in der sie ständig eine Lüge leben muß: sie muß ihr wahres Urteil vergewaltigen und sich dazu zwingen zu glauben, daß ihre Tochter ein unvergleichlich erhabenes

Wesen sei. Und sie muß sich dazu zwingen, den Freunden ihres Zirkels einen hohen Wert beizumessen.

Einer unzulänglichen geliebten Person hörig. Die Abgeschiedenheit und Einsamkeit, die das bedeutet.

Man denke, auf wie viele Arten Mme. de Grignan dem Urteil Mme. de Sévignés *fremd* ist (um es milde auszudrücken). Die extravagante schlechte Verwaltung ihrer Finanzen; ihr taktloses Benehmen gegenüber ihren offiziellen und inoffiziellen Besuchern; ihre Hinnahme einer jährlichen Schwangerschaft; ihr Geschmack in bezug auf ernste und unterhaltende Lektüre. (Mme. de Sévigné bittet sie, den Tacitus zu *beenden*, die Geschichte der Kreuzzüge, Josephus; im Gespräch und in der Literatur verschmäht Mme. de Grignan *histoires*, und sie hat für La Fontaine nur Widerwillen, wenn nicht gar Verachtung übrig.) Sie geht nicht auf die Begeisterung ihrer Mutter für die Erbauungsliteratur von Port-Royal ein und teilt nicht ihr Entzücken an Tasso und Ariost.

Die Beziehung zur Tochter machte Madame de Sévigné nicht zu einer großen Schriftstellerin – diese Anlage war schon früher vorhanden und wurde durch eine vorzügliche Erziehung, ihre beiden großen *maîtres*, Ménage und Chapelain (s. 314), gefördert. Aber diese Abgeschiedenheit und Einsamkeit und diese Notwendigkeit, die wunderbare Lüge zu fabrizieren, daß ihre Tochter ein Muster an Tugenden und ein Leitstern des guten Geschmacks sei, lehrten sie, die Sprache zu manipulieren. Alles ist gewandte, gewundene, gewinnende Manipulation. Wo ist die »wirkliche« Madame de Sévigné? Wir werden es nie erfahren. Einmal in einer langen Zeit springt es aus der Szenerie. Es hängt über uns *in der Schwebe*. Wenn wir die Briefe an den Kardinal de Retz und an Madame de La Fayette hätten – was würden wir finden? Authentizität – Souveränität? Oder die ganze Reihe an den Abbé d'Hacqueville – der Brief vom 17. Juni 1671, Seite 310, ist anders als alles andere; aber das wurde in einer schrecklichen Krise geschrieben und hat nichts mit *ihm* und der *Schreiberin* zu tun, sondern mit der nackten Angst, weil Mme. de Grignan aufgehört hatte, ihrer Mutter zu schreiben.*

---

* Man beachte, daß diese immer wiederkehrende Angst nie die Form annahm, in der sie, in geringerem Grade, uns alle befällt – daß etwas, was sie geschrieben hatte, die Tochter beleidigt haben könnte. Das brauchte sie nicht zu befürchten, denn alle zehn Millionen Wörter sind eine einzige lange Beruhigung, Schmeichelei, Gefälligkeit. Mme. de Sévigné wußte auf den Millimeter genau, wie weit sie mit Rat, Schelte und Besorgnis gehen durfte. Gewiß, oft fürchtete sie, ihre Tochter zu langweilen, aber selbst diese Langeweile war, ebenso wie die Versuche zu raten und zu bessern, von Wolken von Anbetung umgeben. Nicht nur die Mutter, sondern ganz Paris und die Bretagne sind *pâmés* vor Bewunderung für Mme. de Grignan.

257

Es ist eine Übertreibung zu sagen, daß Mme. de Sévignés Briefe eine einzige lange *comédie* seien. Aber das Ganze war falsch angelegt. Ihre Vitalität, ihr Auge, ihr Ohr, ihr Geist hatten ihre Abenteuer. Immer wieder brachen sie durch die Erfordernisse hindurch, die ihnen durch die Notwendigkeit auferlegt wurden, um die gute Meinung Madame de Grignans zu buhlen; aber im Grunde ist die große Brief-Sequenz eine Adaptation, eine Beschneidung der Potentialitäten Mme. de Sévignés.

Und wenn dieser Niagara an ihren Sohn gerichtet gewesen wäre? Alles wäre dann fröhlicher und witziger, aber die Energie wäre nicht der Leidenschaft entsprungen.

Daher sollte die Frage anders gestellt werden: hätte die Ergebenheit dem Sohn gegolten, *dann* wären die Briefe noch mehr die höchste Blüte der Briefschreibekunst gewesen.

681. GIDEON PUTNAM HOTEL, SARATOGA SPRINGS, [N.Y.,] MONTAG, 22. MÄRZ 1954. Madame de Sévigné (Fortsetzung) . . .

Sie las den umfangreichen Roman *Cléopâtre* von La Calprenède. (Sie war von ihrem Sohn dazu bewogen worden, ihn noch einmal zu lesen.) [Und die *Morale* von Nicole] . . .

Jeder Mensch hat in unterschiedlichem Grade das Bedürfnis und die Lust, die Fähigkeit des Sichwunderns auszuüben. Geheimnisse und das Wunderbare umgeben uns; aber das Bewußtsein ihrer Gegenwart verfolgt manche Menschen mehr als andere. Die Formen der katholischen Religion nähren dieses Bedürfnis reichlich, aber Mme. de Sévigné konnte sie an dieser Quelle nicht tief genug in sich aufnehmen. Sie war Humanistin. Sie war von einer machtvollen und mysteriösen Leidenschaft besessen; das war ein Gegenstand der Verwunderung. Sie ging von Natur aus in der Schilderung großer Leidenschaften auf, und diese konnte sie nicht in dem für sie nötigen Grade in *Die Prinzessin von Cleve* oder in der *poésie galante* ihrer Zeit finden. Seltsamerweise konnte oder wollte sie sie auch nicht in der Gesellschaft um sie her sehen. Wenn sie lange genug gelebt hätte, um die *Memoiren* von Saint-Simon zu lesen, wäre sie erstaunt gewesen über das Ausmaß, das er dem leidenschaftlichen Leben ihrer Nachbarn zuschrieb. Mit welchem selbstvergessenen Entzücken findet sie es daher bei Tasso, bei Ariost (ein wenig kühler), in der Geschichte der Kreuzzüge, bei Tacitus und Josephus – und in diesen hochtrabenden Romanen. Außerdem hatte sie die Fronde erlebt, und unter ihren liebsten Freunden gab es eine *grande âme*, die sich damals heldenhaft verhalten hatte – den Kardinal de Retz. Schon früh im Leben hatte sich ihre Phantasie für den heroischen gro-ßen Stil geöffnet . . . Es ist diese Flucht ins Sublime (die auch erklärt, warum sie Corneille Racine vorzieht), die es ihr erlaubt (ich erinnere mich an eine Bemerkung Gertrude Steins über Horace Walpole), unbe-deutende Dinge zu beschreiben, ohne ins Triviale zu verfallen . . .

In Gegenwart großer Kunstwerke muß unsere Bewunderung oder Geringschätzung Gründe für ihre Existenz finden. Und die meisten Gründe gehören nicht zur Sache. Wir loben und tadeln aus den falschen Gründen – von der Frau, die Rubens nicht mochte, weil er die fetten Hinterteile so vieler fetter Frauen malte, bis Glenway Wescott, der Beethoven nicht mochte wegen all dieser plötzlichen »Laut und Leise« und zu Professoren, die Shakespeare bewundern, weil seine Psychologie so »wahr« ist. Ein Gemälde ist primär eine Demonstration der Wirkun-gen, die durch den Auftrag von Farbe auf eine Fläche erzielbar sind. Seine Beziehung zur Welt außerhalb der Leinwand ist sekundär. So sind die Briefe Madame de Sévignés ein Triumph des Mediums – und ihre Selbstdarstellung, ihre Abstimmung des Inhalts auf den Empfän-ger, die Gedanken und Ereignisse, die sie mitteilt, sind sekundär. Diese Isolierung des Mediums für die Zwecke unserer Diskussion ist etwas anderes als die alte Unterscheidung zwischen Inhalt und Form. Das Medium ist ein drittes Element, dem auch die Form unterworfen ist. Mme. de Sévignés Medium ist die sprechende Stimme – die sprechende Stimme zum Unterschied vom funktionierenden Geist. Sie hatte eine äußerst feine Gabe, Wörter in den zahllosen Modi anzuordnen, deren sie in der Rede fähig sind*, aber die Musik hat ihre eigenen, weit stärker der Form unterworfenen Gesetze. Auditiv war ihre Beziehung zum Medium, aber auditiv in einem fundamentaleren Sinne, als ihn das Wort *musikalisch* ausdrückt. Sie ist auditiv in dem Sinne, in dem man sich an das Rauschen des Windes in einem Fichtenwald oder der Bran-dung oder eines in der Ferne vorbeifahrenden Zuges erinnert. Madame de Sévignés Medium ist ein Destillat der Geräusche von Tausenden von sprechenden Stimmen. Noch bevor wir auf das achten, was sie sagt, hören wir einen *Ton*. Ihre Mittel sind lange Wörter und kurze, lange Sätze und kurze, Interjektionen, Hervorhebungen, Inversionen, Kaden-zen. So wie der Jambus in Miltons Geist pulste, bevor sich die Worte eines Verses einstellten, so wie das Farbspektrum Tizians Vorstellungs-

---

* (Februar 1956, nach der Lektüre von 15 Komödien Goldonis: auch Goldoni hatte diese Qualität.)

vermögen beherrschte, bevor er den Pinsel eintauchte – so lagen die Hilfsmittel von Rhythmus und Syntax wie eine Klaviatur vor ihr, aber es war *ihre* Klaviatur. Die Gebräuche einer besonders kultivierten Gesellschaft hatten längst einen weiten Spielraum von Wirkungen vorbereitet, aber sie hatte sie alle und noch mehr dazu auf höchst einzigartige Weise zu ihren eigenen gemacht.

Durch die Beherrschung dieses Mediums also ist sie die überragende Briefschreiberin, und wir sagen nicht genug, wenn wir sie wegen ihres Geistes oder ihres erzählerischen Könnens oder ihrer lebhaften Beobachtungsgabe loben. Es wird nicht hinlänglich beachtet, daß diese Fähigkeiten selbst auf der Kadenz der Phrasierung und der glücklichen Anordnung der Syntax beruhen. Man könnte einen Abschnitt aus einem Brief auswählen und anstelle der für den Sinn des Satzes wichtigsten Wörter unsinnige Wörter setzen und immer noch ihr Können als Schriftstellerin erkennen; aber man könnte nicht Wörter aus dem Text streichen, nicht (vor allem nicht) die vielen Wörter, die auf den ersten Blick keine wesentlichen Elemente des Erfolgs sind – die unzähligen »*ma bonne*«, die allgegenwärtige nähere Bestimmung »*fort*«, den Auftakt zu einem Satz mit »*Voilà ce que c'est que ...*«

683.  JANET [DAKIN]S HAUS, AMHERST, [MASS.,] 27. MÄRZ 1954. Robert
      Frosts Geburtstag

Das Dinner gestern abend. R.F. war schon am Abend zuvor durch ein ähnliches Dinner im Waldorf-Astoria geehrt worden. Sagte mir, daß er die ganze Nacht nicht geschlafen hatte; sagte den Gästen, daß er nicht viel über sich selbst las, daß er aber, wenn er wirklich über sich selbst las, nicht schlafen konnte. »Zeilen, die den Kritiker drei Minuten kosten, kosten mich den Schlaf einer ganzen Nacht. Ich frage mich, ob ich so schreibe.« (Das heißt, ist er so groß oder so unbedeutend, wie sie sagen?) Ich scheine diese extreme Verwundbarkeit von Dichtern und Schriftstellern immer zu wenig beachtet zu haben: Virginia Woolfs Tagebuch. Gertrude Stein, als sie von Virgil Thomson gefragt wurde, was ein Schriftsteller am meisten wünscht, warf angeblich ihre großen Hände in die Höhe und rief lachend: »Oh, Lob, Lob, Lob!« Sollte ich das bei allen Schriftstellern in Betracht ziehen? Hat das Wort etwas an sich, was den schreibenden Künstler vom Maler und Komponisten unterscheidet? R.F. dachte zweifellos an Ruhm in der Nachwelt. Er sagte zuletzt, er hoffe, er habe »einige Gedichte« hinterlassen, »von denen man nicht loskommt«. Sie waren Kieselsteine – hart, abgeschliffen. Der seltsame, sentenziöse Diogenes-Monolog war gestern abend besser als sonst, trotz seiner Müdigkeit. Er liebt die Rolle, und hier waren achtzig Menschen, von ihm ausgewählt, manche waren von weither gekommen, einer aus Kalifornien, die [Gordon K.] Chalmerses aus Ohio etc.

Zu groß für Freundschaft, zu klein für eine Apotheose: der Abend war wirklich nicht richtig. Keine der Reden war richtig (meine beklagenswert – dieselbe alte überemphatische Zusammenhanglosigkeit, aber es langweilt mich, die Gründe noch einmal durchzugehen). Was den Abend rettete, war – wie wir hofften –, daß er ihm gefiel. Aber die Tatsache, daß er ihm gefiel, war nicht Ausdruck eines größeren Teils von ihm, sondern nur des Teils – der prominente Besucher in den Universitäten –, der seine Art war, seinen Lebensunterhalt zu verdienen.

Es ist meine Aufgabe zu überlegen, auf welche Weise ich ihn und sein Werk als repräsentativ für die amerikanischen Charakterzüge sehen kann. Aber ich stehe allem viel zu nahe, und außerdem schmecke ich in diesem Augenblick noch das Chinin meines Unbehagens über meinen mehr als unzulänglichen Beitrag.

Ich sagte einmal zu Bob Hutchins nach einer Predigt, die er in der Chicagoer Kapelle gehalten hatte: »Das hast du gut gemacht, Bob.« Er antwortete: »Dränge mich nicht. Das werde ich morgen denken.« Ich möchte diesen Ausweg nicht finden; ebensowenig den Ausweg der Selbstrechtfertigung im Groll gegen die gegen mich angesammelten Faktoren. Was ich tun kann, ist, mich abwenden und an etwas anderes denken. Ich habe immer gedacht, alles, was wir gut machen, entspringt unserer Bemühung zu kompensieren, was wir schlecht gemacht haben. Das glaube ich nicht mehr: es mag auf das Leben und auf menschliche Beziehungen anwendbar sein, aber es ist zu erdgebunden, um für die Kunst zu gelten.

Gibt es ein Land, in dem eine solche Ehrung zum achtzigsten Geburtstag richtig durchgeführt worden wäre? Es ist ein Anlaß für Formalismus; die Formen verbergen den Druck all dessen, was nicht gesagt werden kann. Die Formen und der Humor. Shaw würde großen Lärm gemacht haben. Freud war bei seiner Feier abwesend. Bergsons würde mit akademischem Pomp begangen worden sein.

Frost las uns ein Gedicht vor, das er kürzlich geschrieben hatte.[1] Vor der Tür seines Farmhauses hatte er sich an manchen Abenden gestärkt,

---

1 »One More Brevity«, erschienen in *In the Clearing* (1962).

indem er den Sirius betrachtete. Eines Abends schlüpft ein Hund, ein streunender oder davongejagter Hund an seinen Knien vorbei und legt sich an seinem Feuer nieder. Er bringt ihm Futter und zu trinken. Wunderbar genaue Beschreibungen des Verhaltens des Hundes. Am Morgen macht er sich wieder davon. War es ein Gegenbesuch vom Sirius? Ich konnte nicht die ganze Bedeutung des Gedichts erfassen, aber ich hatte das Gefühl, daß es direkt dem widersprach, was ich eine Viertelstunde zuvor in meiner armseligen, stümperhaften Rede über seine Anschauung von der Natur »und den Sternen« gesagt hatte. »Alles ist Symbol in der Dichtung«, sagte er. Ja, aber ein Symbol ist ein Lasso; früher hat es genügt, daß das Lasso eine flüchtige Phantasie, ein Fragment eines Erlebnisfragments einfing und in die Knie zwang. Heute ist etwas an dem Druck auf unseren Geist, das verlangt, daß ein Symbol eine Methode sei, das Ganze auszudrücken – nur so kann es eine wachsende kinetische Aktion des Geistes sein. Alle Symbole, die weniger sind als das, sind statische Metaphern: »Seht hier auf dies Gemälde und auf dies . . .«* Es sind diese leichten Quasi-Symbole, die es den Dichtern erlauben, hübsch mit großen Ideen zu flirten und sich dann zurückzuziehen und sie unerforscht und unbezwungen zu lassen – womit sie sich zu ein und derselben Zeit den Anschein von philosophischem Denken und von Diskretion und Bescheidenheit geben und den Eindruck erwecken, mehr zu wissen, als sie sagen. Frost und Housman und Hardy sind voll davon. Der spätere Yeats nicht . . .

648. HAMDEN, [CT.,] 29. MÄRZ 1954. Norton: Religion: Der nächste Schritt.

Bevor ich anfange: Als ich von Amherst nach . . . Newton fuhr, kam mir die hübsche Idee, daß ich die Harvard Press bitten könnte, diese »eingeschobenen« Essays auf rosa oder blauem Papier zu drucken. Das würde dem Leser helfen zu sehen, daß sie eine Weiterentwicklung sind,

---

* Als ich dies schrieb, trat ich an das Bücherregal, um die Worte im *Hamlet* zu überprüfen. Ich sagte mir: »Wo finde ich jetzt die Szene im Zimmer der Königin?« Aber das Buch öffnete sich auf der richtigen Seite. Während uns Frost neulich abends aus seinen Gedichten vorlas und Schwierigkeiten mit seinen Augen und dem Inhaltsverzeichnis hatte, sagte er plötzlich: »Da hat sich das Buch auf genau der Seite geöffnet, die ich suchte . . . Das ist noch nie geschehen. Man könnte meinen, es habe eine besondere Bedeutung, aber lieber nicht . . .« Dann murmelte er einige Worte. Er hatte etwas Mystisches *gestreift*, dann aber zurückgewiesen, doch er hätte es nicht einmal streifen sollen.

Glieder in einer Kette; daß sie für sich gelesen werden können und vor allem fortlaufend. Es würde mich auch – ein wenig, wenngleich nicht sehr – von einem großen Teil organisierter Wiederholung und von den Hilfsmitteln befreien, die den Leser an bestimmte Positionen erinnern, zu denen wir früher schon gelangt sind.

Diese rosa Abschnitte wären:

In der ersten Vorlesung: Essay über eine gewisse Losgelöstheit bei Amerikanern. Erster Teil: Ort.

In der zweiten Vorlesung (Thoreau): Essay über die Unterschiede zwischen den Göttern des weiten Raumes und den Göttern von Tälern und Lichtungen.

Später: Essay über eine gewisse Losgelöstheit bei Amerikanern. Zweiter Teil: Zeit.

Später (vor Poe?): Essay über die entstehende amerikanische Religion.

Später: Wie man einen Textabschnitt eines Amerikaners von dem eines Engländers unterscheidet.

Wäre ein solcher Kunstgriff nicht hilfreich und attraktiv und geradezu aufregend für gewisse Leser – und ein großer Spaß? Er wäre auch kostspielig für den Verleger. Zurück zu unserem Thema:

Der Gedankengang: Amerika wurde von Menschen gegründet, die Autorität ablehnten (König, Vater, Bräuche); das Gefühl des Alleinseins des Individuums, das die Autorität weder unterstützte noch unterdrückte, wurde verstärkt durch die Weite des Landes und die Menge der Lebewesen. Diese geistigen Einstellungen erhöhten in ihnen das Gefühl, daß die Erfahrung ein Prozeß des Machens ist: Ort, Zeit und Schicksal müssen *gemacht werden*. Die Objekte um sie her sind losgelöst, sie entwickeln sich selbst; daher haben sie zu uns keine andere emotionale Beziehung als die, welche wir ihnen in Gedanken auferlegen.

Die Literatur (und das Denken) ist dann die Übertragung einer Bedeutung auf einen »Prozeß«.

Der nächste Schritt, nach dem ich nun suche, ist: daß unter diesen Bedingungen jede Gedankenübung ein Gedanke über das Ganze ist. *Anmerkung:* In der auf Autorität gegründeten Welt waren für das Ganze schon Dogma, Doktrin und Tradition zuständig. Das Denken war daher frei, sich mit diesem oder jenem Erfahrungsfragment zu beschäftigen. Das ist nun nicht mehr möglich.

(*Abschweifung:* Zu beachten, wie überraschend es ist, daß ich durch diesen Gedankengang zu dieser Position gelangt bin, die ich schon durch einen anderen erreicht hatte, nämlich durch die Überlegung, daß die Hauptfigur der besseren Werke unserer Literatur Jedermann ist und daß dies wahrscheinlich für einige Zeit das literarische Ziel bleiben wird. Ich kam dahin, indem ich sagte, daß im modernen Geist die Vielfältigkeit des Lebens und der Gelegenheiten in Gegenwart und Vergangenheit so ungeheuer groß ist, daß die Anekdote, die Individuen in nur gelegentlich auftretenden Situationen betrifft, die Aufmerksamkeit nicht mehr lange fesseln kann. Das einzige, was die Aufmerksamkeit zu fesseln vermag, ist das Archetypische.)

Der nächste Schritt ist nun schwierig. Durch welche Mittel drückt der Geist das Ganze aus? Die Antwort lautet: durch die Schaffung von Symbolen.

*Warnung:* Denk daran, denk daran, dieser ganzen Ausführung die Form von unmittelbar »zugänglichem« Denken zu geben – ich will nicht in die Semantik oder auf das Gebiet [I.A.] Richards abschweifen – wo ich nichts verloren habe und wovon ich auch nichts verstehe. Wenn ich dergleichen lese, bin ich verzweifelt – eingeschüchtert, würde ich sagen. Ich glaube, daß man diese Themen legitim in einem Bereich verfolgen kann, der jedermann zugänglich ist, und ich schöpfe Trost aus den Seiten, wo Gertrude Stein – obwohl sie auch auf *ihrem* Gebiet mitstreiten konnte – brüsk sagte: »Das sind gewöhnliche Ideen, wenn ich bitten darf, das sind gewöhnliche Ideen.« Ich möchte, daß die meinen eine Art von Selbstverständlichkeit haben, so daß es nicht nötig ist, nach rechts und links auf all die kniffligen Probleme zu blicken, die ein Richards bei Coleridge entdecken kann. Und um durch solche Schwierigkeiten nicht erschreckt zu werden, muß ich meine Argumente so gut verdauen, daß ihre Darstellung tatsächlich das Aussehen von »gewöhnlichen Ideen« hat.

Es ist dann also eine gewöhnliche Idee, daß der Geist (der moderne, der amerikanische Geist), der auf die Natur und die Umstände hinausblickt, ständig mit dem Ganzen beschäftigt ist. Ich bin nicht sicher, was ich damit meine – oder vielmehr ich fühle, daß es eine Bedeutung hat, aber ich sehe nicht all die Schritte, die meine Gewißheit ausmachen. Jedenfalls führt sie direkt zum Problem der Schaffung von Symbolen.


685. HAMDEN, [CT.,] 30. MÄRZ 1954. Amerikanische Symbole.

Versuchen wir es noch einmal. Nehmen wir – synthetisch – die Merkmale eines in Amerika geschaffenen Symbols an, und sehen wir dann, ob wir die Operationen finden können, die für seine Schaffung nötig waren; und versuchen wir es dann mit einigen Proben aus Poe oder *Moby Dick*.

1. Ein solches Symbol wäre im Augenblick seines Erscheinens im Geiste des Dichters eine Methode, sich die Totalität der Erfahrung »vorzustellen«. *Weil* einem das amerikanische Gefühl für die Weite und Vielfalt ständig die Notwendigkeit aufzwingt, Formulierungen für das Ganze zu schaffen.

2. Die Bildelemente in der symbolischen Darstellung sind nicht der bewußten rationalen Intelligenz unterworfen (d. h. von ihr ausgewählt), und sie werden, sobald sie dem Amerikaner gegenwärtig sind, nicht so entwickelt, *weil* er, frei von Tradition, Autorität, ererbten Denkmustern, in der Lage ist, Bildern und Begriffen zu trauen, die sich ihm assoziativ, aus dem Gefühl und der Intuition heraus, darstellen.

3. Das amerikanische Symbol hat für den Schriftsteller kein anderes τελος als die in ihm selbst enthaltene Wahrheit. Es wird nicht geschaffen und ausgearbeitet zu dem Zweck, eine moralische Verallgemeinerung zu veranschaulichen, oder für das ästhetische Vergnügen der geordneten Darstellung eines (rhetorischen) Parallelismus, *weil* die Tätigkeit der Feststellung einer Wahrheit nicht primär eine soziale ist – zur Befriedigung, Erbauung, Ermahnung oder auch nur Belehrung.

(*Pause:* Das amerikanische Symbol ist also kosmologisch, extra-rational und nichttendenziös. Brauche ich hier nicht noch einen weiteren Faktor? Etwas, was zu dem Gedanken hinführt, daß dieses Symbol, da es kosmologisch und nicht einem im voraus festgelegten, geordneten geistigen Muster unterworfen ist, das Ganze ist – denn es ist keine Illustration eines Fragments des Ganzen. Aber das ist zu schwierig, und ich muß es für den Augenblick übergehen.)

*Obiter dicta:* Jedes Werk der Phantasie ist eine Konstruktion von Symbolen. Es gibt keine Operation, die nicht entweder Beschreibung (wozu die Analyse gehört) oder Symbolisierung ist. (Die Mathematik verwendet Symbole, ist aber keine Symbolisierung, sondern Beschreibung. Ist das richtig? Jetzt schlendere ich zu dem Territorium hinüber, das nicht meines ist, aber es wird mir nicht schaden, dort von Zeit zu Zeit ein wenig zu stöbern.) Jedes Werk der Phantasie ist eine Konstruktion von Symbolen. Schalten wir daher einige Werke aus, die nicht der Ordnung dieser amerikanischen Symbolschaffung angehören.

*Die Göttliche Komödie, The Pilgrim's Progress* [Bunyan, dt.: *Die*

*Pilgerreise zur seligen Ewigkeit*] – die Reise, beherrscht durch rationale Schemata (sehr traumunähnliche Träume) und beherrscht durch die moralisierende Absicht. *Faerie Queene* [E. Spenser, dt.: *Fünf Gesänge der Feenkönigin*], *Das verlorene Paradies* – über das Ganze, aber tendenziös und so komponiert, daß sie eine ständige *Übersetzung* oder Paraphrase der dargestellten Handlung in andere Begriffe, in feste, begrenzbare abstrakte Ideen erwarten, ja, erfordern. Diese Beobachtung zeigt uns, daß das »amerikanische« Symbol nicht reduzierbar oder in anderen Begriffen darstellbar ist. *Othello, Romeo und Julia* – keine symbolischen Repräsentationen des Ganzen. *Hamlet* – mehrdeutig. *König Lear:* ein Symbol in unserem Sinne? Sehr wahrscheinlich. Vermutlich auch *Die Brüder Karamasow*, obwohl mit fremdem Stoff befrachtet. »The Rime of the Ancient Mariner« [Coleridge, dt.: »Der alte Matrose«] – beinahe; ist der tendenziöse Aspekt wesentlich?

Ich glaube, ich habe nun einige Fortschritte gemacht. Und ich denke, es hat alles mit Poe zu tun und erhellt, warum er eine so große Rolle für das Selbstverständnis der französischen Intellektuellen gespielt hat. *Eureka* ist das große Beispiel; es ist keine Beschreibung, und Poe betitelte es nicht noch einmal als Gedicht, um der Kritik der professionellen Astronomen zu entgehen.

Wir sind wieder zum Anfang zurückgekehrt. Der Amerikaner versucht nicht nur, ein ganzes Ding zu machen (ein Ding, das in sich vollständig ist, was jeder tut), sondern das große Ganze in jedes seiner Ganzen einzuschließen oder zumindest ein Ganzes zu bilden, das für das große Ganze offen ist.


696. Caledonian, [Hotel,] Edinburgh, August 1954. Walter Scott und ein wiederhergestelltes Gleichgewicht

Ich habe heute abend etwas (für mich) ziemlich Seltsames getan. Unser Stück [*Die Heiratsvermittlerin*] bekam nach glänzenden Besprechungen in Newcastle und guten hier auch einige saure von zu Besuch weilenden Londoner Kritikern. Täglich Textänderungen – die meine ganze freie Zeit beansprucht haben. Heute abend ging ich mit Isabel und Tanya Moiseiwitsch, nachdem ich mit ihnen *Ariadne auf Naxos* gesehen hatte, auch in unseren hiesigen Nobelsupper(-Raum), den Pompadour Room in diesem Hotel. An einem anderen Tisch bewirteten die Kanins Michael Redgrave. Als wir gingen, blieben wir alle einen Augenblick an ihrem Tisch stehen. Ruth [Gordon]s Gesicht war verwüstet (die Text-änderungen in dieser Woche waren extrem), und sie bezeichnete eine kleine Streichung im Text als so schädlich, daß sie »ihre Rolle aufgeben könnte«. Damit hatte sie schon vor einer Woche und vor zwei Wochen gedroht. Michael – ein alter Freund – machte mir kein ermunterndes Zeichen des Sinnes, daß ihn die Vorstellung interessiert hätte. (Die Strauß-Oper hatte so früh geendet, daß unser Trio noch zum letzten Akt im »Lyceum« zurecht gekommen war, und vom ersten Rang aus hatte ich sehen können, daß das zahlende Publikum zweieinhalb Stun-den durchgehalten hatte und immer noch mit Lachsalven reagierte.) Nachdem ich Tanya nach Hause gebracht hatte, kehrte ich ins Caledo-nian und zum Tisch der Kanins zurück.

Michael ist ein großer Star auf der Bühne und auf der Leinwand, aber ich bemerkte, daß er aus Gründen, die ich erraten konnte, Ruths Vertrauen in das Stück (mit übertriebenem Lob ihrer Rolle darin) er-schüttert und in die schwärzeste Verzweiflung verwandelt hatte.

Ich setzte mich also, bestellte einen Whisky-Soda, beobachtete einen Augenblick ihre düstere Stimmung und sagte:

»Hört mir einmal zu: wir sind alle keine Dummköpfe. Wir wissen – Ruth und Gar[son Kanin] –, daß mit dieser Produktion vieles noch nicht stimmt. Wir wissen, daß jede Produktion nur annähernd gut ist, aber wir wissen auch, daß sehr viele Leute sehr viel davon haben etc. etc. Aber, Michael, ab und zu ist da etwas Destruktives an der Art, wie du die Dinge betrachtest ––––«

Wie oft im Leben habe ich gewußt, daß der Augenblick gekommen war, so etwas zu sagen, und habe es nicht gesagt. Das liegt nicht (oder nur teilweise) an meiner Schüchternheit, sondern vielmehr an einer gewissen *Gleichgültigkeit,* an einer resignierten Hinnahme dessen, was Gertrude Stein unsere *menschliche Natur* nannte. Ja, Michael, der die überrascht-erfreute Reaktion des Publikums auf einen großen Teil des Stückes mit angesehen und in einem gewissen Grade geteilt hatte, war mit den Kanins essen gegangen und hatte hinterhältig einen Katalog der Elemente zusammengestellt, die nicht richtig waren, und – als Star – besonders diejenigen hervorgehoben, die Ruth daran hinderten, ihre Rolle als Star der Aufführung voll auszuspielen.

Aber wovon ich rede, sind die erstaunlich direkten Worte, die ich zu Michael gesagt hatte. Und wie nahm er sie auf? Einen Augenblick später erwähnte er, daß mir seine Sekretärin in London seine Dra-matisierung von Henry James' *The Aspern Papers* zugeschickt habe (über die wir zwei Tage vorher beim Mittagessen gesprochen hatten), und fügte hinzu: »Was du da über meine destruktive Art sagtest – ich weiß nicht, wie du darauf kommst, aber darüber reden wir noch einmal.« Er war jedoch unverändert herzlich bis zum Ende des Zusammenseins.

Ja, ich hatte ihm die Augen geöffnet. Um der Sache selbst willen würde ich es nie getan haben. Bei dieser Gelegenheit mußte ich es tun, einfach um Ruths Vertrauen in ihre Beziehung zu dem Stück zu verteidigen.

Sonst tue ich so etwas nie. Ich sehe solche Züge, aber ich sage nie meine Meinung. Ich habe schon vor langer, langer Zeit mein Wissen darüber, wie andere sich verhalten, akzeptiert – beginnend mit der Selbsterkenntnis.

Aber ich habe weiße Haare. Ich sehe aus wie ein Richter. Ich denke wie ein Richter – tausend Dinge wären richtiger in meinem Leben, wenn ich meinem Alter und meinem Denken entsprechend *gelebt* hätte. Michaels Reaktion zeigte, daß ich etwas Wahres berührt hatte; er fühlte sich nicht ungerecht behandelt oder bloßgestellt. Er war »erfrischt« – jemand hatte etwas gesagt, was er sofort erkannte, worüber er oft [mit seiner Frau] gesprochen haben mußte.

Oh, ich fühle noch die Hand meines Vaters auf mir – er wirft über meine gesellschaftlichen Beziehungen nicht des Gedankens Blässe, aber die Blässe einer gehemmten Nachgiebigkeit, einer unterschiedslosen »Nettigkeit« gegenüber jedermann.

Und woher nahm ich die männliche Offenheit dieses Augenblicks? Daher, daß ich an den letzten Abenden das männlichste aller Bücher gelesen hatte – die *Tagebücher* von Scotts letzten Jahren, die erhabensten Seiten, die *er* nie für erhaben gehalten hätte, da er so lange in dem gleichmütigen Wetter seines eigenen Geistes gelebt hatte.

*Mehr noch:* Nachdem Michael gegangen war, ging ich noch zu einem letzten Drink in die Wohnung der Kanins. Die Atmosphäre hatte sich gereinigt. Ruth sah die Dinge, die sie beunruhigt und während des Essens mit Michael die Form einer katastrophalen Schändlichkeit und eines Mißerfolgs angenommen hatten, wieder in ihren richtigen Proportionen, und Garson mit seiner überlegenen Vernunft (die so oft Hilfe von außen braucht) tat das seine, um das Gleichgewicht wiederherzustellen.

698. Atlantic Hotel, Hamburg, 6. September 1954. Ein Stück für
Edinburgh [»The Martians«][1]

So absurd es ist, es hier zu berichten, ich habe eine Einladung Ian
Hunters, des Direktors des Edinburgh Festival, ins Auge gefaßt, ein
Stück für den nächsten Sommer zu liefern, und zwar für ihre »Problem-
Halle« – den Gesellschaftssaal der presbyterianischen Kirche, wo derzeit
*Macbeth* aufgeführt wird. Er zeigte ihn mir – Reihen von kirchenstuhl-
ähnlichen Sitzen steigen auf drei Seiten einer zentralen Plattform auf.
Die vierte Seite hatte man durch eine Mauer, einen Balkon und ein
Podium abgeschlossen, um einen Hintergrund für Shakespeares Tragö-
die zu haben, aber das könnte man auch anders verwenden.

Das Absurde daran ist, daß ich schon so viele andere unvollendete
Projekte vor mir habe, und dazu kommt das Bewußtsein meiner zunehmenden Unfähigkeit, ein Projekt mit lang anhaltender Konzentration
auszuführen.

Aber ich habe Mr. Hunter versprochen, ihm bis zum 1. November
zu schreiben.

In meinen ersten Phantasien spielte ich mit der Idee, ein Stück in der
Art der Aristophanes über ein Thema auf dem Gebiet der Science-
fiction zu schreiben. Von [Eduardo] De Filippo *(La paura numero uno)*
die *donnée* zu stehlen, daß ein Mann seine Tochter nicht heiraten lassen
will, weil die Welt kurz vor einem katastrophalen Ende steht. Er [Her-
bert Bostwick] versammelt seine Familie um sich (das steht nicht bei De
Filippo) und geht in eine Höhle, um das Ende abzuwarten – und da
gleitet eine Fliegende Untertasse in seinem Vorgarten nieder. Es gibt
viele Gefahren: die eine, die mir jetzt zu schaffen macht, ist, daß ich
darin keine andere Grundmoral sehen kann als die, die schon *Wir sind
noch einmal davongekommen* trägt. Aber ich sehe auch ganz wunderbaren Unfug.

Die »Grundmoral«, die sich mir als fähig darstellt, ein Stück gleich
welcher Art zu tragen, ist diejenige, die ich schon in meinen Ansprachen
zerredet habe: daß viele der Probleme, die in unserer gegenwärtigen Welt unüberwindbar zu sein scheinen, eine Lösung finden würden,
wenn wir uns dazu aufraffen könnten, sie übernational anzupacken.
Ebenso kehre ich immer wieder zu dem vor langer Zeit totgeborenen

---

1 Das Stück, das schließlich für Edinburgh geliefert wurde, war *Die Alkestiade* (in einer
früheren Fassung). Es wurde im August 1955 als »A Life in the Sun« (nicht Thornton
Wilders Titel) aufgeführt.

»The Hell of the Vizier Kabaâr« zurück ... Aber da ging es um Rache und Vergebung. (Daher wird es in meinem Geist immer wieder lebendig, wenn ich in dieses Land komme oder, wie unlängst, die Engländer darüber höre und lese – die Schwierigkeit, die Unmöglichkeit, eine konstruktive Koexistenz zu fordern, ohne den Anschein zu erwecken, die schreckliche Vergangenheit zu entschuldigen oder zu ignorieren. Aber wie wachsam höre ich die Schwingungen all der unedlen Gründe für den Wunsch nach Rache auf seiten dieser edlen Patrioten. Und wie deutlich bemerke ich auf seiten meiner »besten« Juden, zusammen mit ihrem Abscheu davor, auch nur *einen* Deutschen zu sehen, die Hoffnung auf einen Frieden für sie selbst, wenn sie alle Deutschen »denken« könnten.)

Könnte das durch den ersten Teil meines Marsmenschen-Stückes ausgedrückt werden?

Einige erste Einfälle:

1. Ein Raumschiff wird ausgerüstet. Es wird mit ziemlicher Sicherheit auf einem anderen Stern landen, aber es gibt keine Sicherheit für die Rückkehr. Einige tapfere Männer haben sich freiwillig gemeldet, an Bord zu gehen – das heißt, der Mensch *könnte* dort oben überleben. Aber was wir brauchen, ist der Fortbestand der Menschheit – d. h. Frauen, die Kinder gebären.

2. Die Marsmenschen kriechen aus ihrer Fliegenden Untertasse und verenden stammelnd vor unseren Augen. Das Stammeln wird auf einem Tonbandgerät aufgenommen und später entziffert.

3. Eine steinreiche Frau bietet all ihr Geld unserem Eremiten an – für jeden beliebigen Zweck –, wenn er seine Tochter für die Marsreise hergibt.

4. *Titel:* »Die Fledermäuse« – »Die Marsmenschen«.

Oh, das Vergnügen, die Bühne des Aristophanes um mich her zu fühlen – der fortwährende Kontrapunkt des Kleinen, Winzigen, Absurden, Groben, Spezifischen, und die große Szene von der großen Idee getragen. Wie natürlich sich das Lyrische aus dem Zusammenprall dieser Extreme ergibt.

Der Mann in seiner Höhle. Die Schwester seiner Frau kommt zu Besuch. Er weigert sich hervorzukommen, ruft aber hinter dem Höhlenvorhang. Die beiden Frauen streiten sich auf der Vorderbühne um Nahrung, wegen der Heirat der Tochter. Die Pressefotografen. Von der Decke herunter schwebt die schillernde »Untertasse« aus Zellophan – die kleinen Männer, (die durch eine Falltür heraufkommen).

270

699[A].  Hotel Monopol-Metropol, Frankfurt am Main, Sonntag abend, 19. September 1954. Das Edinburgher Stück [»Die Marsmenschen«]

... Sogar in diesen Tagen – und was für überlasteten Tagen – beschäftigte ich mich in gestohlenen Augenblicken mit dem Thema dieses Stückes.

Das neue Element im Stück:

Die Marsmenschen wollen die Erlaubnis haben, auf dieser Erde einzuwandern. Da oben haben sie keinen Krieg, keinen Sex, keine Steuern, keine Sorgen (verzaubertes Entzücken unseres Eremiten). Sie haben keine Leidenschaften. Ohne Krieg kann man keinen Frieden kennen etc.

Szene, wie eine Rose betrachtet wird – ein Mädchen.

Die Polizei trifft ein und nimmt sie fest. Haben sie Waffen? Nein, aber natürlich können sie jeden nach Belieben töten. Wie? »Wir können es, aber wir wissen nicht, wie wir es machen.« *Die Polizei* (furchtsam): »Wir glauben euch nicht. Tötet diesen Hund!« *Die Marsmenschen:* »Warum? Er hat nur tausend Jahre zu leben.« *Die Polizei:* »Gut, dann tötet diese Ameise.« *Die Marsmenschen:* »Ein lebendes Wesen? Ihr könnt uns töten, aber wir werden keine Ameise töten.« *Die Polizei:* »Werdet ihr dann eine Klapperschlange töten?«

Oh, ich glaube, dieses Stück läßt sich weit entwickeln.


[699B].  Hotel Cayley, 4 Boulevard Raspail, Paris, Donnerstag, 30. September 1954. Das Edinburgher Stück [»Die Marsmenschen«]

In Berlin erzählte ich Binkie [Beaumont] die großen Umrisse, soweit ich sie sehe – er begeistert: sah sofort Helen Hayes – was vollkommen richtig ist – und dachte voraus und konnte sehen, daß man es in keinem gewöhnlichen Theater in London unterbringen könnte – begann Pläne in bezug auf sein von Bomben zerstörtes Lyceum (?) in der Nähe des Globe zu machen ...

In Eisenbahnzügen – und beim Einschlafen – habe ich es mir angewöhnt, Teile des Stückes »einzuladen«. Ich habe jetzt den Anfang. Morgendämmerung – Milchmann auf Fahrrad und Zeitungsjunge. Mrs. Bostwick erscheint mit zwei Eimern. Blitzlichter der Fotografen. Sie schimpft darüber. Von verschiedenen Frauenzeitschriften etc. werden Interviews verlangt. Ich muß aufpassen, daß *sie* nicht mit dem Stück davonläuft und zur Sprecherin für das ganze Material wird.

Neu und wichtig sind auch Herberts [Mr. Bostwicks] Vorwürfe: Er verläßt die Erde, weil Eltern ihre Kinder, Kinder ihre Eltern, Männer ihre Frauen nicht mehr lieben. (»Nein, Herbert, da bist du nicht gerecht gegen dich selbst« und dieser Dialog.) »Gib es lieber auf, all diese Dinge zu behaupten, denn sie machen alles nur noch schlimmer.« Die vier Söhne – von ihren elf Kindern –, die zur Armee und zur Marine gingen und nie nach Hause schreiben etc.

Neu die Pause zu Mittag – die Stunde der Siesta.

Die Marsmenschen werden sterben – in einem untragischen Verschmachten –, sie können in der Atmosphäre des Mißtrauens nicht leben; klammern sich für ein letztes Atemholen an Mrs. Bostwick. (»Wer elf Kinder hat, kann sich vorstellen, wie es sein würde, hundert zu haben.«)

Nun die Gefahr, zu viel zu schreiben – immer mit diesen Unterbrechungen. Warten, bis es von selbst wachsen kann.

*Hôtel Legris et Parc, Fontainebleau, Mittwoch, 6. Oktober 1954*

Einige schöne Tage der Stille, nur gestört durch Telegramme und Telefonanrufe aus England und ihre Beantwortung . . .

Habe die Anfänge des ersten und zweiten Teils geschrieben. Soweit ganz gut, denke ich. Nur nicht komisch genug – und mit *komisch* meine ich *erschreckend*. Aber es ist ziemlich erschreckend. Und ich glaube, eines ist richtig geworden: ich habe das Erschreckende im einfachsten täglichen Bereich untergebracht; es scheint überhaupt nicht in der Welt der Science-fiction stattzufinden. Es sieht so aus, als würde dies ein Stück werden, das ganz die *Atmosphäre* der »Intelligenz« hat, ohne daß eine einzige intelligente Person darin vorkommt. Mr. Bostwick wird seine höchst originelle Note haben, aber er wird kein *raisonneur* sein und keine Weisheiten von sich geben. In diesem Stück wird alles aus den *entrailles* kommen – sogar die Marsmenschen, die vermutlich keine solchen Organe haben.

700.  HOTEL THERMES SEXTIUS, AIX[-EN-PROVENCE,] OKTOBER 1954.
Das Edinburgher Stück [»Die Marsmenschen«]

Heute mittag hier – in meinem neuen Heim – angekommen. Ernstes Glück. So viele Dinge stehen meinem »Sich-Widmen« noch im Wege, aber die werden immer da sein – obwohl ich mich selbst betrüge, indem ich mir einbilde, daß sie es nicht sein werden. Ich setze mich jetzt also hin und schiebe einige sehr dringende Dinge auf, um ein wenig in dem Topf auf dem Herd zu rühren und das Feuer zu schüren, so daß die Gedanken über dieses Stück wieder zu brodeln beginnen und, wie wir hoffen, von Zeit zu Zeit plötzlich überkochen . . .

Ich war (während ich in dem Bus saß, der mich heute morgen von Avignon aus durch die Mondlandschaften von Les Baux hierher brachte) in Gedanken versucht, ein bestimmtes Problem in meiner Exposition durch etwas zu lösen, was es, wie ich fürchte, eher noch komplizierter machen würde. – Nein, ich will es hier gar nicht niederschreiben. Es ist ganz falsch.

Doch ich muß mich immer wieder daran erinnern, daß ich nicht wissen werde, was ich in diesem Stück habe, solange ich nicht wirklich gesehen habe, was Herbert Bostwick ist und was in ihm steckt. Und sobald ich über ihn nachzudenken beginne, sehe ich, daß mein erster Teil nicht genug Vorwärtsbewegung hat. In der gegenwärtigen Fassung beginnen wir damit, daß seine Entscheidungen bereits getroffen und enthüllt sind. Eine oder mehrere von ihnen müssen für uns (oder für *ihn*) erst während des Aktes plötzlich sichtbar werden. Und wenn möglich, müssen wir den Grund für seine ungeheuerliche Entscheidung vor uns sehen. Gut, wenn das Stück beginnt, hat er lediglich beschlossen, sich wegen der Wasserstoffbombe mit seiner Familie in eine Höhle zurückzuziehen. Er hat nach seiner Schwägerin geschickt. Ihr teilt er seine zweite Entscheidung mit, zum Mars zu fliegen. Fotografen und Reporter sind nur da, weil er sich in eine Höhle zurückgezogen hat?

Nun fange ich am besten an, die Aufzeichnungen über dieses Stück in einen anderen Abschnitt dieses Tagebuchs zu übertragen – obwohl ich davor zurückscheue, denn gerade in solchen Unterabschnitten haben sich »Das Kaufhaus« und die Oper »zerstreut«. Vielleicht sollte ich dieses *schriftliche tâtonnement* unterlassen, vielleicht sollte ich nur das Stück schreiben und diese Art der Untersuchung dem bloßen Nachdenken überlassen, das heißt: vielleicht macht die Tatsache, daß man sie niedergeschrieben hat, eine bestimmte spekulative Untersuchung zu konkret, nimmt ihr die Freiheit des leichten Ausmerzens und Vergessens.

Was ich jedenfalls heute abend – als ich bei einer *tisane* im Les Deux Garçons saß – bekam, war das Bild von den Säcken voll Post, die täglich bei der Höhle ankommen. Und warum ist die größere Welt so sehr an Mr. Bostwick interessiert? Weil er verkündete, daß er seiner Tochter (seinen Töchtern?) nicht erlauben würde zu heiraten, und hinzufügte, es sei unredlich, in unserer Zeit ein Kind zur Welt zu bringen. – Und wo ist nun der Geist des Aristophanes? Das ist nicht der »Ton«, der eine Entwicklung als Komödie erlauben wird.[1]


702. HOTEL [THERMES] SEXTIUS, AIX-EN-PROVENCE, 7. DEZEMBER 1954. Mein neues Stück: *Die Alkestiade.*

Morgen vor zwei Wochen, das heißt am Mittwoch, dem 24. November, nahm ich mir die Fragmente meines aufgegebenen Projekts für *Die Alkestiade* wieder vor, die ich zufällig mitgebracht hatte – zufällig oder der Laune eines Augenblicks folgend. Ich habe mich nun leider schon an diese Stücke gewöhnt, die »steckenbleiben«. Ich kenne einige der Gründe. Diejenigen, die auf meinen eigenen eigensinnigen, schlechten Charakter zurückgehen, hier zu analysieren, halte ich nicht für gewinnbringend. Andere kann ich ruhig zugeben, und sie sind äußerer Natur ... Ich hatte wieder Kierkegaards *Philosophische Fragmente* gelesen, die ich hier in einer französischen Übersetzung fand. Dieses Buch ist vielleicht ohnehin der Erstbeweger meines Stückes gewesen ... Jedenfalls beruhte *Die Alkestiade* von Anfang an auf derselben Gruppe von Ideen, die S.K. so schön in der Allegorie von dem König behandelt, der in ein Fischermädchen verliebt ist – Gott als der »unglücklich Liebende«.

*Die Alkestiade* war an drei Schwierigkeiten »hängengeblieben«: ich konnte das Ende des ersten Aktes nicht sehen – Alkestis, die sich mit ganzer Seele Admetus schenkt: meine Skizzen waren hölzern, mein Admetus war hölzern. Ich glaube, ich habe daraus nun eine der besten Szenen des Stückes gemacht. (*Anmerkung:* Indem ich gleichzeitig eine Erweiterung eines der Grundthemen des Stückes hineinbrachte – das alles hätte ich bei den früheren Niederschriften *sehen* sollen –, nämlich daß die Götter unter die Menschen treten, indem sie sich in Menschen niederlassen.) Die zweite Schwierigkeit war: ich hatte das Gefühl, daß alle meine Skizzen für die große Szene im zweiten Akt – Alkestis gibt Admetus ihren Lebensodem – unecht waren. Nun glaube ich, die Lösung gefunden zu haben – und doch sind die Worte beinahe dieselben wie in den ersten Entwürfen. Worin liegt der Unterschied? Darin, daß Admetus nun für mich lebendig geworden ist. Dann, auf

---

1 Das Stück wurde nicht vollendet. Notizen und Entwürfe scheinen vom Autor vernichtet worden zu sein.

einem Spaziergang in dieser herrlichen Landschaft bei diesem herrlichen Wetter, fiel mir ein unerwarteter (und man könnte sagen unnötiger) Zusatz zum Ende des zweiten Aktes ein, der sehr gut ohne ihn hätte auskommen können – das zusätzliche Motiv für die Reise des Herkules in die Unterwelt: daß ihm Alkestis ein Unrecht vergeben hatte. Bleibt die dritte Schwierigkeit, der letzte Akt und das Finale. Das kann noch Mühe machen, aber von dem Augenblick an, in dem ich voraussah, daß ich zum *Deus ex machina* Zuflucht nehmen kann, fühlte ich, daß ich genug festen Boden hatte, um darauf weiterzubauen ...

703. HOTEL [THERMES] SEXTIUS, AIX-EN-PROVENCE, DIENSTAG, 14. DEZEMBER 1954. *Die Alkestiade*

In der letzten Nacht habe ich in einem wesentlichen Sinne *Die Alkestiade* beendet. Eine schlaflose Nacht. Ich hatte tagelang – einige Stunden jeden Vormittag – am dritten Akt gearbeitet und wußte, daß ich den Eckstein des Gewölbes *(finis coronat opus)* noch nicht hatte. Ich war nicht direkt ängstlich oder auch nur besorgt, aber unsicher und erwartungsvoll. Am Morgen hatte ich gesehen, daß der dritte Akt mit einer weiteren Szene zwischen Apoll auf dem Dach und dem Tod beginnen sollte – aber selbst das ist nun vielleicht nicht mehr nötig. Das Motiv der Pest, das nun eine so große Rolle spielt, kam erst vor fünf oder sechs Tagen [ins Stück]. Gestern abend ... las ich eine Weile mit so lächelndem Vergnügen des jungen Prousts *Contre Sainte-Beuve** – bis meine Augen trübe wurden und ich das Licht ausschaltete, um zu schlafen. Aber der Schlaf kam nicht. Meine Gedanken wandten sich Alkestis und dem Tyrannen zu – und alsbald wurde, unter zitternder Emotion, ein Abschnitt nach dem anderen »ausgefüllt«. Vier Uhr: ich versuche zu lesen oder zu schlafen. Aber neues Material stellt sich ein. Ich glaube, ich muß zwischen sechs und acht geschlafen haben, aber ich war um neun unten beim Frühstück. (Die Zeitung hatte für die Bouches du

---

* Ich will aber festhalten, daß ein Teil meiner Nahrung in diesen Tagen die Abhandlung von Charles du Bos über die letzten Tagebücher Baudelaires in *Approximations V* war, und daher eine tiefe Aufnahme der Gedichte Baudelaires in Gides *Anthologie [de la poésie française,* 1949]. Die Pest kam wahrscheinlich in das Stück (auch Oedipus Rex) aus Gionos nicht sehr gutem, schlecht gebautem *Der Husar auf dem Dach.* Geblendet vor zwei Sonetten Mallarmés. Der Kierkegaard. Und da Weihnachten naht, Gedanken an meine Mutter, die das Stück immer genährt haben.

Rhône *nuageux* vorausgesagt, aber hier sitze ich in der heißen Sonne unter einem wolkenlosen Zenit.)

Beinahe amüsiert frage ich mich: kann das Stück so beredsam sein, wie es nun meinem Gefühl nach ist? Ist es vielleicht ein einziger Wirrwarr von großsprecherischer Emotionalität? Vielleicht, vielleicht, vielleicht ist es das im Augenblick. Bleibt die Hoffnung, daß ich mit einem kühleren Kopf einen großen Teil dieses Materials zurechtstutzen und entrhetorisieren kann, ohne ihm etwas von seiner Kraft zu nehmen – eine doppelt schwierige Aufgabe, wenn man ein Englisch schreibt, das unmittelbar umgangssprachlich und zugleich diesen Göttern und erhabenen Wesen angemessen ist. Jedenfalls bin ich morgen abend mit dem Schreiben fertig. Dann sollte das »Neuschreiben« des ganzen Stückes ein Vergnügen sein – ein Vergnügen, die ersten beiden Akte mit den Grundideen zu stärken und zu bereichern, die latent immer da waren (nein, an vielen Stellen auch schon ausgedrückt wurden) und von denen ich letzte Nacht zeigte, daß sie die sternbildhaften Zeichen des ganzen Stückes sind. Ist es möglich, daß diese Feststellungen über den Tod und die Beziehung zu den Göttern, die mir letzte Nacht klar wurden, so frei von Heuchelei, so wahr ohne Banalität, so überzeugend ohne Schulmeisterei sein *können*, wie es den Anschein hat?

704. Hotel Alexandra, Lausanne, Donnerstag, 6. Januar 1955. Abschlußarbeiten an *Die Alkestiade*

Hier bin ich in den Vormittags-Arbeitsstunden, die ich nach langer Pause glücklich wieder eingeführt habe, und schreibe den dritten Akt neu – ärgerlich über das heikle Stück Melodram in der Mitte und darauf bedacht, jeden legitimen Tropfen Drama aus der Wiedererkennungsszene herauszuholen. Am dritten schickten wir von Villars aus Manuskripte des ersten und zweiten Aktes an [Ian] Hunter, Binkie [Beaumont] und [Tyrone] Guthrie. Ich erwarte heute irgendein Wort von wenigstens einem von ihnen, (obwohl Tony [Guthrie] vielleicht noch nicht wieder in London ist). Es kann sein, daß sich das Schema wiederholt – die Schwierigkeit, auf die meine Werke so oft stoßen, bei der ersten Annäherung von denen »erkannt« zu werden, die für ihre Verbreitung verantwortlich sind. Aber bevor ich dagegen durch Gertrude Steins Doktrin gewappnet wurde, war ich schon durch die Erfahrung selbst gewappnet worden. (Gewappnet auch durch die Wirkung der

Lesung dieses Stückes vor der Gruppe in Villars, die nicht so sehr in eine Leere zu fallen schien als vielmehr in einen Tümpel der Bestürzung.)

### 13. Januar 1955

Die erste Antwort, die ich von diesen drei Lesern bekam, traf heute morgen ein. Von Tony Guthrie: ».. . das Stück ist hinreißend, komisch, ergreifend, weise; wunderbare Rollen.« Es war eine recht lange Wartezeit, und ich warte immer noch auf ein Zeichen von Binkie und Hunter. Wie ich schon in einem anderen Zusammenhang zu sagen Gelegenheit hatte: Wie konnten sie so sicher sein, daß ich kein eitler Mann bin?

### [Aix-en-Provence,] 25. Januar 1955

Zurück in Aix nach der Reise nach London. Das Stück ist für den 22. August in Edinburgh angesetzt, aber diese Unternehmer haben nicht genug Vertrauen in seine populäre Zugkraft, um Aufführungen *nach* Edinburgh ins Auge zu fassen. Das bereitet mir keine große Sorge.

Wenn ein anderer das Stück geschrieben hätte – was würde ich darüber zu sagen haben?

Erstens, daß Wilder wieder versucht hat, mit einem großen Unternehmen Erfolg zu haben, und daß er den Erwartungen in auffälliger Weise nicht entsprochen hat. Die Absicht oder, wenn man es auf mehreren Ebenen betrachtet, die Absichten sind großartig. Im Drama eine Reihe von Handlungen darzustellen, die dahin tendieren, die Zuschauer davon zu überzeugen, daß das Übernatürliche in einer liebenden Beziehung zu uns steht – obwohl die Beziehung erschwert wird durch die »Unvergleichbarkeit«. Des Liebenden und des Geliebten? Nein, das war zunächst nicht meine Absicht. Ich hatte geplant, etwas weit Schwigeres (und weit *Ehrlicheres* meinerseits) zu tun: diese Reihe von Handlungen so zu beschreiben, daß wir nie sicher sein können, ob das Übernatürliche in Wahrheit über uns schwebte, ja existierte; jedes Zeichen, jede Botschaft und jedes Eindringen des Anderen so zu ersinnen, daß es als Zufall, Täuschung, Trugbild interpretiert werden konnte: »Manche sagten, es donnerte, andere, daß ein Gott gesprochen habe.« Das wäre ein schönes Stück gewesen; und eines, das *meinen* gegenwärtigen Standpunkt in diesen erhabenen Angelegenheiten spiegelte. Es wäre doppelt schwierig zu machen gewesen (wieviel geschickte Erfindung hätte es erfordert!), weil ich diese beiden griechischen Mythen gewählt hatte, in denen die Gegenwart des Numinosen eine Gegebenheit ist, und sein Eingreifen in das Leben dieser Sterblichen würde sich nicht leicht als eingebildet oder aus dem Aberglauben geboren deuten lassen. Aber ich nehme an, es hätte sich machen lassen, und ich bin auch ziemlich weit in dieser Richtung gegangen, indem ich Apoll als Hirten darstellte. Was habe ich nun? Ein Stück vom Glauben, das kein sehr gutes oder brillantes oder überzeugtes Stück vom Glauben ist. Ich habe eine elegische Ballade über Episoden, die Glauben erfordern, wenn sie aus der Kategorie des lediglich Pittoresken herausgehoben werden sollen. Was ich hätte schreiben sollen, ist ein Stück voll Skepsis, das ständig von einer beinahe heftigen Aufforderung getragen ist, die Handlungen im Lichte des Glaubens zu deuten.

Das ist mir aus zwei Gründen nicht gelungen: das alberne Leben, das ich seit dem Kriege geführt habe, hat meine Fähigkeit zu intellektueller Leidenschaft gedämpft und abgestumpft. Es wäre nicht nötig gewesen, Glauben zu besitzen, um die *Alkestiade* zu schreiben, die ich hätte schreiben sollen. Es hätte nur einer jahrzehntelangen intensiven Beschäftigung mit dem Problem bedurft. Mir hätte leidenschaftlich bewußt sein müssen, was mit dem Glauben und was ohne ihn getan werden kann. Auch bin ich als Künstler in diesen letzten Jahren so faul gewesen, daß ich nicht mehr wiederholt meine volle Konzentration zu sammeln vermag – was einen allein in die Lage versetzt, in jedem Augenblick des Schreibens dem Ganzen des Stückes seine Aufmerksamkeit zuzuwenden, so daß sich das Ganze in jedem seiner Teile spiegelt. Um das zu erreichen, muß man immerzu schreiben; es ist eine Frage der Übung – und der einzige Trost, den ich aus den in diesem Abschnitt enthaltenen Gedanken schöpfe, ist, daß ich fühle, daß ich nun weitermachen und andere Stücke schreiben kann und daß mir die *Übung*, die ich beim Schreiben der *Alkestiade* hatte, bei den nachfolgenden Stücken helfen wird. Der zweite Grund dafür, daß dieses Stück nicht ist, was es sein sollte, ist der, daß das alte Thornton-Wilder-Pathos, der menschliche innere Kampf, so weitgehend darin Eingang gefunden hat. Es gibt in dieser Legende viel Platz für gerade diesen inneren Kampf, und wehe dem Dramatiker – einem Giraudoux oder T.S. Eliot –, der sich ihm ohne dieses Pathos nähert, aber ich habe es (wenn auch nicht im ersten Akt) außer Kontrolle geraten lassen. Die Kraft, die es hat, wäre um so zwingender gewesen in einem Rahmen von klarerer und härterer intellektueller Struktur.

Stücke mißlingen, weil ihnen die Einheit des Tons und die Zielstrebigkeit der Handlungsführung fehlen. Ich wurde daran nur allzu nachdrücklich erinnert, als ich letzte Woche in London wieder einmal *Die Heiratsvermittlerin* sah. All die leeren Sitze im Zuschauerraum sind die direkte Folge der Unsicherheit der Handlungsführung im dritten Akt. Ich wage zu behaupten, daß beide Stücke eine Einheit des Tons haben – die Einheit selbst ist eine Mischung von Tönen, aber eine Mischung, in der die verschiedenen Töne gleichmäßig verteilt sind, »rhythmisch« auftauchend . . . Dieses Stück [*Die Alkestiade*] kann nichtsdestoweniger mißlungen sein, weil ich nicht eine hinlänglich tiefe *Einheit* erfaßt und sichtbar gemacht habe: es sollte eine tiefere Ehrfurcht den Schluß des ersten Aktes umgeben, und der Beginn des zweiten Aktes ist beiläufig-episodisch.

In bezug auf einen Aspekt des Stückes bin ich lediglich neugierig, objektiv-neugierig. Ist es möglich, ein Stück wie dieses zu schreiben – über erhabene Personen hohen Ranges – ohne mehr verbale Schönheit? Sollten sie – Götter und Menschen – öfter ihre Kehlen zu hohen Flügen von erkennbar lyrischem und rhetorischem Ausdruck geöffnet haben? Ich bezweifle, daß jemals ein Stück mit ähnlichen Prätentionen so beständig in einfachen Worten geschrieben wurde. (Jedoch in kunstvollen, die Probleme für die Übersetzer darstellen: siehe eine so einfache Kadenz wie Cherianders »und daß hier wir große Hilfe fänden«.) Meine Antwort lautet, daß ich kein *poetischer* Dramatiker bin . . . ich bin ein poetischer *Dramatiker*. Und daß die Zusammenstellung dessen, was das Auge sieht (und *primär*, was das Auge sieht) und was das Ohr hört, die Poesie trägt. Alles ist ebenso mit romantischer Empfindung befrachtet wie die Landschaft um Aix. Ich halte meine Hell und Dunkel in einem ständigen Nebeneinander. Es ist ein Stück von dem gewöhnlichen Stoff des Lebens, das seinen poetischen Schock durch die un-gewöhnlichen Situationen und Kontraste erhält, in die er eingebettet ist. Wird das funktionieren? Wird mich das retten?

Jedenfalls fühle ich mich gestärkt für das nächste.


705.  HOTEL THERMES SEXTIUS, [AIX-EN-PROVENCE,] 18. FEBRUAR 1955.
Nach einiger Zen-Lektüre

Ich erinnerte mich an mein Vergnügen an [Eugen Herrigels] *Zen in the Art of Archery* und kaufte in einer Buchhandlung auf dem Linken Seine-Ufer *Essays in Zen Buddhism* (3rd Series) von D. T. Suzuki (Professor für buddhistische Philosophie an der Otani-Universität in

Kyoto), veröffentlicht für die Buddhist Society, London, von Rider and Company, Hutchinson House, Stratford Place, London W1, 1953. Dieser Band untersucht, wie gewisse Sanskrit-Sutratexte (Traktate? Abhandlungen? Einige scheinen angeblich Predigten Buddhas zu sein) nach China gelangten und, durch den chinesischen Geist verwandelt, zum Zen-Buddhismus wurden. Professor Suzuki gibt sich große Mühe, uns von der vollkommenen Weisheit dieser Werke zu überzeugen, und argumentiert oft verzweifelt mit dem westlichen Geist, der sie durch Vernunft, Logik oder Verständnis irgendwelcher Art unassimilierbar finden könnte. Er ist Anhänger der Mahayana-Lehre, die sich für die letztendliche Verwandlung des Universums für verantwortlich hält und sich ständig in enger Beziehung zum täglichen Leben ausdrückt, im Gegensatz zum Hinayana-Buddhismus, der den Hindugeist widerspiegelt und sich hauptsächlich mit den privaten Disziplinen der Mönche befaßt (Seite 82). Nachdem uns Professor Suzuki alle großen Texte gegeben hat, die uns lehren, daß alles Leere ist, auch das Wissen von der Leere, besteht seine große Aufgabe darin, uns zu versichern, daß in dieser einzigen Verneinung eine Bejahung enthalten ist. Bei dieser ganzen Lektüre ist man ständig knapp von einer Abstraktion entfernt, die so total ist, daß nichts als Unsinn zu sehen ist.

Was mich aber an dieser Lektüre fesselt, ist meine alte Lieblingsobsession: die Wirkung der großen Zahl auf das Denken (ich wage nicht zu sagen: das philosophische Denken). Hier sehe ich sie, wie ich sie noch nie ausgedrückt fand. Ein um Erleuchtung Bemühter wird mit Freuden den Gedanken aufgreifen, daß er, durch die Seelenwanderung*, durch Millionen Jahre – und Millionen Leben – gehen kann, wenn er nur zuletzt durch die Anhäufung von Verdiensten seine Irrtümer ausmerzen und die Erleuchtung erlangen kann. Wir hören ständig von Welten so unzählig wie die Sandkörner am Ganges, die verwandelt werden müssen, bevor die Buddhaschaft zum Besitz aller wird.

Und aus dieser Lektüre kommt auch [die Idee], daß das Gefühl der Vielfalt nicht nur aus der allzu sichtbaren großen Zahl der Inder entsteht, sondern aus der schärfsten aller Erkenntnisse des Elends des Daseins. Diese mächtigen Flüge in eine tröstliche Leere werden von Entsetzen und Qual angetrieben. All das ist mir zutiefst kongenial. Ich habe lange davon geträumt, in diesem Tagebuch eine Eintragung zu

* André Malraux zitiert eine chinesische Grabinschrift zu Ehren der toten Helden des Feindes: »Gebt uns in eurem nächsten Leben die Ehre, unter uns wiedergeboren zu werden.«

machen über die verschiedenen Arten, in denen Individuen und Rassen und Zivilisationen auf die Notwendigkeit reagieren, auf das, was unabweisbar gegeben ist.* (Ein anschauliches, wenn auch triviales Beispiel ist, wie jetzt die Franzosen auf das erschreckende Bild des Zusammenbruchs ihres politischen und Justiz- und Finanz-Systems reagieren – die offensichtliche Verdunkelung der *gloire* der größten Zivilisation, welche die Welt sehen durfte! – einen Zusammenbruch, der, wie man von Tag zu Tag deutlicher sieht, nicht eine vorübergehende Krise oder eine korrigierbare Abweichung ist, sondern eine grundlegende schicksalhafte Gegebenheit.) Die *Richtung* der hinduistischen Philosophie tendiert dahin, den Menschen zu trösten, indem man sagt: wenn man lange genug die völlige Leere des Bewußtseins-in-Dingen betrachtet, kann einen nichts mehr verletzen. Dennoch ist da etwas mehr als bloßer Stoizismus, aber es sieht nicht so aus, als könnte Professor Suzuki das erklären.

Ich wollte, ich wäre Philosoph genug, um imstande zu sein, mir selbst klarzumachen (wessen ich jedoch intuitiv sicher bin), wo, wie und warum unsere Weltanschauung der *Art* nach anders wird, wenn wir den *Grad* erweitern – die Menge der menschlichen Situationen, die wir betrachten, wobei dann aus der quantitativen eine qualitative Veränderung wird. Ich habe das Gefühl, wenn ich das könnte, würde ich auch verstehen, warum das Christentum (obwohl es andere und größere Beiträge liefert) in mancher Hinsicht – verglichen mit dem buddhistischen Weg – lokal begrenzt und *étriqué* erscheint. Eines ist klar genug: das Christentum nimmt immer wieder Bezug auf die familiäre Bindung: sein Trost und seine ethischen Gebote und sein qualvolles Streben sind alle in Begriffen des Familienlebens projiziert und für uns illustriert. Davon gibt es soweit sehr wenig in den Sutras – *Pradschna* (die Weisheit oder das Auge des Allwissens) »ist die Mutter und Ahnherrin aller Buddhas und Bodhisattwas« (Seite 228), und sie muß von ihnen verehrt werden –, aber kein Bild kann von *Pradschna* gemacht werden. Im Gegenteil, der Buddhismus besteht immer wieder auf der Nicht-Bindung, auf der Loslösung von allen »leeren«, eitlen Zuneigungen. Ebenso fällt auf, daß jegliche offene oder implizierte erotische Symbolik fehlt. Es gibt keine Aufnahme von Doktrinen, kein Einssein oder Verschmelzen mit Abstraktionen oder auch nur einen Schutz in ihrem Schatten etc. Die Betonung liegt auf der Einsamkeit des Weges. Die Meister werden oft gezeigt, wie sie in pädagogischer Ungeduld ihre

---

* Noch einmal Malraux: »*L'art est un anti-destin.*«

Schüler schlagen. Und doch ist viel von Karma (Liebe) und vom Mitleid des Bodhisattwas die Rede, das sich bemüht, jedes irrende Wesen aus dem Irrtum zu befreien.

Es ist etwas sehr Aufregendes an all diesen extremen Abstraktionen. Und das sollte mir bei meinen Norton-Vorlesungen [d. h. dem Buch] sehr helfen – besonders bei dem Kapitel über Whitman.

Dieses Bestehen auf der Leerheit aller Dinge und allen Denkens ist ein Zeugnis für das extrem leidvolle Leben im übervölkerten Indien – ein Extrem rief das andere hervor. Und als der Buddhismus (durch den Hinduismus) aus Indien vertrieben, beziehungsweise ersetzt wurde, ging er nach China, wo er eine andere leidvolle menschliche Situation vorfand. Er stieß jedoch auf die praktischere Veranlagung des Chinesen. Das Ergebnis ist Zen, dessen – verheißungsvolles und fruchtbares Geheimnis für mich darin liegt, wie die Annahme von soviel kosmischer Negativität mit soviel Humor, Vitalität und Heiterkeit ausgedrückt werden konnte. (Zu beachten ist auch vor dem Hintergrund all dieser Verneinung einer inneren Qualität die liebevolle Wertschätzung aller Erscheinungsformen der Natur, auch der kleinsten und flüchtigsten.) . . .

706. [Aix-en-Provence,] Mardi Gras, Washingtons Geburtstag, 22. Februar 1955. Die Oper

Liebes Tagebuch, ich sage dir am besten, daß heute der Abend ist, an dem ich sah, was die Oper sein könnte. In den letzten zwei Wochen – als der Impuls zu schreiben stärker und klarer war als der Eindruck, worüber ich schreiben sollte – kokettierte ich mit der Idee, das »Sandusky, Ohio, Mystery Play« aufzunehmen, das sich mit der Zeit, denke ich, zu einer schönen Blüte entwickeln wird. Aber natürlich habe ich im Sinn, mich bezüglich des Opernlibrettos Louise Talma anzuvertrauen. Ich habe jetzt alle Skizzen vernichtet, die ich aufgrund einer anderen *donnée* geschrieben habe. Das wäre 1940 für mich gut gewesen, aber meine gründliche Befassung damit kann es nicht in den Bereich der Ideen bringen, die mich jetzt beschäftigen. (Wie all die anderen Pläne kann es eines Tages in einer anderen Metamorphose zu mir zurückkehren.) Alles, was davon bleibt, ist der starke Drang, eine neue Art von Oper zu machen, in der sich das Singen aus dem gesprochenen Drama ergibt als Ausdruck der ja-sagenden [deutsch im Original] Beziehung zum Leben. Heute abend also . . . sah ich, wie diese Idee mit einem lange aufgegebe-

nen Projekt verbunden werden könnte, das ich einmal das »P.G. Wode-
house Play« nannte (tatsächlich hatte ich zwei davon: eines in einem
Londoner Club; eines auf einer sehr, sehr weltlichen Terrasse ... letzteres habe ich aufgenommen.) ...

Ich habe entschieden, daß es das beste ist, die Rück- und Vorwärtsbewegung einer fortschreitenden Arbeit nicht diesem Tagebuch anzuvertrauen, aber ich sollte hier wohl festhalten, daß ich die Oper als eine
Entwicklung dieser Idee sehe: eine Dame der großen Welt hatte eine
Tochter (früher war es ein Sohn), die nach einer langen Krankheit im
Kindesalter von Gouvernanten ohne jede Kenntnis jenes Herumtreibers
erzogen wurde, der all unserer Wachsamkeit entgeht und Menschen
niederschlägt – hinter Hecken hervor, hinter jeder Barriere, die wir
errichten können, und jenes anderen Unruhestifters im Leben (das ist in
dieser Behandlung neu), der Liebe. Ihre Mutter hat – wahrscheinlich in
Palm Springs – Freunde eingeladen, darunter einen jungen Mann, der
als weltlicher Mensch und als ehemaliger Kriegsteilnehmer alles über
diese Eindringlinge weiß. Von hier aus gehen wir also weiter. Eine
Bühne ohne Dekoration. Gesprochenes Drama für alle Figuren einschließlich des Mädchens, bis die »Wirklichkeiten« ins Spiel kommen ... Nun viel Glück dazu.


707. Alhambra Hotel, Granada, 20. März 1955 – gestern abend
       hier angekommen. Wieder die Oper.

Nur ein Wort, um den – noch unvollendeten, nein, noch desorientierten
– Weg dieses Projekts nachzuzeichnen. Am Freitag, auf Spaziergängen
in Málaga, erlebte ich wieder eine Aufregung. Ich glaube, ich sehe eine
schöne neue Aussicht, die aber von Schwierigkeiten starrt und vielleicht
zum Zusammenbruch verdammt ist. In Málaga, oder war es in Estre-
gona [?] brachte ich eine Entscheidung zustande, der ich lange ausgewi-
chen war: die Geschichte in Saratoga Springs ganz aufzugeben. Mit ihr
ging auch die sogenannte Palm-Beach-Geschichte (das Mädchen kehrt
nach einer langen Krankheit unwissend in den Kreis seiner Mutter
zurück). Ich begann dann mehrere Methoden zu untersuchen, um parallele Rede und Gesang zu motivieren, und fand, daß ich wieder bei
»The Hell of the Vizier Kabaâr« ankam. Die Bühne ein Halbkreis von
gepolsterten Sitzen; die Ankunft der Wandertruppe. Der *capocomico*
wendet sich an das Publikum: »Wollt ihr eine Oper oder ein Stück?«
(Rufe nach beidem.) »Wollt ihr eine Tragödie oder eine Komödie?«

(Rufe nach beidem.) Der Plan, die beiden zu vermengen. Das stellte mich vor das schwierige (und für meine Begriffe faszinierende) Problem, abwechselnd zwei Geschichten um Harun-al-Raschid nebeneinanderzustellen – eine tragische Oper und eine gesprochene Komödie mit einer intra-kontrapunktischen Beziehung der Themen –, bei denen der Zuschauer das beunruhigende Erlebnis hätte, die abwechselnden Facetten des Tragischen und des Komischen an denselben Figuren zu beobachten, nicht wie im elisabethanischen Drama durch den Einbruch einer Nebenhandlung, sondern durch die Verschmelzung zweier völlig verschiedener künstlerischer Behandlungen des Lebens; und nicht – wie in *Ariadne auf Naxos* – interpoliert, sondern auf denselben Akteuren übereinandergelagert. Was für eine Arbeit! Aber es wäre zu machen.

Eine schlaflose Nacht jedoch am Freitag in Málaga (und die Tinte war mir ausgegangen, so daß ich nicht aufstehen und die ersten Skizzen niederschreiben konnte); ich sah plötzlich, wie meine schiffbrüchigen verworfenen Überreste – von der alten Geschichte für das *Yale Literary Magazine* (die allerdings etwa fünf oder sieben Jahre nach meiner Promotion dort veröffentlicht wurde[1] – dazu verwendet werden konnten, uns einen auffälligen Gebrauch von Sprache/Gesang zu ermöglichen – zusammen mit den mir in diesen Jahren so lieben Ideen von dem menschlichen Abenteuer, im großen Maßstab gesehen. Im Augenblick sehe ich nicht, wie die Oper nach einer fesselnden Eröffnung zu dramatischer Spannung gesteigert werden kann. Ich mache jetzt einen Spaziergang in den Generalife-Gärten (es ist Sonntag, und die Alhambra könnte geschlossen sein; es regnet) und sehe, was die Mühlen des Unbewußten gemahlen haben.

*Fußnote:* Ich muß lächeln, wenn ich mich an folgendes erinnere: Als ich gestern abend zum Essen hinunterging, sah ich mir gegenüber auf der anderen Seite des Raumes Igor Strawinsky mit Frau und Sohn sitzen[2] und machte den geschwätzigen Maître d'hôtel darauf aufmerksam, bat ihn aber dringend, dem Trio von Musikern (das bis dahin Potpourris von Puccini und [Godards] »Jocelyn« gespielt hatte) nichts davon zu sagen, bis der Komponist gegangen war. Der Maître d'hôtel versicherte mir jedoch, daß der Pianist sehr gut sei; er eilte hinter die Bühne und überredete offenbar die Musiker. So mußte der arme Strawinksy eine ganze Menge konservatoriumsreifen Chopins über sich

---

1 »The Warship« wurde 1936 (sechzehn Jahre nach Thornton Wilders Promotion) in der *Yale Literary Magazine Centennial Number* gedruckt.
2 Der Reisegefährte der Strawinskys, den Wilder für den Sohn hielt, war Robert Craft.

ergehen lassen, der ihm mit großem Ernst serviert wurde. Quer durch den schmalen Raum hörte ich ihn mit seiner Frau über George Sand sprechen.

708. SS »Cristoforo Colombo«, westwärts, 3. April 1955 . . . Eine kleine Schwäche André Gides

Ich habe immer gesagt, daß sich die Franzosen sehr – und sehr selbstgefällig – über die Sünden des Fleisches erregen, um die Tatsache zu verbergen, daß sie von einem weit häßlicheren Zwang besessen sind – dem Geiz. (All die Romane, in denen Mauriac seine Figuren abwechselnd durch *péché* und *grâce* jagt – zu seinem eigenen wilden Vergnügen, einem Vergnügen, das so offenkundig ist, daß man nicht imstande ist, einen echten Herzschlag in seinen Puppen zu hören. Und dann schreibt er einen Roman über den Geiz – *Natterngezücht* – und wird authentisch und überzeugend.)

Ein gewisser junger Amerikaner, [X], brach sich ein Bein und kam zur Genesung nach Aix. Ich war ihm bei einem Tee bei Alice [Toklas] begegnet, und er schickte mir einen Brief. [X] ist eine Art von weniger lebhaftem Boswell, der fleißig und unaufhaltsam den Umgang mit Picasso und Gide und Cocteau und Marie-Laure de Noailles und jedem, der in Paris etwas war, pflegte. Alice war sehr ungehalten darüber, daß ihn Dora Maar uneingeladen zum Tee mitgebracht hatte; sie erinnerte sich daran, daß Gertrude [Stein] einmal von [X] umschwärmt worden war und ihn plötzlich und beinahe brutal fallengelassen hatte. Ich bin ihm dankbar für . . . die folgende Anekdote:

Gide war immer wohlhabend; [X] sagte sogar, er war reich. Eines Tages lud er [X] und einen Freund zum Mittagessen in einem berühmten Restaurant ein. Nach dem Essen unterhielten sie sich noch lange. Der Ober brachte die Rechnung und legte sie neben Gide auf den Tisch. Sie unterhielten sich weiter. Schließlich sagte Gide zu [X]: »Ich weiß, daß ich Sie zum Essen eingeladen habe, aber darf ich Sie bitten, die Rechnung zu begleichen? Ich – – – – ich – – – – *c'est plus fort que moi*.« Diese Tausende Seiten von Selbstprüfung im *Tagebuch* – all diese lautstarken Geständnisse –, und kein Wort über dieses erbärmliche, schmähliche Laster: die Unfähigkeit, ein wenig Geld aus der Hand zu geben. Der ganze Gide ist hohl. Wie konnten sich die Franzosen durch diesen marmornen Stil täuschen lassen, der bei näherem Hinsehen Gips ist. Der Akademiker, der für einen Faun gehalten werden wollte.

711. NORTH BRITISH HOTEL, EDINBURGH, 14. AUGUST 1955. Das Stück für Edinburgh [*Die Alkestiade*] und dieses Tagebuch

Ich habe die neue Fassung des dritten Akts beendet, nicht schon auf dem Schiff, sondern in allerletzter Stunde – im Savoy Hotel während des Bankfeiertag-Wochenendes. Wieder – wie beim letzten Kapitel von *Dem Himmel bin ich auserkoren*, den letzten Eintragungen zu *Die Iden des März*, der Vorbereitung der Norton-Vorlesungen – hatten mein Zaudern und die Unfähigkeit, meinen Verstand für eine tiefe Konzentration zusammenzunehmen, ihre Rolle gespielt. Was mich während der Proben erstaunt, ist die große theatralische Wirkung, die Guthrie [der Regisseur] aus diesen heterogenen Szenen herauszuholen versteht. Ich habe diejenigen noch nicht gesehen, in denen (so unzulänglich) die *Idee* in Erscheinung tritt. Gott sei Dank fand ich (wie – unter solchen unruhigen Bedingungen im Savoy –? obwohl der Satz latent schon das ganze Stück trug) den Ruf Cherianders: »Du bist das Zeichen – das Zeichen und die Botschaft, Königin Alkestis.« Ich habe die Dialoge zwischen Apoll und dem Tod noch nicht gesehen, und mich schaudert schon im voraus wegen meines Anteils daran. Ich denke jetzt nicht, daß sie gestrichen werden sollten, aber sie hätten von einer besseren Hand als der meinen geschrieben und ein theatralisches Mittel für das Numinose hätte gefunden werden sollen.

Aber, noch einmal, dieses Tagebuch darf nicht der Ort für meine Selbstvorwürfe werden. Mein einziger Trost ist: ich habe jetzt das Gefühl, daß ich mein Leben in bezug auf die richtigen Bedingungen für das Schreiben richtiger gestalte und daß mein nächstes und mein übernächstes Stück besser zeigen werden, was ich tun könnte und sollte. Und: ich muß aus dieser Pfuscherei bezüglich des religiösen Inhalts herauskommen. Ich muß mich einmal kräftig schütteln und begreifen, was ich glaube und was nicht, oder solche Themen überhaupt meiden. Ich schäme mich dieser lauwarmen, nachäffenden, dilettantischen Religiosität. *Pfui!* [deutsch im Original].

712. [HOTEL] TRIANON PALACE, VERSAILLES, 12. SEPTEMBER 1955

Die Angelegenheit in Edinburgh endete gestern vor einer Woche, als ich Edinburgh um zwei verließ und um fünf in Paris ankam. Ich habe nicht den Wunsch, die Geschichte oder meine Gedanken darüber hier niederzuschreiben. Erstere habe ich in vielen Briefen erzählt, und nur sehr wenige von den letzteren habe ich jemandem mitgeteilt, und ich will es auch nicht.

Gehen wir weiter. Heute ist ein großer Tag: ich bekam einen Brief von Elizabeth Sergeant, in dem steht, daß Louise [Talma] »glücklich wie eine Lerche« über meinen Vorschlag ist, daß sie *Die Alkestiade* als ihr Opernlibretto verwenden soll und nicht das andere, das ich ihr vorlegen wollte. Dieses geplante Libretto ist noch voll von Versprechungen, aber ich würde viele Monate brauchen, um es zur Welt zu bringen. Es hat schon viele, ständig wechselnde Gestalten angenommen, und gerade heute erst habe ich Seiten von Eintragungen *hors-série* in diesem Tagebuch vernichtet, die damit zu tun hatten. Ich stöhnte bei dem Gedanken, daß ich nun noch einmal dazu zurückkehren und unter extremem Zeitdruck daran arbeiten müßte, da Louises Ferienjahr in diesem Monat beginnt und sie das Material sofort haben muß. Nun muß ich lernen, ein für allemal alle Projekte mit einem festen Termin abzulehnen und, mehr noch, keine Arbeit mehr anzukündigen, bevor sie fertig ist. Das ist ein Teil der Plage, die ich noch mit dieser *Alkestiade* habe: sie wurde zu hastig beendet. Ich bin diese Woche hier, um einen neuen dritten Akt zu schreiben, nunmehr den dritten. Daß ich gleichzeitig die »Gesangsversion« des Stückes vorbereiten muß, ist wirklich eine Aufgabe, aber verglichen mit der anderen Verpflichtung eine relativ willkommene.

Was soll ich im Herbst tun? Eine Zeitlang war ich versucht, in die Vereinigten Staaten zurückzukehren und das Norton-Buch »loszuwerden«. Versucht auch in dem Sinne, daß es mich faszinieren würde zu erfahren, was ich eigentlich sagen will. Ich fühle, wie sich knapp unter der Oberfläche zahllose trächtige Ideen rühren, Entwicklungen, die gerade diese vergangene Zeitspanne bereichert hat. Die Faszination wird auf glückliche Weise noch verdoppelt durch das Bewußtsein, daß das ganze Buch auch eine ständige Erneuerung der *Art, etwas zu sagen*, sein wird. Gertrude Steins Schüler wird wirklich einen Kranz auf ihrem Grab niederlegen. Aber das darf ich jetzt nicht tun: das ist Exposition, Reflexion und nicht Dichtung. Ein weiterer Teil der Schwierigkeiten, die ich mit *Die Alkestiade* hatte und noch habe, kam daher, daß ich mit dem Schreiben aus der Übung gekommen war – nämlich mit dem Schreiben der Kategorie imaginative Erzählung. Das war der Zoll, den dieses didaktisch-erklärende Jahr in Harvard forderte. Es brachte diese Denkweisen in den Vordergrund, die störend unvereinbar sind mit dem, was ich tastend Symbolisierung nenne. Bevor ich zur Beendigung der Nortons zurückkehre, muß ich noch eine »Geschichte« schreiben,

Drama oder Roman. Dann kann ich mit fortschreitenden Jahren vielleicht ungestörter zwischen den beiden hin und her wechseln.

Bevor ich diese Aufzeichnung beende, möchte ich Gertrude Stein noch einen Tribut zollen. Während der letzten Woche in Edinburgh, als ich auf Partys ging und selbst Partys gab, wurde mir oft – und gelegentlich sehr deutlich – bewußt, daß die Leute mein Verhalten beobachteten und nach Anzeichen dafür suchten, daß mich die Rezensionen des Stückes – und die schlimmsten begannen (damals ohne mein Wissen), in den bewunderten Londoner Wochenzeitschriften zu erscheinen – niederschmetterten oder daß ich mich in einem Tumult von Erniedrigung oder Groll tapfer hielt. Schließlich, an meinem letzten Abend, baten mich die Gastgeber der [X], nach dem Theater zu ihnen zu kommen, in eine schöne Wohnung in Heriot Row. Ich befand mich plötzlich mitten in einem Nest von britischen Musikkritikern. Sie schienen an diesem Abend in keine Vorstellung gegangen zu sein, sondern seit dem Abendessen geplaudert und getrunken – und auf meine Ankunft gewartet zu haben. Bald wurde mir klar, daß ich einem regelrechten, vom Alkohol ausgelösten Sperrfeuer von Schadenfreude [dt. im Original] ausgesetzt war. Ein Mann – aber ich will das nicht erzählen. Erst am nächsten Nachmittag auf dem Londoner Flughafen las ich die Rezension, die sie so genossen hatten.

Gertrude verdanke ich diese Unverwundbarkeit für die Bewertung durch andere! Ja, sie ist so tief in mir verwurzelt, daß ich gleichzeitig sowohl mein Vertrauen in das, was an meiner Arbeit verdienstvoll ist, als auch meine echten Selbstvorwürfe wegen des Schlechten im Kopf haben kann. Ich schwanke nicht einmal zwischen den beiden Reaktionen hin und her – zwischen kämpferischer Verteidigung und niedergeschlagener Selbstgeißelung. Gertrudes guter Rat fiel jedoch auf schon gepflügten Boden: Amos Wilders Kinder – und auf eine viel subtilere Weise die Kinder Isabella Wilders – waren schon weit davon entfernt, durch die Einschätzung seitens der Nachbarn beeindruckt oder deprimiert zu sein. (Und es ist sonderbar, daß Vater diese Unverwundbarkeit mit einer besonderen Kraft vermitteln konnte, da er selbst bis zu seinem Ende nicht wenig Respekt vor Rang und Stand hatte – in akademischer, öffentlicher und vor allem kirchlicher Hinsicht.) Die reinste Weltfremdheit Maines und Schottlands wurde in der Luft unserer Familie geatmet, aber das war nicht alles. Tausendmal im täglichen Leben verstanden es Vater und Mutter anzudeuten, daß die Meinungen anderer eine Art von Unsinn seien. Ihre Billigung oder Mißbilligung taugt nicht viel als Richtlinie. Ich denke an die Jahre, als wir in Berkeley lebten und es einem aufmerksamen jungen Mann seltsam erschien, daß meine Mutter eine so objektive und gelegentlich schockierende Meinung von den Handlungen oder Äußerungen der Freunde haben konnte, die sie in mehr als einer Hinsicht bewunderte – von Mrs. [W] oder Mrs. [X] oder Miß [Y] oder den [Z]s –, und wie rasch und ungeduldig oder ungehalten konnte sie eine Kritik an uns oder anderen abtun, die man ihr hinterbracht hatte. All das konnte sie ohne Arroganz tun. Es war nicht die Spur von »Alle sind Dummköpfe außer mir selbst« an ihr, sondern eher die Haltung: »Ach, die Leute sagen Dinge, die sie gar nicht meinen« oder »Ach, wenn wir auf alles hören wollten, was die Leute sagen, wären wir übel dran!« Gertrude brauchte dieses Selbstvertrauen nur noch zu einer hauptsächlich auf das literarische Leben hin orientierten leuchtenden, gründlich erklärten Doktrin zu erheben.

So kam es, daß ich nach dem Erlebnis in Edinburgh ein Gefühl von lachender Erregung hatte. Ich fühlte mich wie jemand, der einen Verkehrsunfall überstanden hat. Ich horchte in mich hinein. »Was? Keine gebrochenen Knochen? Keine Bänderrisse?« Nein, und gleich dachte ich an Gertrude. Sie schützte mich vor solchen Brüchen – nicht auf der niedrigen Ebene der Bestätigung eines Künstlers in seiner Vernarrtheit in seine eigene Arbeit, sondern auf einer hohen, lachenden Ebene, auf der man sich sagt, daß es, wenn man überhaupt eine solche Art von Arbeit macht, das einzige Hilfsmittel ist, selbst sein erstes und letztes Publikum zu sein, und nur von sich selbst kann man letzten Endes erfahren, ob man sich anderen Dingen zuwenden oder weitermachen soll.

Mein Verhalten war tadellos. Ich habe (außer hier) weder darauf angespielt, daß meine Mitarbeiter gelegentlich versagten, noch darauf, daß ich gelegentlich versagte. Entsprang mein Verhalten dem Stoizismus? Nein, der Gleichgültigkeit. Und einem tief eingewurzelten Vertrauen, daß das Werk – mit all seinen Fehlern (die mir immer korrigierbar erscheinen) – brauchbar ist und bestehen wird.


713. [HOTEL] TRIANON PALACE, VERSAILLES, 12. SEPTEMBER 1955. Die Oper *Alkestiade*

Obwohl ich nicht mehr glaube, daß dieses Tagebuch für mich als konstruktives Element beim Aufbau neuer Werke wirkt, will ich es doch noch einmal zu diesem Zweck ausprobieren.

*Louise Talmas Oper:* Nach einiger Überlegung habe ich das Gefühl, daß es nicht richtig wäre, in diesem Werk unser Projekt einer signifikanten Anwendung der Beziehung zwischen dem gesungenen und dem gesprochenen Wort auszuführen. Dies ist heroisches Material, und es wäre fehl am Platze, die Aufmerksamkeit der Zuhörer auf den sicherlich interessanten Wechsel zu lenken, den man auf diese Weise im Hinblick auf übermenschlich-menschlich andeuten kann. Es gibt interessantere Möglichkeiten, den Zuhörer zu fesseln. Und ich hoffe, »interessant« kann hier soviel wie originell – legitim originell – bedeuten.

1. Ist es zu spät für mich, von Cocteaus *Les Chevaliers de la table ronde* die *idée géniale* zu borgen, die er nicht mit der höchsten theatralischen Wirksamkeit ausgedrückt hat? Der böse Geist – welcher? Der von Merlin eingegebene? – erscheint nacheinander in jeder der Hauptfiguren, so daß wir Guinevere zeitweise betrunken und Launcelot korrupt sehen. Könnte mein Apoll die *dramatis personae* mit der erläuternden Hilfe der Musik durchqueren? Zu überdenken.

2. Wagen wir es, aus Teiresias im ersten Akt eine Frau zu machen?

3. Aber wenn wir im ersten Akt solche schockierenden Vorgänge haben, müssen sie auch im zweiten und dritten Akt vorhanden sein, und sie müssen dem großen Stil, der großen *Opera seria* zuträglich, nicht abträglich sein. NB. Meinem zweiten Akt hat immer die Note des Numinosen gefehlt. Wir könnten ein wenig *tremendum* hineinbringen, selbst wenn es ans Morbide oder Erschreckende streift. Und Louises Musik könnte immer das ernste, erhabene Gleichgewicht wahren, so *tief* ich auch hinuntergehe. – Da kommt mir gerade eine schreckliche Idee*: daß der Erste Hirte/Apoll in seiner Szene mit Alkestis und dem Amulett einer körperlichen Aggression *nahekommt*, eine Vorahnung des Augenblicks, in dem sich Herkules – der unechte Zeus – zu demselben Vergehen bekennt. Was für anthropologische Ausblicke!

*[Hotel Trianon Palace, Versailles], am nächsten Tag*

»Sprechprobe, Sprechprobe« – wie die Rundfunktechniker sagen: Könnten wir nicht zwei oder mehr der Vier Hirten Alkestis zu Hilfe kommen lassen – in der Oper? Um das Interesse an beiden Szenen zu erhöhen. Und könnten wir nicht – irgendwie – einen stärkeren bildlichen Hinweis auf Admetus' Überzeugung haben, daß er sozusagen die

---

* Aber bei den Änderungen des Sprechstücks hatte ich schon ins Auge gefaßt, daß der Erste Hirte von demselben Schauspieler dargestellt wird wie Apoll.

290

Anordnungen für sein eigenes Begräbnis treffen muß? (Beide Vorschläge öffnen den Weg zu einer möglicherweise komischen Wirkung –
die aber nichtsdestoweniger eine Bereicherung wäre.)

All das muß Gestalt annehmen, während ich dieses ziemlich unähn-
liche Werk neu schreibe – den neuen dritten Akt des Stücks. Dort muß
ich immer auf einen einfacheren Ausdruck seiner Einheit hinarbeiten:
um die beiderseitige Freundschaft der Alkestis und Apolls zu illustrie-
ren.

... Hoffen wir, daß die Arbeiten an den beiden verschiedenen Projekten – der viel seltsameren und farbigeren und verwirrenden Oper
und des viel einfacheren, nüchternen letzten Aktes des Stückes – sich zu
beiderseitigem Nutzen ergänzen.[1]

718. HAMDEN, CT., SONNTAG, 4. MÄRZ 1956. Lope: Probleme um Ni-
     colás de Ríos

... Eine Woche, in der ich mich gehen ließ und mich Lope widmete –
reiner Luxus.

Aber wie nie zuvor sehe ich die Zeitspannen, die nötig sind, um auch
nur geringe Fortschritte bei dieser Arbeit zu machen – worauf ich antworte, daß ich sie zumindest schneller erledigen kann als Professor X
oder Y, weil ich bestimmte Arten von regen Wahrnehmungen dafür
habe. Ich kann *sauts périlleux* machen und dann die Stützen einbauen,
die sie tragen.

Die große Bedeutung von Ríos: für den sowohl Cervantes als auch
Lope schrieb.

Das Aufspüren der persönlichen Merkmale von Ríos in der Rolle der
*figura del donaire* (in welchem Jahrzehnt kam die Bezeichnung *gracioso*
auf? – In seinem einleitenden Brief zu *Parte* XIII, 1620, spricht Lope
noch von der *figura del donaire*) ...

Die Merkmale sind: 1. Seine schwarze Hautfarbe. 2. Seine Einstellung zu Frauen: er genießt, verliebt sich nie, gibt ihnen nie einen
Groschen, ist ein Feind der platonischen Liebe. 3. Seine Vielseitigkeit –
ein Merkmal, das von seiner schauspielerischen Fähigkeit auf seine
Rolle-im-Stück zurückschlägt. 4. Seine Körperkraft. (Was den Mut

---

1 Die Oper wurde schließlich vollendet und hatte im März 1962 ihre Weltpremiere in
Frankfurt am Main (mit dem ins Deutsche übersetzten Libretto Wilders). In den Vereinigten Staaten wurden bisher nur Auszüge aufgeführt.

betrifft: Er ist sehr tapfer in *El remedio* [*en la desdicha*]; wird er als konventioneller *Gracioso*-Feigling gezeigt?)

Andere Dinge, die zu beachten sind: bekommt er in außergewöhnlichem Maße Monologe in der Form eines Zwiegesprächs mit sich selbst; d. h. Monologe als Dialoge? – wie in *Sinfimiento de honor?*

Wenn ich die spezifischen Ríos[-Züge] aufgefunden habe, lese ich die *Gracioso*-Rollen bei den anderen (frühen) Schauspieltruppen – die Porras-, Pinedo-, Vergara-Sequenzen.

Dann zeige ich, wie die Ríos-»Person« (mit Hilfe von *El viaje entretenido*) der *Gracioso*-Konvention ihren Stempel aufdrückte.

Dann zeige ich, wie sie bei Cervantes aufgebaut wurde mit (o Traum!) ihrem Beitrag zu Sancho Pansa.

Wir müssen uns daran erinnern, daß Ríos nicht nur der Urquell der *figura del donaire* war, sondern, wie Cervantes versicherte, *alle Männer, alle Rollen*. Und die heroischen Gestalten der Helden, Könige und Heiligen. Ist er im *entremeseo? Da* liegen die Möglichkeiten dieser Untersuchung – und der Ruhm dieser Untersuchung –, und alles hängt ab von Zeit und Geduld . . . [1]


719. HAMDEN, [CT.,] DIENSTAG, 6. MÄRZ 1956. Bergson und die Schönheit der Natur: . . . Der Amerikaner und die Natur.

. . . Die Natur (Wolken, Berge, Bäume, Sonnenuntergänge, Sterne) gilt als schön. Bergson meint, daß wir das alles nicht schön fanden, bis uns die Kunst die Augen für diese Schönheit öffnete.

Ich war der Meinung, daß die Schönheit – für die »Europäer«, zum Beispiel – auf zwei Faktoren zurückging: diese Schönheiten waren alle ein Teil ihrer (sozialen und psychischen) Umwelt, und sie wurden dem Betrachter zudem als schön dargestellt, weil sie vom göttlichen König-Vater geschaffen wurden und Sein Haus und Sein Gewand waren. (Zu letzterem gab es allerdings Ausnahmen: der Teil Seines Gewandes, den man die Alpen nannte, war »abscheulich«.)

Ich hatte die Tatsache nicht genügend beachtet, daß sich die Emotion der Schönheit in der Natur auch von den Erinnerungen an die Anblicke herleitet, die uns umgaben, als wir glücklich waren. Ein Teil jeder

---

1 Wilder schrieb nie ein Buch über Lope de Vega, aber unter den Thornton-Wilder-Papieren in Yale befinden sich mehr als 1000 Seiten Aufzeichnungen und außerdem mit Anmerkungen versehene Exemplare der Stücke Lopes.

Kindheit ist glücklich; in den meisten Fällen ist ein großer Teil jeder Kindheit glücklich. Ich lasse für den Augenblick den von Mrs. Apfelstrudel erhobenen Einwand beiseite, daß gerade in der Geschichte der Künste von vielen unglücklichen Kindheiten berichtet wird, und ebenso ihren zusätzlichen Einwand, daß Wilder oft versichert hat, er stimme mit der Psychoanalyse darin überein, daß das kleine Kind – und vor allem das kleine Kind, das sich einmal der Verkündung der Schönheit widmen wird – ein höllisches Innenleben durchmacht, und erkläre nun, daß die Schönheit der Natur eine Qualifikation ist, die wir auf jene Dinge (Wirkungen von Licht und Feuchtigkeit im Bereich von Land, See und Luft) übertragen, die uns an die Umgebung unserer glücklicheren Stunden erinnern. Die Schönheit der Natur ist eine Erinnerung an die Szenerie, die wir in unserem frühen Leben, wenn wir tief bewegt waren, kaum bemerkten. Das Kind, das von dem großen, geheimnisvollen geliebten Menschen auf einen Spaziergang, eine Ausfahrt mitgenommen wird, speichert die Normen dessen, was es später als die Begleiterscheinung – die Dekoration – des Glücks wiedererkennen wird. Zuerst Eros, dann die Erinnerung an die Umgebung, in der Eros glühte.

Das ist nie genug erkannt worden. Die Introspektion unseres 20. Jahrhunderts – für die die Psychoanalyse lediglich der wissenschaftliche Bulldozer ist – beachtet so aufmerksam wie nie zuvor die irrationalen Regungen innewohnende Kraft ... zufällige Assoziationen auf erotischem Gebiet können ein lebenslanges Streben zur Folge haben. Als ich unlängst – auf dem Schiff – wieder Thomas Manns *Tonio Kröger* las (mit all meinem Widerstand gegen diesen schwerfällig Wegweiser aufstellenden Autor), gab ich widerwillig zu, daß er diese unterirdischen Triebe sehr gut aufgezeigt hat: Tonio verbringt als Erwachsener seine Ferien in Dänemark, weil ein Gymnasiast, in den er vor Jahren vernarrt gewesen war, eine dänische Matrosenmütze getragen hatte etc. etc. Ich las auch noch einmal einen (mir von einem Biographen Edward Sheldons zugesandten) Brief, den ich an Ned geschrieben hatte: warum war ich so glücklich am Lake Geneva in Wisconsin? Weil ich einen See in Wisconsin so sah und roch wie den Lake Mendota, an dem ich bis zum Alter von neun Jahren meine Sommer verbracht hatte – eine Emotion, die mich kürzlich wieder überkam, als ich an einem davon sehr weit entfernten See entlangging, nämlich am Gardasee in Sirmione.

Alle Menschen preisen also die Welt und denken, daß ihre Schönheit etwas Absolutes ist – während sie im Grunde nur die Erinnerung an die einzige Dekoration ist, die sie kennen –, nicht die Dekoration ihrer kindlichen Tätigkeiten, sondern ihrer kindlichen Gemütsbewegungen. Da sie ihrer Emotion nicht diesen Grund zuschreiben wollten und konnten, suchten sie nach anderen Grundlagen: sie liebten sie, weil sie schön *an sich* war oder weil sie von ihrem König-Vater vor ihnen ausgebreitet worden war.

Auch der Amerikaner liebt die Schönheit der Natur, aber er gibt nur zögernd zu, daß die Natur eine *essentielle* Schönheit enthält, und da er noch weniger bereit ist zuzugeben, daß sie schön ist, weil sie entweder privilegierte Wesen oder repressive Väter geschaffen haben, bleibt für ihn eine Frage unbeantwortet.

Ich bin nun beinahe bereit, die ganze Angelegenheit in die Form eines Mythos umzugießen – meinen Mythos von der Kaiserin von Neufundland neu zu formulieren. Hier ist die Rolle, die in ihrem Leben die Erinnerung spielt, nicht die eines platonischen pränatalen Absoluten, sondern diese ganze Welt. Wir brauchen auch – außer, vielleicht, für ein »europäisches« Kind – unserem kleinen Helden oder unserer kleinen Heldin keine königliche Geburt mehr zuzuschreiben; und ebensowenig brauchen wir die Annahme eines »Schlafes und Vergessens« (obwohl auch das bei jedem Heranwachsen stattfindet).[1]

720. HAMDEN, [CT.,] 8. MÄRZ 1956. Schönheit der Welt: Der Europäer und der Amerikaner.

Tom Everedge [Everage, ein amerikanischer Jedermann] war der Sohn idiotisch-intelligenter Eltern, von denen nur gesagt werden kann, daß sie liebevoll und hartherzig waren. Er vergaß diese Züge nie und kam allmählich dazu, sie der Welt selbst zuzuschreiben. Von Anfang an war sein Leben eine Katastrophe nach der anderen. Er litt an unerklärlichen Magenbeschwerden und machte kein Hehl aus seinen Schmerzen. Von Zeit zu Zeit verhungerte er beinahe. Die Dummheit seiner Hüter war unglaublich. Sie erlaubten dem Fußboden, sich zu heben und ihn zu schlagen, den Wänden seiner Wiege, seine zarten Hände und Füße zu malträtieren, seinen Bettüchern, ihn zu ersticken, kalten, nassen Kleidungsstücken, ihn erstarren zu lassen. Bevor er noch ein Jahr alt war, entwickelte sich eine quälende Mißbildung in seinem Mund. Niemand schien imstande zu sein, seine Schmerzen zu lindern, und er verfiel

---

1 Das Zitat stammt aus Wordsworth, »Ode: Intimations of Immortality . . .«, Zeile 58: »Unsere Geburt ist nur ein Schlaf und ein Vergessen.«

abwechselnd in Zorn und verzweifelte Frustration – ein emotionales Muster, das ihm sein Leben lang bleiben sollte.

Am schlimmsten von allen waren aber die Qualen, die er in seinem Gefühlsleben durchzumachen hatte. Sein ganzes Wesen konzentrierte sich auf seine Mutter, aber Worte vermögen das Ausmaß nicht zu beschreiben, in dem diese liederliche Frau ihr Spiel mit seiner Zuneigung trieb. Sie ließ ihn Äonen allein; oft ignorierte sie – obwohl sie sich im selben Zimmer aufhielt – seine Rufe nach Hilfe und Trost. Am schlimmsten war, daß sie einen anderen Mann einlud, ihr Leben zu teilen, und *ihm*, schamlos schäkernd, die Zeit und Aufmerksamkeit schenkte, die sie Tom schuldete. Diese Treulosigkeit ließ ihre gelegentlichen Liebkosungen heuchlerisch erscheinen, und er lernte von ihr, einer guten Lehrerin, ein ganzes Repertoire an Verstellung. Er täuschte Kälte vor, wenn sie nach zehnjährigen Abwesenheiten zurückkehrte; er heuchelte Vernarrtheit in andere Matronen. Aber ihr gewissenloses Verhalten bewirkte nur, daß er sie noch mehr liebte.

Die Kindheit hat gnädigerweise ein kurzes Gedächtnis. Trotz und wegen all dieser Qualen erlebte Tom immer wieder Stunden und Augenblicke wahnsinnigen Glücks. Er konnte die Versäumnisse seiner Mutter vergeben und vergessen, er konnte sich sogar mit dem Eindringen des anderen Mannes abfinden. Zuzeiten war das Leben vollkommene Glückseligkeit. Diese Glückseligkeit war innerlich, aber nach und nach assoziierte er die Bilder, Geräusche und Gerüche der Außenwelt mit dem inneren Glück. Die Freude wurde noch stärker empfunden als das Leid, und obwohl er im Sonnenlicht, im Feuerschein, unter den Bäumen und Wolken von Parks gelitten hatte, identifizierte er später viele Erscheinungen der Außenwelt immer mit den Freuden, die er dort erlebt hatte. Nicht die Schönheit von Laubwerk und Himmel machte ihn glücklich, sondern sein Glück machte Laubwerk und Himmel und später die Erinnerung an das unter ihnen Erlebte schön.

Das ist keine unmittelbare Konfrontation mit der Natur an sich.

Er wurde älter.

Er begann zwischen den Leiden zu unterscheiden, die von »Dingen« verursacht wurden (von einem Baseball getroffen werden, von einem Felsenpfad stürzen), und solchen, die von Intelligenzen verursacht wurden (eine Tracht Prügel bekommen, auf einen Ausflug nicht mitgenommen werden). Aber er lernte nie ganz zu unterscheiden zwischen den Freuden, die von »Dingen«, und solchen, die vom Geist geweckt wurden.

Die gefühlsmäßigen Leiden ließen nicht nach, sie wurden noch verwirrender. Aber er fand einen Ausweg. Er lernte, sie zu verdrängen ...

Diese ganze Präambel soll uns – die wir dessen ständig bedürfen – daran erinnern, daß der Mensch zwar das Tier ist, das die Fähigkeit des Verstandes am weitesten entwickelt hat, daß aber ausgedehnte Bereiche seines Geistes übrigbleiben, die er noch nicht dem Verstand unterworfen hat – und ihm nicht unterwerfen wollte.

Das Erfassen der Schönheit in der Natur zusammen mit einem ganzen Repertoire von Befriedigung und Abneigungen hat – für jedes Individuum – seine Quelle in den Umständen der frühen Lebensjahre. Zu diesen persönlichen Beziehungen zwischen dem Inneren des Menschen und der Außenwelt kommen jedoch bald die der Gemeinschaft hinzu, in der er lebt: ihre Alpträume, ihre Phantasien von Glückseligkeit, ihre Freuden, Frustrationen und Ärgernisse, ihr Vergessen und ihre Geschichte. Ein Volk, das dicht gedrängt eine kleine Insel bewohnt, ein Volk in einem heißen Land, ein Volk in Bergfestungen, ein Volk, das neunhundert Jahre lang von einem anderen Volk unterjocht wurde, ein Volk, das nie einen Bürgerkrieg gekannt hat ... solche Völker haben nicht alle dieselben Ansichten darüber, ob ein Arbeiter seinen Lohn wert ist, oder in bezug auf das, was man aus einem brennenden Haus rettet oder was man für schlechte Zeiten auf die Seite legt. Und in Gegenwart von Erde, Luft, Wasser und Blattwerk werden nicht alle dieselben Kombinationen schön finden.

Die europäischen Thomase hatten alle eine Erinnerung gemein – die Erinnerung, düpiert worden zu sein. Zusammen mit dieser schmachvollen Erinnerung kam die an das allmähliche Erwachen aus der Täuschung, die Sehnsucht, wieder getäuscht zu werden, und die Scham wegen der Sehnsucht, wieder getäuscht zu werden. Die europäischen Völker hatten jahrhundertelang geglaubt, es liege in der Ordnung der Dinge, daß eine kleine Anzahl von Personen Macht über die Masse der Menschen hatte und daß diese Macht durch den Zufall der Geburt von Generation zu Generation weitergegeben wird. Das war die große Lüge, die in allen menschlichen Gesellschaften eine so bedeutende Rolle gespielt und als Lüge so großen Maßstabs unermeßliche Energien für ihre Aufrechterhaltung gebraucht hatte. Wie alle erfolgreichen Lügen bezog sie ihre Stärke aus der menschlichen Schwäche: sie lag (scheinbar) ebensosehr im Interesse der Nichtprivilegierten wie der Privilegierten. Sie war, als selbstverständliche Wahrheit und als Bild, in jeden Aspekt des Lebens eingedrungen. Und sie war durch zwei eindrucksvolle Analogien bereichert worden: der Privilegierte war für sein Volk, was Gott für das Universum war, und er war, was ein Vater für seine Familie war. Daher war das Erwachen aus der Lüge ein qualvoller Übergang, denn es hatte etwas von Blasphemie und kindlichem Ungehorsam und Vatermord an sich.

722. HOTEL ALGONQUIN, NEW YORK,
DIENSTAG, [13., 20. oder 27.] MÄRZ 1956. Nortons

Habe sie wiederaufgenommen. Die Schwierigkeit, sie zugleich gehaltvoll und leicht zu machen. Die Hoffnung, daß alle diese Seiten, die ich schreibe und wieder vernichte, all diese weiten Abschweifungen – die mich so weit in den Besitz der aufeinanderfolgenden *idées-mères* brachten, daß ich sie schließlich in aphoristischer Form und in anschaulichen, verdichteten Bildern darstellen kann – große Lasten leicht und behende tragen. Und ich fühle, wie mein Instinkt ständig diese Unterbrechungen des Arguments von mir verlangt – den dramatischen Dialog mit den unruhigen Mitgliedern der Zuhörerschaft, zum Beispiel –, die verhindern, daß das Buch als eine weitere sozio-literarische Abhandlung gelesen und eingeschätzt wird . . .

724. HAMDEN, [CT.,] 3. APRIL 1956. Nortons: Das Leben von Tom
Everage – Fortsetzung . . .

Wäre es möglich, dieses Leben von T. E. in Folgen zwischen die aufeinanderfolgenden Kapitel »einfließen« zu lassen, für jedes Kapitel den entsprechenden Aspekt des Lebens unseres Helden zu finden und dabei immer einen Tom der Alten Welt einem der Neuen Welt gegenüberzustellen? Wenn ich das tun könnte, würde es das Buch ganz erheblich zusammenschließen und tragen und zugleich ein schlagendes Beispiel für die postulierte »amerikanische« Art sein, das Allgemeinste und das Besondere gleichzeitig im Auge zu behalten.

Die Folge zwischen der ersten und der zweiten Vorlesung (Thoreau) würde das Leben aller Säuglinge einschließen (der Kaiser in der Wiege). Ich würde versuchen, die Netzwerke der emotionalen Assoziation bis später aufzuschieben (aber wäre das möglich?).

Könnte ich, als Einleitung zur Thoreau-Vorlesung, diesen anderen, von mir vor einigen Jahren so oft angeschnittenen Gedankengang über das gedemütigte Herz, das sich dem Nicht-Menschlichen zuwendet,

297

ausarbeiten? Ich werde jetzt einige Skizzen dazu auf einem anderen Blatt Papier entwerfen. Der Nachteil, den ich stöhnend unmittelbar voraussehe, ist, daß jede dieser Folgen soviel zusätzliche Bearbeitung meinerseits erfordern wird – das heißt, anstatt die Erstaunliche Saga von Thomas Everage (und ich glaube, ich könnte ein ganzes Buch, ein bemerkenswertes Buch daraus machen) in einem Stück zu erzählen, nur ihren eigenen Gesetzen gehorchend, muß ich mein Tuch immer entsprechend den Autoren, über die ich schreibe, und den anderen Gedanken, die ich entwickle, zurechtschneidern. Aber nun will ich einige Skizzen machen.

(*Später:*) Es ist vorwärtsgegangen. Ich glaube, es läßt sich machen. Jede »Neuschrift« des Materials wird länger und besser; aber erstaunlich ist das Ausmaß, in dem meine dumme Feder weiterlaufen kann, hinein in mächtige, weltumspannende Verallgemeinerungen und erhabene moralisierende Ermahnungen, wenn ich doch tief mit Leichtigkeit sein soll. Was mich aber am meisten erregt, ist die Form, die sich für das Buch entwickelt. Wie *Die Iden des März* wird es durch übereinandergelagerte Schichten fortschreiten. Ich habe eine literarische Methode gefunden, die Schwierigkeit wiederzugeben, von der Gertrude Stein sprach (und die ich im Buch zitiere): »Oh, es ist so schwer, weil man so viele Dinge gleichzeitig im Kopf behalten muß.« Hier ein erster Blick auf das Inhaltsverzeichnis:

AMERIKANISCHE CHARAKTERISTIKA

*Vorwort.*
*Erste Vorlesung:* Drei amerikanische geistige Prädispositionen.
    *Eingeschobener Essay:* Über eine gewisse Losgelöstheit bei Amerikanern.
    Essay Nummer eins: Über die Losgelöstheit vom Ort.
    *Erstes Zwischenspiel:* Das Leben von Tom Everage, Amerikaner, Vorbereitung für einen Vergleich mit dem Leben seiner Zeitgenossen in der Alten Welt.
*Zweite Vorlesung:* Henry David Thoreau, ein Amerikaner, der erkrankte durch sein Unvermögen [eine Bindung herzustellen?]
    *Eingeschobener Essay:* Über eine gewisse Losgelöstheit bei Amerikanern: Essay Nummer zwei: Über die Losgelöstheit von der Natur.
    *Zweites Zwischenspiel:* Das Leben von Tom Everage, Amerikaner, Fortsetzung.
*Dritte Vorlesung:* Emily Dickinson . . .

Man hat mir gesagt, ich sollte nicht verlangen, daß diese »Fortsetzungs«-Essays auf buntem Papier gedruckt werden; es wäre zu kostspielig. Aber vielleicht – in einer Luxusausgabe.

Eine neue Fortsetzungsreihe soll allmählich in die zweite Hälfte eingeführt werden – alles, um neue Aufmerksamkeit zu wecken und neue konvergierende Lichter auf den vielschichtigen, reichen Stoff zu werfen – nämlich Laienpredigten. Ich werde – vielleicht schon im Vorwort – sagen, daß das populärste und blühendste literarische *genre* der Amerikaner und das ihnen nur allzu kongeniale dieses traurige, nun veraltete Ding, die Predigt, war. (*Ausarbeitung:* die moralisierenden Tendenzen bei Amerikanern; warum? etc. Ihre Einwirkung auf den amerikanischen Prosastil – – – –) Daher: meine Aufgabe, Predigten zu liefern.

725. HAMDEN, [CT.,] DONNERSTAG, 5. APRIL 1956. Das Klavier bei Beethoven und Schubert.

Ich kann nicht mehr schweigen. Seit eh und je habe ich bei langen Stücken von Beethovens Klaviersonaten – bei der ganzen ersten Hälfte und vielen Stellen der zweiten – ein tiefes Unbehagen empfunden; und ein noch größeres Mißbehagen bei denen Schuberts. Zuzeiten war dieser Eindruck so stark, daß ich mir sagen konnte, daß ich »sie nicht mochte«. Die Expositionen und die Durchführungen erschienen mir so *simpliste,* so leicht fabriziert, wenn sie hübsch waren, und so falsch grandios, wenn sie unheimlich oder »robust« waren. Die Durchführungen gefielen mir noch am besten, aber selbst hier erschienen mir die Themen, die diese Meister gewählt hatten (und ich habe lange die Schaffung prägnanter Themen der von Melodien vorgezogen), »uninteressant«. Natürlich dachte ich, der Fehler liege bei mir (es gab Zeiten, in denen ich mir – hauptsächlich wegen dieser Unzufriedenheit – sagte, daß ich wahrscheinlich überhaupt nicht musikalisch sei), und bei einer Aufführung nach der anderen wartete ich darauf, daß mir der Pianist die an diesen Sonaten so sehr gerühmten Schönheiten »enthülle«. Ich fand nicht, daß die beiden Einleitungsfiguren in der D-Moll-Sonate, die Arpeggios und die bange Antwort in absteigenden Stufen ehrfurchtgebietend seien (und ebensowenig die beiden, die die *Pathétique* einleiten, und die Adagio-Einleitung ist nur wenig besser als irgend jemandes Improvisation in den Moll-Akkorden). Ich suchte nach anderen Entschuldigungen: ich sagte mir, daß mein Ohr für sie taub geworden sei, weil ich sie zu gut kannte und weil ich sie auf die schädlichste Weise kennengelernt hatte, nämlich indem ich selbst an ihnen herumfummelte. Nur einmal hatte ich das Gefühl, eine dieser Sonaten so vorgetragen zu hören, daß ich keine Schwierigkeit damit hatte: ich ging in Chicago zu einem Klavierabend von Schnabel, der die letzte von Schuberts »Drei großen Sonaten« spielte, die Sonate in B-Dur. Aber seine Plattenaufzeichnungen der frühen Beethovensonaten erneuerten das Wunder nicht, ebensowenig ihr Vortrag von einigen der meistbewunderten Hände unserer Zeit.[*]

Allmählich gelangte ich zu der Anschauung, daß diese Komponisten nicht Klaviermusik schrieben; sie »hörten« Bläser und Streicher. Ihre Kammermusik aus derselben Zeit hatte mir nie den Eindruck des Dünnen in Exposition und Gehalt gemacht. (Ich »folgte« einmal einem Trio, das Alexander Schneider nach Hartford gebracht hatte, und hörte verzaubert ein Trio von Beethoven – Opus 1?) Aber schließlich befriedigte mich auch diese Erklärung nicht. Ich war der Überzeugung, daß sie »bessere Noten« für andere Instrumente als das Klavier schrieben.

Und das ist nun mein Standpunkt: Das aus dem Cembalo entwickelte (Hammer-)Klavier war zur Zeit seiner Einführung und noch ein halbes Jahrhundert danach ein verdummendes Instrument. Ich kann verstehen, daß es damals für die Komponisten und die Zuhörer den trügerischen Reiz der Neuheit hatte. »*Que todo lo nuevo aplace*«, wie [Fernando de] Rojas [in *La Celestina*] wiederholt sagte. Immer neue Erfindungen erweiterten die Resonanz des Klaviers, und das war Anregung genug. Ich las irgendwo in der *Cambridge History of Music*, daß sich die Musik des 18. Jahrhunderts um die Erforschung der Klangfarbe bemühte, und das ging noch bis ins 19. Jahrhundert weiter. Aber eine Zeitlang konnte das Klavier nicht bieten, was von ihm verlangt wurde. Zuerst glaubten diese Meister, in ihm eine Fähigkeit zu hören, einen lang anhaltenden Ton mit langem Nachhall zu geben. Sie glaubten das zu hören, weil das Klavier in dieser Hinsicht um so vieles besser war als das Cembalo. Erst später sollte Liszt zeigen, daß eine lang anhaltende Note in einem höheren Register nicht von Alberti-Bässen gestützt werden mußte, sondern von einem Komplex von Figuren mit der linken Hand, die eine große Reihe von Obertönen in Bewegung setzten. Das Klavier ist ein dürftiges Instrument, im Grunde ein Schlaginstrument,

---

[*]  New York, 13. April 1956: Hörte gestern abend Backhaus in der Carnegie Hall: die Sonaten Op. 2, Nr. 1; Op. 10, Nr. 1; Op. 27, Nr. 2 (»Quasi una Fantasia«) – schöner Vortrag, aber ich bleibe bei meiner Anschauung über die ersten beiden. Die dritte und seine letzte Darbietung, die *Sonate für das Hammerklavier*, sind etwas anderes.

dem man nur mit viel Geschick ein *Cantabile* abschmeicheln kann. Auch der langsame Satz in Schuberts [B-Dur-]Sonate, den Schnabel langsamer nahm als ein *Andante sostenuto* (ich erinnere mich, das Gefühl gehabt zu haben, daß etwas Orientalisches, etwas Türkisches daran war) ist ein glatter Schwindel – wie die Paukenwirbel im ersten Satz.

Ich mache ihnen nicht zum Vorwurf, daß sie Klaviermusik schrieben, während sie im Geiste Streicher und Bläser *hörten*, sondern daß ihnen ihr Geist in dieser ungeschickten Übergangsperiode keine sehr guten Ideen eingab. Es war Kammermusik-Denken, aber schlechtes Denken. All diese auf den Dreiklang gegründeten Themen waren gewöhnliche Einfälle, die für sie künstlich gesteigert wurden, weil sie im Klavier eine neuerfundene tonale Wirkung hörten ...

Letztlich läuft alles darauf hinaus, daß der Mensch ein konservatives, träges Wesen ist. Da war nun dieses Klavier; seine allmähliche »Verbesserung« war nötig – wie in den Künsten jede Erneuerung nötig ist. Sie verbesserten es also – aber in einer Richtung, die die Qualitäten des Instruments, von dem sie ausgingen, verschlechterte. Beethoven war so groß, daß er schließlich nicht nur große *Musik* für das Klavier schrieb, sondern dem Klavier obendrein noch außerordentliche neue Klangfarben-Effekte abrang; aber sie waren *sui generis*. Nicht von ihnen ausgehend, führten Liszt, Chopin, Mendelssohn und Schumann das Klavier in den Salon und in die Hausmusik ein.

Nun ist in der Entwicklung des Klaviers wieder eine Stockung eingetreten. Strawinsky verwies es in die Gruppe der Schlaginstrumente, wo es auch hingehört, und als solches erweist es sich als kongenial für gewisse Aspekte der neuen Musik.

Ich warte auf die Erfindung eines neuen Musikinstruments. Für mich sind sogar die Streicher eine Belästigung (sie ziehen die Erinnerung an die *Emotion* hinter sich her, die sie in ihrer grenzenlos glorreichen Vergangenheit vermittelten).

Das Klavier entfernte sich zu weit von der Stimme, die nur unter Schwierigkeiten (oder um der komischen Wirkung willen) einen perkussiven Ton hervorbringen kann. Die Bläser sind »vokalischer« als die menschliche Stimme, aber sie kommen den Stimmen der Tiere näher. Indem wir auf unsere Stimme achten, werden wir das Instrument entdecken, das ein großes neues Zeitalter der Musik tragen wird.

727. ALGONQUIN HOTEL [NEW YORK,] 7. APRIL [UND HAMDEN, CT., 8. MÄRZ] 1956[1]. Das Leben des Thomas Everage, zweite Folge: Er strebt danach, ein denkendes Wesen zu werden.

Kehren wir zu seinem ersten, zweiten und dritten Lebensjahr zurück.

Als Tom älter wurde, begann er zu versuchen, die von unbelebten Dingen verursachten Leiden von den durch eine Intelligenz verursachten zu unterscheiden.

Er wurde von einem Hund gebissen, von seinem Vater verhauen, aus seinem Kinderwagen geworfen (einige vorübergehende Riesen stießen dagegen) – und es war vollkommen klar, daß diese Kalamitäten von bösen Menschen verursacht wurden, die darauf lauerten, ihm Schmerz zuzufügen. Als er jedoch von einer vom Wind bewegten Schaukel getroffen wurde, als er die Stufen vor der Haustür hinunterfiel, als er sich verbrannte, indem er die Hand in den Herd steckte – was für eine Kraft war da verantwortlich? Eines der schwierigsten Dinge, die er lernte, und er lernte es nie ganz, war, sich eine nichtbewußte Kraft vorzustellen. Er war später Klassenbester in Physik, er gehörte zum obersten Drittel der Klasse in Logik. Doch als er neunundzwanzig Jahre alt war und ihm der Wind eine Tür ins Gesicht schlug (so daß er ein blaues Auge bekam), drehte er sich um und versetzte der Tür einige heftige Tritte. Als er wieder über die Treppe stürzte und mit einem Bluterguß im Knie zwei Wochen im Bett lag, empfand er dieses Erlebnis als eine regelrechte Prüfung, und er widersprach seiner Frau nicht, als sie sagte, es sei eine »Strafe«. Als er versuchte, den Herd zu reparieren, und sich dabei verbrannte, war das ein richtiger »Schlag« für ihn. Er tröstete sich damit, daß niemand harten Schlägen »entrinnt« und daß sie uns »geschickt« werden, um uns Geduld zu lehren. Und er fand, es war eine »Gnade«, daß man ihm ein gebrochenes Bein »erspart« hatte. Diese Verwirrung zog sich durch sein ganzes Denken. Er erklärte vor dem Rotary Club lautstark, daß Amerika mit drei Jahren beispiellosen Wohlstands gesegnet worden sei (lang anhaltender Applaus), aber einige Jahre später beklagte er an derselben Bankett-Tafel mit seinen Klubgenossen, daß unser Land das »Opfer« beispielloser Rückschläge geworden sei. Jedes der Autos, die er nacheinander kaufte, war eine »Sie«, und diese jungen Frauen hatten ein dramatisches Leben: sie, das Luder, hatte in den unpassendsten Augenblicken eine Panne – manchmal

---

1 Die letzten drei Abschnitte dieser Eintragung wurden ursprünglich als Teil der Eintragung 720 geschrieben.

302

drückte er seinen Gedanken klarer aus, indem er sagte: »Sie hat es sich einfallen lassen, eine Panne zu haben.« An manchen Tagen (aber das behielt er für sich) fuhr »sie« wunderbar. Sie überholte alle anderen Wagen auf der Straße wie ein Traum.

Doch immer und immer wieder kehrte er zu seinen ersten Tagen zurück und erlebte abwechselnd Verzweiflung und Ekstase. Und es gab diese Flucht in eine Tätigkeit, die ihn alles vergessen ließ. Er begann, die Stimmen der Menschen um sich her zu vernehmen. Er hörte, daß alle Mamas und Papas vollkommen waren und weise und selbstlos. Er mußte sicherlich dumm und böse gewesen sein, um so mißtrauische Gedanken in bezug auf seine eigenen Eltern zu hegen, und doch ---- und doch ---- er konnte diese mörderischen Gedanken, die gewalttätigen Gedanken nicht beherrschen noch vergessen. Nein, diese Probleme waren zu schwierig, um damit fertig zu werden. Das beste Gegenmittel war, sich mit ganzer Hingabe in Tätigkeiten zu stürzen, die nichts mit solchen Problemen zu tun hatten.

Spiele waren Welten für sich, leidenschaftlich, aber nur ihren eigenen Regeln unterworfen. Später verdrängte das Geschäft das Spiel, denn wie das Spiel hatte es mit nichts anderem etwas zu tun. Jede Transaktion löschte die vorausgegangene aus; es war leidenschaftlich, nahm einen ganz in Anspruch und war ohne tiefere Bedeutung. Alles übrige – diesen Wechsel zwischen Glück und Demütigung – vergaß er; er versuchte, es zu vergessen, er begrub es ... Und ein neues Repertoire von Dingen wurde denen hinzugefügt, die seine Aufmerksamkeit stets fesseln konnten, die ihn »erregten«. Früher hatte dazu das Töten gehört – peng, peng, peng –, vor allem das Töten böser älterer Männer. Und die Befreiung gefangengehaltener Jungfrauen und der Ausbruch aus Gefängnissen. Nun kamen dazu Geschichten von Höhlen und vergrabenen Schätzen und die Tiefen der See und »Archäologie«. (Man warte nur ab, bis wir zu Edgar Allan Poe kommen, zu Melville.)

Es gab auch eine Reihe von geheimen und leicht beschämenden Vorlieben und Voreingenommenheiten. Da waren die Farbe und der Duft von Veilchen (aber dieses Kleid war schon vor langer Zeit einem Wohltätigkeitsbasar gegeben worden). Jahre später heiratete er beinahe ein Mädchen, das Violet hieß und diese Farbe trug und dieses Parfüm benutzte. Später war er einmal einen ganzen Nachmittag lang schlecht gelaunt, weil sein Sohn vom College einen begeisterten Brief über ein Mädchen namens Violet geschrieben hatte. Seine Frau sagte zu ihm: »Tom, was *hast* du nur heute    Bäume, die über Flüsse hingen, be-

schworen Erinnerungen herauf. Nach seiner Genesung vom Keuchhu-
sten hatte ihn seine Mutter auf die Farm ihres Vaters gebracht. Diese
gemeinsamen Nachmittage an dem von Weiden überschatteten Bach –
regelrechte Flitterwochen. Die Farm lag bei einem Ort, der Turkey Hill
hieß. Sein ganzes Leben lang wollte er die Türkei, dieses romantische
Land, besuchen. Einmal in einem Restaurant machte man ihn auf den
türkischen Botschafter mit seiner Frau aufmerksam. Er tauschte mit
seiner Frau den Platz, um die beiden besser sehen zu können. Den
ganzen Abend war er sehr gut gelaunt. Seine Frau amüsierte sich und
sagte: »Tom, was *hast* du nur heute abend?« Später lag er lange wach
und versuchte sich zu erinnern, wie der Ort hieß, bei dem die Farm
seines Großvaters lag. Es lag ihm auf der Zunge –––– Egypt Cross-
roads –––– Lebanon –––– ein komischer Name.

Er hatte auch seine besonderen Abneigungen. Er konnte nicht dazu
überredet werden, Matineen im Theater zu besuchen –––– sie waren
voll von albernen Frauen (die zu Hause sein sollten, wo sie hingehör-
ten).

Er vergaß ständig die Namen von Menschen, die Wilson und Wil-
liams und Watson und Wilkins hießen. In seiner Kindheit hatte er ein
Buch über eine Familie geliebt – ihr Name begann mit »W« –, in der der
Vater ernst und streng war, aber wunderbar weise und gerecht und
unglaublich tüchtig. Eine Zeitlang hatte er einen Angestellten gehabt,
den er nur als Mr. Wieheißterbloß kannte. Mr. Weston konnte ihn
nicht zufriedenstellen und mußte gehen. Toms Geist war wie die Oberfläche eines Planeten, bedeckt mit den Kratern fast erloschener Vul-
kane, mit Kanälen und ausgetrockneten Meeren und Gebirgen, von
denen man nur sehr wenig weiß.

728.  Algonquin Hotel, [New York,] Sonntag, 8. April 1956. Tom
       Everage [Fortsetzung] . . .

(Vielleicht unmittelbar an das Vorausgehende anschließend.)

Aber um noch einmal zur Kindheit zurückzukehren: die Dinge, die
der kleine Kaiser lernte, ihre Reichweite, ihr Einfluß auf sein späteres
Leben, und die Notwendigkeit, die sich für ihn ergab, sie zurückzuwei-
sen, zu verleugnen und zu begraben. Er war ein frustrierter Kaiser, dem
man bei jeder Gelegenheit Hindernisse in den Weg legte. Durch Einschränkungen unserer Freiheit lernen wir den Haß kennen – wie ich
noch wiederholen und näher ausführen werde, wenn wir zu Edgar Allan

Poe und zu Emily Dickinson kommen –, und aus dem Vorhandensein des Hasses erfahren wir, was der Tod ist. Die meisten Eltern glauben, daß Kindern der Anblick des Todes – von Verwandten oder Haustieren – erspart werden sollte. Die lieben kleinen makellosen Seelen – »Ein Kind«, sagt Melville, Leibniz zitierend, »kommt auf die Welt wie ein unbeschriebenes Blatt Papier« – sollten noch so viele Jahre wie möglich in paradiesischer Unschuld leben dürfen. Aber unsere kleinen Tyrannen brauchen nicht viel zu lernen. Nicht durch den Anblick von Leichen wird für uns die Tatsache des Todes zum erstenmal zur Wirklichkeit, sondern durch die in uns wuchernden, gegen andere gerichteten Todeswünsche. Die Wölfe und Bären und bösen Stiefmütter aus Grimms Märchen – und die Rote Königin [von Lewis Carroll], die der Liebling so vieler Kinderstuben wurde – führten keine neuen Phantasien ein. Der Tod ist das Aufhören zu sein, die leidenschaftlich ersehnte, endgültige und vollständige Entfernung des gehaßten Hindernisses.

Ich ging einmal längs des Drahtzauns eines großen Waisenhauses spazieren. Auf der anderen Seite des Zauns lief eine Gruppe von vier- und fünfjährigen Jungen neben mir her und feuerte aus imaginären Pistolen auf mich. Peng, peng, peng – ich wurde hundertmal ermordet. Nach einer Weile schwiegen sie, liefen aber immer noch neben mir her. Schließlich legte einer seine Hand auf die Maschen und sagte drängend: »Mister! Mister!« Ich blieb stehen. Sehr ernst fragte der Junge: »Sind *Sie* glücklich?« Die Verbindung war tief, unterirdisch. Vielleicht töten die Glücklichen nicht. Vielleicht hat man aber auch eine solche Befreiung von dem Willen zu töten nie gekannt. Güte ist die Sühne für unsere Verbrechen, aber nicht einmal die Heiligkeit kann für diese übervolle Liste Buße tun. Zum Glück gibt es so viele Formen des geduldeten, ja, sogar belohnten Mordes, daß wir uns in unseren Zellen nicht einsam zu fühlen brauchen.

Tom Everage, Amerikaner, wußte also, daß er ein verhinderter Autokrat, daß er ein großer Verbrecher war, und er wußte, daß er – wie er es nannte – »verrückt« war. (Er wußte, daß so manche Entscheidung, so manche gute und schlechte Laune Regungen entsprang, die er nicht zu erklären vermochte.) Bereiteten ihm diese tadelnswerten Dinge großen Kummer? Natürlich. Sie sollten es zumindest. Schließlich ist der Mensch die Krönung des Tierreichs, mit *Vernunft* begabt, und zudem ist er das Endprodukt von tausend Jahren Zivilisation. Sein Urteil sollte so klar sein wie das von einem makellosen Kristall reflektierte Sonnenlicht. Dennoch lachte er darüber. Schamlos. Er wußte, daß er eine trübe

Linse war, und er lachte darüber. Wenn er guter Laune war, was weit häufiger geschah, als es rechtens hätte sein dürfen, dachte er: »Sicher, ich bin verrückt. Alle sind verrückt.«

Und hier endlich müssen wir beginnen, einen Unterschied zwischen unserem Mann – und seiner Schwester – und ihren Zeitgenossen in der Alten Welt zu beschreiben. Auch in den alten Ländern wuchsen Millionen von verhinderten Kaisern und Kaiserinnen auf. Erinnern wir uns an einige Dinge, die wir über diese Länder sagten. Jedes eingemauert in seine Traditionen, mit seinen Monumenten, seiner Sprache. Man weiß das alles noch. Jedes war auch in seine Weisheit eingemauert. Die Weisheit Englands ist nicht dieselbe wie die Weisheit Frankreichs oder Italiens oder Deutschlands oder Spaniens. In jedem Land hatten in ununterbrochener Folge große Geister – und große Männer, von denen viele ruhmlos blieben, wenn auch ihr Beitrag nicht geringer war – einen ungeheuren Schatz an Begriffen und Bildern geschaffen, nach denen der Mensch lebt. Gelegentlich hatte eine dieser Weisheiten einen großen Einfluß über die Grenzen hinaus ausgeübt, aber bis auf den heutigen Tag unterscheidet sich die Weisheit Spaniens von der Weisheit Englands beinahe ebensosehr wie diese andere Weisheit, die wir heute zu studieren aufgefordert werden – die »Weisheit des Ostens«.

Doch so unterschiedlich diese Weisheiten unter sich sind, sie alle hatten – und haben – eine Anzahl von gemeinsamen Komponenten, die uns in der Neuen Welt als anders als unsere auffallen. Eine davon habe ich schon erwähnt – und wir werden noch Gelegenheit haben, zu diesem Thema zurückzukehren: die Folgen der langen Unterwerfung unter die große Unwahrheit, daß man den Hochgeborenen Respekt schulde. Doch die Komponente, auf die ich jetzt aufmerksam machen möchte, ist der in der Alten Welt verbreitete Glaube, daß im großen ganzen die Welt – die Existenz in der Welt – durch den Verstand erfaßt werden kann.

Hier müssen wir langsam vorangehen.

Wie Gertrude Stein sagte: »Die Schwierigkeit beim Denken ist, daß man so viele Dinge gleichzeitig im Kopf behalten muß.«

(Etc. Ich wollte dieses Tagebuch nicht für diese Art von »erstem Entwurf des endgültigen Textes« gebrauchen – es ist eher gedacht für ein »schauen wir uns um und sehen wir, was wir da bekommen haben«. – Aber mir gehen immer wieder die Pferde durch.)

732. HAMDEN, [CT.,] 2. MAI 1956. O'Neills *Long Day's Journey into
Night* [dt.: *Eines langen Tages Reise in die Nacht*], Yale Press.
(Stück offenbar beendet 22. Juli 1941, Datum der Widmung:
»Unser zwölfter Hochzeitstag.«)

In der Widmung sagt O'Neill, Carlotta Monterey O'Neill gab [mir]
»den Glauben an die Liebe, der es mir ermöglichte, endlich meinen
Toten gegenüberzutreten und dieses Stück zu schreiben – es mit tiefem
Mitgefühl und Verständnis und voll Vergebung für alle vier gequälten
Tyrones zu schreiben« – d. h. Vater, Mutter, Bruder und er selbst.
Papa, Geizhals, heruntergekommener großer Schauspieler, Trunken-
bold; Mama morphiumsüchtig; älterer Bruder James Trinker und Ver-
sager in allem; Edmund-Eugene tuberkulös und beginnender Trinker.
Vier Akte gegenseitiger Beschuldigungen unter dem Deckmantel, all-
mählich die »Gründe« dafür zu erforschen, daß sie so sind.

(Hier schrieb ich anderthalb Seiten über das Stück, die ich zerrissen
habe. Eines Tages muß ich versuchen, mir selbst klarzumachen, welche
Eigenschaft es ist, die in diesem Stück und in *The Iceman Cometh* [dt.:
*Der Eismann kommt*] Respekt gebietet – trotz des schlechten Ohrs, des
rudimentären Denkens, der heimlichen Unwahrheit. Aber jetzt kann
ich es offensichtlich nicht.)


736. HAMDEN, [CT.,] 2. DEZEMBER 1956. Einige Einakter

Es hat aus Gründen, die ich zum Teil verstehe, eine lange Pause in
diesem Tagebuch gegeben.[1] Während ich in Saratoga Springs war,
fühlte ich plötzlich ... den Drang, ein kurzes Stück zu schreiben, und
die Hoffnung, mehrere schreiben zu können. Ich hatte den Plan, eine
Reihe von Vier-Minuten-Stücken* für vier Personen als Fortsetzung
der Drei-Minuten-Stücke[2] zu schreiben, die in Oberlin und Yale und
später entstanden; die Selbstauferlegung eines Schemas immer als Hilfe
gedacht, auch wenn man, wie bei Joyce, sieht, daß sie zu einer erschrek-
kend harten Disziplin wird.

---

Die drei bisher geschriebenen Stücke haben die Dauer von vier Minuten bei weitem
überschritten, und doch sind sie kürzer, als ein Einakter für praktische Zwecke sein sollte.
Aber sie sind für eine Zentralbühne und brauchen keine Ausstattung.
1 Die letzte Eintragung (735) stammt vom 20. Juni.
2 Sechzehn der Drei-Minuten-Stücke wurden veröffentlicht in *The Angel That Troubled
the Waters and Other Plays* (1928).

Am Freitag, dem 9. November, begann ich ein Stück, das meine Zen- und Mahayana-Buddhismus-Lektüre widerspiegelt.[3]

Am Montag, dem 12., begann ich das Stück, wie Apoll die Moirai um das Leben des Admetus betrog. [*The Drunken Sisters.*]

Am Samstag, dem 17., in Hamden, um fünf Uhr morgens, begann ich das Stück, das jetzt »The Wreck on the Five-Twenty-Five« heißt.

Am Freitag, dem 23., in Peterboro Tavern, zwischen 2 Uhr 30 nachmittags und meinem Besuch bei Louise [Talma] in ihrem Arbeitszimmer um 4 Uhr, begann ich das Stück, das jetzt »Bernice« heißt.

Zwei davon gründen sich auf Ideen, die mich lange gereizt haben. Ich habe literarische Arbeiten gerettet, die verloren zu sein schienen. Wie lange hatte ich schon den Wunsch, eines der verlorenen Stücke der Antike zu schreiben oder (wie Claudel mit seinem *Proteus*) ein Satyrspiel zu einer wirklichen oder angenommenen Trilogie zu liefern. *The Drunken Sisters* ist ein Phantasiestück zur Beendigung einer auf der *Alkestis* (die jedoch selbst ein Satyrspiel war) basierenden Trilogie. »Bernice« wurde aus dem Drehbuch gerettet, das ich Vittorio de Sica geschickt hatte, als er mich bat, mit ihm an einem Film [»Chicago«] zu arbeiten.[4] Es verwendet nicht die dem Drehbuch (das damals den Titel »Jones« hatte) zugrunde liegende Idee – die experimentelle Annahme von Rollen im Leben, um die eigene wesentliche Funktion zu entdecken; aber der zurückgekehrte Sträfling und die Negerin als Beraterin stammen aus dem Original.

Nun will ich die unvollendeten Projekte der Vergangenheit durchstöbern und sehen, ob sich noch andere Motive für die Serie wiederherstellen lassen.

»The Emporium« [»Das Kaufhaus«]. Ja, ich kann den Prolog im Waisenhaus verwenden und seinem Tenor und seinem Abschluß eine andere Existenz geben ... Die Episode mit dem vergnügungssüchtigen jungen Mann und Erben des Kaufhauses, der Pillen bekommt, damit er schrumpft, gefällt mir nicht mehr. Sie kann jedoch in einer anderen Form »zurückkehren«.

»*The Sandusky, Ohio, Mystery Play.*« Ich habe mit der Idee gespielt, für diese Serie die Szene zu schreiben, wie Maria und Joseph eine Herberge in Bethlehem suchen. Aber ich bin nicht in der richtigen Stimmung dafür, und zudem habe ich das Gefühl, daß die Szene, abge-

---

3   Siehe Eintragung 705 (18. Februar 1955)
4   Siehe Eintragung 608 (9. Mai 1952)

sehen von ihrer Stellung im gesamten Sandusky-Rahmen, lediglich eine Stilübung wäre. Jedoch – *a ver.*

»*The Hell of the Vizier Kabaâr.*« Diese Arbeit drehte sich um die eine große Szene – die ich aus Raimunds *Der Alpenkönig und der Menschenfeind* geborgt habe; der böse Mann sieht sein Leben »mit anderen Augen«. Es muß, um Kraft zu gewinnen, einen langen vorbereitenden Ablauf krönen.

Die Idee der »*Saratoga-Springs*-Oper«. Nichts für unsere Zwecke, auch nicht als einaktige Oper. »The Widow of Monterey«? – Nein.

»*Geraldine de Gray or My Heart Ever Faithful.*« Daran könnte etwas sein.

*The Gods of antiquity as surviving among us.* Daran könnte etwas sein.


*Algonquin Hotel, 13. Dezember 1956 – in New York zur Feier des ersten Geburtstags von* Die Heiratsvermittlerin

Am 2. Dezember begann ich einen anderen [Einakter], den ich »Das Dachboden-Stück« nenne (weil er auf dem Dachboden eines Landhauses in Virginia, 1959, spielt). Was ich bis jetzt davon habe, ist wild theatralisch und ergreifend; aber es hat nicht die alles formende Idee hervorgebracht, ohne die es bloße Anekdote ist. (Die *Idee* für »Bernice« kam unerwartet beim Schreiben, aber man sieht, daß sie latent die ganze Zeit vorhanden war. *The Drunken Sisters* hat seine Idee noch nicht gefunden!)

Dann, am 9. Dezember, begann ich »In Shakespeare and the Bible« (seltsamerweise ausgelöst durch eine Erzählung von Henry James – von der mit Ausnahme der Porträts an der Wand nicht ein Motiv übrigbleibt). Ich mag es nicht so recht – und die beiden Personen, denen ich es vorlas, schienen lediglich *verblüfft* [deutsch im Original] zu sein. Liegt es an der schlechten Arbeit? Die *Idee* ist glänzend; mit der Ausführung stimmt etwas nicht. Ich kehre noch einmal dazu zurück und rette es vielleicht noch durch eine bessere Behandlung des jungen Mädchens.

Was mir an allen besonders gefällt, auch an den mißlungenen, ist die Vollständigkeit ihres Ausdrucks als Stücke für ein Rundtheater. Diese Qualität kommt am besten in »The Wreck« zum Ausdruck, gerade deshalb, weil es um »durch Fenster schauen« geht; aber in jedem der späteren scheine ich – ohne diese zufällige Hilfe – einen tieferen Ausdruck des Modus zu gewinnen. Nun möchte ich noch einige mehr machen – und, o Muse, ich möchte eines oder zwei in einer leichteren Tonart zu diesen Schrecken dazu.

*Hamden, Ct., 1. Januar 1957*

Nun, nach der totalen Unterbrechung durch die Feiertage, möchte ich mich wieder diesen Einaktern widmen und vor allem ein oder zwei in einer leichteren Tonart, die mit den anderen abwechseln. Es scheint sich gezeigt zu haben, daß »In Shakespeare and the Bible« aus irgendeinem Grund nicht richtig ist. Es ist weder unterhaltsam noch bedeutend, und ich fürchte, es muß zurück in die Mappe. Während ich so nach Ausgangspunkten suche, fühle ich mich wieder von einem alten Interesse angezogen – »Leben unter Treppen«. Ich wollte, Genet hätte nicht in *Les Bonnes* diese Idee verwendet, von der ich vor so langer Zeit in »The Trumpet Shall Sound«[5] Gebrauch gemacht habe: Die Dienstboten spielen in Abwesenheit ihrer Herren feine Leute.

Und dann – als Komödie (aber könnte ein so kraftvolles Bild der Komödie allein vorbehalten bleiben?) – diese *Rappelkopf*-Spiegel-Idee [*Rappelkopf* deutsch im Original], die ich so schwer in »The Hell of the Vizier Kabaâr« hineinarbeiten konnte. Bisher habe ich sie hin und her gedreht und sehe nicht, wie ich sie je in einen Einakter bringen soll. Doch die Hauptfigur und ihre Wirkungen sind direkt hier in meinem unmittelbaren Kreis: der großherzige Gentleman in der Öffentlichkeit, privat das Ungeheuer. Eine Frau, die zur Märtyrerin gemacht wird, kann ihren Arzt nicht davon überzeugen, daß ihr Mann ein Dämon an Geiz, Eifersucht und Tyrannei ist. Daher stellt sie ein Tonbandgerät auf. Und schickt die Bänder ihrem Bruder in Australien. Er kommt zu Besuch. Und behandelt *seine* Frau so in Gegenwart des Ungeheuers?

*16. Januar 1957*

Nicht imstande, an einem dieser Projekte Feuer zu fangen (vielleicht weil ich mich so sehr anstrenge, eines in einer leichteren Tonart zu finden), habe ich die endgültigen Fassungen der vier fertigen für die Reinschrift vorbereitet. Und ich bemerke etwas Interessantes: daß mir mehrere Male die Ereignisse der Geschichte – und sogar die wichtigsten

5 Ein Stück in vier Akten, das in vier Nummern des *Yale Literary Magazine* (Oktober, November, Dezember 1919 und Januar 1920) erschien und 1926 von Richard Boleslavsky in New York inszeniert wurde.

310

Entwicklungen – kamen, ja, aufgezwungen wurden durch praktische theatralische Überlegungen. Das scheint der Erfahrung von Dichtern zu entsprechen (Valéry betonte es gern), daß beispielsweise die Notwendigkeit, in einem Sonett einen Reim zu finden, die Idee liefert, die das Gedicht nährt und sogar gestaltet: ein Wort, das sich scheinbar zufällig einstellt, bringt die Krönung der Arbeit mit sich.

In dem Stück »In Shakespeare and the Bible« ... tauchte ein Hauptmotiv des Stückes ... spät beim Schreiben auf: daß Frauen ihren Verstand beisammen haben müssen, um überhaupt überleben zu können, und daß die oft verspottete Neugier ein Stück Rüstung für die nicht allzu gut Gerüsteten ist.

Und in »Bernice« hatte ich Walbeck allein auf der Bühne stehen, und er *hatte nichts zu tun*. Da fiel mir ein, daß ihm seine Tochter einen Brief übergeben könnte etc. – und daraus bezieht das Stück nun seine ganze Richtung. Geheimnisvoll sind die Wege der konstruktiven Imagination. Aus dieser lästigen Notwendigkeit ist das beste dieser Stücke entstanden.

*Waverly Hotel, Virginia Beach, Va., 31. Januar 1957*

Als ich gestern nach Süden fuhr, beschäftigte ich mich mit einem anderen Sujet – das mir vor einigen Wochen eingefallen war –, dem exzentrischen Testament: Joe kann ein großes Vermögen erben, wenn er es niemandem sagt, nicht einmal seiner Frau. Mehr darüber später. Und noch ein weiteres Sujet beschäftigte mich – es stammt aus einem Roman von G. B. Stern, *The Woman in the Hall:* der pfiffige Bettler. Hier habe ich nun damit angefangen, habe neun Seiten geschrieben. Und noch ist mir nicht ganz klar, wie ich es über die Anekdote hinausbringen kann – ah, die spannendste, die fesselnde Anekdote. Kein Zweifel, sie ist interessant genug; aber es ist gerade eine Forderung der Zentralbühne – die Schönheit und Kraft der Zentralbühne –, daß sie alles verkleinert, was nicht im hohen Sinne poetisch ist. Ich habe den ganzen Nachmittag gearbeitet, und erst jetzt – wo ich zu lange gearbeitet habe und ausgehen muß – beginnt das poetische Bild hervorzutreten (im Drama immer repräsentiert von einer Figur, deren Anschauung vom Leben zu lautem Ausdruck kommt). An diesem Nachmittag gab Daphne Anzeichen zu erkennen, daß sie dieses Stück von dem faszinierenden Geschwätz einer Gaunergeschichte zu einem poetischen Drama emporhebt. – Arbeiten, arbeiten.

Inzwischen habe ich die anderen für die Reinschrift vorbereitet, d. h.

für eine endgültige Ausgabe. Jetzt weiß ich, daß zwei von den früheren vier so gut sind, wie ich sie machen kann, daß sie recht gut sind. *The Drunken Sisters* und »Bernice« sind die besten aus diesem ersten Wurf. Warum ist »The Wreck on the Five-Twenty-Five« nicht besser? Es ist etwas an dem grundsätzlichen Aufbau des Stückes. Der Umriß ist nicht sicher genug. Das Publikum kommt nicht früh genug darauf, wohin das Stück geht. Die Elemente werden in einer zu wenig integrierten Aufeinanderfolge dargeboten – alles ist zu offensichtlich heterogen. Ich hätte früher ein stärkeres Symbol geistiger Verzweiflung finden sollen, das alle diese Abschweifungen tragen könnte. Wahrscheinlich ist es nun zu spät, das noch zu verbessern.*

Ja, was ich jetzt wünsche, ist ein Thema von weit unbegrenzterem poetischem Ausdruck. Ich taste umher. – Inzwischen ist es das beste, nehme ich an, mehr zu schreiben – – – sie ins Ofenrohr zu schieben und zu hoffen, daß zwei von vieren (bisher mein Durchschnitt) gut gebacken herauskommen; mein Unbewußtes darüber zu informieren, daß ich *das* tue, und alles übrige dem geheimnisvollen Wirken zu überlassen.


740. St. Moritz, 2. Juni 1957. Bundeskanzler Adenauer

Als ich beim Mittagessen neben dem Kanzler saß, sagte ich mir immer wieder: ich muß mir merken, was er sagt, damit ich es in mein Tagebuch eintragen kann. Ich wußte, daß die Konversation nicht bis zu Feststellungen von weltpolitischer Bedeutung gedeihen werde; es schien, daß wegen der Sprachschwierigkeiten, wegen seiner Sorgen (er hatte an diesem Vormittag dem Bundestag über seine Reise nach Washington berichtet, von der er am Vortag zurückgekehrt war) und wegen des Gastes zu seiner Rechten (eines Juristen aus der Schweiz, glaube ich) jeder Kontakt zwischen uns auf den Austausch von Höflichkeitsfloskeln oder auf gar nichts hinauslaufen werde. Tatsächlich kamen wir aber sehr gut miteinander aus; wir sahen einander sogar in die Augen und lachten. Einmal, als ich mit Carl Burckhardt zu meiner Linken sprach und er ins Gespräch mit seinem Partner vertieft zu sein schien, spürte ich einen leichten Schlag auf meinem Handgelenk, und er nahm den Faden an der Stelle wieder auf, an der wir zu sprechen aufgehört

---

* Doch jeder Zusatz hat eine klarere, tiefere Verstärkung seiner latenten Absicht gebracht ... Vielleicht kann noch alles gerettet werden.

hatten. Und die große Tafel mit über vierzig Gästen muß überrascht gewesen sein zu sehen, wie der Kanzler und der amerikanische Benjamin so oft laut lachten. Ich begann von der Eröffnungsfeier in Yale zu sprechen, von der Promotion meines Bruders und von dem glänzenden Eindruck der Rede beim Lunch der ehemaligen Studenten in Woolsey Hall.[1] »Ja«, sagte er, »Harvard ist – – – – aber ich fand Yale so viel wärmer und näher – – – – Ich bin fünfmal in Amerika gewesen.« (Und dann mit einem tiefen Blick – wunderbare Augen in dem großen, flachen slawischen Gesicht* –, so als wollte er etwas sich selbst ebenso einprägen wie mir:) »Man kann bei persönlichen Begegnungen viel mehr erreichen. Vorgestern sprach ich vor Ihrem Repräsentantenhaus und vor Ihrem Senat. Es war etwas für mich sehr Rührendes [deutsch im Original] – die Art, wie ich empfangen wurde – – – – es gibt dort einige große Männer« (er nannte einige, aber ich verstand die englischen Namen durch die deutsche Aussprache nicht). »Ich fand den Präsidenten wohlauf, gesundheitlich und in geistiger Hinsicht.« (*Spätere Erinnerung:* Er drückte Bewunderung für Nixon aus und fragte, warum ihn viele nicht mochten. Ich sprach von Nixons wissentlich unfairen Anklagen gegen Helen G. Douglas, der Unreife der »Hunde«-Episode etc., hatte aber das Gefühl, daß er im Amt »gewachsen« sei.) »Amerika ist ein Kontinent . . . Und denken Sie an seine Kraft zu *geben;* was hätten wir ohne das getan? – – – – Wenn wir so reich gewesen wären, zweifle ich sehr daran, daß wir so gegeben hätten.« Ich sagte, daß ich gerade mit dem Innenminister gesprochen und erwähnt hatte, wie erstaunlich der Verkehr auf dem Rhein unter meinem Fenster war. »Ja«, sagte er, »es heißt, daß Duisburg jetzt den größten Verkehr aller Binnenhäfen der Welt hat. *Sehen Sie, das ist eigentlich eine Gefahr, daß wir so bald reich werden.«* [Deutsch im Original] – »Ich habe mich gefreut, Herr Bundeskanzler, daß Ihre gnädige Frau Tochter Sie wieder in die Vereinigten Staaten begleitet hat.« – »Ja«, sagte er lachend, »ich habe gern jemanden bei mir, der sich um mich kümmert; diesmal habe ich auch meinen Sohn mitgenommen – er ist

---

* Ich hatte, bevor wir zum Lunch gingen, zum Innenminister etwas über das wundervolle Gesicht des Kanzlers gesagt. »Ja«, sagte er, »wir nennen ihn den alten Irokesen.« – »Ich finde es nicht so sehr indianisch als vielmehr slawisch.« – »Mag sein«, antwortete er. »Wer kann sagen, was für Elemente im Rheintal zusammengekommen sind.«
1 Konrad Adenauer hatte bei der 255. Feier der Verleihung akademischer Grade in Yale am 11. Juni 1956 den Ehrendoktor der Jurisprudenz erhalten und Amos N. Wilder den Doktor der Theologie. Nach der Feier hatte Kanzler Adenauer eine Rede bei einem speziellen Lunch gehalten. Er wurde auf seiner Amerikareise begleitet von seinem Sohn Konrad Adenauer jun. und seiner Tochter, Frau Libeth Werhahn.

neunzehn und studiert Jura. Ich habe den ganzen Tag ein Programm –
aber die Jungen gehen umher und amüsieren sich. Aber« (mit erhobe-
nem Zeigefinger) »ich habe meine Liebhabereien; in Washington
nehme ich mir immer die Zeit, in die National Gallery zu gehen. Ich
habe mich immer für die graphischen Künste interessiert.« – »Oh,
dann«, sagte ich, »sind Sie nach Goethes Unterscheidung« (ich weiß
nicht, ob das bei Goethe steht; für mich ist es von Gertrude Stein)
»mehr ein Augenmensch als ein Ohrenmensch?« Er schien durch diese
Unterscheidung sehr verblüfft zu sein. »Ich liebe Musik, aber ich *bin*
ein Augenmensch.« Ich weiß jetzt nicht mehr, wie das Gelächter auf-
kam, aber da war etwas mit einem Hotel außerhalb San Franciscos (ich
schlug Monterey vor) mit kleinen Hütten darum herum. Und es gab
noch mehr Gelächter bei der bloßen Erwähnung von Texanern. Und
dann kam ein tiefer, besorgter Seufzer: »Ich kann keine Ferien machen
– mit diesen Wahlen im September. Wahlen sind . . .« (Ich habe das
*düstere* [deutsch im Original] Adjektiv vergessen.) In einem gewissen
Augenblick suchte er plötzlich in seiner Erinnerung nach dem Titel und
sprach mir dann seine warme Hochachtung für *Die Brücke von San Luis
Rey* aus . . .

Alle diese Worte sind nichts, aber der Eindruck des Alters (einund-
achtzig) so ohne jedes Gelangweiltsein, ohne Müdigkeit, so sehr bereit,
auf eine zufällige Begegnung mit solcher Einfachheit einzugehen.


745.  St. Moritz, 8. Juni 1957. *Die Alkestiade*

Morgen besucht mich Leopold Lindtberg aus Wien, der Regisseur unserer bevorstehenden Premiere.[1] Wir wollen über die technische Produktion des Stückes sprechen. Die Schlange, die Abgänge durch den Zuschauerraum, das Kostüm der Parzen etc.

Aber ich glaube nicht an dieses Stück. Es fand nie den Weg in das
Zentrum meiner Anstrengungen. Ich stand gewiß oft unter starken
Emotionen, als ich es in Aix schrieb. Aber es gibt Emotionen und
Emotionen, und diese waren nicht von der empfehlenswerteren Art.
Die Kierkegaard-Lektüre war nicht tief genug in mich eingedrungen.
Wie ein schlecht gebackener Kuchen haben nur Teile des Stückes die
richtige Hitze bekommen. Meine Befangenheit wegen dieser Tatsache

1  Die revidierte *Alkestiade* in der deutschen Übersetzung von H. E. Herlitschka wurde
am 27. Juni 1957 in Zürich uraufgeführt.

erklärt ausreichend meine Unfähigkeit, den Text auch nur als Vorbereitung auf den morgigen Besuch noch einmal zu lesen. Auf schändliche Art vertraue ich auf diese alte theatralische Fähigkeit und nehme an, ich habe eine Reihe von Szenen geschrieben, die die Aufmerksamkeit der Zuschauer fesseln werden – ich vertraue sogar darauf, daß die deutschsprachige Welt die Art von halbgebackenem Gericht mag, die ich in diesem Fall serviere. Andererseits hofft eine winzige Stimme in mir, daß ich besser geschrieben habe, als ich weiß; daß ich innerhalb dieser ständig wechselnden wichtigsten Situationen von einem Instinkt geleitet wurde, den ich jetzt nicht beurteilen kann. Ist es *Kitsch* [deutsch im Original], daß jede Frau von der Möglichkeit verfolgt wird, daß es einen Ausdruck ihrer selbst gibt, der über den des Frau-und-Mutter-Seins hinausgeht? Nein. Ist es *Kitsch,* daß wir alle von einer Lebenskraft jenseits des Biologischen gebraucht werden können, um als Beispiele und Versuche dafür zu dienen, wohin die menschliche Gesellschaft fortschreiten kann? Nein. Das Stück sollte sagen, daß die Straße, auf der wir gehen, gepflastert wurde von den Leiden unzähliger anonymer Seelen, die nur von ihren eigenen halbverstandenen ethischen Intuitionen geleitet wurden, und diese Intuitionen stammen aus dem Herzen des Universums, das eine ethisch orientierte Quelle ist. Aber sagt das der Text? Im Operntext habe ich diese Absichten klarer ausgedrückt. Wenn ich mich jetzt dazu überreden könnte, den Text des Stückes zu revidieren, könnte ich einige dieser Elemente in das inkorporieren, was am 27. Juni stattfinden wird.[2]

749. St. Moritz, Freitag, 14. Juni 1957. Frage: Ein anderer Einakter [»The Rivers under the Earth«]?

Wann kam mir dieser Einfall zum erstenmal? Bevor ich nach Mailand fuhr? ... Aber ich erinnere mich, daß ich während der Agonie dieser Nacht – nach La Scala[3] – versuchte, meine Aufmerksamkeit von meinen

2 Das Stück wurde revidiert und in der deutschen Übersetzung als *Die Alkestiade* nach mehreren Bühnenaufführungen 1960 in Deutschland veröffentlicht. Der revidierte englische Text wurde zum erstenmal 1977 als *The Alcestiad, or A Life in the Sun* veröffentlicht. Eine Bühnenausgabe mit einem Vorwort von Isabel Wilder erschien 1980 bei Samuel French, Inc., in New York.

3 Thornton Wilder war durch Krankheit gezwungen worden, am Montag, dem 10. Juni 1957, eine Vorstellung von *Iphigenie in Tauris* (mit Maria Callas) in der Mailänder Scala zu verlassen.

Schmerzen abzulenken, indem ich Material für dieses Stück erfand. Wahrscheinlich dachte ich etwa am Samstag, dem 8., zum erstenmal daran und unterdrückte es dann einige Tage lang. Jedenfalls stelle ich mir gern vor, daß es durch die nun schon berühmten Montagabend-Anfälle gewärmt und erweitert wurde.

Es war mir damals (aber erst zu dem angegebenen Zeitpunkt) klar geworden, daß ich einen Einakter aus dem Gedankengang machen konnte, den ich für die Norton-Vorlesungen entwickelte . . .[4] Nämlich daß oft weitreichende Entscheidungen unseres Lebens aufgrund von irrationalen, uns verborgenen Eingebungen getroffen werden. Und ich möchte hinzufügen, die mächtigsten kommen aus dem Erotischen und dem Magnetfeld des Ödipuskomplexes. Bisher hat sich dieses Stück entsprechend Toms [Tom Everages] Beziehung zu seiner Mutter entwickelt; geplant habe ich, daß es einen Höhepunkt erreicht, der die Beziehung zwischen einer Tochter und einem Vater veranschaulicht. Nach der Arbeit des heutigen Tages sieht es so aus, als würde die Geschichte des Jungen völlig ausreichen.

Es fing heute morgen an, das Schreiben dieses Stückes. Ich war enttäuscht, ja, gedemütigt, weil ich in all diesen Wochen, die vergingen, nicht geschrieben, nicht wirklich geschrieben hatte. Und wußte, daß die Abhilfe zur Hand ist, nämlich die feste Absicht und Disziplin und Gewohnheit, jeden Morgen nach dem Frühstück ein oder zwei Stunden zu schreiben – ohne Rücksicht auf andere drängende Verpflichtungen. Von der großen, akkumulierten Unzufriedenheit mit mir selbst erfüllt, tat ich heute morgen gerade das. Ich nahm diese *donnée* auf, die mir vage vorschwebte (am klarsten war die glückliche Wahl dieser nächtlichen Szene am Genfer See für die Zentralbühne – Glühwürmchen, Gartenfeuer und die über die Szene verstreuten »Felsen«) und begann: »Mutter: Ich weiß nicht, wo ihr Kinder eure Fähigkeit geerbt habt, im Dunkeln zu sehen.«

Ich hoffe sehr, ich komme damit durch. Ich fürchte, ich habe die beiden anderen beim Backen verloren – »In Shakespeare and the Bible« und »A Ringing of Doorbells«. Irgendwo habe ich verhindert, daß sie eine Beziehung zum Allgemeinen finden. Ich bin sicher, ich würde weniger solche Schiffbrüche erlitten haben, wenn ich die feste Gewohnheit der morgendlichen Aufgabe angenommen hätte – *deux heures, génie ou non*. Ich hoffe, das wird nun richtig. Es scheint mir die Versprechung eines schönen und stillen Stückes voller Andeutungen zu sein.

4 Siehe Eintragungen 720, 724, 727 und 728 (8. März, 3., 7. und 8. April 1956)

*19. Juni 1957*

Ich bin beinahe fertig. Und dieses »beinahe« ist nicht dasselbe »*à peu près*« wie bei »In Shakespeare and the Bible« und »A Ringing of Doorbells« – die ich jeden Tag fertig schreiben könnte und die doch nie beendet sein werden.

Dieses Stück stellt eine ungeheure Schwierigkeit dar: es muß, seiner Natur nach, zu zwei Dritteln aus Exposition bestehen. Ich muß all diese »vergrabenen Assoziationen« unterbringen, die im letzten Drittel wie Zeitbomben rasch nacheinander explodieren. Der arme Zuschauer kann nicht voraussehen, daß das geschehen wird; ihm wird ein heterogenes Bündel von Anekdoten und zusammenhanglosen Bemerkungen an den Kopf geworfen. Gibt es eine Möglichkeit, seine Aufmerksamkeit früher zu wecken für das, »was wir tun«, »wohin wir gehen«? Was sind das für Zeitbomben? Tom hat zwei: Gerontologie und Violet; und Francesca hat Charlie und den toten Robin. Könnte ich einen Titel finden, der in dieser Hinsicht weiterhilft? Ich bezweifle es.* Ich nehme an, ein geschickterer Dramatiker (Ibsens erste Akte haben alle diesen Charakter) würde diese Leitmotive so gewählt haben, daß sie enger miteinander verknüpft sind und die Exposition eines *jeden* mit der eines anderen in Verbindung gebracht werden kann. Meine vier sind einzelne Felsblöcke, die den Berg hinaufgewälzt werden müssen.[5]

753.  HOTEL LA PACE, MONTECATINI, [ITALIEN,] 19. OKTOBER 1957. Über die Rede in Frankfurt[6]

Ich habe also in ein kleines Hornissennest gestochen. Ein Dr. Rudolf Walther Leonhardt ließ mir eine große Seite voller Bestürzung über die Rede in der Hamburger *Zeit* durch einen früheren Theaterkritiker,

* »The Rivers under the Earth«
5  Das Stück wurde nicht beendet. Es gibt einen unvollständigen Manuskriptentwurf (23 Seiten) unter den Thornton-Wilder-Papieren in Yale.
6  Thornton Wilders Rede (in deutscher Sprache), »Kultur in einer Demokratie«, wurde anläßlich der Verleihung des Friedenspreises des Börsenvereins des Deutschen Buchhandels in der Paulskirche in Frankfurt am Main am 6. Oktober 1957 gehalten. Sie wurde zusammen mit zwei anderen als *Drei Ansprachen anläßlich der Verleihung des Friedenspreises des Deutschen Buchhandels* (Frankfurt am Main, Börsenverein des Deutschen Buchhandels, 1957) veröffentlicht. Der englische Originaltext wurde in *American Characteristics and Other Essays*, 1979, abgedruckt.

René Drommert, zuschicken, dem ich einmal spontan geschrieben und für eine schöne Besprechung der *Heiratsvermittlerin* gedankt hatte. Ich denke, ich schreibe am besten eine kurze Antwort auf all das. Ich will sie hier skizzieren.

»Sehr geehrter Herr Drommert, es ist mir ein Vergnügen, wieder dem Kritiker zu schreiben, an den ich mich einmal, ›zum erstenmal in meinem Leben‹, mit einem spontanen Dank wandte – – – – Ich danke Ihnen für die Zusendung des Artikels von Dr. L. und für Ihre verständigen Kommentare dazu. Ich danke auch Dr. L. für die Verständigkeit und sogar Güte (ein Abschnitt ausgenommen), mit der er eine Rede bespricht, der er so ganz und gar nicht zustimmt.

Ich will den Artikel kurz diskutieren – und den Ton eines freundlichen Briefes an Sie beibehalten, einer Fortsetzung unserer früheren Korrespondenz, obwohl Sie von diesem Brief nach Belieben ›offen‹ Gebrauch machen können.

Die Rede war ... kurz, ja, sogar sehr kurz, wenn man die Vielfalt der Themen bedenkt, die sie berührte. Diese Kürze entsprach ihrer Methode – die schon in den ersten fünf Minuten erkennbar war –, nämlich sie war spekulativ und, wie das Whitman-Zitat, auf das sie sich gründete, fragend. Es lag nicht in ihrer Absicht, logische Entwicklungen zu konstruieren und zu endgültigen Definitionen zu gelangen, sondern sie wollte Vorschläge bringen und im besonderen zu einem fortwährenden Dialog mit aufmerksamen Zuhörern einladen. Dieser Aspekt der Rede geht auf der gedruckten Seite weitgehend verloren. Irre ich mich, wenn ich in der Paulskirche das Gefühl hatte, daß die Zuhörer mit der freundlichsten Teilnahme auf diese Art von Exposition eingingen – auf diese Emphasen, Pausen und Fragen? Es war kein Essay, sondern eine *Rede* und somit ein Gespräch; und solche Reden lassen sich nicht leicht durch isolierte Zitate untersuchen.

Ich fühlte auch – und sah –, daß einem großen Teil der Zuhörer das Element des Humors bewußt war, das dicht unter der Oberfläche lag. Freilich waren die Themen, über die wir gemeinsam nachdachten, sehr ernst, aber ich schloß mit einem Aufruf zur Hoffnung, zum Mut, zum Glauben an die Menschheit; und wenn ich daran erinnert werde, wie diese Qualitäten in uns allen wirken, ist der Humor nicht weit. Der Humor liebt die Klärung durch Paradoxa, durch Über- und Untertreibung.

Ich bin erstaunt darüber, daß sich Dr. Leonhardt so wenig mit dem Hauptthema meiner Rede befaßt und so wenige Stellen zitiert, die es widerspiegeln ... In einem Fall geht er so weit, es zu entstellen. Er kommt einem Akt von *mauvaise foi* sehr nahe, das heißt, dem bewußten Mißbrauch des ihm vorliegenden Materials zu polemischen Zwecken. Ich kann mir vorstellen, daß ein Leser, der die Rede nicht gehört hat, entsetzt ist, wenn er feststellt, daß der Redner ›sich gern dem Gemeinen, Ordinären und Vulgären verbunden‹ wünschte. Dr. Leonhardt wußte sehr wohl, daß diese Worte in einem Abschnitt fielen, der das Hauptthema philologisch illustrierte; daß ich gerade (in einer Stadt, in der sich eine Zeitung *Allgemeine* nennt) gesagt hatte: ›Das Wort gemein müßte ein schönes Wort sein‹, und daß ich im Begriff war zu sagen: ›Wir müssen diese Worte retten.‹ Wenn er die Rede gehört hätte, würde er die Sorgfalt bemerkt haben, mit der ich auf die Ambivalenz hinwies, die diesen Wörtern anhaftet: daß ich *gemein* mit einem respektvollen Gefühl sagte und *ordinär* so langsam, daß den Zuhörern einfallen konnte, daß es in der Form *Ordinarius* nicht abschätzig ist, und *vulgär* so, daß wir uns daran erinnern können, daß eine der Bibelübersetzungen Vulgata genannt wird. Für diejenigen, die der ›gestellten Frage‹ folgten, gab es keine Möglichkeit, dem Redner einen ›umgekehrten Snobismus‹ zuzuschreiben.

Ich möchte Dr. Leonhardt und Dr. Beutler dafür danken, daß sie ein Goethe-Zitat, das ich an anderer Stelle gebrauchte, korrigierten und mir erläuterten.

Und schließlich wünsche ich mir, die Seite in *Die Zeit* wäre dazu verwendet worden, mir in bezug auf eine Antwort zu helfen, die ich suche und die wir alle suchen: ist es möglich, daß die Bedingungen unter einer Demokratie nicht nur eine bewundernswerte Kultur, sondern eine neue Art von Kultur hervorbringen können? Und hatte ich recht, als ich sagte (in einem der Abschnitte, die hinzugefügt wurden, nachdem der Text in Druck gegeben worden war): ›Wir wollen uns nicht zu schnell erschrecken lassen. Wir haben es hier mit unbekannten Faktoren zu tun . . .‹?« [Alle Sätze in Anführungszeichen deutsch im Original. A. d. Ü.]


ZWEITE FASSUNG

»Ich bin Dramatiker, und daher bevorzuge ich Reden, die nicht Essays sind, sondern Reden und mehr als Reden: Dialoge. Meine Absicht war es nicht, logische Entwicklungen zu konstruieren und zu endgültigen Definitionen zu gelangen, sondern Vorschläge zu machen und zu einem fortwährenden Dialog mit aufmerksamen Zuhörern einzuladen. Diese lebendige Teilnahme geht auf der gedruckten Seite weitgehend verloren. Wie das Zitat von Walt Whitman, auf das die Rede gegründet war, waren meine Gedanken hauptsächlich fragender Natur.

... Ein solches ›Gespräch‹ läßt sich nicht leicht später durch isolierte Zitate analysieren. Dr. Leonhardt untersucht nicht eine kongeniale spekulative Frage unter Freunden, sondern ein kaltes Dokument auf Papier ...

Ich bin erstaunt darüber, daß sich Dr. Leonhardt so wenig mit dem Hauptthema meiner Rede befaßt und so wenige Stellen zitiert, die es widerspiegeln. Ich habe nicht Bonzen-Eliten oder Baseball gerühmt: ich habe über etwas gesprochen, was unseren Herzen nahe ist – in Bombay und Rio de Janeiro, in Lyon und Manchester.«

[*November?*] *1957*

Nach einer langen Weile – aber an der Verzögerung waren nur andere Beschäftigungen und Gleichgültigkeit gegenüber der Provokation schuld – schrieb ich Herrn Drommert und benutzte (aus dem Gedächtnis) einiges von dem obigen Material. Ich bekam andere Briefe – meistens von Studenten –, einen sehr entrüsteten, die anderen mit der Bitte um Erklärungen. Ich wundere mich jetzt über einige Dinge, die ich dort zu sagen wagte, vor allem, da Dr. Schweitzer zwei Meter unter mir saß: daß Gott kein Vater ist ———— (Es ist eine Metapher, daß Er ein Vater ist, und auch eine Metapher, daß Er keiner ist!) Jedenfalls bestätigt nichts so sehr meine »Unschuld« in der Beziehung zu einer Zuhörerschaft. Ich hätte letzte Woche in Paris mit Alice [Toklas] darüber sprechen und darüber lachen sollen. »Man sollte mich nicht in die Öffentlichkeit gehen lassen. Ich weiß nicht, wie man sich dort benimmt.«

754. AN BORD DER »STATENDAM«, 3. DEZEMBER – AB CHERBOURG 30. NOVEMBER, [ANKUNFT] NEW YORK 6. DEZEMBER 1957. Über den Abschluß dieses Tagebuchs und über das Briefbuch

755. SS »VULCANIA«, VOR BARCELONA, MONTAG, 24. NOVEMBER 1958. Dieses Tagebuch

Beinahe ein Jahr ist vergangen seit der obigen Eintragung, die gar keine ist. Da ich nicht gern zurückblicke, werde ich nicht versuchen, die Gründe für die lange Pause anzuführen. Wie Scott Fitzgerald irgendwo sagt, ist es sehr leicht, die Gewohnheit des Schreibens zu verlieren, und dann doppelt schwer, sie wieder anzunehmen. Einer der Gründe war jedoch eine zwanghafte Vernarrtheit in *Finnegans Wake*. Ich machte große Fortschritte, aber jetzt stecke ich wieder fest. Ich beginne einen Hoffnungsschimmer zu spüren, daß ich jetzt damit fertig bin, und der Artikel für *PMLA*, den ich beinahe beendet habe, soll mein *envoi* für diese Krankheit sein.[1] Eines quält mich allerdings noch. Ich habe immer gesagt, daß ich die *F. W.*-Studien aufgeben könnte, wenn ich die strukturellen Muster entdeckte, die dem Kapitel *Anna Livia Plurabelle* zugrunde liegen. Dieses Kapitel bleibt so schön, aber auch ebenso planlos wie immer. Ich war hocherfreut, als ich feststellte, daß »*a latere dextro*« aus der Kollekte *Vidi Aquam* stammte, und dachte, ich würde entdecken, daß das ganze Werk aus dieser Kollekte in der Karwoche kam (und was für eine schöne Glosse all diese *aquae* wären), aber nur dieses Fragment scheint darauf anzuspielen. Verdammt!

756.  SS »Vulcania«, vor Barcelona, Montag, 24. November 1958.
Die sieben Einakter

Ich sehe, daß ich in meiner Eintragung 749 sage, die Stücke »In Shakespeare and the Bible« und »The Ringing of Doorbells« würden nie fertig werden.

Bald, nachdem ich auf dieses Schiff kam, begann ich eine Liste von Themen zusammenzustellen, die sich mir von Zeit zu Zeit als mögliche Stücke für diese Serie präsentierten. Immer auf der Suche nach einer Farce – um Abwechslung in die düstere Note der beiden fertigen zu bringen –, machte ich mir eine Notiz über einen Erlebnisbereich, den ich »Nicht vor den Dienstboten« oder »Nicht vor den Kindern« nenne: der Streit oder die leidenschaftliche Szene, die des Zugeständnisses an die Konvention wegen wiederholt unterbrochen werden muß. Dann ging ich daran zu überlegen, ob ich aus dem ausgeschiedenen Material nicht irgendeinen Aspekt dieser »Geraldine de Gray«-Projekte retten könnte. Ich begann dann ein Stück über den neurotischen Geiz der Millionäre von Massachusetts und über die Charakterdeformationen, die durch großen Reichtum verursacht werden [»The Cabots«, später »Cement Hands«]. Während dieser Tage

---

1  Wahrscheinlich der Artikel »Giordano Bruno's Last Meal in *Finnegans Wake*«, der nicht in *PMLA*, sonder in der *Hudson Review* (Frühjahr 1963) erschien.

las ich ein Buch (und ein unerwartet gutes) über Joyce in der Serie »Les Auteurs racontés par eux-mêmes«. Darin sagt der Herausgeber [Jean Paris] (irrtümlicherweise, wie ich glaube), daß vier der Erzählungen in *Dublin* vier der Sieben Todsünden in der kanonischen Reihenfolge exemplifizieren. Da ich im Augenblick ein Stück über *Avaritia* erwog, kam mir plötzlich der Gedanke, daß vielleicht alle meine sieben Stücke *les péchés capitaux* darstellen könnten. Und in wenigen Minuten sah ich, daß ich diese zwei Stücke, die ich aufgeben zu müssen glaubte, *retten* und *beenden* und vertiefen konnte, und daß die fertigen sehr gut in eine solche Reihe passen würden. (Dann überlegte ich – immer noch einer Anregung von Joyce folgend–, ob ich nicht mit jedem Stück eine Farbe des Regenbogens assoziieren konnte.) . . .

»Bernice« [*Superbia*] würde nur noch die Ergänzung durch einige Zeilen benötigen: daß das »allein geboren« dieser zwei soviel bedeutete wie voll Verachtung für andere geboren werden, heimlich und stolz.[1] »The Ringing of Doorbells» [*Invidia*] erhält nun Leben und Bedeutung und wird sehr stark sein (obwohl ich im Augenblick den Abschluß noch nicht sehe).[2] Als ich mich mit dem außerordentlich schwierigen Problem auseinandersetzte, wie *Luxuria* zu »exemplifizieren« wäre, fiel mir wieder ein, daß ich schon lange einen heiligen Franziskus vor der Bekehrung machen wollte: daß Heilige von Natur aus Ungeheuer sind, die gezögert haben und gut und böse auf extreme Weise waren. Dies [»Someone from Assisi«] verspricht wirklich ein ganz ungewöhnliches Stück zu werden, voll von Dingen, die noch nicht oft gesagt wurden. Ich sehe noch nicht, wie »In Shakespeare and the Bible« dazu gebracht werden kann, etwas über *Ira* auszusagen. Ich muß vielleicht eine andere Geschichte finden, aber das ist latent da: daß Zorn gegen einen Menschen Zorn gegen das Universum ist; daß die Iren, wie ich so oft sage, großartig sind, bevor sie einen Vorwand für den Streit gefunden haben.[3] *The Drunken*

---

1 Das Stück wurde beendet. Es wurde im September 1957 in der deutschen Übersetzung als »Berenike oder der Stolz« in der Kongreßhalle in West-Berlin aufgeführt und in *Die Neue Rundschau*, Dezember 1960, gedruckt. Der englische Text, von dem sich eine endgültige maschinengeschriebene Fassung unter den Thornton-Wilder-Papieren in Yale befindet, wurde nicht veröffentlicht.
2 Das Stück blieb unvollendet. Es gibt ein unvollständiges Manuskript (21 Seiten) unter den Thornton-Wilder-Papieren in Yale.
3 Dieses Stück würde nicht beendet. Drei unvollständige Manuskriptentwürfe, von denen einer den Titel »*Ira*« trägt – den Wilder später für ein ganz anderes Stück verwendete –, befinden sich unter den Thornton-Wilder-Papieren in Yale.

*Sisters* [*?Golosità*] erhält einen neuen Reiz, wenn wir es in diesem Rahmen sehen.[4] »The Wreck on the Five-Twenty-Five« [*Accedia*] wird noch einige zusätzliche Worte benötigen, die zeigen, daß die Art von Verzweiflung, der der Held verfällt, genau im Sinne Dantes ein Unwille ist, die Gaben des Lebens anzunehmen: »Mürrisch waren wir in der hellen Luft.«[5]

Bleiben noch zu schreiben »*Avaritia*« [»*Cement Hands*«] und »*Luxuria*« [»Someone from Assisi«].

757. ÖSTERREICHISCHER HOF, SALZBURG, SONNTAG, 7. DEZEMBER 1958.
Die Einakter

Ich habe an den beiden neuen Stücken gearbeitet, Tag für Tag abwechselnd. Es geht sehr gut ... Wie recht ich hatte, auf diese Serien-Idee zu kommen. Die Stücke sind *gonflé* von dem Konzept, und der Autor ist der Notwendigkeit enthoben, es zu unterstreichen.

Die Schwierigkeit bei »Someone from Assisi« liegt darin, die Last zweier enormer Elemente zu tragen, die Elementen untergeordnet sind, welche stärker hervortreten müssen – d. h., kurze summarische Skizzen der Charakteristika eines heiligen Franz und einer heiligen Clara als bloßer Beitrag zu der Idee des Erotischen als zerstörerisch und des Erotischen als schöpferisch.[6]

Wer entwarf diese Beschreibung von Sieben Todsünden? Ich nehme an, die anonyme Weisheit der Kirchenväter. Der Lauf der Zeit hat manche Umformung ihrer Titel und ihres Inhalts nötig gemacht. Dante hat *Accedia* neu geschaffen – aus einem Übel des Mönchslebens eine allgemeine »Last«.

Jedenfalls habe ich meine Freude daran – und bin dem sehr dankbar.

---

4 Das Stück wurde schließlich beendet (ohne spezifischen Hinweis auf *Golosità*) und 1957 von Samuel French, New York, in einer Bühnenausgabe veröffentlicht. Als Satyrspiel erschien es in einem Band mit *The Alcestiad* (1977) und auch in der Bühnenausgabe dieses Stückes (Samuel French 1980).
5 Das Stück wurde in einer deutschen Übersetzung im September 1957 in der Kongreßhalle in West-Berlin aufgeführt. Der englische Text, von dem sich eine endgültige maschinengeschriebene Fassung unter den Thornton-Wilder-Papieren in Yale befindet, wurde nicht veröffentlicht.
6 Das Stück wurde 1962 im Circle im Square Theater in New York als eines der »Three Plays for Bleecker Street« aufgeführt. Kopien einer maschinengeschriebenen Fassung waren bei Samuel French, Inc., erhältlich.

759. Neues Posthotel, St. Moritz, 10. November 1959. Wiederauf-
nahme des Tagebuchs[1]

Ich hätte hier mit reichlichem Kommentar die unermeßlich wichtige
Entscheidung darlegen sollen, die ich in oder ungefähr in der ersten
Oktoberwoche traf. Ich beschloß, *Finnegans Wake* für fünf Jahre beiseite zu legen. Ich hatte schon lange bemerkt, daß es wie ein den Willen
unterminierendes Narkotikum nicht nur jedes Interesse am eigenen
Schreiben gleich welcher Art versiegen ließ, sondern auch die Quellen
selbst, aus denen Reflexion und Beobachtung und sogar meine Aufmerksamkeit auf Menschen und Ereignisse um mich her kommen. Vor
langer Zeit beschrieb ich mir selbst meine Studien in Lope de Vega als
ein hell erleuchtetes Zimmer, in das ich mich jederzeit zurückziehen
konnte, um mich glücklich mit den faszinierenden Dingen zu beschäftigen, mit denen es ausgestattet war. Ich wußte auch, wollte mich aber
nicht mit der Tatsache auseinandersetzen, daß mir Lope ebenso wie
*F. W.* das Gefühl einer Kreativität gab, die keine echte Kreativität war.
Bei beiden Studien erlebte ich die Befriedigung, täglich etwas Neues zu
entdecken. Ihre hauptsächliche Faszination war gerade das, daß sie einen Fortschritt darstellten, eine immer länger werdende Reise, auf der
ich oft der Pionier war. Ich schöpfte aus ihnen jeden Monat sehr viel
mehr legitime Befriedigung als so mancher fleißige, aber mit geringem
Wahrnehmungsvermögen begabte akademische Gelehrte in seinem
ganzen Leben. Ich war in langen Zeitperioden glücklich, und dieses
Glück würde genügt haben, hätte ich nicht Stunden einer anderen Art
von Kreativität gekannt. Ich kann mich jetzt nicht erinnern, ob ich eine
tiefe Freude beim Schreiben empfand oder was für eine Art von Freude
das war. Die von Gertrude Stein übernommene Einstellung – aber ich
hatte sie schon, bevor ich sie kennenlernte –, keine Befriedigung aus
dem Lob der eigenen Arbeit durch die Außenwelt zu gewinnen, verband
sich mit dieser Ersatz-Freude an der Forschung, um aus meinem Geist
jede Erinnerung daran zu löschen, was es heißt, davon »mitgerissen« zu
werden, daß man selbst etwas Neues schafft. Diese neuen Einakter sind
aus den peripheren Bereichen meines Willens und meiner Imagination
heraus geschrieben worden – aus dem kleinen Bereich heraus, der noch
lebendig ist neben der verzauberten Hingabe an Lope und Joyce. Es mag
lange dauern, das Zentrum des Geistes wieder zu befeuern, und ich bin
alt. Und mit Bestürzung erkenne ich, daß es nicht lediglich darum geht,

1  Die vorausgehende Eintragung (758) stammt vom 15. März 1959.

Themen zu finden und sie als Literatur zu präsentieren; es geht darum, die Beobachtung und Reflexion wieder zu wecken, die allein die Erfindungen nähren und ihnen Bedeutung verleihen. Ich bin wie einer, der von einer Krankheit oder einer langen Reise in eine ferne Gegend zurückkehrt, um sich wieder in seinem Haus einzurichten.

763. HOTEL MORGANO TIBERIO, CAPRI, DEZEMBER 1959. Parolles in *Ende gut, alles gut*

*Ende gut, alles gut* ist ein schreckliches Pfuschwerk. Warum Shakespeare darauf beharrte, ist schwer zu verstehen – wahrscheinlich brauchte er in aller Eile ein Stück. W. S. konnte seine Idealisierung nicht an einem Mädchen von niedriger Geburt vornehmen, noch an einem Mädchen, das einen technischen Vorteil ausnutzt, um einen Mann zur Ehe zu zwingen, den es liebt, der aber seine Liebe nicht erwidert*, und das den Bett-Trick aus *Maß für Maß* anwendet – was allen Neigungen einer Shakespeareschen Heldin widerspricht. Die alte Gräfin: Shakespeare interessiert sich nicht für ältere Frauen, sofern sie nicht sehr rassig sind. Bertram ist hingepfuscht, und es ist bedeutsam, daß ihm Shakespeare keine wirklichen »Szenen« zu spielen gibt. Die Art, wie er sich am Schluß windet und wie er lügt, ist so schändlich wie irgend etwas, was Parolles tut. Wir können Bertram vielleicht überhaupt nur im Lichte der ständigen Erklärung sehen, daß er *sehr jung* ist. Mit alledem arbeitet Shakespeare an einem Stück ohne Hauptfigur und ohne eine prominente Figur, die wirklich sein Interesse in Anspruch nimmt. Hier hat Boccaccio Shakespeare im Stich gelassen, denn Shakespeare konnte nicht Boccaccios Vergnügen an den bloßen Intrigen und Gaunerstreichen von Damen und Herren teilen. Auch der Vers ist Pfuscherei aus seiner reifen Periode, aber ungleich – ganz die Manier, aber nur gelegentlich die Konzentration . . . Der alte König hat viele gute Züge, und seine Unterwerfung unter Krankheit und Tod ist sehr gut und gewissermaßen »neu«.

Interessant ist jedoch Parolles und das aufgrund einer nicht geringen Ambivalenz auf seiten Shakespeares. Er gehört der Osric-Familie an, die Shakespeare haßt, mit derselben Betonung der Kleidung . . . Von der ersten Szene an weiß Helena, daß er ein Lügner ist, ein »Narr im

---

* Dennoch sagt Helena zu seiner Mutter (I, 3): »Nie offenbart ich/ Ein Zeichen ihm zudringlicher Bewerbung.« Ein grober Schnitzer!

Haufen« und ein Feigling. Der alte Lord Lafeu hänselt ihn, und Shakespeare liefert eine Szene nach der anderen, in der Lafeu ihn sogar beleidigt ... Dann, in der Szene mit der verlorenen Trommel, wird er wie Malvolio der letzten Erniedrigung preisgegeben – er lügt über seine Wohltäter und verrät Kriegsgeheimnisse. *Aber* Shakespeare hat unendliche Nachsicht mit Parolles. Er liebt ihn wegen seiner Offenheit sich selbst gegenüber – – – Und sehr rührend ist die Szene (V, 2, Schluß), wo Parolles, in Ungnade gefallen und ohne Geld, von Lord Lafeu halb verächtlich, aber verzeihend aufgenommen wird ...

Was Parolles rettet, ist seine Selbsterkenntnis, und sie wird kurz und großartig angedeutet. Am Ende der Szene (IV, 3), wo er überführt, verspottet und der Bettelei überlassen wird (aber sein Leben behält, das er schon verloren glaubte):

»Doch bin ich dankbar. Wäre groß mein Herz,
Jetzt bräch' es.«

(Was für eine Erinnerung an andere Shakespearesche Helden.)

»Mit der Hauptmannschaft ist's aus;
Doch soll mir Speis und Trank und Schlaf gedeihen,
Als wär ich Hauptmann. Nähren muß mich nun
Mein nacktes Selbst ...
Verroste, Schwert, und Scham, fahr hin! Glück auf;
Beginn als Narr den neuen Lebenslauf,
Denn noch sind Platz und Unterhalt zu Kauf. –«*

Wenn Falstaff nicht die Ritterwürde besessen hätte?

Das Osric-Motiv kreuzte sich mit dem Pistol-Motiv ... und wurde dann in die gemeinsten Farben des Lügners und Verräters getaucht (... Parolles scheint als Kuppler zwischen Bertram und Diana gedient zu haben, versuchte aber tatsächlich, sie vor ihm zu warnen), und dennoch gewann er diese schöne Vergebung Shakespeares.

Das Stück steht ganz nahe bei *Maß für Maß* und gehört daher zur »leidenden Zeit« Shakespeares – obwohl es nichts von dem Ekel vor Sex aus dieser Zeit an sich hat. Was es jedoch aus dieser Zeit an sich hat, ist die Stimmung des Überdrusses in bezug auf Moral und »der Tugend stählernes Gebein« und »kalte Weisheit«. Deshalb fehlt es Helena ganz und Isabella beinahe an Charme.

. . .

---

\* Alle Zitate sind der Übersetzung von Wolf Graf Baudissin entnommen (A. d. Ü.).

764. Deepwood Drive, [Hamden, Ct.,] 24. März 1960. Der Traumprozeß in der Literatur

Ich bin dabei, zwei Stücke zu schreiben (»*Ira*« und *Childhood*), in denen
Traumsequenzen vorkommen, und bin sehr aufmerksam auf das geworden, was beim Träumen geschieht. Ich verwende kaum all die Symbole und Bilder, die in Freuds *Traumdeutung* und in seiner Studie von
[Jensens] *Gradiva* illustriert werden. *Finnegans Wake* ist ein umfangreiches Kompendium von Techniken für die Reproduktion eines
Traumlebens, aber ich finde dort nicht mehrere, auf die ich mich stark
stützen möchte. Es gibt eine, die bei Kafka oft verwendet wird und die
ich nicht brauchen kann, weil die Zahl der Personen in meinen Stücken
begrenzt ist: Kafka führt nämlich Figuren ein (im ersten Kapitel von
*Der Prozeß* und oft in *Amerika*), die von Balkonen oder Fenstern auf
der anderen Straßenseite aus aufmerksam die Vorgänge verfolgen. Das
wirft – obwohl wir es nach den Briefen und Tagebüchern nicht brauchten – ein Licht auf Kafka als einen Mann, der von einem *Auge* oder von
*Augen* gequält wird, denen er nicht entrinnen kann. In *Childhood* verwende ich etwas, woran ich mich nicht allzu deutlich erinnere, aus der
*Traumdeutung* (und was ich im Lichte dieses Buches in meinen eigenen
Träumen beobachtete): daß eine wichtige Person im Traum, die der
Zensor nicht identifizieren und anerkennen will, verschleiert oder mas-
kiert erscheint oder nur von hinten gesehen wird. So auch Vater und
Mutter meiner Kinder. Aber in »*Ira*« möchte ich das Erlebnis verwenden, das ich so gut kenne: »Aber er ist *tot* – – – – nein, *sie* ist tot – – – –
aber *er* lebt – – – – jedenfalls träume ich – – – – vielleicht lebt er – – – –
Ich werde es wissen, wenn ich aufwache – – – –« Und dann möchte ich
die Anstrengung aufzuwachen beschreiben, eine Anstrengung wie
wenn man qualvoll an die Wasseroberfläche zu schwimmen versucht.
Kann ich auch meine so würdevolle Matrone schildern, wie sie zu laufen
versucht, um einen mörderischen Angriff abzuwenden, und feststellt,
daß sich ihre Füße nicht bewegen können? Kann ich von der Schauspielerin verlangen, daß sie sich, beinahe liegend, an einen Stuhl klammert
wie mit gebundenen Füßen? »*Ira*« sollte ein anhaltendes und ständig
wechselndes Bild des Traumprozesses zeigen, und vielleicht ist »Ich
versuche aufzuwachen« das Ende, das ich schon so lange für *Childhood*
suche (das dann allerdings nicht zusammen mit »*Ira*« aufgeführt werden könnte).

Kafkas *Amerika* ist ein sehr seltsames Buch, reiner Unsinn und
dennoch irgendwie fesselnd. Als ich es vor langer Zeit zum erstenmal

las, war ich nur verwirrt – wie bei den anderen beiden Romanen [*Der Prozeß* und *Das Schloß*], obwohl ich an ihrer Größe nicht zweifelte. Wenn ich es nun wieder lese und bewußt als Reproduktion eines Traumprozesses erkenne, ermüdet es mich immer noch zum großen Teil, aber ich sehe, daß Kafka einen Weg gefunden hat, die Unbegreiflichkeit der Welt und des menschlichen Verhaltens für einen Sechzehnjährigen darzustellen. Die beiden ständigen Anliegen sind die Frustration des Versuches, Gerechtigkeit zustande zu bringen oder zu erlangen, und eine sehr verschwommene Erotik, die kaum überhaupt an die Oberfläche kommt. Karl wird von allen, denen er begegnet, in alle Richtungen gezogen, und aus dem Traumprozeß bekommen wir diese langen, komplizierten Episoden, die so genau, unter einer Art von kräftigem Scheinwerferlicht scharfer Aufmerksamkeit, beschrieben werden – und so exakt widergespiegelt sind in den Häusern mit ihren endlosen Korridoren und verschlossenen Türen. Das Occidental Hotel hat fünftausend Gäste; die Hallen von Pollunders Schloß sind unfertig und erstrecken sich hinaus ins Freie. Aus der Traumtechnik kommt auch die traurige Unbeständigkeit der persönlichen Beziehungen, der ständige Wechsel von Zuneigung und Zurückweisung auf seiten von Karls Beschützern: Träume sind voll von Mauern und Hindernissen und Behinderungen . . .

765. DEEPWOOD DRIVE, [HAMDEN, CT.,] 2. APRIL 1960. Riten, Rituale in meinen Stücken

In meinem Stück »Youth« stelle ich die Einweihungszeremonien eines neuen Mitglieds einer Studentenverbindung dar – irgendein College in Ohio, 1912. Ich werde es riskieren, Elemente aus der Anthropologie der Primitiven hinzuzufügen, an die man an unseren Colleges sicherlich nicht denkt. Wir haben die fröhliche Grausamkeit von jungen Männern unter sich; ich werde den Präsidenten der Verbindung einen falschen weißen Bart an seiner Maske tragen lassen. Soll ich den Neueingeweihten Blut trinken lassen? Ich wage es nicht, die (anderswo so vorherrschende) Kastrationsdrohung hinzuzufügen. Jedenfalls werde ich mit diesem Stück keine Schwierigkeiten haben: alle flüchtigen Anspielungen auf eine Stammes-Initiation werden es nur bereichern. Das andere Stück dagegen macht mir solche Schwierigkeiten – »Ira«. Mein »Ira« ist kein Wutanfall oder -ausbruch: er ist der lange schwelende Groll gegen die Welt, die die hemmungslosen

Forderungen des Ego nicht erfüllt hat; er ist der aufgestaute mörderische Impuls, der in einen Krieg ausbricht.

Mein Held haßt alles um sich her. Seine Frau sagt, als sie sich scheiden läßt: »Er macht alles schwarz.« Lange hat mich mein Plan für dieses Stück selbst gelangweilt, weil ich das Gefühl hatte, daß ich nur dabei war, den Ödipuskomplex zu »dramatisieren«. Der Held hatte das Gefühl, daß er verstümmelt, ausgelaugt worden war von seinem Vater, von dem wir wissen, daß er ein ungewöhnlich bewundernswerter Mann war. Ich wurde davon abgehalten, dies zu schreiben, nicht nur weil ich es als Klischee empfand, sondern weil ich hoffte, eine noch tiefere Motivation für die mörderischen Neigungen des Helden (und Jedermanns) zu finden ...

... Könnte es so sein, daß mein Held in seiner frühen Jugend tatsächlich jemandem den Tod gab oder großen Schaden zufügte – oder würde das das Ganze einengen? Das Stück hat sich immer weiter von meinem ursprünglichen Plan entfernt, der nur darin bestand, in einer komödienhaften Szene zu zeigen, wie die Redewendungen unserer Alltagssprache diese latenten Neigungen verraten (»ich hätte ihn umbringen können«, »ihre Blicke waren Dolche«, »ein tödlicher Langweiler« etc.), und dazu die Ausdrücke der Erleichterung über das Unglück, das andere trifft – und dann sollte, nach dem Traum, eine Szene folgen, in der dasselbe mit heuchlerischen Ausdrücken des Mitleids und des Bedauerns gesagt wird. Autsch! Vielleicht kriege ich sie noch alle hinein.


766.  DEEPWOOD DRIVE, [HAMDEN, CT.,] 5. MAI 1960. Veblen: Der Stil
      verschleierter Verachtung

Albert Camus sagte mir einmal\*, daß er zwei Bemerkungen in Dostojewskis *Die Dämonen* eine Art von Mündigwerden verdanke. Die eine lautete: »Mein Fehler ist, daß ich alles nicht genug hasse.« Die Einsicht ist hilfreich, besonders wenn wir sie mit ihrer Kehrseite kombinieren: »Ich liebe nicht genug, was ich liebe.« wir haben alle aufgehört zu

---

\* Ich habe vergessen, wer mich mit ihm bekannt machte. Er wohnte damals in der Columbia University, glaube ich. Der ganze Besuch ist aus meiner Erinnerung verschwunden. Wahrscheinlich, weil ich nichts an ihm fand, was mir gefiel, und er nichts an mir. Die andere Bemerkung bei Dostojewski war: »Das Grundproblem der Philosophie ist, warum man sich nicht umbringt.« *Später:* Simone de Beauvoir sagt irgendwo in *La Force de l'âge*, daß Sartre von einem Satz in demselben Roman sehr beeindruckt war: »*Wenn Gott nicht existiert, bin ich Gott.*«

wachsen durch unsere Unfähigkeit, die Konsequenzen zu ziehen und nach den Konsequenzen unserer primären Intuitionen zu leben.

Veblen hatte alle allgemein anerkannten Ideen unserer westlichen Welt längst *durchschaut* [deutsch im Original mit der Anmerkung, daß der deutsche Ausdruck treffender ist als das englische »penetrated« oder »seen through«], und er verachtete sie. Diese Haltung hat nicht die *saeva indignatio* Swifts[1], die enttäuschter und sogar noch fortdauernder Liebe entspringt, noch den hinterhältigen Spott, mit dem Gibbon das Christentum betrachtet: sie ist indirekt und verschleiert. Gewiß nicht, weil Veblen Angst hat, diese Gedanken zu denken, oder weil er Angst vor dem Abgrund der Verneinung hat, in die sie ihn führen könnten. Ich glaube auch nicht, daß es primär eine Angst davor ist, sie zu veröffentlichen, wenn ihm auch das Leben schwer gemacht wurde durch seine Offenherzigkeit. Ich glaube, daß ihn etwas Dickes, Zähflüssiges in seinem skandinavischen Blut daran hinderte, sich ganz auf das Abenteuer des gründlichen *Durchschauens* [deutsch im Original] einzulassen.

De Sades Ausgangspunkt für den Wunsch, die Welt in die Luft zu jagen, war sein sexueller Nonkonformismus – vielleicht gilt das für jeden Nihilismus. Von dort aus ging de Sade weiter zur ökonomischen und politischen Revolution (und zum Meliorismus). Veblens Ausschluß aus der University of Chicago wurde zumindest beschleunigt durch den Skandal, den er dadurch erregte, daß er ohne Anstandsdame mit einer Frau nach Europa fuhr ... Veblens Stil ist zähflüssig. Er ist ein Meister der brillanten Wendung, des zündenden Wortes, aber diese treiben auf einem trüben Satz daher. Er bildet in dieser Hinsicht einen krassen Gegensatz zu Diderot und Lessing. Es scheint mir, daß Veblen selten genau sagt, was er meint, und alles, was er meint. Und diese Unzulänglichkeit ist nicht das Resultat von Vorsicht oder Stumpfheit, sondern einer Art von Apathie. Sie könnte bestenfalls eine Ansicht wie die folgende ausdrücken: »Warum soll man ihnen die ganze Dummheit ihrer Köpfe und ihres Lebens zeigen? Ihre Reaktionen würden ihre Dummheit nur noch deutlicher enthüllen und noch mehr öffentliche Vergeudung und Unordnung hervorrufen.«

Um eine Stelle zu zitieren ...* Veblen spricht davon, daß ein Lebensstandard eine Sammlung von Gewohnheiten darstellt, und wie die

---

* *The Theory of the Leisure Class: An Economic Study of Institutions*, Modern Library 1934 etc. (Ich muß mich beeilen, *The Theory of Business Enterprise* zu bekommen, laut Kenneth Burke sein bestes Buch.) Mein Zitat steht auf den Seiten 107–108.

1 Sein Epitaph: »*Ubi saeva indignatio ulterius cor lacerare nequit.*«

Menschen unter Druck gewisse Grundbedürfnisse einschränken, bevor sie »höhere Bedürfnisse« aufgeben (diese Einschränkungen beziehen sich auf »Verbrauch« und »Ausgaben«) ... Man wird auf nahrhafte Mahlzeiten und Heizung verzichten, bevor man auf Whisky, Kirchensteuer und die Bezahlung der Rechnungen der Kaufleute verzichtet. Diese Gewohnheiten, fährt er fort (er meint die »höheren Bedürfnisse« und verachtet sie) können sehr rasch erworben werden und sind mit dem Temperament des einzelnen assoziiert. Nun bekommen wir einen anderen Katalog von Beispielen – der gute Ruf fällt fort. Wir bekommen die gleichgesetzten »Bedürfnisse« – Whisky, Religion und *amour*: »Wieviel die vererbten Charakteristika der Veranlagung in bezug auf die rasche und endgültige Bildung einer Gewohnheit bei Individuen zählen können, wird veranschaulicht durch die extreme Leichtigkeit, mit der eine alles beherrschende Gewohnheit des Alkoholismus manchmal gebildet wird; oder durch die ähnliche Leichtigkeit und die ähnliche unvermeidliche Bildung einer Gewohnheit frommer Bräuche im Falle von Personen, die eine besondere Veranlagung in dieser Richtung haben. Beinahe dieselbe Bedeutung kommt dieser eigentümlichen Leichtigkeit der Gewöhnung an eine spezifische menschliche Umgebung zu, die man romantische Liebe nennt.«

Das ist sehr spaßig, aber voller Löcher. Veblen scheint sagen zu wollen, daß Menschen, die in eine höhere Einkommensklasse aufsteigen, leicht in die Kirche zu gehen (und der Kirche Geld zu geben) beginnen ... und wenn sie ihr Geld verlieren, hartnäckig und unvernünftig an dieser Gewohnheit und diesen Ausgaben festhalten. Freilich, es gibt eine gewisse Anzahl von Kirchgängern, die nur eine Fassade aufrechterhalten. Veblen weiß davon nicht viel, und seine Verachtung macht ihn blind dafür, daß im großen ganzen die Gemeinden ihre Kirchen nicht aus einer hastig erworbenen, dem Alkoholismus vergleichbaren Gewohnheit heraus erhalten, für die bestimmte Menschen eine Veranlagung haben, und daß das Geld, das man für die Frau oder die Geliebte ausgibt, von etwas »Notwendigerem« bestimmt wird als von einer »eigentümlichen Leichtigkeit der Gewöhnung an eine spezifische menschliche Umgebung«.

All das hat die Aufregung und den Glanz der Halbwahrheit, der ikonoklastischen Halbwahrheit. Es ist erfrischend, die »romantische Liebe« so herabgesetzt zu sehen (»eigentümlich« heißt zwar nicht »absonderlich«, aber der Autor will, daß diese Bedeutung mitschwingt); er erinnert sich zweifellos an Marx, der sagte: »Religion ist Opium für das Volk«, und dasselbe gilt für den Alkohol. Aber die Gläser, durch die

Veblen die Welt sieht, sind nicht *durchschauend* [Deutsch im Original] genug. Er haßt nicht genug, so daß er nicht tief genug in die Quellen der Illusion eindringen kann. Und er ist überholt. In seiner Diskussion über »räuberische Aggression«, über die Beziehung zwischen Sport, Glücksspiel und Wetten (S. 249 ff.) wird einem das Fehlen der durch die Tiefenpsychologie gewonnenen neuen Einsichten bewußt. Er hat nicht das intellektuelle Feuer, um tief genug zu sondieren; er haßt nicht (was Selbstvergessen bedeutet), er verachtet nur, was ihm eine Art von träger Selbstbefriedigung gewährt.

Das ist sehr zu bedauern. Denn wir warten noch auf den Erben von Nietzsche, Marx, Freud und so vielen anderen, der »die anthropomorphe Religion ist eine tragische Bürde«, »Eigentum ist Diebstahl« und »die Libido ist mit dem Todeswunsch verquickt« instrumentieren kann.

767. DEEPWOOD DRIVE, [HAMDEN CT.,] 16. MAI 1960. Projekte: Einige neue Einakter.

Habe *Childhood* und das zu drei Vierteln beendete *Infancy* gelesen. Sie sind in Ordnung. Habe Netze für die späteren Stücke ausgeworfen.

1. »*High Noon.*« Der Eigendünkel der besten Jahre, die ich mit dreiunddreißig ansetze. Der Hochmut, der vor dem Fall kommt. Ein Stück nach dem Muster von »Queens of France«.[1] Ein »Opfer« eines makabren Scherzes, gesehen – in vier aufeinanderfolgenden Personen – in vier Stadien seiner Täuschung. Ein Feriennachmittag im Haus eines erfolgreichen Chirurgen im eleganten Wohnviertel von, sagen wir, Westport. Der Chirurg – erfahren wir gegen Ende des Stückes – hat einmal das Leben, die Karriere und die Ehe seines jüngeren Bruders gerettet. »Er trank und ruinierte sein Leben. Eines Tages kam er mit Magenschmerzen zu mir. Ich untersuchte ihn und täuschte ihn, indem ich ihm zu verstehen gab, daß er Krebs hatte. Du kannst ruhig alles essen« etc. (Ein Motiv, das ich aus dem bewundernswerten japanischen Film »Leben« habe, den ich neulich abends mit Isabel sah.)

Der Bruder versteht, daß er ungefähr noch ein Jahr zu leben hat. Er nimmt sich zusammen. (Zweites Stadium: »Alles zum letztenmal betrachten.«) Er wird ungewöhnlich aufmerksam seiner Frau und seinen Kindern gegenüber. (Drittes Stadium: Die Frau: »Was hat Joe? Ich halte das nicht mehr aus!«) Er kommt zu einer letzten Untersuchung zu

---

1 In *The Long Christmas Dinner and Other Plays in One Act* (1931)

seinem Bruder. (Viertes Stadium: »Dir fehlt überhaupt nichts.«) Der
Schatten des Todes über der triumphierenden Blüte des Lebens, der
allein »ein Leben machen« kann.

Könnte das nicht fesselnd sein?

Ich fange am Montag damit an.

2. [»*Youth*«]. Wie ich dem lieben Tagebuch sagte – oder nicht? –,
bin ich nicht zufrieden mit »Youth« als Aufnahme in eine Studentenverbindung. Kann ich zu der Idee zurückkehren, die ich schon einmal
hatte – jetzt aber mit einem Unterschied –, einen alten Mann und einen
jungen Mann einander gegenüberzustellen, die wir bildlich als dieselbe
Person in zwei Stadien ihres Lebenslaufes sehen. Bei meinem ersten
Einfall sahen wir vier Liegestühle auf dem Deck eines Ozeandampfers
(vor langer Zeit). Ein junger Jusstudent und seine Braut; ein Richter des
Obersten Gerichtshofs und seine Frau. Die Frau des Richters, die zu
schlafen vorgibt, hört, wie sich der junge Mann über die hervorragende
Karriere ihres Mannes lustig macht. Der Richter verkaufte sich an die
»Interessengruppen« etc. Dann hört sie, wie der junge Mann in eine
demütigende Situation geraten ist. Er hat seinen Paß und sein Geld
verloren. Irgendeinen Irrtum ausdenken, der durch die Arroganz und
zugleich, wenn möglich, den Idealismus eines jungen Mannes zustande
kommt. Aber die Demütigung bis zu Tränen vor seiner Braut, in deren
Augen er »vollkommen« sein möchte. Die alte Frau flüstert dem Richter zu, in was für einer Notlage sich der junge Mann befindet. Der
Richter unternimmt einen Versuch, dem jungen Mann seine Hilfe anzubieten, und dieser beleidigt ihn beinahe, muß sich aber zuletzt er-
niedrigen und die Gefälligkeit annehmen. Und wir sehen, daß der junge
Mann der Richter *ist*. Der Richter war einmal dieser junge Mann. Aber
kann ich das nicht stärker »stilisieren«? Poetischer machen? In eine
Welt übertragen, in der der junge Mann sich selber als dem alten Mann
gegenübersteht – wie in Max Beerbohms Cartoons? Ich habe einige No-
Spiele in der besten Ausgabe gelesen, die ich bisher gesehen habe (*Japa-
nese Noh Drama: Ten Plays. Selected and Translated from the Japa-
nese* – offenbar von einem Team übersetzt. The Nippon Gakujutsu
Shinkōkai 1955).

Ich möchte, daß diese Serie von Stücken von Sieben Lebensaltern
[*Seven Ages of Man*] auch ein Repertoire von verschiedenen Arten von
Stücken sei. Könnte ich »Youth« als No-Spiel oder als *commedia
dell'arte* oder als Raimundsches Volksstück und so fort machen? Natür-
lich könnte diese Konfrontation von Jugend und Alter auch am Ende der
Serie stattfinden.

17. Mai 1960

Ich habe dieses Projekt [für »High Noon«] in meinen Gedanken weiter verfolgt, nur um zuletzt nicht mehr damit zufrieden zu sein.

Unser Chirurg ist ein fanatischer Fotograf oder gibt vor, es zu sein. (Isabel, Dr. [Alexander] d'Entrèves aus Turin, Maude Hutchins und ich fuhren am Samstag vierzig Meilen, um bei Bobsy [Good-speed] Chapman zu Mittag zu essen, und posierten so viel vor ihren vier Kameras, daß ein Gespräch unmöglich war ...) Es wäre ko-misch, wenn die Zuschauer wüßten, daß keine Filme in den Kameras unseres Chirurgen sind, daß er seine Freunde bat, ihn zu besuchen und sich fotografieren zu lassen, um einen Vorwand zu haben, sie zum Sprechen zu bringen. Außerdem würden die Kameras den Ein-druck hervorrufen, daß der Fotograf einen durchdringenden Röntgen-blick in ihr Inneres wirft ...

Bevor ich zu dem Hauptgrund dafür komme, daß ich das Interesse an diesem Projekt verliere, will ich einige sekundäre Gründe anführen:

1. Krebs ist kein gutes Symbol für diese Art von Hybris, die ver-schwenderische und galoppierende Selbstzerstörung des wundervollen Lebensgefühls in den besten Jahren. Wenn gezeigt werden soll, wie diese Opfer mit dreiunddreißig Jahren eine Wende durchmachen, die sich – häufig genug – in gedankenloser Ausschweifung ausdrückt, lie-gen die Gründe für ein solches Verhalten auch anderswo und tiefer als in triumphierendem Eigendünkel. Ich habe zu lange mit der Bemerkung gelebt, die Freud mir gegenüber machte, es könnte sich eines Tages zeigen, daß Krebs mit »dem Vorhandensein von Haß im Unbewußten« verbunden ist.

2. Der makabre Scherz und die Therapie des Chirurgen enthalten so viel von der Einstellung, die ich in diesen beiden Reihen von Stücken vermeiden möchte, nämlich das Moralisieren und Ermahnen. Die Ret-tung von Alkoholikern ist eine klinische Angelegenheit. Sofern diese Problem-Patienten ihr eigenes Heim zerstören, müssen wir sie auch als Schürzenjäger darstellen, was uns auf das Gebiet bringt, auf dem Henry James solche Schwierigkeiten hatte (The Awkward Age, What Maisie Knew und A London Life), nämlich zur Darstellung skandalöser Vor-gänge. (Kein Wunder, daß James Zuflucht nehmen mußte zu dunklen Andeutungen von Glücksspiel und »Geldborgen« – in The Awkward Age und einer Art Parasitentum und einer »farbigen« Geliebten in Maisie, um diese Atmosphäre des ständigen Schockiertseins wegen blo-ßen Ehebruchs künstlich aufrechtzuerhalten.)

334

Aber selbst wenn man annimmt, daß ich mit dem obigen Material zur Not zurechtkäme, so langweilt mich nun an dem ganzen Projekt, daß keine »Poesie« darin ist. Wie Dr. d'Entrèves – auch über die Sprachbarriere hinweg – sagte, ist das Stück *Childhood* voller Poesie.[2] Ich sehe nun, daß *Infancy* noch mehr hat – und beide über jede bewußte Absicht meinerseits hinaus. Dieses Projekt für »High Noon« ist im derzeitigen Stadium der Überlegungen eine bloße Vorstellung, phantasievoll genug, aber nicht von jener Art von Phantasie, die meine Begeisterung wecken kann. Sofern nicht bei weiterem Nachdenken ein neuer Faktor hinzukommt, muß es wahrscheinlich in den stöhnenden Papierkorb der Fehlstarts verbannt werden. (Aber wie ich diese Enttäuschungen begrüße, wie notwendig es ist, daß ich solche Neigungen erkunde; wie nahe daran war ich, *Infancy* aufzugeben, das von Faktoren wimmelte, die sich scheinbar unmöglich ordnen ließen.)[3]

*Hotel Algonquin, [New York,] 18. Mai 1960*

Nun habe ich einige der Probleme gelöst, und ich habe die Poesie. Lassen wir es im viktorianischen England spielen. (Ich habe dieses unschätzbare Buch wieder gelesen, Empsons *Some Versions of Pastoral* – genauer gesagt, ich dachte gestern abend über das Projekt nach, und da kam mir diese viktorianische Idee, und dann begann ich an Empsons wunderbare Darstellung von *Alice im Wunderland* zu denken, und heute morgen ging ich rasch in [Frances] Steloffs Buchhandlung [The Gotham Book Mart] und kaufte das Buch – großes Glück gehabt, denn es war seit Jahren nicht zu haben, und mein Exemplar habe ich Freunden geliehen, die es nicht zurückgeben.) Man beachte, daß ich die Idee mit dem Fotografieren schon im Kopf hatte und daß sie vielleicht durch unterirdische Assoziation Lewis[-Carroll] Dodgson »produziert« hat.

*Also.* Auf der Bühne stehen verschiedene Stative und Kameras auf Ständern. Der distinguierte Chirurg ist, um die große Welt anklingen zu lassen, ein Baronet. Und wir werden bald darüber informiert, daß

---

2 Eine Bühnenausgabe des Stückes wurde 1960 in New York von Samuel French, Inc., veröffentlicht. Es wurde 1962 am Circle im Square Theater in New York als eines von »Three Plays for Bleecker Street« aufgeführt.
3 Eine Bühnenausgabe des Stückes wurde 1961 in New York von Samuel French, Inc., veröffentlicht. Es wurde 1962 am Circle im Square Theater in New York als eines von »Three Plays for Bleecker Street« aufgeführt.

keine Filme – oder vielmehr keine Platten – in den Kameras sind. Es ist alles nur Fotografie als Scherz – trotz Blitzlichtpulver, schwarzen Tüchern über den Kameras und stählernen Stützen, die den Kopf des Sitzenden gerade halten. Zum Glück fiel mir ein, daß es in diesem Garten auch ein Telefon auf einem Ständer gibt, das durch eine lange Schnur mit dem Haus verbunden ist, und daß wir bald erfahren werden, daß die Schnur nirgends angeschlossen ist und daß die langen Telefongespräche unseres Chirurgen lediglich ein Aspekt seiner tiefen, tiefen Natur sind – seiner gutmütigen Mystifikation, seiner nicht unheimlichen Svengali-Rolle. Aber natürlich kann ich 1861 kein Telefon haben, verdammt! Das Stück hat also den Stil der *Alice*-Bücher und eine Spur von *Ernst sein! [The Importance of Being Earnest]*. Dieser Stil, diese Sprache mit ihrer Sprödigkeit ist schon voll versteckter Andeutungen, und die ganze Verwicklung des Bösen läßt sich leicht behandeln ...

Dieses Milieu erlaubt mir, ein weiteres Hindernis zu überspringen und eine weitere Schwierigkeit zu umgehen. Das Wort *Krebs* braucht nicht erwähnt zu werden, ja, es kann gar nicht erwähnt werden. Diese Herren, die nur noch ein Jahr zu leben haben, werden von einer Krankheit bedroht, die wir nicht nennen, und unser Publikum vermutet Krebs, Tuberkulose, Diabetes und was nicht alles. Und es scheint mir nun, daß die Gefahr, erbaulich und moralisierend zu klingen (die Irrtümer der zu großen Ausgelassenheit in den besten Jahren können durch die Erkenntnis korrigiert werden, daß der Mensch sterblich ist), gebannt werden kann.

Nun will ich einige erste Skizzen machen und sehen, was ich habe.

*Deepwood Drive, [Hamden, Ct.,] 20. Mai 1960*

Und nach dieser kurzen Periode der Angeregtheit überfiel mich wieder Niedergeschlagenheit. Es scheint mir nun, daß ich verrückt gewesen sein muß, mir vorzustellen, daß ich etwas aus einem Mann machen könnte, der Lebemänner rettet, indem er sie mit dem Tode schreckt. Erstens würde ein Porträt eines Mannes, der einen solchen Scherz macht (eines humanitären Merlins oder eines zynisch beobachtenden Puppenspielers) das ganze Interesse an dem Stück auf sich ziehen, und zweitens müßte ein solches Stück mit dieser Art von Mann oder Männern beginnen, die trunken sind von ihrer großartigen Verschwendungssucht etc. und sie ausführlich darstellen.

Ich lasse also dieses Stück unter den zerbrochenen Ziegeln liegen (immer in der Hoffnung, daß der eine oder andere Aspekt irgendwie noch zu retten ist) und wende mich einem anderen zu.[4]

768.  HAMDEN, [CT.,] 21. MAI 1960. Einakter: »Youth«

Mein erster Plan für dieses Stück – die Aufnahme in die Studentenverbindung – wurde verworfen, nicht weil er keine Elemente der Poesie versprach, sondern weil er nicht den Ausdruck dessen lieferte, was mir das Hauptmerkmal der Jugend zu sein scheint – das Schwanken zwischen vielen Zielen: nicht nur Herkules auf dem Scheideweg zwischen Laster und Tugend, sondern ein umfangreiches Repertoire von Bestrebungen und Versuchungen; ich wollte den qualvollen Wechsel zwischen übertriebenem Selbstvertrauen und Selbstzweifel ebenso zeigen wie die Verwirrung, die sich aus dem Übermaß potentieller Karrieren und Lebensweisen ergibt.

Ich denke, letzte Nacht habe ich es zwischen abwechselndem Wachen und Schlafen gefunden, und ich habe die Möglichkeit gefunden, es in einem poetischen Bild darzustellen, das viel mehr ist als die Poesie des in hohem Maße Pittoresken. Ich sehe, was mich in letzter Zeit gehemmt hat, war meine Ablehnung der kleinen Handlung, die ich eingeführt habe: unser Held wirft einem Angehörigen der Verbindung vor, daß er seinem Mädchen einen Kuß gestohlen hat. (Wie wenig, wenig Handlung ich in dieser Serie brauche, obwohl die Todsünden voll von geschäftigen kleinen Handlungen sind. Je größer die Abstraktion ist, die das Stück trägt, desto kleiner wird anscheinend die Forderung nach einer veranschaulichenden Anekdote.)

Was ich jetzt sehe, ist, daß unser Held, nachdem er außerhalb der Bühne die Schikanen und Mutproben hat über sich ergehen lassen, in das Zimmer gebracht wird und zwei Reden halten muß. Die erbaulichen Themen lauten: »Was für Ambitionen hast du in deinem Leben?« und »Welchen Beitrag willst du zum Leben des Colleges (oder der Verbindung) leisten?« Unser Held ist ein Original – zumindest besitzt er die Originalität der Offenherzigkeit. Er stellt die Bedingung, daß er sprechen darf, ohne unterbrochen zu werden. Darauf besteht er, und die Mitglieder müssen schwören. Dann stürzt er sich in seine Tirade: er möchte ein Leben der Lust, vor allem der sexuellen Lust, voll auskosten

---

4  »High Noon«, ein Teil der Serie der *Seven Ages of Man*, wurde nicht beendet. Drei Manuskriptseiten und Notizen dazu befinden sich unter den Thornton-Wilder-Papieren in Yale.

und deutet an, daß er schon damit begonnen hat (Tumult unter den Zuhörern); er will Ruhm und Geld oder Ruhm wegen des Geldes, und er hat damit begonnen (Anekdote eines exzentrischen Wagstücks in einer nahe gelegenen Stadt). Wenn es soweit ist, wird ihn nichts davon abhalten, die höchsten Stellen im öffentlichen Leben einzunehmen, und er wird sein Leben dem Dienst an der Menschheit widmen; er überlegt sich, ob er nicht Arzt in Indien werden will. Was er für das College tun wird: er wird es von der verdammenswerten Heuchelei befreien, die überall zu sehen ist (Tumult unter den Zuhörern), und: »Obwohl ich die besten Noten von allen hier im Raum habe, werde ich das ganze Notensystem und die Notensklaverei des Lehrkörpers bloßstellen« etc.

Mehrere Mitglieder haben versucht zu gehen, werden aber gezwungen zu bleiben (Gesetze der Verbindung), und schließlich erfaßt ein Rausch des Reformgeistes die Studenten. So wie ich es letzte Nacht sah, entsteht die »Poesie« des Stückes, wenn ich durch irgendein theatralisches Mittel klarmache, daß der eine Junge alle neunzehn Jungen ist, daß das Stück eine Verdichtung ist – alles Verworrene, Gequälte, Verzweifelte, Großzügige und Animalische in allen jungen Männern. Es ist, kurz gesagt, ein Jahr Unterhaltung unter Männern in eine halbe Stunde zusammengepreßt. Nun wollen wir sehen, ob wir damit etwas anfangen können.


*Hotel Algonquin, [New York,] 25. Mai 1960*

Und doch widerstrebt mir die Vorstellung, daß ein Stück auf *einer* Rede beruhen soll, selbst wenn zuletzt dieses kulminierende symbolische Tableau hinzukommt. Ich möchte mehr Querströmungen. Und wenn ich eine gewichtige Gegenfigur einführte – einer der Studenten verurteilt unseren Helden (sie alle tun es), so wäre das kein Jugendlicher. Oder wenn plötzlich ein Erwachsener aufträte – ein schon lange abgegangenes Mitglied der Verbindung. (Sie dürfen solche Besuche machen. Ich wurde zu einer geheimen Versammlung der Verbindung Alpha Delta Phi im Magill eingeladen.) Das würde dem Stück ein Übergewicht geben und es übermäßig vereinfachen.

Irgendwie muß ich das Stück – in diesem Falle die Rede – an seiner eigenen jämmerlichen Absurdität zerbrechen lassen: die ganze Prahlerei fällt zusammen wie ein Segel bei gebrochenem Mast.

Sehr schwer.

338

769. Deepwood Drive, [Hamden, Ct.,] 27. Mai 1960.
Andere Einakter

Inzwischen habe ich über einige der späteren Lebensstadien nachgedacht. Die Erläuterung einiger Anspielungen in den *Pisaner Cantos* [von Ezra Pound] hat mich wieder auf die No-Spiele gebracht. Da sehe ich klar eine Möglichkeit, diese merkwürdige Sache zu machen, die ich in der vorausgegangenen Eintragung [767] kurz erwog: ein junger Mann steht sich selbst als altem Mann gegenüber oder umgekehrt. Aber das alles scheint noch sehr weit weg zu sein.

*Bucks County Playhouse Inn, New Hope, Pa., 31. Mai 1960*

»Extrem hohes Alter.« Wir erfahren (durch eine öffentliche Ansage?), daß bei den Diophesiern die sehr Alten getötet werden – sie bekommen pulverisierten Mohnsamen und dann einen Becher Schierling. Wir sehen einige von ihnen in ihrer letzten Stunde. Es ist beschlossen worden, dies in modernem Gewand zu spielen, und was wir sehen, sind reizende Menschen – höchstens in ihren späten Vierzigern – in Abendkleidung. Sie scheinen die Konvention akzeptiert zu haben – keine Proteste, nicht einmal Resignation. Sie sprechen von ihrem Status ...

Aber ich möchte kein Konversationsstück. Soll ich einen jungen Menschen versuchen lassen, Mohn und Schierling zu bekommen? Soll ich einen wirklich alten Menschen (der in einem anderen Land war und von einem Schiffbruch oder aus dem Exil heimkehrt) zu ihnen kommen lassen in der ganzen bewunderten Widerwärtigkeit des hohen Alters – weise und schlau, immer wieder dasselbe erzählend, vergeßlich, geizig und dogmatisch?

Soll ich die Zuhörer wissen lassen, daß das Parlament eine Sitzung abgehalten hat und ohne Wissen der Verurteilten im Begriff ist, das Gesetz zur Auslöschung der Alten abzuschaffen? Die Begnadigung kommt gegen Ende des Stückes: Bestürzung! Die Demütigung grauer Haare, die Verurteilung zur »Degeneration«?

Ich möchte dafür Skizzen machen, aber ich fürchte, es ist noch etwas zu früh, aufs Ganze zu gehen.[1]

---

1 Es gibt nur eine Skizze von einer Seite für den Anfang des Stückes unter den Thornton-Wilder-Papieren in Yale.

770. Deepwood Drive, [Hamden, Ct.,] 2. Juli 1960. Wie man Lügen pflegt und nährt.

Dies war der Titel, den ich einem der in die veröffentlichte Form der Norton-Vorlesungen[1] eingeschobenen Essays geben wollte: eine Behandlung all der Gewalt, die die Gesellschaft sich selbst antut, indem sie unhaltbare Fiktionen verteidigt und sich zwingt, an Prinzipien zu glauben, die, materiell oder geistig, ihren Interessen dienen. In einem gewissen Sinne kann niemand sich selbst zwingen, irgend etwas zu glauben, aber man kann sich in einem beträchtlichen Ausmaße zu etwas überreden, was einer Überzeugung ähnelt, und die Taktiken, die man dabei anwendet, sind es, die mich interessieren.

Diese Taktiken sind auf dem Gebiet der Religion weitgehend bloßgelegt worden. Eines der Dinge, die diese Überlegungen in mir auslösen, war ein Satz, den ich vor langer Zeit irgendwo las: »Wenn die großen Geister des Mittelalters sozialen oder wissenschaftlichen Problemen ein Viertel der geistigen Kraft gewidmet hätten, die sie darauf verwandten, die Lehre von der Dreieinigkeit zu verteidigen und zu definieren [d. h. das Christentum in einer Art Panik gegen die Anklage zu verteidigen, ein Polytheismus zu sein], wäre die Zivilisation wunderbar vorangebracht worden.« (Entweder dieser Autor oder ich setzte dann den Gedanken in der Weise fort, daß Europa seinen Intellekt formte – wie kleine Katzen ihre Krallen schärfen –, indem er das nicht zu Rechtfertigende für gültig erklärte. Vielleicht sind unhaltbare Positionen ein besseres Training für scharfes Denken.) Man denke auch an all die Tinte, die in der Renaissance vergossen wurde, um zu behaupten, das Drama müsse dem Gesetz der »drei Einheiten« gehorchen, nur weil Aristoteles das gesagt hatte oder gesagt zu haben schien. Trotz aller Energie, die darauf verwandt wurde, die vergeudeten Mühen bloßzustellen, mit denen immer noch an der Unsterblichkeit der Seele, der Wirksamkeit des Gebets etc. festgehalten wird, hat die Arbeit kaum erst begonnen. Es scheint mir, daß dieser geringe Fortschritt daher kommt, daß die Angreifer nicht erkannten, was für eine Kraftverschwendung es ist zu versuchen, zugleich die Objekte eines falschen Glaubens und die Motive und Methoden der Aufstellung von Glaubenssätzen zu zerstören. Jeder Glaube dieser Art hat eine Spur von Hysterie an sich (»*Credimus ut*

---

1 Das Buch wurde nie veröffentlicht. Die drei Norton-Vorlesungen, die 1952 in *Atlantic* abgedruckt wurden, erschienen, vom Autor revidiert, in *American Characteristics and Other Essays* (1979).

*cognoscamus«*, sagte der heilige Augustinus); sie ahnen, würden es aber, nach Kierkegaard, nicht zugeben, daß sie über einen fünfhundert Faden tiefen Abgrund schreiten. Man greife einen Punkt an, den schwächsten, und sie geraten – wie Claudel – in die wildeste Panik. Selten ist der Gleichmut von Hügels; im Gegensatz zu seinen Glaubensgenossen (die ihn schief ansahen) war er nicht einmal *loquax*.

Aber nicht die Probleme der Religion beschäftigen mich in diesen Tagen, sondern die Dogmen von Besitz, Muße und sozialer Stellung.

Ich schrieb mein kleines Stück »Cement Hands« über Geiz unter den großzügigen und philanthropischen Millionären. Es ist mißlungen, und ich werde es wahrscheinlich zerreißen müssen. Aber es zeigt die Ansätze zu einer guten Analyse. Und wie so oft brachte es mich zum Nachdenken, nachdem das Werk geschrieben war.[2]

In all den Jahrhunderten mußten die Besitzenden *glauben* (und andere glauben machen), daß der Zufall, durch den sie im Wohlstand lebten, viel mehr als ein bloßer Zufall war, daß der Besitz eine Gunst war, die ihnen ein weiser Lenker der Dinge erwies, oder ein Verdienst aufgrund von eingeborenen höheren Qualifikationen; daß es *richtig* und *gerecht* war, daß sie Besitzende waren. (Hier sind wir wieder bei meiner Rede in der Paulskirche [»*Kultur in einer Demokratie*«], aber ich hoffe, weiter zu sehen und fruchtbarere Schlüsse zu ziehen.) Bevor sie andere davon überzeugten, daß sie ihren Besitz zu Recht innehatten, mußten sie sich selbst davon überzeugen. Das Recht auf Besitz durch Eroberung oder Besetzung zu haben (das Kolonialsystem), war relativ leicht zu verstehen. Aber dieses Recht durch Glück zu haben (indem man in die richtige Wiege geboren wurde oder die richtige Hautfarbe hatte), erforderte eine ausführlichere »Recht-fertigung«. (Etymologisch interessant: nicht der Nachweis eines Rechts, sondern die Schaffung eines Rechts!) Das Christentum begann als Trost für die Besitzlosen; nur durch langsam sich ergebende Implikationen versuchte es, die Besitzenden von ihrem Sitz zu vertreiben. Es mußte erst die industrielle Zivilisation kommen, in der die Besitzenden nicht mehr durch Geburt und feudales Privileg Anspruch auf Besitz erheben konnten, damit sich zeigte, daß der Besitz in den Händen derer lag, die 1. in der ersten Generation dafür arbeiteten und 2. die ihn erbten. In einem kleinen Ausmaße wurde der Besitz immer dadurch erhalten und vergrößert, wenn nicht erworben, daß man dafür arbeitete, aber nun war für alle

---

2 Das Stück wurde nicht zerrissen. Ein erster Manuskriptentwurf (24 Seiten) befindet sich unter den Thornton-Wilder-Papieren in Yale.

deutlich zu sehen: Besitz war in Größenordnungen erwerbbar, die weit über jede vorstellbare Beziehung zum Arbeitsaufwand eines Mannes hinausgingen. Man kann durch Schweiß und Umsicht ein Haus, ein Feld, einen Wagen und einige Dienstboten erwerben. Aber durch keine vorstellbare Anstrengung konnte ein einziger Mann rechtmäßig zu tausend Morgen, fünf Landhäusern und zur vollständigen Beherrschung von Tausenden von Menschen gelangen – zu mehr, als ein Mann brauchen kann.

*(Später:)* Wir befinden uns in einem Abschnitt der Geschichte, in dem der Besitz von mehr Eigentum, als man verwenden kann, als eines Mannes Recht und Lohn gerechtfertigt werden muß – und das ohne Zuflucht zu den alten, ungültig gewordenen Rechtfertigungen, daß man mit der Verantwortung für die Führung der Gesellschaft betraut sei (Feudalismus) oder das Besitzrecht durch die Geburt (als Erwählter Gottes und des Schicksals) oder durch besondere Gaben (Organisationstalent) habe.

Die Strategie besteht darin:

1. Zu betonen, daß sich die Gesellschaft nicht günstig entwickeln kann, wenn sich nicht große Geldmengen in den Händen von Männern befinden, die die ungewöhnliche Gabe haben, finanzielle Operationen zum Vorteil der ganzen Gemeinschaft durchzuführen. Der Großindustrielle ist ein spezialisiertes Genie. Das ist der Tenor der kapitalistischen Propaganda.

2. Die Schwächen und Irrtümer der Nichtbesitzenden hervorzuheben. Es ist immer möglich, die Unzulänglichkeiten eines Individuums oder einer Gruppe von Individuen anzuführen, zu betonen und zu übertreiben. Auf diese Weise erziehen die meisten Eltern ihre Kinder.* So wurden die Frauen so lange unterworfen. So werden die Neger entmutigt. Im Süden sind sie faul (d. h., sie machen die ganze Arbeit); sie sind schmutzig (jedenfalls ist ihre Haut schwarz), sie sind unwissend (man hindert sie daran, etwas zu lernen). Beinahe jeden kann man im Stande der Erniedrigung halten, wenn man ihm oft genug seine Fehler unter die Nase reibt. Obwohl das nie erwähnt wird,

---

* Ich muß einmal ein Stück über diesen Ausdruck in den Gesichtern aller Jungen von acht bis zwölf Jahren schreiben. Zusätzlich zu der Demütigung, ein Mann, aber *klein* zu sein (kleine Mädchen leiden nicht an einem entsprechenden Mangel; sie nutzen es aus, so gut es geht), können sie nie *im Recht* sein. Sie lärmen, zerbrechen Sachen, machen sich schmutzig und trampeln durch ihre intensive Hingabe an das, was sie interessiert, auf den Nerven anderer herum. Sie befinden sich stets im Zustand der Ungnade. Kein Wunder, daß sie sich am liebsten verdrücken und unter sich sind.

vermute ich, daß diese Praxis eine große Rolle bei der siebenhundert Jahre langen Unterdrückung der Iren spielte. Die Iren hatten ihre Schwächen und gaben sie nur zu bereitwillig zu, und das nahm ihren wiederholten Rebellionen den rechten Schwung. Wir versagen nicht durch unsere Schwächen, sondern durch das verzweifelte Eingeständnis unserer Schwächen.

Wenn man heute die Werbeliteratur liest, erkennt man eine Herablassung nicht nur zur Arbeiterklasse, sondern auch zum Mittelstand in unserer Zivilisation. Die Angehörigen des Mittelstandes haben, verglichen mit den »wirklichen, kapitalistischen Reichen«, keinen Geschmack, sie haben nicht die Sicherheit, daß sie bekommen, was das Leben zu bieten hat – und werden sie nie haben. Wenn sie aber diese Dinge kaufen (Swimming-Pools, in Italien hergestellte Schuhe, Tagespyjamas), können sie immerhin danach streben. Die Besitzenden stärken ihre moralische Position, indem sie die weniger Wohlhabenden daran erinnern, daß ihnen die Qualifikationen für die Führerschaft fehlen. Veblen begriff nicht das Wesentliche an der auffälligen Verschwendung. Sie ist eine repressive Strategie. Sie soll die weniger Glücklichen einschüchtern und glauben machen, daß die privilegierten Reichen einer anderen Art von Menschen angehören und auf geheimnisvolle Weise ein Recht auf ihre übergroßen Besitztümer haben.

3. (Die Strategie besteht darin,) den weniger Privilegierten zu versichern, daß sie nicht düpiert werden. Das amerikanische Volk ist eine ungewöhnlich wenig mißtrauische Gemeinschaft. Der Franzose lebt in ständiger Angst davor, daß er das Opfer der Wissenden ist und sich lächerlich macht. Aber bis zu einem gewissen Grade kennt auch der Amerikaner diesen Kummer . . .

Doch das alles ist nur die Einleitung zu dem, was mich in erster Linie interessiert:

Was geschieht im amerikanischen Geist in dem Bereich, in dem die tiefsten Motive gebildet werden? Was empfindet der Amerikaner jetzt über die Situation, in der er sich befindet – reich-arm, hübsch-häßlich, gesund-kränklich, weiß-schwarz? Früher hat er seine Situation als »Gottes Willen« hingenommen. Zu verbessern, was zu verbessern war, wurde gebilligt und sogar von Gott unterstützt. Seine Rückschläge und Krankheiten wurden ihm von oben geschickt. Was geht jetzt in seinem Geist vor, wenn er Glück hat oder kein Glück hat, d. h. ein Opfer des Zufalls ist? . . .

. . . Was halten die *Glücklichen* von ihrem *Glück*? Glauben sie, daß

343

sie ein *Mana* besitzen? Was für eine (einem Ritual näherkommende) Strategie müssen sie sich ausdenken, um ihr Glück zu behalten und zu fördern? Müssen sie den Umstand, daß sie Glück haben, 1. vor sich selbst und 2. vor der Umwelt rechtfertigen?

771. Hotel Sheraton-Charles. New Orleans, [La.,] 25. Dezember 1960. Projekte für Stücke

Ich bin in New Orleans angekommen, um den Grundstock für zwei Arbeiten zu legen. Paul Hindemith bittet um eine weitere einaktige Oper, um unser Programm drüben zu vervollständigen, und Harry Buckwitz bringt mir die Einladung, ein Stück für die Einweihung des neuen Theaters in Frankfurt am Main im Jahre 1963 zu schreiben.

Für Hindemiths Einakter habe ich 1. genau das Richtige – aber ich kann es nicht verwenden. (Louise Talma ist schon tief gekränkt, daß ich P. H. *Das lange Weihnachtsmahl*[1] machen ließ. Sie würde mir nie verzeihen, wenn ich ihm auch dieses Projekt gäbe, von dem ich ihr sagte, es sei etwas, was sie und ich eines Tages machen könnten.)

Aber gibt es nicht einige andere »Farcen« ganz in der Natur der Oper, die man ausgraben könnte? Oder *bouffe*-Vorstellungen in dieser kreolischen Welt um mich her?

2. Da ist die eine, die ich nicht verwenden kann, weil sie De Filippos *Questi fantasmi!* zu nahe kommt; aber sie ist sehr gut, und ich könnte ihr eine bösere Wendung geben: die untreue Frau verbreitet das Gerücht, daß es im neuen Hause spukt, um die Geräusche in der Nacht zu erklären – wenn ihr ungestümer Liebhaber eifersüchtig in die Wohnung eindringt. Dies jedoch mit allen mildernden Umständen: alter Ehemann, sehr abergläubisch etc.

Das beste wäre es, wenn ich diese Aufgabe mit einem der noch zu schreibenden kleinen Stücke in den beiden Serien, Todsünden und Lebensalter des Menschen, kombinieren könnte. Meine erste Absicht war es gewesen, mit jedem Stück der Serie auch eine andere Art, ein Stück zu schreiben, vorzustellen. Grand Guignol, Tschechow, No-Spiel etc.

Dann habe ich »*Ira*« (nicht geeignet für das Komische), »*Invidia*« (dito), »*Avaritia*« (kaum). Dieses letztere so schwer vor dem Klischee zu retten: junges Paar wendet sich gegen alten Vormund etc.

1 Hindemiths Oper in einem Akt mit dem Text von Wilder wurde 1961 in Mainz veröffentlicht.

344

3. Es könnte jedoch etwas in der anderen Serie sein, z. B. »Youth«, »Gulliver in Juventicol« oder »Gullivers among the Juventibs«; aber es würde sehr schwierig sein, daraus eine Handlung zu machen und nicht ein Tableau.

4. Adelina Patti *muette*.

5. Das alte Projekt: den König fesseln.

6. Das eine, das mich die halbe Nacht wach hielt, weil ich so lachen mußte – die Oper in New Orleans, deren Proben durch Gegner verhindert werden.

7. Feinde der Musik.

722. Neues Posthotel, St. Moritz, 8. April 1961. Fortschreitende Arbeiten

Von den in der obigen Eintragung erwähnten Projekten habe ich »Nr. 1« halb beendet – für Hindemith – und beinahe beendet »Nr. 3« – »Youth-Gulliver«.[1]

Was mich jetzt beschäftigt, ist ein »*Ira*«. Der frühere Entwurf – der Gedanke, der die Außenwelt zu töten versucht und dem es nur gelingt, die innere zu töten – will einfach nicht werden. Aber latent ist das etwas sehr Gutes, und es wird zurückkehren, um etwas anderes zu bereichern. Was ich nun sehe, ist wirkliches Grand Guignol, das das Thema wieder belebt, das ich vor so vielen Jahren hatte: »The Hell of the Vizier Kabaâr.« Die alarmierende Stille des Anfangs: ein lässiger Mann im weißen Mantel eines Chirurgen reinigt einige Instrumente in der Flamme eines Spiritusbrenners*; das Opfer, das auf einem Rolltisch festgeschnallt ist, wird hereingefahren, Bauch nach oben, aber Kopf und Beine hängen nach unten. Hiernach muß ich tun, was ich kann, um zwischen Haß und Rache zu unterscheiden und das Wesentliche zu erfassen, das sie gemeinsam haben: den Wunsch, das gehaßte Objekt nicht nur vernichtet zu sehen, sondern zu sehen, daß es versteht, daß es besiegt und im Begriff ist, vernichtet zu werden. Das Erscheinen einer Art von Idealität: »Oh, daß mein Feind sich selbst verstände, wie ich ihn verstehe.« Das hängt zusammen mit [dem Prozeß gegen Adolf] Eich-

---

* Gestohlen vom Beginn von De Filippos *Il Sindaco del Rione Sanità*, das ich letzten Monat in Neapel sah.

1 »Youth-Gulliver« blieb in seinem »beinahe beendeten« Zustand: es gibt drei unvollendete Manuskriptentwürfe (25, 26 bzw. 28 Seiten) und eine unvollendete maschinengeschriebene Fassung (18 Seiten) unter den Thornton-Wilder-Papieren in Yale.

mann [als Kriegsverbrecher], der nächsten Dienstag [in Jerusalem] beginnt, und mit dem, was Raimund damit in *Der Alpenkönig und der
Menschenfeind* machen konnte.[2]

Außerdem hängt über mir Harry Buckwitz' Aufforderung, etwas für
die Eröffnung des neuen Theaters in Frankfurt am Main zu machen,
d. h. ein großes Stück in jedem Sinne und genau in dem Sinne, in dem
ich nicht möchte, daß es groß ist oder bei dem Versuch, groß zu sein,
ertappt wird. Ich blättere weiter:

*»The Emporium.«* Wahrscheinlich für immer verloren, aber es hat
eine Beziehung zu Kafkas *Das Schloß*, die in einer anderen Form zu mir
zurückkehren kann.

*»The Illinois [1905] – Small-Town-Anarchists-Reformers-Play.«*
Das könnte ich weiterverfolgen . . . Sofern ich dies Frankfurt – oder
dem Lincoln Center! – anbieten wollte, würde es unter der Bedingung
geschehen, daß es nicht zur Eröffnung aufgeführt wird. Das Beste daran
würde unter solchen hohen Erwartungen aus den Fugen geraten. Es ist
ein großes Thema in kleinem Gewand.[3]

*»Geraldine de Gray.«* Diesen Namen gab ich dreißig, vielleicht vierzig Jahre lang einer Bemühung, Poesie, Beredsamkeit und tiefe Bedeutung für das Theater in einer halb ironischen Parodie der amerikanischen Schauergeschichte zu finden – des Groschenromans der *East
Lynne*-Ära, die sich von den Zeitgenossen Poes herleitete. Absurde
Konventionen vornehmer Lebensart, die wilde ethische Kämpfe ergeben; eine absurde, gespreizte Diktion, die eine Aufblähung zu edler
Rhetorik gestattet. Ich bin gerade auf ein Buch gestoßen, das einen
außergewöhnlichen *point de départ* liefert. Ich kann mich nicht erinnern, jemals Gaston Leroux' *Le Mystère de la chambre jaune* gelesen zu
haben, aber ich habe hier die Fortsetzung gefunden: *Le Parfum de la
dame en noir.* Unversöhnlicher Haß und Rache, alles ausgedrückt durch
Personen, die umherschleichen und einander um vier Uhr morgens in
einem verfallenen Schloß bei Menton begegnen. Was das Buch interessant macht – obwohl der Autor offenbar der erschreckenden Resonan-
zen nicht gewahr wurde, die er daraus hätte gewinnen können –, ist
dies: Es gibt ein überragendes Genie von einem Detektiv, Rouletabille,
einen überlegenen Geist vom Schlage eines Dupin; er ist sehr jung

---

2  *»Ira«* (Zorn) wurde nicht beendet. Unter den Thornton-Wilder-Papieren in Yale befinden sich drei unvollständige Manuskriptentwürfe für das Stück (18, 20 bzw. 23 Seiten.)
3  Wilder hatte offensichtlich »The Reformers« als endgültigen Titel für dieses »Illinois,
1905«-Stück gewählt. Verschiedene Manuskriptentwürfe (96 Seiten) werden unter diesem
Titel unter den Thornton-Wilder-Papieren in Yale aufbewahrt.

(*»mon garçon«)*, und es ist nichts Exotisches an ihm wie an seinen Prototypen, wenn man von seinem genialen Intellekt absieht. Und es gibt ein überragendes Genie von einem Verbrecher, Frédéric Larsan, der zu jeder Untat fähig ist und (was das Interesse am Kriminalroman verdirbt) jede Maske annehmen kann. Und *der Detektiv ist der Sohn des Verbrechers.* Und Mathilde, *la dame en noir*, ist *die Frau des Verbrechers und die Mutter des Detektivs.* Das ist der Ödipuskomplex in Reinkultur: Rouletabille hetzt seinen Vater zu Tode, um seine Mutter vor der Grausamkeit ihres Mannes zu schützen.[4]

Aber was ich am liebsten tun würde, ist eine Farce-Komödie schreiben, und ich suche endlos nach einer *donnée*. Gewiß, gewiß, ich sollte eine finden können in meinen ständigen Beschäftigungen mit dem, was ich »Wie man Lügen pflegt und nährt« genannt habe.[5] Ich sehe überall um mich her in der Schweiz Beispiele für die *liebevolle Pflege der eigenen Blindheit* – in dieser Schweiz, die so viele Jahre immun war gegen Verwüstungen und Opfer. (Selbst was sie für die Flüchtlinge [Deutsch im Original] taten, verglichen mit dem, was sogar verwüstete Länder taten.)

. . .

---

4  Aus einem der frühen »Geraldine de Gray«-Projekte wurde ein Stück in drei Akten, von dem unter den Thornton-Wilder-Papieren in Yale eine maschinengeschriebene Fassung existiert. Es gibt aber offenbar keine Aufzeichnungen oder Entwürfe für eine revidierte Fassung aus dem Jahre 1961.
5  Siehe Eintragung 770 (2. Juli 1960).

# Anhang I

# SCENE ONE : The Amanda Gregory Foster Orphanage

[Enter MR FOSTER, superintendent of the Orphanage. He is an excitable man of late middle age, dressed in an old, faded and unpressed cutaway. He looks like a deacon or a small town undertaker.
He dashes out a few steps from the RIGHT and shakes his hand imperiously at the back of the auditorium, calling out loudly:]

## MR FOSTER

Ring the bell, Mr. Conover. Ring it again. Ring it louder. I want every child in this orphanage to be in this auditorium in four minutes.

[He disappears as rapidly as he came.
[Enter from the same entrance MRS FOSTER, a worn woman of her husband's age, dressed in faded blue gingham. She also calls to the back of the auditorium:]

## MRS FOSTER

Come in, children. Come in quietly. Take your places quietly, girls. — Boys, behave yourselves! — Girls here on my left, as usual. Mr. Conover, are they ringing the bell out in the vegetable garden, too? Thank you. — I wonder if the girls in the laundry can hear it, with all that machinery going. Foster, is that you? Will you run over to the laundry and tell all the children that Mr. Foster wants them — all of them — here in the assembly hall.
Boys! Boys! — Don't play now. Just take your places quietly.

[Exit MRS FOSTER
[A second alarm bell starts ringing in dissonance.
[Enter MR FOSTER

## MR FOSTER

That's right, Mr. Conover. Ring all the bells.
George Washington Foster, are you there? Form them into lines, two by two. They're all pushing and crowding.
Girls on this side [LEFT]; boys over here [RIGHT]
All children over eleven down here in front.
Very young children in the back. The blind children and the lame children in the last rows.
Children eight to eleven up in the balconies.
[He shades his eyes and seems to be peering up to fourth, fifth and sixth balconies. Then again to the back of the auditorium:]
Now what's all that group late for? Oh, you've been working in the dairy. Very well, take your places.
[Enter MRS FOSTER. She goes up to her husband and says in his ear:]

## MRS FOSTER

Now you mustn't get excited! You remember what the doctor said.

# The Emporium – Das Kaufhaus

[Die Tagebucheintragungen 407, 409, 410, 412–15, 417, 421, 423, 425, 428 und 429 zeigen zum Teil Thornton Wilders Versuch, ein Stück zu schreiben, das sowohl von Kierkegaard als auch von Gertrude Stein beeinflußt war und die Atmosphäre von Kafkas *Das Schloß* mit einem Horatio-Alger-Thema kombinierte – *The Emporium*. Er arbeitete an diesem Projekt intensiv in den Jahren 1948 und 1949 und beendete Entwürfe für mehrere Szenen. Mindestens vier davon las er 1949 Freunden in Aspen, Colo., vor und mindestens zwei 1952 anderen Freunden in Hamden, Ct., und Cambridge, Mass. Er arbeitete zwischen dem 2. August 1953 und dem 23. Februar 1954 (wie aus einer Reihe von Aufzeichnungen hervorgeht, die nicht zu diesem Tagebuch gehören) weiter an dem Stück, konnte es aber nicht beenden.

Seine (in Eintragung 624 vom 11. Oktober 1952 ausgedrückte) Überzeugung, daß er zwei »solide und gute Szenen« hatte, wurde offenbar nicht erschüttert, denn die Manuskripte dieser Szenen befinden sich unter den Thornton-Wilder-Papieren in Yale in einer eigenen Mappe – zusammen mit den Aufzeichnungen aus den Jahren 1953 und 1954. Diese beiden Szenen sind im Anhang abgedruckt. (Man beachte, daß aus dem Horatio-Alger-Helden, der zuerst Tom und dann Daniel hieß, John wurde. Das Kaufhaus selbst, das 1949 das »A. und J.« war, ist nun das »G. und S.«)]

# Das Kaufhaus

Schauspiel in [. . .] Szenen mit einem Prolog

*Der Bühnenvorhang wird in diesem Stück nicht verwendet.*
*Früh eintreffende Zuschauer sehen die Bühne halb erleuchtet. Die sechs Leinwandschirme und die Möbel und Requisiten sind aufs Geratewohl über die Bühne verteilt.*
*Zwei* Bühnenarbeiter *in hellblauen Overalls wie Automechaniker erscheinen zehn Minuten vor Beginn und bauen die Bühne für die Erste Szene auf.*
*Die sechs Schirme sind ungefähr zwei mal dreieinhalb Meter groß. Sie ähneln den beweglichen Wänden eines japanischen Hauses und laufen auf Rollen. Sie sind alle weiß mit einem leichten Farbstich, einer spielt ins Bläuliche, ein anderer ins Lederfarbene oder Grünliche und so weiter.*
*Vorne links auf der Bühne (von den Schauspielern aus gesehen), beim Proszeniumspfeiler, steht ein leichter Stuhl.*
*Einige Minuten vor Beginn der Vorstellung tritt der* Mann aus dem Publikum *aus den linken Seitenkulissen, sieht sich ein wenig nervös um und setzt sich auf diesen Stuhl, den er zur Mitte der Bühne dreht. Er gibt sich zwanglos, blickt gelegentlich den ankommenden Zuschauern entgegen und studiert sein Programm. Er ist ein bescheidener, aber sehr ernster Mann von etwa fünfzig Jahren. Er wird während des ganzen Stückes auf der Bühne sein und sich, außer in den angegebenen Augenblicken, nicht bewegen und seine Aufmerksamkeit auf die Handlung vor ihm konzentrieren.*
*Ein Schirm ist ganz vorn in der Mitte der Bühne, parallel zu den Rampenlichtern aufgestellt worden. Die anderen Schirme stehen wie zufällig hinten auf der Bühne, jedoch so, daß sie die Eingänge links und rechts verdecken. Vor dem Schirm in der Mitte steht ein altmodischer Stuhl, daneben ein Pult, auf dem eine sehr große Bibel liegt.*
*Eine Glocke beginnt hinten im Zuschauerraum zu läuten.*

ERSTE SZENE: *Das Amanda-Gregory-Foster-Waisenhaus.*
MR. FOSTER, *der Leiter des Waisenhauses, tritt ein. Er ist ein erregbarer Mann in den späten mittleren Jahren und trägt einen alten, verschossenen, ungebügelten Cut. Er sieht aus wie ein Diakon oder ein Bestattungsunternehmer in einer Kleinstadt.*
*Er kommt mit einigen raschen Schritten von rechts herein, deutet gebieterisch mit der Hand nach hinten in den Zuschauerraum und ruft laut:*
MR. FOSTER: Läuten Sie die Glocke, Mr. Conover. Läuten Sie noch einmal. Ich möchte, daß jedes Kind dieses Waisenhauses in vier Minuten hier im Saal ist.
*Er geht so rasch, wie er kam.*
*Durch denselben Eingang kommt* MRS. FOSTER, *eine abgearbeitete Frau im selben Alter wie ihr Mann, in blauen Gingham gekleidet. Auch sie ruft nach hinten in den Zuschauerraum:*
MRS. FOSTER: Kommt herein, Kinder. Kommt leise herein. Setzt euch auf eure Plätze, Mädchen. – Benehmt euch, Jungens! – Die Mädchen hier zu meiner Linken wie gewöhnlich. Mr. Conover, wird auch draußen im Gemüsegarten geläutet? Danke. – Ich frage mich, ob es die Mädchen in der Wäscherei hören, wenn all diese Maschinen laufen.
Henry Smith Foster, bist du das? Lauf doch hinüber in die Wäscherei und sag allen Kindern, daß Mr. Foster sie sehen will – alle –, hier im Versammlungsraum.
Jungens! Jungens! Spielt jetzt nicht. Setzt euch still hin.
MRS. FOSTER *ab.*
*Eine zweite Glocke beginnt dissonant zu läuten.*
MR. FOSTER *tritt ein.*
MR. FOSTER: Recht so, Mr. Conover. Läuten Sie alle Glocken. George Washington Foster, bist *du* da? Laß sie in zwei Reihen antreten, immer zwei und zwei. Sie stoßen und drängen sich alle. Die Mädchen auf diese Seite [*links*], die Jungen dort drüben [*rechts*]. Alle Kinder über elf hier vorne her. Die sehr kleinen Kinder hinten. Die blinden Kinder und die lahmen Kinder in den letzten Reihen. Die Kinder von acht bis elf hinauf in die Ränge.
*Er beschattet seine Augen mit der Hand und scheint zum vierten, fünften und sechsten Rang hinaufzublicken; dann wieder zurück in den Zuschauerraum.*
Warum kommt diese Gruppe zu spät? So, ihr habt in der Molkerei gearbeitet. Sehr gut, setzt euch.

Mrs. Foster *tritt ein. Sie geht zu ihrem Mann und sagt ihm ins Ohr:*

Mrs. Foster: Du darfst dich nicht aufregen! Denk an das, was der Doktor gesagt hat.

Mr. Foster: Bummler! Bummler!

Ja, Edgar Allan Poe Foster! Zu spät wie immer. Immer versuchst du, anders zu sein.

Mrs. Foster: Denk an dein Asthma! Denk an deine Magengeschwüre! Du tust dir nur selber weh, wenn du dich so aufregst. Erinnere dich, das ist zuvor schon geschehen, und es wird ganz bestimmt wieder geschehen.

*Plötzlich gereizt zu einem Mädchen, das offenbar den Mittelgang herunterkommt:*

Sarah Bernhardt Foster! Spiel dich nicht so auf. Setz dich und nimm ruhig deinen Platz unter den anderen Mädchen ein!

Mr. Foster: Ich möchte, daß ihr alle aufpaßt.

James Jones Foster! – Du kannst George Washington Foster helfen, die Türen zu schließen.

*Eindrucksvolle Pause*

Mündel des Amanda-Gregory-Foster-Waisenhauses! In William County, West-Pennsylvanien! Wieder hat eines unserer Kinder versucht fortzulaufen! Das ist das zwölfte seit Weihnachten!

*Er hat einen kurzen Asthma-Anfall und niest in ein riesiges rotkariertes Taschentuch. Dabei fällt sein Blick auf den* Mann aus dem Publikum, *der zu seiner Linken auf der Bühne sitzt. Er starrt ihn einen Augenblick an, fällt aus der Rolle und sagt:*

Wer sind Sie?

Mann aus dem Publikum: Ich?

Mr. Foster: Ja, Sie – wer sind Sie? Was tun Sie hier oben auf der Bühne?

*Zum Publikum:*

Entschuldigen Sie mich einen Augenblick. Da – da stimmt etwas nicht.

*Zum* Mann aus dem Publikum:

Was tun Sie denn? Sie sitzen hier auf der Bühne?

Mann aus dem Publikum: Äh – die Direktion hat mir diesen Platz verkauft. Ich sagte ihnen, daß ich ein wenig schwerhörig bin.

Mr. Foster: Wie? Was ist das? Ich kann Sie nicht hören.

Mann aus dem Publikum: Die Direktion hat mir diesen Platz verkauft. Ich werde nicht im Wege sein. Ich sagte ihnen, daß ich ein wenig schwerhörig bin, und sie verkauften mir diesen Platz hier.

MR. FOSTER: Sie werden allerdings im Wege sein. Ich habe so etwas noch nicht gehört.

*Er wendet sich an* MRS. FOSTER:

Wir können nicht weitermachen mit dem Mann hier.

MRS. FOSTER: Vielleicht. Jedenfalls hören wir jetzt lieber nicht auf. Wir werden in der Pause versuchen, etwas zu unternehmen.

MR. FOSTER: In der Pause. – Ich muß sagen, ich habe so etwas noch nie gehört. – Aber wenn Sie schon hier sind – stellen Sie Ihren Stuhl gegen die Wand zurück. Sie hindern die Leute daran, die Bühne zu sehen.

*Der* MANN AUS DEM PUBLIKUM *stellt seinen Stuhl zurück.* Ich hoffe, Sie sind vernünftig genug, um die Aufmerksamkeit des Publikums nicht abzulenken. Es ist wichtig für uns, daß Sie so ruhig wie möglich sind.

MANN AUS DEM PUBLIKUM: Ja, oh ja.

MR. FOSTER *starrt ihn an und nimmt seine Rolle wieder auf.*

MR. FOSTER: Mündel des Amanda-Gregory-Foster-Waisenhauses! In William County, West Pennsylvanien! Wieder hat eines unserer Kinder versucht fortzulaufen. Das ist das zwölfte seit Weihnachten. Man wird es finden.

Man wird es jeden Augenblick zurückbringen.

Ich habe euch heute morgen zusammengerufen, um mit euch darüber zu sprechen.

Ihr lauft fort: wohin? Zu wem?

Letzten Herbst bist *du* davongelaufen [*er fixiert ein Kind im Zuschauerraum*], George Gordon Byron Foster! Man hat dich nach einer Woche zurückgebracht, aber was für eine Woche war das? Du hast auf Bahnhöfen geschlafen. Du hast dich aus Mülltonnen ernährt oder von dem, was du an den Hintertüren von Restaurants erbetteln konntest. Wir fragten dich, warum du fortgelaufen bist, und du sagtest, du wolltest leben – leben, voller Ungeduld *leben*.

Joan Dark Foster, wirst du aufhören, auf deinem Stuhl hin und her zu wetzen! Ich werde dich nicht lange aufhalten. Und du sagtest, du wolltest frei sein.

Jeder verlorene Hund und jede streunende Katze ist frei. Das Pferd, das aus dem Stall davongelaufen ist und durch den Wald rennt, ist frei.

Höre ich da oben schwatzen – im vierten und fünften Rang? Sicherlich könnt ihr Neunjährigen verstehen, was ich sage! Die Fünfjährigen hier unten sind still genug!

Gustav Froebel Foster! Kannst du unter den Kindern da oben nicht Ordnung halten?

*Er wartet einen Augenblick in ernstem Schweigen.*

Dieses Waisenhaus wurde von einer edlen Christin gegründet: Amanda Gregory Foster. Und hier kümmert man sich eine Weile um euch.

Ihr habt alle den Namen Foster bekommen, zur Erinnerung an die Gründerin, und einige von euch haben dazu die Namen von hervorragenden – von großen und nützlichen – Männern und Frauen bekommen.

Aber ihr seid alle Findelkinder und Waisen.

Das sind die Tatsachen. Erschöpft nicht eure Hirne und Herzen, indem ihr versucht, diesen Dingen zu widerstehen, *die sind.*

Prometheus Foster! Ludwig van Beethoven Foster! Setzt euch, ihr beide! Daß ihr mich wild anstarrt und die Fäuste schüttelt, kann an diesen Dingen nicht ein Jota ändern. Was sein muß, muß sein.

Aber das ist nicht das einzige, was ihr im Leben geduldig hinnehmen müßt. Es ist auch viel an jedem von euch, was nicht geändert werden kann: euer *Selbst.* Eure Augen, eure Nase, euer Mund. Eure Farbe, eure Größe, sobald ihr einmal erwachsen seid. Und euer Wesen.

Manche von euch sind schüchtern. Manche von euch sind stolz. Wir wissen, wer von euch faul ist und wer von euch Ehrgeiz hat.

Außerdem hat jeder von euch ein anderes Maß von Gesundheit. Eure Summe der Gesundheit. *Eure!*

Mrs. Foster *steht rasch auf und zeigt nach links ins Publikum.*

Mrs. Foster: Was ist das? John Keats Foster ist ohnmächtig geworden.

Mr. Foster: Drückt ihm den Kopf zwischen den Knien hinunter, Jungens. Er wird schon wieder zu sich kommen.

Mrs. Foster: Wer sitzt neben ihm? Joseph Severn Foster und Percey Shelley Foster – tragt ihn an die frische Luft hinaus, Jungens. Am besten bringt ihr ihn ins Krankenzimmer.

Mr. Foster: Und was für einen Lärm höre ich da in der letzten Reihe?

Mrs. Foster: Das sind – das sind die blinden Kinder.

Wo ist Helen Keller Foster? – Ach, da bist du ja! – Tröstest du sie? – Ja.

*Sie kehrt zu ihrem Stuhl zurück.*

Mr. Foster: Es gibt keine größere Zeitverschwendung – und keinen größeren Feind des Charakters –, als zu wünschen, daß man anders begabt und anders veranlagt wäre. Vor diesen Dingen kann man nicht davonlaufen.

Nun hat einer von uns, John Vere Foster, wieder versucht, das alles zu ändern. Zum dritten Mal hat er versucht davonzulaufen.

Ah, da ist er ja.

Mr. Conover, bringen Sie bitte John Vere Foster hierher. In die erste Reihe, so daß wir ihn alle sehen können.

MR. CONOVER, *ein schlurfender alter Hausmeister, führt einen für uns unsichtbaren Jungen, den er am Ohr hält, durch den Mittelgang des Zuschauerraums zur ersten Reihe.*

MR. FOSTER *steht auf, tritt vor und fixiert den Jungen.* Nun, junger Mann, wirst du uns – uns allen – sagen, warum du fortzulaufen versucht hast?

*Pause.*

So, du bist also starrsinnig und schweigst?

*Pause.*

Ihr habt alle genug zu essen. Ihr seid ordentlich gekleidet. Die Arbeit ist nicht schwer. Viele von euch haben Freude am Unterricht, und wir hören euch alle sehr glücklich spielen, wenn ihr in eurer Freizeit unter euch seid. Mrs. Foster und ich geben uns alle Mühe, gerecht zu sein. Hier wird sehr wenig gestraft, und wenn, dann nur sehr leicht. Viele Besucher sagen uns, daß dies das beste Waisenhaus im Lande ist.

*Er hat wieder einen Asthma-Anfall.*

MRS. FOSTER: Trink ein Glas Wasser. Setz dich einen Augenblick und trink ein Glas Wasser.

*Er setzt sich schwer atmend.*

MRS. FOSTER *tritt an den vorderen Rand der Bühne und wendet sich an* JOHN *– sanfter, aber ohne Sentimentalität.*

John, sag uns – sag uns, warum du davonzulaufen versucht hast. Ich kann dich nicht hören. Oh – du möchtest *dazugehören.*

MR. FOSTER: Was hat er gesagt? Was hat er gesagt?

MANN AUS DEM PUBLIKUM [hilfsbereit]: Er sagte, er möchte dazugehören.

MR. FOSTER: Oh – dazugehören.

Kinder! – Ich werde John Vere Foster geben, was er sich wünscht. Er möchte – wie ihr alle sagt – leben und dazugehören.

Ein Farmer und seine Frau haben mich heute morgen besucht. Sie möchten einen Jungen adoptieren. Mr. Graham scheint mir ein ordentlicher Mann zu sein. Wir geben euch – euch Kinder – gewöhnlich nicht zu Familien, bevor ihr sechzehn seid. John ist erst vierzehn, aber er ist kräftig für sein Alter – und wie ihr seht, ist er *ungeduldig.*

John, geh zu Mrs. Hoskins: sie wird dir ein neues Paar Schuhe und einen neuen Mantel geben. Und sie wird deinen Koffer packen. Du fährst mit deinem Vater und deiner Mutter – Mr. und Mrs. Graham – heute nachmittag mit dem Zug. Dazugehören! – Dazugehören!
Ihr habt alle eines gemeinsam: ihr gehört keinen Eltern, ihr gehört keinem Zuhause, ihr gehört nicht euch selbst. Ihr gehört alle *dazu*. Tausende von Kindern sind durch diese Schule gegangen – durch Tausende von Schulen. Die Namen vieler von ihnen findet ihr auf den Tafeln im Korridor. Die Namen vieler von ihnen sind vergessen. Die Tinte selbst in unseren Schulkarteien ist verblaßt.
Die Generationen der Menschen sind wie die Generationen der Blätter an den Bäumen. Sie fallen auf die Erde, und neue Blätter wachsen im nächsten Frühling. Die Welt, in die ihr hineingeboren wurdet, ist eine Welt der ewigen Wiederholungen – das könnt auch ihr schon sehen.
Aber es gibt etwas, wozu ihr gehören könnt – ja, *gehört:* Ich bin noch nicht befugt, euch seinen Namen zu sagen. Es ist etwas, was ständig danach strebt, etwas Neues in diese Wiederholungen zu bringen, sie zu erhöhen, sie zu färben, zu –
Nicht durch Davonlaufen – von Ort zu Ort – werdet ihr etwas finden, wozu ihr gehört – oder was euch frei macht.
*Anfälle.*
Ihr sucht am falschen Ort. – Ihr werdet es finden, wenn ihr es am wenigsten erwartet.
*Er wird vom Husten geschüttelt. Seine Frau spricht zu den Kindern:*
MRS. FOSTER: Das ist alles! Geht *still* zurück in eure Zimmer, Kinder.
Benvenuto Cellini Foster, steck deine Schleuder weg. Das ist nicht die richtige Zeit zum Spiel.


ZWEITE SZENE: *Die Graham-Farm*

*Die Schirme sind so aufgestellt worden, daß sie einen großen Raum suggerieren – die Küche des Farmhauses der Grahams. Eine Lücke zwischen den beiden hinteren Schirmen deutet die Tür ins Wohnzimmer an.*
*Links auf der Bühne: ein Küchentisch. Der Stuhl links davon ist nach rechts gerichtet:* MRS. GRAHAM *tritt ein. Sie wird von der Schauspielerin dargestellt, die eben* MRS. FOSTER *gespielt hat. Sie*

*sieht nun hager aus und hat ein hartes Gesicht. Sie hat sich einen*
*verschlissenen blauen Schal um die Schultern geworfen. In der*
*Hand hält sie eine Stallaterne. Sie tritt an den vorderen Rand der*
*Bühne, öffnet eine imaginäre Hintertür und späht nach hinten in*
*den Zuschauerraum.*

MRS. GRAHAM: John Graham, ich will, daß du hereinkommst und
dein Abendbrot ißt, bevor Mr. Graham von der Gebetsversamm-
lung heimkommt. Ich habe es gerade zum zweiten Mal aufgewärmt, und jetzt sollst du es essen. Es ist acht Uhr. Es ist kalt
und stockdunkel. Aber ich habe dich da unten beim Maisbehälter
gesehen. Du hast deine Arbeit schon lange getan, und unten in
der Scheune gibt es nichts für dich zu tun. Und ein Junge, der
noch wächst, sollte sein Essen heiß verzehren. Es ist wirklich gut.
Maisbrei mit Speck und Gemüse, und es ist wirklich gut. Ich habe
etwas Melasse dazugetan.

*Sie stellt die Laterne nieder und zieht den Schal fester um sich.*

Gut, ich werde dich nicht bei deinem ganzen Namen rufen. Ich
werde dich einfach John nennen. Also, John, ich möchte, daß du
kommst und dein Abendbrot ißt. Ich weiß, du denkst, Mr. Graham
sei ungerecht – ich weiß das, aber du müßtest sehen, daß er *glaubt,*
das Rechte zu tun. In seinem Sinne ist er gerecht. Wenn er das tut –
wenn er dich schlägt, John, wenn er dich an Mittwochabenden
schlägt –, denkt er, daß es zu deinem Besten ist.

Und ich habe einige von den Holzäpfeln gedünstet, die du selbst
gepflückt hast. Ich weiß, was du denkst – und ich kann es verstehen:
daß du bei all der Arbeit, die du getan hast, das Recht hast, am Abend
ab und zu einmal das Pferd zu nehmen und in die Stadt zu fahren.
*Dagegen* hat Mr. Graham gar nicht einmal so viel, glaube ich. –
Vielleicht ist es das, daß du in der Stadt mit den Männern in Kramers
Mietstall redest . . . und Flüche lernst . . . und . . . er betet zu Gott,
daß du keinen Alkohol anrührst und andere Sachen lernst. Das ist
die Wahrheit, John. Also, John, ich hole mir hier draußen noch den
Tod vor Kälte, und zweimal habe ich schon das gute Abendbrot für
dich aufgewärmt.

*Sie macht einen Schritt vorwärts.*

Mehr noch, wenn du jetzt hereinkommst, erzähle ich dir etwas –
*etwas über dich selbst,* was ich dir noch nie gesagt habe. Etwas
wirklich Interessantes, das ich gehört habe, als wir dich im Waisenhaus abholten. Etwas darüber, wo du herkommst, wo man dich gefunden hat. Ich sehe jetzt, daß ich dir das schon vor langer Zeit hätte

sagen sollen, denn du bist jetzt beinahe ein erwachsener Mann, und es ist nur recht, daß du alles Wichtige über dich selbst weißt.

JOHN *scheint plötzlich im Mittelgang des Zuschauerraums aufzustehen, etwa sechs Sitzreihen von der Bühne entfernt. Er ist etwa achtzehn und trägt einen verwaschenen blauen Overall.*

JOHN [*finster*]: Sie haben wirklich etwas zu sagen? Sie halten mich nicht zum Narren?

MRS. GRAHAM: Ich halte dich nicht zum Narren. Komm herein und iß dein Abendbrot, und ich sage es dir.

JOHN: Sie können es mir hier sagen.

MRS. GRAHAM: Nein, das kann ich nicht. Ich komme um vor Kälte. Ich kann kaum sprechen, so klappern mir die Zähne.

JOHN: Dauert es *lange* – was Sie mir zu sagen haben?

MRS. GRAHAM: Oh ja, es dauert lange. Ich glaube, ich werde eine ganze Viertelstunde brauchen, um es richtig zu erzählen. Also komm herein.

JOHN: Ich habe geschworen, ich gehe nicht mehr in das Haus. Ich gehe in kein Haus, wo man mich einen Dieb nennt. Ich habe noch nie jemandem etwas gestohlen. Er hat mich bestohlen: er stiehlt mir jede Stunde des Tages, ja. Vielleicht können Väter ihre Söhne vier Jahre lang für sich arbeiten lassen, ohne einen Cent zu zahlen – aber er ist nicht mein Vater, und ich bin nicht sein Sohn. Er schuldet mir eine Menge. Ich wette, er schuldet mir ganze hundert Dollar. Ich wette, daß mir jetzt schon das ganze Pferd gehört, und ich kann damit gehen, wohin ich will.

MRS. GRAHAM: Ich weiß, daß du das so siehst, John.

JOHN: Gehen Sie und holen Sie sich einen Mantel oder irgendwas, und erzählen Sie mir hier, was Sie mir zu erzählen haben – denn ich gehe nicht noch einen Abend in das Haus, um von ihm geschlagen zu werden.

MRS. GRAHAM: John, du weißt, daß er noch eine ganze Weile nicht kommt, und du hörst es an den Glöckchen am Pferd, wenn er kommt, oder nicht? Bis er kommt, kommst du ins Haus. Was du dann tust – ich kann dich nicht aufhalten.

JOHN: Gut, ich gehe nur gerade durch die Tür, aber weiter gehe ich nicht.

MRS. GRAHAM: Du brauchst nicht weiter zu gehen, als du willst, aber streif den Schnee von deinen Schuhen, wenn du hereinkommst.

*Sie öffnet die imaginäre Tür und kehrt in die Küche zurück. Nachdem er sich die Schuhe abgestreift hat, folgt ihr* JOHN. *Sie macht sich am Herd zu schaffen. Er stellt sich links von der Mitte der Bühne auf, mit dem Rücken zum Publikum, breitbeinig, stolz und voller Groll.*

JOHN: Machen Sie sich keine Gedanken, wohin ich gehe. Mr. Stahlschneiders Arbeiter bekommt fünf Dollar die Woche. Ich denke, ich bin zwei Dollar die Woche wert – zumindest in den letzten zwei Jahren. Ich wette, ich bin sogar drei Dollar wert. Und Mr. Graham hat mir nur den blauen Anzug gegeben – und den schließt er während der Woche weg.

MRS. GRAHAM: Hör mal, John Graham – wenn du daran denkst fortzulaufen, kann ich dich nicht aufhalten, aber ich habe mir mit der Buttermilch vierzehn Dollar erspart. Sie sind hinter der Uhr in einem Tabaksbeutel. Wenn du gehen mußt, gebe ich sie dir gern.

JOHN [*laut*]: Ich will keine Geschenke. Ich will, was *mir* gehört. Und mein Name ist nicht John *Graham*. Ich habe keinen Namen – nur John.

MRS. GRAHAM: Wir haben versucht, dir Vater und Mutter zu sein, so gut wir konnten.

JOHN: Ich will keinen Vater und keine Mutter. Ich bin froh, daß ich keine hatte.

MRS. GRAHAM [*reicht ihm einen imaginären Teller*]: Hier ist dein Abendbrot.

JOHN: Stellen Sie es auf den Tisch. Ich glaube nicht, daß ich es essen werde. – Sie können sagen, was Sie wollen.

MRS. GRAHAM [*stellt den Teller auf eine Ecke des Tisches und sagt energisch*]: Und ich sage kein Sterbenswörtchen, wenn du nicht einen Mundvoll von dem guten Abendessen nimmst, solange es noch heiß ist.

*Schweigen. Ein Wille kämpft gegen den anderen. Plötzlich tritt* JOHN *an den Tisch, taucht einen unsichtbaren Löffel in den Teller und führt ihn zum Mund. Dann nimmt er wieder seine rachsüchtige Haltung ein.*

JOHN: Also, sagen Sie es!

MRS. GRAHAM: Als wir in das Amanda-Gregory-Foster-Waisenhaus gingen, um dich zu adoptieren, unterhielten wir uns mit Mr. und Mrs. Foster, die es leiten. Wir fragten sie, ob sie etwas über dich und deine Herkunft wußten.

*Pause.*

Ich muß sagen, ich kann dir das nicht sehr gut erzählen, wenn du dastehst und Haß in jedem Muskel zeigst.

JOHN: Was soll ich sagen? Ich bin dreimal davongelaufen, und ich würde wieder davonlaufen.

*Ihre Blicke begegnen einander. Sie zeigt auf den Teller. Er nimmt hastig noch einen Bissen und stellt den Teller wieder auf den Tisch.*

MRS. GRAHAM: Man hat dich in einem Korb gefunden, John – ungefähr drei Monate alt. Nun wirst du vielleicht denken, was ich dir sage, ist nicht wichtig, aber da irrst du dich. Der Korb und jeder Faden, den dieses Baby am Leib hatte – und die Decken und die Klapper und die Milchflasche und der Lutscher dran –, alles, alles stammte aus dem Kaufhaus Gillespie und Schwingemeister.

*Pause.*

Ich hoffe, du verstehst, was das bedeutet. Da gab es nichts, was zweitklassig oder knauserig war. Jemand mochte dich sehr, John – genug, um dir eine erstklassige Ausstattung zu geben.

JOHN [*nach einer kurzen Pause*]: Jetzt habe ich gegessen und getrunken, und jetzt gehe ich wieder in die Scheune.

MRS. GRAHAM: Ich habe dir noch mehr zu sagen. Du ißt jeden Bissen dort auf dem Teller.

Ich denke, du hast von dem Kaufhaus G. und S. in Philadelphia gehört.

*Ein Läuten von Schlittenglocken hinten im Zuschauerraum. Beide horchen gespannt.*

Das sind Diakon Riebenschneiders Glocken.

*Sie entspannen sich.*

JOHN: Natürlich.

MRS. GRAHAM: Wäre auch komisch, wenn du nichts davon gehört hättest, denn ich habe bemerkt, daß du dich sehr für Geschäfte interessierst. Du lieber Gott, wenn wir dich in die Stadt mitnehmen, ist das alles, was du sehen willst – und du stellst mir tausend Fragen. Ich habe noch niemanden gesehen, der sich so sehr für etwas interessiert wie du für Geschäfte.

Ich würde meinen, du bist richtig stolz darauf, daß alle deine Babysachen von G. und S. kamen.

JOHN: Ich bin nicht stolz darauf.

MRS. GRAHAM: Das zeigt nur, wie wenig du weißt. Ich nehme an, das ist für dich ein Laden wie jeder andere. Ein Laden, der eine Menge Sachen einkauft und wieder verkauft. Ein Laden, der nicht mehr als das tut, immer wieder dasselbe, kaufen – verkaufen, kaufen – verkaufen. Ich nehme an, du denkst, so ein Laden ist das.

JOHN: Sind Sie schon einmal ... sind Sie schon einmal drin gewesen?

MRS. GRAHAM: Ob ich schon einmal drin gewesen bin?

*Sie sieht ihn nicht an, spricht in Gedanken versunken, mit gedämpfter Erregung.*

Da geht eine Art großer Treppe in der Mitte hinauf – und Balkons, Balkons mit kleinen weißen Säulen. Und rote Teppiche mit Rosen darauf. Und an den Ecken der Gänge stehen große Spucknäpfe aus Messing. Und über den Köpfen der Verkäuferinnen sind Drähte, und wenn sie etwas verkaufen, laufen kleine Blechbüchsen mit dem Wechselgeld an den Drähten entlang. Und auf einer Seite sind diese Aufzüge, die auf und ab gehen und die Leute dorthin bringen, wo sie hin wollen.

JOHN: Das ist – das ist nur einer von diesen Läden für reiche Leute.

MRS. GRAHAM. Da sieht man, daß du nichts davon verstehst, einfach nichts.

*Wieder nachdenklich.*

Es wird nie abbrennen – so sagt man. Es hat darin auch nie nur einen kleinen Brand gegeben. Natürlich haben sie eine ganze Feuerwehrausrüstung drinnen, aber das ist nur zum Herzeigen. Natürlich, wenn du etwas kaufst und mit nach Hause nimmst, *dann* kann es verbrennen. Aber nicht im Geschäft. Ja, wenn es in Philadelphia einmal brennt, wie es in Chicago, Illinois, gebrannt hat, brauchst du nur ins G. und S. zu gehen, und du bist vollkommen sicher. Das sagen die Leute, und ich glaube es ihnen.

JOHN: Das ist nicht vernünftig.

MRS. GRAHAM: Vernünftig? Da ist nichts Vernünftiges dran. Es gibt Millionen Menschen auf der Welt, die denken, daß G. und S. verrückt ist. Meine Schwester ging hinein, um ein Hochzeitskleid zu kaufen, und da war auch eines – alles sauber genäht. Das schönste Kleid der Welt. Und es sah aus, als müßte es hundert Dollar kosten, und das konnte sie natürlich nicht bezahlen. Aber die Dame verkaufte es ihr für achtzehn Dollar, wirklich wahr. Alles in schönster Ordnung damit. Der Mann meiner Schwester – nun, es passierte eine schreckliche Sache nach der andern, aber es war ein schönes Kleid, und ihre Tochter trug es zu *ihrer* Hochzeit. Dann wieder, an anderen Tagen, kosten kleine Dinge, kleine alltägliche Dinge, die Welt. Das hat noch niemand verstehen können – niemand. An manchen Tagen beleidigt G. und S. die Kunden – anders kann man es nicht sagen –, und an anderen Tagen überhäuft es einen mit Geschenken. Es ist nicht vernünftig – aber es ist das großartigste Geschäft der Welt.

JOHN: Was ist das andere, was Sie mir noch sagen wollten?

MRS. GRAHAM: Bevor ich es dir sage, möchte ich, daß du mir versprichst ... daß du nicht die Hand gegen Mr. Graham erhebst, wenn er ... wenn er es für seine Pflicht hält, dich zu bestrafen. Mr. Graham scheint nicht zu bemerken, daß du jeden Monat größer und stärker wirst. Versprichst du mir das?

*John schweigt einen Augenblick, dann tritt er an die Wand zurück und nimmt, mit dem Gesicht zum Publikum, wieder die frühere Haltung ein.*

JOHN: Sagen Sie, was Sie sagen wollten, ohne zu handeln.

*Er wird nachgiebiger.*

Kommt darauf an, was er tut.

*Pause.*

Waren Sie oft drinnen?

MRS. GRAHAM: Ob ich oft drinnen war?! ...

*Sie holt ernst ein Medaillon aus dem Halsausschnitt ihres Kleides hervor.*

Siehst du dieses Medaillon? Ich bekam dieses Medaillon für drei Jahre treuer Dienste im G. und S.

JOHN [*betrachtet es fasziniert*]: Da steht Gertrude Foster. Sie heißen nicht Foster.

MRS. GRAHAM: Ich hieß so, bevor ich Mr. Graham heiratete.

JOHN [*tritt schockiert zurück*]: Ich *dachte* es mir doch, daß Sie der Mrs. Foster ähnlich sehen, die das Waisenhaus leitet. Sind Sie eine Verwandte von ihr? Sind Sie eine ... *Verwandte* von ihr?

MRS. GRAHAM: Natürlich nicht. Viele Leute heißen Foster in West-Pennsylvanien, viele. – Jetzt ißt du diese Holzäpfel, während ich dir erzähle, was als nächstes kommt. Du ißt sie langsam, damit sie auch nahrhaft sind.

*Sie gibt ihm den Teller und geht zum Herd zurück. Sie ist wieder in Gedanken verloren.*

Man kann kaum bis ganz hinauf sehen, wo eine Malerei ist – eine Handmalerei an der Kuppel. Und immer kommt von hoch oben ganz leise Musik. Musik, die eigens für das Kaufhaus geschrieben wurde. So ein Haus hast du noch nie gesehen.

JOHN [*wie gebannt*]: Und die Aufseher und Direktoren? Gehen sie umher? Ich meine Mr. Gillespie und Mr. Schwingemeister?

MRS. GRAHAM: [*plötzlich voll Verachtung*]: Wenn du nicht der dümmste Junge auf der Welt bist, weiß ich nicht, wer es sein soll. Mr. Gillespie! Mr. Schwingemeister! Was noch? Niemand hat jemals auch nur Mr. Sordini gesehen – und er ist im fünften Stock. Es sieht so aus, als wäre für dich das Kaufhaus so wie irgendein anderer Laden. Ha! Ich würde dich nicht aus der Scheune hereingerufen haben, wenn deine Babysachen aus einem gewöhnlichen Laden gekommen wären. Wenn du in einem gewöhnlichen Laden arbeiten willst, kannst du zu Craigie gehen, jawohl, mein Herr, du kannst in Craigies Warenhaus gleich neben dem G. und S. gehen. Bei Craigie weißt du, wo du bist.

Du bekommst deinen regelmäßigen Lohn –

*Schlittenglöckchen hinten im Zuschauerraum. Wie oben.*

Das ist die Witwe Ochshofer.

JOHN: *Bezahlen* sie einen nicht im Kaufhaus?

MRS. GRAHAM: Und du kannst Mr. Craigie jeden Tag sehen, zehnmal am Tag. Du wirst gut bezahlt, und du wirst regelmäßig bezahlt – und alles ist vollkommen klar. Um sechs kannst du nach Hause gehen. Jawohl, mein Herr, du kannst dort fünfzig Jahre arbeiten, und an jedem Abend, an dem es dir gefällt, kannst du nach Hause gehen und dich aufhängen. In Craigies Laden ist Grün die Farbe. Alles ist grün. Welche Farbe ist die des Kaufhauses?

JOHN [*schwach*]: Ich weiß nicht.

MRS. GRAHAM [*flüsternd*]: Was für eine Farbe trage ich immer?

JOHN: ... Blau ...

MRS. GRAHAM: *Natürlich* ... Und was für eine Farbe hast du an?

JOHN: ... Blau! ...

MRS. GRAHAM: Und wie war der ganze Korb, in dem man dich gefunden hat? Blau. Und *jetzt* werde ich dir etwas über dich sagen. Wo hat man deinen Korb gefunden? Auf den Stufen vor dem Rathaus? Oder vor dem Krankenhaus wie die meisten Babys? Oder vor der öffentlichen Bibliothek? Nein, du wurdest auf den Stufen vor G. und S. gefunden. Du gehörst sozusagen dorthin – das glaube ich. Du bist ein Kaufhaus-Mann. Aber das ist noch nicht alles: weißt du, was ich glaube? Ich glaube, dieses Amanda-Gregory-Foster-Waisenhaus – ich glaube, dieses Waisenhaus wird von G. und S. geleitet – ja, das glaube ich. Ich glaube, ich habe Mr. und Mrs. Foster schon früher gesehen – und ich weiß auch, *wo* ich sie gesehen habe.

JOHN [*aufgeregt*]: Sie sehen aus wie sie. Das habe ich immer schon gedacht – Sie sehen aus wie sie.

MRS. GRAHAM [*verächtlich*]: Ich sehe überhaupt nicht aus wie sie. Aber ich habe mir oft gesagt: Wenn Mr. Graham etwas zustößt, dann

möchte ich dort sein. Ich möchte in diesem Waisenhaus arbeiten, irgendwie helfen, mit all den Kindern arbeiten. Irgend etwas.
*Schlittenglocken.*
Da kommt er. Das ist er.
JOHN [*starr*]: Ich werde hier bleiben.
MRS. GRAHAM: Denk daran, John. Du hast es versprochen.
JOHN: Ich habe in meinem Leben nichts versprochen.
MRS. GRAHAM: Ich habe heute deinen blauen Anzug gebügelt. Er ist hinter dieser Tür. Und wenn du glaubst, daß du gehen mußt – hier ist es. Das Buttermilch-Geld.
*Sie geht rasch zum Kaminsims und hält ihm einen (imaginären) Beutel entgegen.*
JOHN: Ich brauche kein Geld.
MRS. GRAHAM: Nimm es. Hat dir niemand gesagt, daß diese Welt ein schlechter Ort ist – hat dir das niemand gesagt? *Nimm es.*
*Sie kehrt zu ihrem Stuhl zurück und setzt sich.* MR. GRAHAM *tritt ein – Pelzmütze, kurzer grüner Mantel aus Deckenstoff. Er geht durch den Mittelgang des Zuschauerraums und auf die Bühne. Ohne nach links oder rechts zu sehen, geht er in der Mitte hinten ab. Sie starren ihn regungslos an, während er durch den Raum geht.*
JOHN [*flüsternd*]: Was meinen Sie damit: das Kaufhaus *zahlt* einem nichts? – Es taugt nichts, wenn es einem für die Arbeit nichts zahlt.
MR. GRAHAMS STIMME [*aus dem Wohnzimmer*]: John Graham, kommst du ins Wohnzimmer?
MRS. GRAHAM: Hör zu – ich habe dir nicht die ganze Wahrheit darüber gesagt: wie *schwer* es ist. Und an manchen Tagen verzweifelt man einfach. Ja, in manchen Wochen vergißt es zu zahlen. Und in manchen Wochen zahlt es zu viel – so als wäre da ein Fehler in den Büchern. Und daß es alles von dir nimmt und dir kaum noch ein eigenes Leben übrig läßt. Und daß es dir nicht dankt – und es gibt dir beinahe nie ein Lob für das, was du getan hast. Trotzdem – du kannst spüren, daß es etwas ist, wozu du *gehörst.* Geh dorthin! du wirst sehen.
MR. GRAHAMS STIMME: John!
MR. GRAHAM *erscheint in der Wohnzimmertür. Er hält einen großen Stock in der Hand.*
John Graham, hast du mich gehört? Du gehst ins Wohnzimmer und läßt den Overall herunter. Mrs. Graham, du gehst nach oben.
MRS. GRAHAM: Mr. Graham, ich bleibe hier.
MR. GRAHAM: Mrs. Graham, du gehst nach oben.

367

Mrs. Graham: Du und ich, wir haben vor Gott diesen Jungen als unseren adoptiert – gemeinsam.

*Sie weicht zurück.*

Ich gehe in die Veranda hinaus, aber ich gehe nicht nach oben.

*Sie zieht den Schal fester um sich, geht in die Veranda hinaus und steht mit trotzig geschürzten Lippen da.*

Mr. Graham: Hast du mich gehört, John!

John [*rasch*]: Ich komme hinein. Aber ich sage Ihnen gleich, daß Sie mir hundert Dollar schulden und vielleicht noch mehr und daß jeder Mann, der von einem anderen geschlagen wird, das Recht hat, sich zu wehren; und daß damals, als der Haken vom Dach der Scheune auf Sie herunterfiel und Sie eine Woche krank waren – daß Sie dachten, ich war das, aber ich war es nicht, und die einzige Lüge, die ich je gesagt habe, war, als die Färse in die untere Weide ging (und das war in der zweiten Woche, die ich hier war). Deshalb denke ich, wir sind nun quitt.

*Er geht hinten in der Mitte ab.* Mr. Graham *ist über diese Rede erstaunt.*

Mr. Graham: Ich weiß nicht, wovon du redest. Jeder würde meinen, du bist verrückt geworden. Dein Rauchen und Trinken haben dich verrückt gemacht – ja, das ist es.

*Er folgt* John. *Seine Stimme ist zu hören.*

Knie zuerst nieder und bitte um Gottes Segen.

Mrs. Graham *betritt langsam wieder die Küche. Setzt sich an den Tisch. Plötzlich hört man gewalttätige Geräusche aus dem Wohnzimmer. Stolpern. Das Zerbrechen von Möbeln.*

Mr. Grahams Stimme: Wie kannst du es *wagen* – du junger . . . *Teufel!*

*Stille.* Mrs. Graham *rührt sich nicht.*

Gertrude! Gertrude!

John *erscheint in der Tür, finster, ein wenig benommen. Er hält den Stock in der Hand.* Mrs. Graham *sieht ihn nicht an.*

John: Ich nehme mir meinen blauen Anzug.

Mr. Graham [*hinter der Bühne*]: Gertrude!

John *bemerkt, daß er den Stock in der Hand hält. Er wirft ihn ins Wohnzimmer zurück, geht selbst hinein und erscheint mit seinem Anzug, der in braunes Packpapier gewickelt ist. Er will durch den Zuschauerraum fortgehen, hält inne, läßt das Paket fallen, geht auf* Mrs. Graham *zu, beugt sich über sie, und seine Hände nähern sich ihrem Hals.*

JOHN: Geben Sie mir das!

MRS. GRAHAM [*hält entsetzt die Hände vor den Hals*]: John! Was tust du? Was tust du?

JOHN: Ich nehme mir das Medaillon.

*Er reißt es ab und betrachtet es.*

Das ist das einzige, was ich je gestohlen habe.

MRS. GRAHAM: Gut. Du hast es nicht gestohlen. Ich schenke es dir.

JOHN [*sieht sich um*]: Von all den Hunderten und Tausenden von Farmen, auf die man mich hätte schicken können, hat man mich auf diese geschickt!

MRS. GRAHAM [*stolz*]: Jedenfalls hast du auf dieser eines bekommen: du hast aus erster Hand vom Kaufhaus gehört.

JOHN: Ich wette, das ist nicht viel.

*Er stürzt in den Zuschauerraum und verläßt ihn durch den Mittelgang.*

MR. GRAHAMS STIMME: Gertrude ... hol Dr. Krueger ... Geh, hol ihn ...

MRS. GRAHAM *geht langsam hinten hinaus. Geräusch eines galoppierenden Pferdes hinter dem Zuschauerraum.*

MANN AUS DEM PUBLIKUM [*sieht ins Publikum, lächelt, reibt sich die Hände*]: Ich denke, das ist das Ende der Szene.

# Anhang II

# Aufzeichnungen für »Das Kaufhaus«

[Die »Reihe der Aufzeichnungen für eine Fortsetzung von ›Das Kauf-haus‹«, mit der Thornton Wilder am 2. August 1953 begann (siehe Eintragung 655), ging bis zum 17. Jun 1954. Sie wurde nicht in das Tagebuch aufgenommen, wird aber in diesem Anhang abgedruckt.]

655. (HORS-SERIE). MACDOWELL COLONY, [PETERBOROUGH, N. H.,] 2. AUGUST [1953]. »Das Kaufhaus«

Nun, da ich »Das Kaufhaus« wiederaufnehme, beginne ich hier mit einer Reihe von Notizen, die ich später in das Tagebuch einbinde oder auch nicht.

Meine Schwierigkeit damit war, daß es auf einer allzu moralisierenden und didaktischen Straße dahinging: die Wahl des Herkules und die Entwicklung »*par la femme l'idéalité entre dans la vie, et sans elle que serait l'homme?*«* Ich fürchte mich nicht vor Gemeinplätzen, aber ich muß selbst fest an sie glauben, und ich muß sie tragikomisch darstellen.

Mit dieser Waisenhaus- und Farmhaus-Szene ist der Held sicherlich Jedermann in Jedemhaus. Dann gehe ich in seine Beziehung-zu-Standards.

Aber was ich nun bekommen habe, das ist ein zu großes Tor für mein Kaufhaus-Craigie-Material, oder vielmehr: mein Kaufhaus-Craigie-Material wird von mir nicht groß genug dargestellt, um den Waisenhaus- und Putzfrau-Szenen in angemessener Weise folgen zu können.

*Später: (Donnerstag) [6. August 1953]*

An die Zeit denkend, beginne ich mich zu fragen, ob meine tastende Suche nicht halbherzig war, und zwar lediglich deshalb, weil ich die Lebensgeschichte des Jungen fälschlicherweise unter dem Gesichtspunkt der Zeit betrachtet habe. Ein Mythos muß als etwas Bekanntes

* Kierkegaard: *Etapes sur le chemin de la vie*, Gallimard 1948 (Kapitel »In vino veritas«, Seite 54)

auf die Bühne gebracht werden. Sein Ende muß dem Anfang vorausgehen oder vielmehr sein Ende ist sein Anfang und in jedem Teil davon. Er verliert in dem Augenblick seine Kraft, in dem er als eine ablaufende Geschichte gesehen wird, die sich ins Unbekannte entfaltet; also aufbrechen und jedes Interesse daran ausschließen, das von einer chronologischen Progression abhängt.*

Sollten wir in Johns Geschichte nicht hineinsehen wie in eine Grube, eine Kluft, eine Zisterne? Ein Mythos ist keine Geschichte, die von links nach rechts gelesen wird, vom Anfang bis zum Ende, sondern etwas, was man die ganze Zeit voll im Blickfeld hat. Vielleicht meinte Gertrude Stein dies, als sie sagte, das Schauspiel sei hinfort eine Landschaft.

1. Daher habe ich mich heute mit der Möglichkeit befaßt, daß ich das Stück mit der Silvester-Party bei Craigie beginne** (oder mit einer »Vision«, die mir noch nicht eingefallen ist – Johns Aufnahme ins Kaufhaus oder sein Tod vor dessen Türen) und dann sowohl *vor-* als auch *rückwärts* arbeite und mit der Szene im Waisenhaus abschließe.


*Freitag [7. August 1953]*

Wie kann ich am besten ohne offenen moralisierenden Druck die Schwäche des Ladens von Craigie (die Unzulänglichkeit des Ethischen) und die Stärke des Kaufhauses zeigen? Antwort: durch die Andeutung der latenten Ängste in ersterem.

2. Nehmen wir an, ich lasse in der neuen ersten Szene – der Silvester-Party – Ermengarde Craigie eine Ansprache an die Gäste vor dem Eintreffen ihres Vaters halten. »Ich möchte Sie an zwei Dinge erinnern: Sie kennen den Unwillen meines Vaters über jede Anspielung auf ein *anderes* Geschäft in dieser Stadt – wir wollen daran denken, *kein* anderes Geschäft zu erwähnen. Und zweitens, da einige von Ihnen hier neu sind, sollte ich Ihnen vielleicht sagen, daß mein Vater eine schwere Nervenkrise hatte – wir sind alle so froh, daß es ihm schon besser

---

* Vielleicht sollte ich festhalten, daß ich so weit kam durch ein Stadium (gestern), in dem ich das Stück als Aufeinanderfolge von Prologen zu sehen schien. Erster Prolog: Der Vorstand des Kaufhauses gründet ein Waisenhaus. Zweiter Prolog: Das Waisenhaus. Dritter Prolog: Die Farmhaus-Szene. Vierter Prolog: Der Vorstand des Kaufhauses bereitet sich darauf vor, den Bewerber zu verwirren, abzuweisen, einzuladen etc. Fünfter Prolog: etc.

** Diese Szene begann ich am Dienstag zu schreiben (neu zu schreiben; frühere Fassung verloren oder vernichtet). Und ohne Überzeugung. *Jetzt* könnte ich einen neuen Geist dafür finden.

geht –, und ich möchte nicht, daß Sie erschrecken, wenn es so aussieht, als ... das heißt, wenn er plötzlich zu glauben scheint, daß es eine Überschwemmung gibt ... oder daß sich die Erde in Eis verwandelt oder daß Philadelphia brennt. Mein Vater bildet sich ab und zu solche Dinge ein.« Und als dann Mr. Craigie eintrifft, geschieht genau das: er zieht über das Kaufhaus her und erleidet einen Anfall, weil er fürchtet, daß der Schnee, der gerade fällt, nie mehr aufhören wird. Er hat in den Kellern Nahrungsmittel gelagert. Die Ethik bietet keine Erleichterung für die fundamentale Angst des Menschen, obwohl sich Millionen einzureden versuchen, daß sie das glauben.

Das kann dann das Schreiben der Kaufhaus-Szenen erleichtern: dort hat man keine Angst vor Feuer und Dieben. Und wenn wir in der Rückwärtsbewegung des neuen Plans für das Stück zur Szene auf der Farm der Grahams kommen, kann Mrs. Graham ([im Theater] um 22 Uhr 35) eine wahrere, kürzere und sicherere Feststellung des Mottos des Stückes und des Charakters des Kaufhauses in den Mund gelegt werden: daß man nur zu etwas gehören kann, was nicht von der Vernichtung bedroht ist.

Und habe ich statt meines einzigen No-Spiel-Zuschauers nicht fünf Leute über siebzig – aus dem Altersheim des Kaufhauses – einer blind und zwei taub –, die auf der Bühne sitzen müssen?

Und ist es nicht möglich, daß ich das Stück mit der Craigie-Party eröffne, weiterführe bis zu dem Augenblick, in dem Mr. Hobmeyer als Bote des Kaufhauses unserem jungen Helden eine Vorladung bringt, und dann die Szene abbreche? Das ganze Stück läuft dann ab, und wir nehmen die Szene wieder auf, wo wir sie verlassen haben, und machen weiter bis zu unserem Finale. So daß dieses Stück ein Einakter mit eingeschobenen Rückblenden (oder wie nennt man das?) wird.


*Samstag [8. August 1953]*

Habe die Szene geschrieben. Habe ich nicht einen Weg gefunden, den Abgrund unter dem Ethischen durch das System der Alarmglocken auszudrücken? Der »gerechte Mann«, *conscius recti*, kann seine Ängste nicht zerstreuen oder liquidieren. Sie liegen auf der Lauer, um ihn in den Augenblicken zu überfallen, in denen ihm Schwäche oder ein plötzlicher widriger Umstand (ein Miß-*Geschick*) den durch den Willen konstruierten Entschluß raubt, sich *nicht* mit ihnen auseinanderzusetzen. Und die lange Betrachtung der Totalität der Erfahrung ist selbst der Feind seiner Seelenruhe. Manch ein Stoiker hat Entschlossenheit genug, sich durch die Übel in seinem eigenen Leben nicht erschüttern zu lassen; kann er sie beibehalten bei der Betrachtung der Übel der ganzen Menschheit? Auch hier wieder gibt es einen Übergang von der Quantität zur Qualität: gelassen zu bleiben in Gegenwart einiger Übel ist Stoizismus; gelassen zu bleiben angesichts einer Myriade erfordert Glauben.

*Sonntag [9. August 1953]*

Ich habe den Punkt erreicht, wo Mr. Craigie John den Laden und die Hand seiner Tochter anbietet. Wenn das die erste Szene des Stückes werden soll, habe ich es mit einer Welt von Schwierigkeiten zu tun. Die Zuschauer, die das um 20 Uhr 45 bekommen, haben ein bloßes Geschichtenerzählen vor sich. Ihr einziges Interesse lautet: was passiert als nächstes? Meine Dimensionen sind nicht weit und stark genug, um unter diesen Zuhörern den leidenschaftlichen Wunsch zu wecken, auch zu erfahren, was vorher geschah. Dies ist also entweder nicht die erste Szene, oder sie ist nicht richtig geschrieben. Das Stück sollte mit einem großen Umschwung oder einem Zusichkommen beginnen.

*Montag [10. August 1953]*

3. Habe mit einem Prolog(!) begonnen: Mr. Hobmeyer hält eine Ansprache an die Menge, die vor dem Kaufhaus auf den Beginn des Jahresschlußverkaufes wartet. Wie schwierig das ist – das Moralisierend-Didaktische zu vermeiden, einige große Töne anzuschlagen und die »verrückten« Aspekte des Geschäftes darzustellen.

*Mittwoch [12. August 1953]*

Jedesmal wenn ich die Eröffnungsszene neu schreibe, wird sie besser. Gewiß, es wird darin kein zentraler Aspekt der Geschichte Johns oder Laurencias ausdrücklich erwähnt; aber ich denke, von heute an bin ich frei, die Handlung niederzuschreiben, das heißt, befreit von dem anderen Aspekt des Schreibens, der das Suchen nach einer Idee ist.

*Freitag [14. August 1953]*

Jetzt kehre ich wieder zu der Vorstellung einer chronologischen Reihenfolge zurück – aber diesmal setze ich die Szene des Ausverkaufs nach der Farmhaus-Szene ein (anstelle einer Szene, die ich schon mehrere Male geschrieben hatte: eine Szene im Stellenvermittlungsbüro). Das Unbehagen, das ich dabei empfinde, ergibt sich aus folgenden Fragen: 1. Wie oft in einem Stück kann man die Zuschauer ansprechen und sie jedesmal mit einem anderen Publikum identifizieren? (Frage: Verwendete Shakespeare seine Zuschauer in der Szene von Cäsars Grabrede als den römischen Mob? Irgendwo sonst?) 2. Können die höheren und niedrigeren Aspekte des Kaufhauses so angedeutet werden, in diesem Augenblick – lenken sie von den »Pinselstrichen« ab, die in der nächsten Szene hinzugefügt werden sollen: die Gespräche Laurencia–Hobmeyer und Laurencia–John nach Ladenschluß? Was ich möchte, ist die Einführung Johns als ungesehenen Fragesteller aus dem Zuschauerraum; und eine mögliche erste Skizze Laurencias in einer Beziehung zu dem wartenden Ausverkaufspublikum. Ich will nun diese Szene noch einmal probieren und nach einer Möglichkeit suchen, ein wirkliches Geben und Nehmen zwischen Hobmeyer–Bernice (der Putzfrau)-Laurencia aufzubauen.

Es scheint unmöglich zu sein, in dieser Szene eine schwierige Situation herzustellen, indem man Zweifel aufkommen läßt, ob das Kaufhaus senil ist oder schläft oder so gut wie nicht existiert.

*Peterborough, [N. H.,] Dienstag, 18. August 1953*

Schwanken. Unsichere Fortschritte. Aber worauf es hinausläuft, ist, daß ich keine Entscheidung über Form oder Anekdote treffen kann, solange ich nicht das nächste Merkmal des Kaufhauses – das nächste Bild oder lediglich eine Tatsache oder ein Symbol – finde, um die Neugier der Zuschauer zu befriedigen, die das wahre Leben des Stückes ist. Und die Schwierigkeit liegt darin, daß ich das Merkmal in Form einer Operation des Kaufhauses darstellen muß. Und was ich suche, ist etwas, was mit der Tatsache zu tun hat, daß das Absolute primär an das Individuum »verkauft« und nur individuell wahrgenommen wird. Und das muß ich tun, indem ich den Gegensatz dieser Methode zur drüben bei Craigie angewandten Methode zeige. Ich nehme an, die klassische Form, dies darzustellen, ist Hans Christian Andersens Märchen von dem König ohne Kleider. Jeder Mensch sieht das Kaufhaus und seine Waren anders, während Craigie und alle seine Waren von allen Kunden gleich bewertet werden.

Nun habe ich das recht gut, aber nur teilweise gemacht in Johns Ausbruch gegenüber Laurencia (»altmodisch . . . kann die Türen nicht finden«): was ich weiter brauche, ist eine Figur für die Beziehungen zwischen den Kunden und den Waren.

4. (Untaugliche Versuche: für manche Augen sind sie [die Waren] von Motten zerfressen oder rostig. Manche behaupten, wenn man sie mit nach Hause nimmt, verblassen die Farben, oder die Gegenstände zerbrechen.) Wenn ich bedenke, daß ich hinter der Idee der Angemessenheit jedes Gegenstandes für einen individuellen Käufer her bin, sollte ich dann nicht Motive suchen wie: die Gegenstände (behaupten die Verleumder) eignen sich nicht für das tägliche Leben; sie passen – in vieler Hinsicht – nicht?*
Jedenfalls, so wie ich es sehe, sollte dieses Motiv – wenn ich es finde – dem Motiv hat-keine-Türen-ist-stickig-etc. folgen. Doch ich sollte imstande sein, es in die Szene Mrs. Graham–John einzuführen (obwohl ich stöhne, wenn ich an irgend etwas denke, was diese Szene mit offenem symbolischem Material überlastet: so früh sollte das Stück den Zuschauer hauptsächlich als leidenschaftliche menschliche Geschichte fesseln). Nun will ich wieder zurückgehen und sehen, ob ich das in die Ausverkaufsszene einweben kann.

5. Eine Zeitlang habe ich daran gedacht, all dieses Material (außer: wie kann ich eine Stellung im Kaufhaus bekommen?) in die derzeitige dritte Szene zu stecken, indem ich Bernice zur Arbeit kommen und eine Hutnadel aus ihrem Hut ziehen lasse. (Sie kommt nach Laurencias Gespräch über die Kuppel, die Musik etc.) Sie hat die Aufgabe, die Beschwerden aus den Beschwerdebriefkästen zu sammeln – und zu verbrennen. Heiter oder entrüstet liest sie einige: »... daß Ihre Waren ungeeignet sind für ein modernes amerikanisches Heim. Ich bedaure, in Zukunft bei Craigie einkaufen zu müssen. Ich hoffe, Sie nehmen diesen Brief in dem Geist auf, in dem er geschrieben wurde ...« – »Nie, ich wiederhole, nie wieder setze ich meinen Fuß in Ihr Geschäft ...« (Dieser Brief ist zwölf Seiten lang). »Von Verkäufern dermaßen beleidigt zu werden« etc.

Das hat jedoch den gewaltigen Nachteil, daß es Bernice vor ihrem großen Auftritt als Putzfrau auf die Bühne bringt und ihre gesprächige Seite zeigt, ohne ihre sibyllinische Qualität anzudeuten. Außerdem kann man sich etwas Besseres wünschen, als Briefe vorzulesen.

---

* Zu bedenken, daß Kafka einen Augenblick aufzeichnet, in dem K., als er das Schloß zum erstenmal sieht, den Eindruck hat, daß es der Stadt ähnelt, in der er geboren wurde. – Kafkas Schloß ist jedoch *auch* das Gesetz.

Nein, Ich muß meine Überlegungen um die Attribute des Kaufhauses selbst kreisen lassen – wenn ich diese wirklich in der Hand habe, wird sich das Stück aus ihnen ergeben.

*Und* um die Idee des Dazugehörens: und hier scheine ich lediglich von einer ermüdenden moralisierenden Formel zur anderen zu tappen: man gehört zu dem, was man macht (oder gibt), nicht zu dem, was man bekommt.

*Später:* Laurencias Kündigung und den ersten Teil von Laurencia–John neu geschrieben. Die Intensität auf der realistischen Ebene steigern; und die Bernice-Szene. Ich glaube, es ist jetzt alles besser und geht vorwärts.


27. *August 1953*

6. Etwas bereitet mir immer noch Sorge: abgesehen davon, was ich mit dem Mann aus dem Publikum auf der Bühne anfangen soll, scheine ich im Geiste zu sehen, daß diese dritte Szene mit mehr Menschen ausstaffiert werden muß. Die erste Szene, da spielt das keine Rolle, es ist ein Versammlungssaal. Zweite Szene, wird lebendig genug durch die Eröffnungsrede Mrs. Grahams. Die dritte beginnt lebendig damit, daß die Kunden aus dem Geschäft hinausbefördert werden; aber wir brauchen hier eine höhere Lebendigkeit, und die könnte erreicht werden durch das (ziemlich frühe) Auftreten eines dritten Schauspielers (deshalb versuche ich, Bernice früher einzuführen – aber das habe ich beim letzten Umschreiben wieder sein lassen). Gewiß, es wäre lebhaft genug, wenn ich eine verspätete Kundin einführen könnte – eine ungehaltene, beleidigte Wichtigtuerin von der Craigie-Partei. Zu überlegen – aber nur, wenn ich eine legitime spätere Verwendung für sie finden kann: wäre es gerechtfertigt, so wie ich zwei Senioren habe (Foster–Hobmeyer und Graham–Craigie), auch zwei Matronen zu haben?

7. Bei dieser Niederschrift habe ich den früheren Prolog (John–Gillespie und Dr. Abercrombie) mit allem, was dazugehört, gestrichen. Bedaure ich es? Wird er zuletzt einen Platz finden?

Nun zum Mann aus dem Publikum.


7. *September 1953*

Ich drehe mich und wende mich. Schreibe eine Szene nach der anderen neu. Versuche immer wieder, die beiden großen Probleme hinter diesem Stück herauszuarbeiten und neu zu definieren: was ist das Kaufhaus? Und wie hebe ich die Qualitäten hervor, die es mit einem gewöhnlichen Warenhaus gemein hat, während ich die Qualitäten, die es *nicht* mit ihm gemein hat, abschwäche und verschleiere?

8. In diesen letzten Tagen habe ich gesehen, daß es unpassend ist, den zweiten Teil auf einer Laurencia-Gretchen-Geschichte aufzubauen. Der Rahmen ist zu groß für eine »einsame Erzählung vom einfachen Leben«, und der Gedanke, daß Frauen Katalysatoren des Absoluten sind, kann klar herausgearbeitet werden, ohne daß man zu lange bei unserer illustrativen Anekdote verweilt (nicht *alle* Mädchen des Kaufhauses ruinieren in seinem Dienst ihr Leben, und dieses Stück muß von allen berichten). Ich denke nun, daß Laurencia *als* Laurencia nur eine Szene hat. Das Stück nähert sich der Form einer Aufeinanderfolge von Einaktern, und es nähert sich gleichzeitig der Form eines Oratoriums oder Mysteriums. Ich gehe also jetzt die dritte Szene (Parterre des Kaufhauses) als Einakter an. John hat Laurencia beinahe ein Jahr lang »geärgert«. Was ist der Höhepunkt? Daß Laurencia John rügt und ablehnt? Etwas mehr.

## 9. *Später*

HOBMEYER: Manchmal denke ich, daß *dies* – alles, was wir sehen – gar nicht das Kaufhaus ist.

JOHN [*atemlos*]: Was? Wie meinen Sie das?

HOBMEYER: Dieses ganze Verkaufen – dieses Kaufen und Verkaufen.

JOHN: Es ist doch ein Geschäft, nicht wahr? Das Kaufhaus ist doch ein Geschäft.

HOBMEYER: Ja, aber . . . vielleicht ist das nur eine Fassade. Eine Fassade für etwas anderes, was es tut.

JOHN: Das ist verrückt. Natürlich ist es ein Geschäft.

HOBMEYER: Aber Sie haben selbst bemerkt, daß es nicht am Verkaufen interessiert ist – nicht auf dieselbe Weise interessiert wie Craigie.

JOHN [*einen Augenblick verwirrt*]: Woran ist es dann interessiert?

HOBMEYER: Kommen Sie, es ist Zeit, die Türen zu schließen. Gehen Sie diesen Korridor hinunter.

JOHN: Eines weiß ich: ich komme nie wieder hierher. Ich will nicht in einem Haus arbeiten, von dem man nicht weiß, was es tut. Ich halte mich an meine Stellung bei Craigie. Bei Craigie weiß man, wo man ist.

HOBMEYER: Damit haben Sie vollkommen recht, mein Junge. Bei Craigie weiß man, wo man ist.

Wir haben also die Szene auf Craigies Party, die ihren Höhepunkt in Johns Spottrede und Ausschluß findet – er wird in das Kaufhaus zurückkehren.

*Später: Key West, 26. November 1953*

10. Nun setzen wir die Szene im Stellenvermittlungsbüro (von vor langer Zeit) wieder ein mit der ganzen neuen Betonung von: Wie bekommt man dort eine Stellung?

*30. November 1953*

Die Szene im Stockwerk des Kaufhauses – jetzt dem vierten – beendet. Ich denke, die Form wird klarer. Einige Spuren von Kitsch [deutsch im Original], leider.

*2. Dezember 1953*

Habe den früheren Prolog neu geschrieben – jetzt als Traumsequenz, um den zweiten Teil zu eröffnen. *Später:* Nein, das taugt nichts.

*Deepwood Drive, [Hamden, Ct.,] 21. Januar 1954*

11. Habe die Szene im Stellenvermittlungsbüro neu geschrieben (nun die dritte Szene) und von Paragraph 2 (oben) die ehemaligen Angestellten etc. mit hineingebracht. Jetzt, denke ich, geht es richtig. Große Gewalttat auf der Bühne – John mißhandelt den Stellenvermittler. Ich denke, das ist es endlich. Und jetzt habe ich die ungleichen Zuschauer auf der Bühne sitzen, die selbst die sich entwickelnden Spannungen nähren. Und mehr und mehr nimmt die vierte Szene Gestalt an – und nähert sich immer mehr dem *Schloß*, von dem ich von Anfang an nicht hätte abweichen sollen. Und diese ganze neue schwunghafte Aktivität hatte ihren Ausgangspunkt in der Lektüre eines Artikels in *Die Neue Rundschau* (Drittes Heft 1953): Theodor Adorno: »Aufzeichnungen zu Kafka« – um so nützlicher, als ich einem so massiven, komplizierten Deutsch nicht ganz zu folgen vermag.

*Samstag, 23. Januar 1954*

Jetzt, glaube ich, komme ich endlich vorwärts. Was mich auf den richtigen Weg gebracht hat, war, daß ich sah, 1. daß die derzeitige dritte

Szene – das Stellenvermittlungsbüro – ganz den schrecklich drängenden Wunsch, in das G. und S. zu kommen, ausdrücken muß – nicht nur die mißtrauische Neugier meines Helden, sondern die ganze Dringlichkeit der Welt, und 2. daß Laurencia in der nächsten Szene nur eine Episoden-Figur ist. Sie hat nun eine andere Charakterisierung: sie ist eine beschränkte kleine Gans, aber mit Andeutungen der Zugehörigkeit zur Großen Schwesternschaft (daher ein junges Exemplar von Mrs. Antrobus); nun sehen wir mit Hilfe der vorausgegangenen Szene, daß Johns leidenschaftliche Annäherungen ein überwältigender Drang sind, in ihr das Geheimnis des Kaufhauses zu erfassen; und nun kann ich es zeigen, ohne (oder beinahe ohne) es sagen zu müssen.

Das bedeutet wahrscheinlich, daß ich jetzt die Szene in der Pension streiche (obwohl Ruth [Gordon] so wild darauf war), sofern nicht eine andere Verwendung für sie gefunden werden kann als die Entwicklung einer fortlaufenden Laurencia-Geschichte. Was ich jetzt gern tun würde, ist, ein anderes Mädchen einführen – vielleicht Ermengarde Craigie –, das von derselben Schauspielerin dargestellt werden muß wie eben die Laurencia – ein Kunstgriff, der um so lebendiger und bühnenwirksamer sein wird, als aus Laurencia eine extreme Charakterrolle geworden ist. Und wie sehr werden Form und Anlage gefördert, wenn unsere junge Schauspielerin in mehreren Rollen auftritt und nur John im ganzen Stück derselbe ist.

Gewiß, ich weiß weniger als je zuvor, wohin ich als nächstes gehe, aber ich fühle mich deshalb weniger ängstlich mit jeder neuen Hinzufügung eines solchen Steins in dem Pflaster, das dorthin führt, und ich bin jetzt ziemlich sicher, daß diese ersten vier Szenen solide und dauerhafte Steine sind.

*Sonntag, 24. Januar 1954*

Nun bin ich imstande gewesen, zur vierten Szene weiterzugehen, und Laurencia ist nur in dieser Szene ein Episoden-Mädchen. Anspielungen darauf, daß John auch hinter Mädchen in anderen Abteilungen her war. Der ganze John-Ton ist auch neu – er ist nun prahlerisch. Er wird eines Tages G. und S. besitzen und reformieren.

Ging heute abend in die Stadt: von einer großen Kühnheit versucht. Laurencia ist natürlich ein frühes Stadium im Leben von Mrs. Foster – von Mrs. Graham. Wie wäre es, wenn man zeigte, daß alle diese Figuren Stadien im Leben von vier Figuren sind? Daß Mr. Foster einmal ein Stellenvermittlungsbüro für G. und S. leitete; daß Mr. Dobbs (gegenwärtiger – unbefriedigender – Name des Stellenvermittlers) später das Waisenhaus leiten wird. Daß Bertha [Bernice], die Putzfrau, einmal eine Farmersfrau war (Name nicht angegeben); daß Laurencia das G. und S. verlassen wird, um einen jungen Farmer namens Graham zu heiraten!! In welchem Falle wir ihren Namen in Gertrude umändern? Daß sich Mr. Hobmeyer zurückziehen wird, um Arbeit in einem Stellenvermittlungsbüro anzunehmen? – Ja, ja, ja, es würde die Zuschauer erbärmlich verwirren – aber wenn sie es dann begreifen, wäre es nicht wunderbar? Und was sollen wir aus dem Ende von Johns Leben machen? Soll er ein erfolgreicher oder erfolgloser G. und S.-Mann sein? Wenn letzteres, könnten wir dann nicht andeuten, daß er dem Hobmeyer-Dobbs-Foster-Plan folgen wird?

Da haben wir ein zyklisches Drama. Und das Bild verstärken, das sich nun zeigt: Warenhäuser mit ihrem endlosen Kaufen und Verkaufen sind wie Blätter, die andere Blätter an Bäumen ersetzen, wie Menschen, die Kinder haben, die Kinder haben. Daß aber das G. und S. noch etwas anderes und mehr hat.

## Dienstag, 26. Januar 1954

In die Stadt gegangen. Ja, ja, ich glaube, es läßt sich machen. Ich habe am Montag einen Brief an [X] geschrieben und versucht zu beschreiben, was ich nun als Richtung des Stückes sehe, und meine Anstrengungen, es ihm zu beschreiben, wirken noch in meinem Geist nach. Es geht um das Rad des Seins, die endlose Wiederholung der Lebensformen, aber das Kaufhaus ist gerade der Beweis für Druck von anderswoher, um eine qualitative Veränderung in die mechanischen Wiederholungen zu bringen. Das Rad ist daher eines der Bilder des Stückes. Craigies ist das Rad der Wiederholungen, und in der Szene der Jahresparty bei Craigie muß ich eine (komische) Betonung auf den Niagara von Wareneingang und -ausgang legen. Und jetzt muß ich eine Möglichkeit finden, dies in der Waisenhaus-Szene in Umrissen zu skizzieren: diese Kinder (das Waisenhaus ist mit G. und S. »assoziiert«, wird von ihm finanziert) sind die Bemühung, das Rad zu ändern und zu »erlösen«. Dieses Radmotiv wird mir daher die Atmosphäre geben, in der man dieses andere Spiel spielen kann: die Wiederholung des Lebens bei meinen Figuren: Laurencia wächst auf, um Mrs. Graham zu werden etc.

Nun habe ich das Problem einer anderen »Erweiterung« meiner Szene: die Kaufhaus-Mädchen. Wage ich noch einmal (wie in der Waisenhaus-Szene) den Aufruf großer Namen: von großen Frauen, denen es gelungen ist, ihre Männer in das Kaufhaus zu bringen? Oh, wie ich »Symbole« und literarische Anspielungen hasse – aber wie ich in meinen Stücken nicht ohne sie auskommen kann. Hier ergibt sich eine doppelte Schwierigkeit, denn die Namen sind dem Durchschnittspublikum nicht so geläufig. Ich dachte (auf meinem Spaziergang) an einen Szenenausschnitt wie den folgenden:

HOBMEYER: Bilden Sie sich auch nur einen Augenblick ein, daß Ihnen diese Mädchen eine Stellung im Kaufhaus verschaffen können?
JOHN [*mürrisch*]: Sie sind sicher, daß sie es können.
HOBMEYER: Es ist vielleicht ein- oder zweimal geschehen. Ich sage nicht, daß es unmöglich ist. Im Kaufhaus können wir nie sagen, daß etwas unmöglich ist. Kennen Sie, zum Beispiel, das italienische Mädchen, das in der Stoffabteilung arbeitet, Beatrice heißt sie – sie spricht ihren Namen italienisch aus –, oder diese beiden anderen italienischen Mädchen, Laura und Vittoria? Könnten sie vielleicht einen Mann zu sich selbst bringen? Und ihm auf diese Weise hier eine Stellung verschaffen?

Ich winde mich, aber vielleicht muß ich es tun. Und eine ganze Liste folgen lassen:

HOBMEYER: Oh, wir haben da ein paar sehr nette Mädchen. Monica und Aspasia, die Griechin, und Teresa und Clara und Magdalene und [. . .] – oh, ich sage nicht, daß sie einen Mann nicht ins G. und S. bringen könnten, wenn er dafür reif wäre.

*Abschweifung:* Einige Dinge an diesen Entwicklungen üben eine beinahe komische Wirkung auf mich aus. Ich habe diesen Text für Rosamond Gilder und die Anthologie geschrieben[1] (mit einer Verspätung von Wochen, wie üblich), und gegen Ende habe ich versucht zu beschreiben, wie das Schauspiel der Zukunft aussehen könnte, und ich habe in meinen Notizen gerade ein Stück wie dieses beschrieben (was im endgültigen Text vielleicht nicht erscheinen wird): der Realismus im spezifischen Detail von den größten Bögen von Zeit und Ort und Brauch getragen. Zweitens sehe ich, daß dieses Stück, das von Kafkas *Das Schloß* ausging, mehr und mehr Modalitäten von *Finnegans Wake* an sich zieht. Vielleicht wird dieses Stück Originalität haben, original sein. Es ist mir immer ganz klar gewesen, daß es die beiden anderen *(Unsere kleine Stadt* und *Wir sind noch einmal davongekommen)* nicht

---

1 Siehe Eintragung 667 (18. Januar 1954)

waren. Die beiden anderen waren *calqués*.* Es könnte möglich sein, daß jetzt mein Besitz meiner Zeitkonzepte, meiner Konzepte von menschlichen Situationen, so gründlich verdaut und so alles durchdringend sind, daß es mir verstattet ist, ein wirklich originales Stück zu schreiben – original nicht in dem Sinne, daß es voll von neuen Tricks ist, sondern daß es Menschen Dinge zum erstenmal sehen läßt, die sie bisher gewußt haben, ohne dessen gewahr zu werden, daß sie sie wußten.

*9. Februar 1954*

Es ist alles in Gärung. Aber ich sehe, daß ich aus meinem Mann aus dem Publikum, der auf der Bühne sitzt, Elemente herausholen muß, die meinem Stück noch fehlen: es muß Angst und Ehrfurcht da sein und ... irgendwo auch ein Melodram. Doch jeder Nerv in mir revoltiert dagegen, noch einmal die Kunstgriffe einzuführen, die im zweiten und dritten Akt von *Wir sind noch einmal davongekommen* erscheinen. O Himmel, hilf mir, die *dramatis personae* nicht aus ihren Rollen fallen oder Angehörige des Publikums sich weiter in das Stück einmischen zu lassen. Und dennoch! – Wenn das ein Stück über Jedermann ist, ist es dann nicht legitim und funktionell, daß Jedermann in die Entfaltung des Stückes einbezogen wird? Wenn ich es also tun muß, dann helfe mir der Himmel, es unwiderstehlich wirklich und spontan zu machen.

Was ist nun der aktive Feind des Kaufhauses? Nicht Craigie, der lediglich ohnmächtig und neidisch wütet. Es gibt zwei Feinde: für diejenigen »in ihm« ist es der Zweifel; für die draußen (zusätzlich zum Zweifel) das, was sie daran hindert einzutreten, die Unterwerfung unter die Meinung des Marktplatzes, die Unfähigkeit, selbst zu denken. (Ich habe das gerade in Laurencias Szene hineingeschrieben, stöhnend, weil ich es so ausdrücklich sagen mußte.) So ist die Reise Johns die Reise zum Selbst-als-Autorität, und die Stadien sind: 1. sein Zornausbruch im Stellenvermittlungsbüro; 2. seine Revolte und schließlich seine Ergebung angesichts der Anklagen Berthas [Bernices] und 3. sein Bewußtsein, daß Craigie genau die servile Unterwerfung unter den Markt bedeutet, und seine Entlassung. Aber wo bringe ich das Melodrama

---

* Ich sehe, daß das Wörterbuch *calquer* als *copier servilement* definiert. Das meine ich nicht. Ich meine nur, einer Vielfalt von Modellen und früheren Werken der Bühnenkunst überlagert. Sie beziehen ihre Originalität daraus, daß 1. sehr wenige Menschen die großen Originale kannten (oder gründlich kannten), 2. die Vielfalt und Unterschiedlichkeit der Modelle die Verschuldung verbarg und 3. die Verschuldung eine der Bewunderung und Liebe war – was im Falle solcher Anleihen selten ist.

hinein? Und wie führe ich meine auf der Bühne Sitzenden ein? Ich werde in einer Stunde in die Stadt gehen und sehen, was mir der Spaziergang bringen kann.

## 13. Februar 1954

Nichts ist bei dem Gang in die Stadt herausgekommen. Ich fuhr dann nach New York.* Eine andere Lücke im Stück starrte mir ins Gesicht: Ich habe noch keine Möglichkeit gefunden auszudrücken, was John am G. und S. anzog. Bisher habe ich es nur in der Form gesagt, daß er dadurch verwirrt ist, und das ist nicht genug. Während ich die sogenannte Traumperiode hatte, den früheren »Prolog«, konnte ich dem Publikum deutlich genug zu verstehen geben, daß er durch göttliches Erbe dorthin gehörte. Jetzt habe ich nichts als Mrs. Grahams Behauptung. Die Elemente, die ich zeigen und verschmelzen muß, sind die magnetische Anziehung, das Schaudern [deutsch im Original] und die auf der Bühne sitzenden Zuschauer.

Ich habe lange Szenen phantasiert, in denen die Schauspielerin, die Bertha (*ossia* Bernice) spielt, unter den Schauspielern auf der Bühne eine alte, seit langem verlorene Freundin – oder Feindin – wiedererkennt. Und so etwas könnte sich entwickeln, aber die ganze Begründung für eine solche Begegnung müßte die sein, daß sie einen Aspekt des Kaufhauses veranschaulicht; und auch, daß sie zu unserer Matrix-Form der Wiederholungen beiträgt. Sagen wir, sie erkennt Mrs. Frisbee (von den ehemaligen Angestellten des Kaufhauses) wieder:

BERTHA: Was tust *du* hier? Und was tust du als Schauspielerin?

MRS. FRISBEE: Sie haben mir nicht gesagt, daß es um das Gillespie-Schwingemeister geht. Oh, ich bleibe keine Minute länger. Ich gehe hinaus und setze mich in den Bus. Das G. und S. hat meinen Mann umgebracht.

Dann großer Tumult, als sie versucht, alle ihre Kolleginnen und Kollegen mit hinauszunehmen, um »im Bus zu sitzen«. All das könnte gehen

---

* Ich sollte hier sagen, was ich gelesen und gesehen habe und was seinen Beitrag geliefert hat: mehr und mehr Hölderlin. Ezra Pounds Übersetzung von Sophokles' *Trachiniae* [*Die Frauen von Trachis*], Zeile für Zeile in lachender Verwunderung mit der des alten [Richard C.] Jebb vergleichend; einige unbeschreibliche Passagen von Balanchines Choreographie von Mendelssohns Schottischer Sinfonie; und »Tee« mit Alma Mahler[-Werfel] – einem Kaufhausmädchen, *genre viennois* –, die mir grenzenlos schmeichelt: »Mein Herz hat so geklopft, als wäre es ein König, den ich erwartete« [deutsch im Original]. Zum »Tee« gab es Champagner, Kaviar und Gänseleberpastete.

– aber oh! ich kann, ich darf es nicht hier bringen, in der Putzfrauen-
Szene – oder doch? Ich werde ein paar Skizzen entwerfen und sehen.

## 15. Februar 1954

Die Skizzen, die ich schrieb, sind nicht endgültig (doppelt betrüblich, da
sie unvermeidlich den Aspekt von »theatralischen Tricks« überbetonen,
eine lästige Wiederholung des Eindringens der Nichtschauspieler ins
Stück, das ich ganz vital und organisch wiedergeben oder sonst streichen muß), aber sie zeigen vielleicht den Weg.

Ich will, um mich zu ermutigen, im bestmöglichen Licht darstellen, was ich tue: mein »Instinkt« drängt mich, zwei Dinge zu tun
(zwei Dinge zur selben Zeit – vielleicht mehr als zwei –, in der
Gleichzeitigkeit mehrerer Operationen liegt die Gesundheit und
Sicherheit der Maßnahmen), um jedes Interesse am bloß Anekdo-
tischen, an der bloßen individuellen Lebensgeschichte zu zerstören und
zu frustrieren und in meiner Handlungs-Idee so viele und verschie-
denartige sachdienliche Lebenselemente wie möglich konvergieren zu
lassen. Einer der Gründe dafür, daß ich nun schon so lange an diesem Stück schreibe, ist natürlich der, daß ich nicht imstande war, mir
selbst eindringlich klarzumachen, was das Kaufhaus ist – was ich
schreibe. Der andere ist, daß mein Wille-zur-Arbeit nachläßt, mein
Glaube verblaßt, wenn die tägliche Aufgabe (d. h. die Seiten, an denen ich arbeite) nicht überquillt, funkelt und tanzt vor Darstellungen
der Mannigfaltigkeit des Lebens, der Zeitlosigkeit der Zeit, der Vielseitigkeit [deutsch im Original] jeder Idee. All das hielt mein Interesse an *die Iden des März* wach.* Keine Anschauung des Lebens ist
für mich wirklich, wenn sie sich nicht als kaleidoskopisch präsentiert
– was nicht heißt im Grunde zusammenhanglos. (Gerade das Kinder-
spielzeug dieses Namens zeigt uns immer ein schön geordnetes, wenn
auch aus vielen Fragmenten bestehendes Muster.)

In meinen Stücken und in meinem letzten Roman [*Die Iden des
März*] gibt es diese ständige Unterbrechung. Je mehr ich versuche,
eine Vorstellung vom Leben wiederzugeben, desto mehr muß ich
mich vergewissern, daß der Tumult der bloßen Existenzen, der

---

* War das eine lange Geburt? Ich weiß es nicht. Dergleichen Dinge vergesse ich sanft und
milde. Ich führte damals kein Tagebuch. Mein Eindruck ist, daß es ganz munter dahinging,
nur unterbrochen von meiner tadelnswerten Freude an Zerstreuungen und den immer
gegenwärtigen Unterbrechungen, die durch die schlechte Erledigung der *corvées* meines
Lebens verursacht werden.

hauptsächlichen und der nebensächlichen, miteinbezogen wird (und vielleicht ist es mein Fehler, daß ich die eingestandenermaßen absurd nebensächlichen nicht genügend einführe, wie es Gertrude Stein tut), und je mehr ich darangehe, ein Beispiel für die individuelle Aktion einer Figur zu geben, desto mehr hebe ich sie vom Spezifisch-Einzigartigen in den Bereich des Typischen und eine Idee Ausdrückenden. Es ist daher natürlich, daß ich mich in einem Stück nicht damit zufriedengebe, daß sich die Schauspieler nur in ihrem erdichteten Spiel bewegen: meine *dramatis personae* sind Figuren in der Fiktion *und* Repräsentanten einer Idee, aber sie sind auch Männer und Frauen, die mit einer Darstellung beschäftigt sind. Mehr noch: die Zuschauer sind nicht untätige Intelligenzen. Da mein Stück von Jedermann handelt, ist Jedermann in meinem Stück. Auch in *Wir sind noch einmal davongekommen* ging ich so weit, beinahe Figuren einzuführen (wie den Chef der Platzanweiser etc.), die gar nichts mit dem Stück selbst zu tun hatten. *Dieses* Stück handelt auch von dem Mann und der Frau, die am Theater vorübergehen, draußen auf der Straße: warum sie nicht miteinbeziehen?

Ich will mich also dessen vergewissern, daß es eine organische, legitime Möglichkeit gibt, diese Einmischungen und Unterbrechungen einzuführen, und wenn ich diese Möglichkeit gefunden und korrekt ausgedrückt habe, werde ich imstande sein, meinen Mangel an Selbstvertrauen zu überwinden. Und ein Zeichen dafür, daß ich es richtig getroffen habe, wird das Lachen sein – die richtige Art zu lachen: die Erkenntnis, daß es höchst unangebracht ist, diese auf der Bühne sitzenden Leute aus dem Publikum in die Fiktion einzubeziehen, daß aber dieses *Mißverhältnis* nicht zu der Tatsache im Widerspruch steht, daß sie sich in einer wirklichen Beziehung zum Drama bewegen.

Nun zu den spezifischen Beispielen: was genau will ich, daß Mrs. Frisbee in dieser Szene verkörpert? Was ich in der vorausgegangenen Eintragung sagte – die magnetische Anziehung, die Faszination des Kaufhauses. Und das kann ich, wie schon so oft, *in der Umkehrung* tun. Sie kann die Zuschauer vor der Faszination warnen, und durch ihre Warnung kann ich auch das *Schaudern* [deutsch im Original] um so viel leichter vermitteln. Das Kaufhaus hat ihr Leben und das ihres Mannes ruiniert.

Also zurück, und versuchen wir das.

Was meinem Stück aber vor allem fehlt, ist Leidenschaft – die von allen Formen, die Leidenschaft annehmen kann, hier die *Bewegung* der Leidenschaft von Menschen ist, die den »rechten Weg« suchen. Ich fühle, daß sie in den ersten beiden Szenen vorhanden ist, aber dann entgleitet sie irgendwie zwischen den Szenen. Die Figur Johns muß ein beflügelter Pfeil sein, der das ganze Stück mitreißt. Und es scheint mir, daß ich sie verloren habe, weil mir in meinem Geiste nicht klar war, was verhindert, daß er eingeladen wird, in das Kaufhaus einzutreten. Ich scheue davor zurück, mich mit diesem Problem auseinanderzusetzen, weil jeder Blick darauf zu einem platten Moralisieren zu führen scheint: es fehlt ihm an Demut; er weigert sich, auf weltlichen Erfolg zu verzichten etc.

Aber wir haben beschlossen – oder nicht? –, daß die Qualifikation des Kaufhaus-Angestellten darin lag, daß er »etwas allein tun« konnte – mehr noch, daß nichts von Wert getan werden kann, es sei denn ohne Hilfe (womit Gertrude Stein das Stück betritt). Da lauern auch alle Fallen des eupeptischen Moralisierens, aber weniger auffällig. Man hat es hier eher mit den Fallen des Sentimentalen und Pathetischen zu tun. John kann dargestellt werden als einer, der das G. und S. ersehnt und dennoch außerstande ist zu sehen, daß Erfolg etc. eine Form der Abhängigkeit ist. Nun scheint es, daß wir dafür einen *raisonneur* oder eine *raisonneuse* brauchen, wahrscheinlich mehrere.

Ich will nun zum Text zurückkehren und sehen, was ich tun kann.

In die Stadt gegangen.

Nun scheint mir, daß ich dieser Linie folgen kann: Erste Szene: Waisenhaus. Zweite Szene: Farm der Grahams. Dritte Szene: Parterre des Kaufhauses. Vierte Szene: Stellenvermittlungsbüro. Fünfte Szene: Parterre des Kaufhauses (endend mit Johns Traum).

Sicherlich sieht der Plan, *zwei* Szenen in dasselbe Stockwerk des Kaufhauses zu verlegen, sehr gefährlich aus, aber wir wollen aus unseren Gefahren Erfolge machen. Ich kann auf diese Weise die innere Intensität von Johns »Jagd« – Jäger und Gejagter – um so dichter darstellen. Ich möchte, daß John (und die Zuschauer) diesen Laurencia-Hobmeyer-Dialog über die große Tradition von G. und S. in ihr Bewußtsein aufnehmen, bevor wir die Szene im Stellenvermittlungsbüro sehen. Ich möchte zuerst ein Stadium des Flirts mit Laurencia, und ich möchte ein komplettes erstes Bild, wie Hobmeyer John aus dem Laden wirft. All das gibt mir auch mehr

Raum, um all die anderen Motive auszuarbeiten, die sich entwickelt haben.

Habe ich in dieser neuen Anlage die Putzfrauen-Szene in der ersten oder in der zweiten Szene im Kaufhaus? Und kann ich Mr. Hobmeyer vier große Szenen hintereinander geben: Hobmeyer – Dobbs (der Stellenvermittler)-Hobmeyer – Dr. Abercrombie? Oder sollte ich Mr. Dobbs (als schwaches Mitglied der G. und S.-Gemeinschaft) dem Schauspieler geben, der gerade als Mr. Graham hinter der Bühne gestorben ist?

Beide Kaufhaus-Szenen beginnen auf dieselbe Weise: die Abteilungsleiter fordern die Kunden auf, das Geschäft zu verlassen.

Schreiben wir das alles und sehen wir, was passiert. (Ich kann jetzt wiedereinsetzen, wie John das Geschäft zum erstenmal betritt: »Fünftklassiger Laden ... schlechte Luft ... keine Türen.«)


*18. Februar 1954*

Ja, es geht vorwärts. Ich bin ziemlich sicher, daß es jetzt auf dem richtigen Wege ist. Und mehrere der kühnsten Tricks scheinen mit der Zeit ganz natürlich ihren Weg in den Text gefunden zu haben. Und ich habe eine Stelle gefunden, wo ich die Figur des Rades einsetzen kann. Natürlich ist alles noch ein erster Entwurf. Das beste Zeichen dafür, daß es richtig läuft, ist, daß sich die weitere Entwicklung abzuzeichnen beginnt. Aber mehr darüber später.

Was ich mir nun wünsche, ist Fülle, nicht als Ornament, sondern als Ausdruckskraft. Und ein Teil davon ist mehr Humor – gerade weil es ein so anspruchsvolles Thema ist – daher also verwirrender Humor. Ich möchte ihn bei Laurencia sehen. Ihre Rolle ist so wichtig, weil sie uns zeigt, daß das G. und S. nicht eine intellektuelle Elite bedeutet. Bis jetzt ähnelt sie in manchen Zügen Sabina [in *Wir sind noch einmal davongekommen*], aber sie ist keine Sabina, sie ist eine Mrs. Antrobus mit einundzwanzig. Ich möchte nicht viel mehr Humor von den ehemaligen Angestellten des Kaufhauses; sie laufen ohnehin schon Gefahr, zu komisch zu sein. Und dann möchte ich eine Art von Glanz in der fünften Szene – das Material dafür ist da, aber ich möchte es besser haben: Laurencias Schrei nach mehr Leben; die Liebesszene; die Putzfrauen; der Traum. Oh, ich muß John nicht nur drohen lassen, den ganzen Abend im Kaufhaus zu bleiben, um die »höher oben« zu Gesicht zu bekommen (das habe ich schon getan), sondern ich brauche diese Drohung, »zu den Büros im fünften und sechsten Stock hinaufzugehen« –

ein Echo Kafkas (K. zur Frau des Wirtes: »Was fürchten Sie also? Sie fürchten doch nicht etwa ... für Klamm?«) Irgendwie muß ich in diese Szene hineinkommen – auf dem Höhepunkt. Sie ist der Abschluß des ersten Teils vor der einzigen Pause – eine große Rebellion oder Reaktion der Personen, die auf der Bühne sitzen.

Nun zu dem Hindernis in John: mein Mr. Hobmeyer muß wieder als *raisonneur* dienen. Hier so schwer, uns nicht mit dem Moralisierend-Schulmeisterlichen zu langweilen. Es ist Johns Streben nach Erfolg und seine Prahlerei; worauf Hobmeyer ... wie? Wie vermeidet man das bodenlos Sentenziöse? ... erklärt, daß das Streben nach Erfolg eine Abhängigkeit ist. Johns überraschte Antwort. Kann ich dem irgendwie etwas von dem Glanz geben? Kann ich es der Putzfrau zum lachenden Gespött geben?

Wie kann meine eine, einsame Putzfrau den Eindruck machen, der mir vorschwebt? Ich wollte, ich könnte fünfzehn haben. Wenigstens habe ich, dem Himmel sei Dank, den Vorteil, daß die Bühne mit den Leuten aus dem Publikum aufgeputzt wird. Nun heißt es, sie einbeziehen. Der erste kleine Mann verlangt nicht mehr den Prolog. Was tut er sonst bei seinem ersten Erscheinen?


## 23. Februar 1954

Eine Unterbrechung nach der andern. Dinners, Gäste, Konzerte. Diesmal nicht so qualvoll und schädlich, denn sie beschränkten sich auf einige Tage – endgültig abgeschlossen und beendet gestern abend, und ich habe jetzt nur wenige Verpflichtungen vor mir. (Obwohl diese andere Unterbrechung, der wirkliche Feind, ohne Pause immer da ist: Korrespondenz, vorgelegte Manuskripte etc. Das nimmt kein Ende, und davon zu sprechen, bringt keine Erleichterung.) Diesmal kehre ich nach der Unterbrechung zu diesem Problem hier mit frischem Geist zurück.

Was das Stück braucht, ist ein weiteres, tieferes, glücklicheres Eintauchen meinerseits in das, worum es geht. Heute liegt die Betonung auf *glücklicher*, denn das Zeichen, daß alles gut geht mit diesem ominösen und oft quälenden Stoff, wird sein, daß er vom Komischen durchdrungen wird.

Oh, die Form ist nicht kühn und glanzvoll und revolutionär genug. Deshalb bin ich so gehemmt und taste so mühsam umher.

Ich will einige der Einfälle niederschreiben, die mir in dieser Frage der Form durch den Kopf gingen – nicht weil sie das *Heureka* sind, sondern weil sie mir imaginative Praxis in kühner formensprengender Erfindung geben.

(Bevor ich sie niederschreibe, möchte ich noch etwas hinzufügen: wenn ich die richtige Form finde – die richtige Darstellung für diese kosmologische Komödie –, wäre es dann nicht wundervoll, wenn ich ohne diese Namen berühmter Waisenkinder auskäme – diese Namen der Maler und Komponisten des Kaufhauses? Für andere Leute – aber nicht für mich – riechen sie nach Professor und Historiker. Nicht für mich, denn »Bildung« ist für mich eine zweite Natur. Bisher schien es mir immer, daß der »komische« Aspekt ihrer Einführung in das Stück – das anachronistische Spiel, zum Beispiel – sie vor dem akademischen Gestank rettete – aber *auch* ich bin mir, wie ich es im Tagebuch mehrere Male ausdrückte, dessen bewußt, daß man in diesen Namen, durch diese Namen, die verhaßte didaktische, formal-symbolische Manier spürt. Schließlich machte es Kafka ohne Namen.)

Um zur formalen Befreiung, zur Erweiterung zurückzukehren:

1. Vielleicht könnte der erste Mann aus dem Publikum, der auf der Bühne sitzt, einen Einwand erheben:

MANN AUS DEM PUBLIKUM: Diese Szene im Waisenhaus – ich hörte, daß diese Szene die letzte des Stückes ist. Warum, entschuldigen Sie, spielen Sie sie heute abend *zuerst?*

MR. FOSTER: Wenn Sie uns unterbrechen, müssen Sie gehen und im Zuschauerraum Platz nehmen. *Was Sie gehört haben,* ist nicht wichtig. Wir auf der Bühne tun das, was man uns geheißen hat.

MANN AUS DEM PUBLIKUM: Ja . . ., aber stimmt es nicht, daß diese Szene im Waisenhaus sonst zuletzt kommt?

MR. FOSTER: Das ist sehr lästig. Wir können nicht weitermachen, wenn so etwas passiert.

MRS. FOSTER [*zu* MR. FOSTER]: Da er die Sache hier zur Sprache bringt, wo ihn das ganze Publikum hören kann, sollten wir es am besten gleich erklären. [*Sie wendet sich an den Mann*]: Wir haben die Anweisung – ich meine, der Autor sagt –, daß die Reihenfolge der Szenen dieses Stückes bei jeder Aufführung geändert werden soll. An manchen Abenden kommt diese Szene zuerst, und an anderen Abenden kommt sie zuletzt. An manchen Abenden beginnen wir mit der Vierten Szene und spielen das Stück durch und enden mit der Dritten Szene. An manchen Abenden beginnen wir mit der Sechsten Szene und hören mit der Fünften Szene auf.

. . . Würde ich die *Erklärung* hier enden lassen? Jedenfalls etwas dieser Art. Das ist eine Vorankündigung des Radmotivs.

2. Wie in *Wir sind noch einmal davongekommen* zurückgreifen auf eine parodistische Anspielung auf altmodische Arten, ein Drama zu schreiben. Näher zurückkehren zu dem, was der ursprüngliche Ausgangspunkt dieses Stückes war, zum Horatio-Alger-Roman – der durch das Theater der gleichen Zeit angehört wie Horatio Alger. All das würde bedeuten, daß ich die Waisenhaus-Szene wegwerfen muß. Ich möchte hier einen langen Essay beginnen, um zu zeigen, daß einer der lebhaftesten Ausdrücke unserer Zeit (des Zusammenbruchs alter Formen, der verwirrten Hilflosigkeit vor neuen Schrecken und neuen Herrlichkeiten) das Komisch-Heroische und die Parodie ist.

Nun lassen wir diese Aufzeichnungen (und hierin liegt der Nutzen des Tagebuchs) eine Folge von Eröffnungen und Ermutigungen der Phantasie bis zu nahezu anarchischen Freiheiten beginnen – was immer das an Zeit und Mühe kostet.


## 17. Juni 1954

(Das war vor beinahe sechs Monaten . . . Hier bin ich wieder mit einigen neuen Impulsen für »Das Kaufhaus« – und in einem Augenblick, wo mich so viele andere *corvées* und Projekte umgeben . . . trotzdem:)

Der Held ist es, den ich nicht richtig getroffen habe – der Held und das Mädchen. Da das Stück, allein aufgrund der Art der Inszenierung, ganz zu schweigen von den weitreichenden Implikationen des Themas, dem Ringen mit dem Absoluten, von dem typischen Helden handelt, müssen wir den ewigen Heldenmythos schaffen. Ich bin zu stark in den Kafka-Helden hineingezogen worden, den frustrierten, im voraus verdammten Kämpfer. Das entspricht nicht meiner Neigung. Ich bin nicht aus dem Stoff, aus dem man Nihilisten macht. Ich hege nicht einmal Sympathie für die Gebrochenen. All das kam von einer mimetischen, einfühlenden Bewunderung für die Vision Kafkas, vielleicht nur für die Kunst Kafkas, die Virtuosität, mit der er seine verstümmelte Seele darstellen konnte. Ich möchte mich von dem Kafka-Helden befreien – und können wir den Mann einen Helden nennen, der stirbt »wie ein Hund«? –, während ich gleichzeitig das Element bei Kafka beibehalte, das für mich wirklich ist: die Verführung und die Zweideutigkeit und das Entsetzen des Absoluten.

Zurück zum Helden.

Denken wir an die ewigen Mythen-Muster des Helden – gesehen

nicht nur als der außergewöhnliche Mann, sondern als das Potential in jedem Mann. Seine Geburt ist von einem Geheimnis umgeben. Zuerst ist alles, was er kennt, das glückselige, zeitlose, mühelose Schweben im Schoß. Dann wird er von diesem Nirwana getrennt – das Ich erscheint, als er sich einer Außenwelt bewußt wird, die nicht das Selbst ist. Er hat zwei Mütter: die gütige Göttin alles Lebenden und die böse Feindin-Mutter, die ihm im Nirwana behalten, in das Chaos des Instinktlebens zurückziehen möchte. Er hat zwei Väter: den Krieger-Arbeiter-Schöpfer, dem er nacheifert, und den eifersüchtigen alten Mann, der ihn zurückhalten und verstümmeln und töten möchte. Er macht sich auf die Suche nach einem Schatz. Der Schatz ist eine Jungfrau. Er muß sie durch Prüfungen und Gefahren gewinnen.

Ich sehe mit einemmal, daß ich mit der Wahl zwischen Kaufhaus und Craigie Zeit verschwendet habe. (Ja, da ist ein Stück, ein Thema, aber es ist sekundär neben dem Hauptthema der Reise des Helden – und es hat mich diese ganze Zeit dazu verführt, zu der ermüdenden moralisierenden Seite meiner »Bildung« Zuflucht zu nehmen.)

Sagen wir, daß unser Held sofort ins Emporium kommt, aber er muß unten anfangen: er ist Packer im Kellergeschoß.

Das Mädchen ist nicht Craigies Tochter, sondern die des Kaufhauses. Sie wird vor jungen Helden behütet, denn auch das Vorzügliche wird tyrannisch und konservativ-versteinert. Das Kaufhaus ist altmodisch und stickig; der Held gewinnt die Tochter des Kaufhauses und die Kraft, es zu erneuern und zu erfrischen.

Jetzt kann ich spielen mit der älteren Schauspielerin, die nacheinander die gute und die böse Mutter spielt, und dem älteren Schauspieler, der den guten und den bösen Vater spielt. Die Waisenhaus-Mutter ist gut, aber dagegen, daß John fortgeschickt wird. Der Waisenhaus-Vater ist strenge Gerechtigkeit. Die Frau des Farmers ist in ein und derselben Szene sowohl gut als auch böse. (Kann man das machen?)

Gibt es in der ersten Kaufhaus-Szene (das ist jetzt nur ein Tasten) keine Laurencia? John kommt zur Ladenschlußzeit aus den Eingeweiden des Kaufhauses herauf, schimpft über den Mangel an Luft etc. und hört wieder von der Jungfrau-Prinzessin.

Es klingt auch 1. qualvoll schematisiert und 2. nach einem Sonnendurchbruch von einem Happy-End. Aber wir wollen sehen, was sich damit anfangen läßt.

Nun aufs Geratewohl einige Ideen zu dem neuen Projekt:

In der Waisenhaus-Szene: Mrs. Foster fragt die Kinder ständig, ob sie gegessen haben – soll ich sie darauf bestehen lassen, daß jedes seinen

Vormittagsapfel gegessen und seine Vormittagsmilch getrunken hat? Und dann das Nachmittagsschläfchen.

In der Farmhaus-Szene: »Er schwingt immer diese Sense« (oder Sichel – verdammt, man rennt bei jeder Gelegenheit in Symbole). Mrs. Graham fordert ihn abwechselnd auf zu bleiben und ins Kaufhaus zu gehen –––– Es ist keine Rede mehr davon, daß man Gillespie oder Schwingemeister *nicht* sieht –––– aber wird es nicht von einer Frau geleitet?

Wo in aller Welt ist unser *Padre Nobile?* Kann man andeuten (was mir in *Wir sind noch einmal davongekommen* ganz gut gelungen ist), daß das repressive Verhalten der Väter eine reine Täuschung in den Gehirnen der jungen Männer ist?

Jetzt können wir die Szene, die früher die Jahresparty bei Craigie war, mit einer ganz neuen Wirkung schreiben. Es ist die Jahresparty im Kaufhaus. Der alte Mr. Gillespie – krank und furchteinflößend – ist der hinfällige König. Er treibt dem jungen Helden seine Tochter nicht mehr in die Arme – er leistet ihm bei jeder Gelegenheit Widerstand.

Die Frage lautet jetzt nicht so sehr, ob es sich machen läßt, sondern ob ich daran Feuer fangen kann. Und ob nicht auch das Opernlibretto von einigen dieser Ideen profitieren kann.

Wo soll ich mit dem Schreiben beginnen? Nicht am Anfang, sondern bei der (ersten) Kaufhaus-Szene. Und da ergibt sich die Frage: wie bekomme ich diese Hintergrund-Konversation hinein, wenn es keine Laurencia gibt? Besucht Miß Gillespie das Geschäft zur Ladenschluß-zeit, um ihren Vater abzuholen? Ist Mr. Hobmeyer noch bei uns? Und können wir nun die Leute aus dem Publikum »bearbeiten«, die auf der Bühne sitzen?

# Register

399

G